桥梁维护、安全与运营管理
——多尺度方法与性能评估

陈艾荣　冯良平　阮　欣　编

人民交通出版社股份有限公司
China Communications Press Co.,Ltd.

内 容 提 要

本书重点介绍了近年来桥梁维护、安全与运营管理方面的新发展，以及桥梁运营、管理维护过程中的多尺度方法和桥梁性能评估技术方面的最新进展。具体内容包括：GFRP 材料性能、混凝土氯离子扩散、正交异性钢桥面板疲劳开裂过程的多尺度模拟方法；大跨径桥梁多尺度随机车流模拟理论、斜拉桥结构多尺度模型修正方法；以及基于监测数据和模拟分析结果的大跨度悬索桥、钢箱梁桥、混凝土梁桥等桥梁结构在各种不利情况下的监测、评估以及养护维修方法。

本书可供从事桥梁设计、管理养护及相关研究人员使用，也可供高等院校相关专业的高年级本科生和研究生参考使用。

图书在版编目(CIP)数据

桥梁维护、安全与运营管理. 多尺度方法与性能评估/陈艾荣，冯良平，阮欣编. — 北京：人民交通出版社股份有限公司，2019.4

ISBN 978-7-114-15428-7

Ⅰ.①桥… Ⅱ.①陈… ②冯… ③阮… Ⅲ.①桥—维修②桥—安全管理③桥—运营管理 Ⅳ.①U445.7

中国版本图书馆 CIP 数据核字(2019)第 056943 号

书　　名：	桥梁维护、安全与运营管理——多尺度方法与性能评估
著　作　者：	陈艾荣　冯良平　阮　欣
责任编辑：	曲　乐　李　娜
责任校对：	刘　芹
责任印制：	张　凯
出版发行：	人民交通出版社股份有限公司
地　　址：	(100011)北京市朝阳区安定门外外馆斜街3号
网　　址：	http://www.ccpress.com.cn
销售电话：	(010)59757973
总　经　销：	人民交通出版社股份有限公司发行部
经　　销：	各地新华书店
印　　刷：	北京市密东印刷有限公司
开　　本：	720×960　1/16
印　　张：	29.5
字　　数：	476 千
版　　次：	2019 年 4 月　第 1 版
印　　次：	2019 年 4 月　第 1 次印刷
书　　号：	ISBN 978-7-114-15428-7
定　　价：	99.00 元

(有印刷、装订质量问题的图书，由本公司负责调换)

前言

改革开放 40 余年,大量桥梁工程建成并投入使用,桥梁维护与管理需求日益扩大。如何科学、高效地开展桥梁维护与管理、保持和提升长期性能正在成为国内乃至世界桥梁工程界的热点问题。国际桥梁养护与安全协会(International Association for Bridge Maintenance and Safety)正是专注于这一领域的国际学术协会。它成立于 1999 年,协会的宗旨为提升桥梁养护、安全和管理领域的国际交流与合作,增强理论与实践之间的沟通,促进技术发展和创新。协会创建以来,通过主办和协办国际会议、技术论坛等活动,为桥梁管养相关领域的工程师、管理者和研究人员提供了一个相互了解和交流的平台,对促进领域发展做出了积极贡献。

国际桥梁养护与安全协会主办和协办的众多会议和专题活动中最为重要的是桥梁维护、安全和管理系列国际会议。自 2002 起,逢双年,已分别于西班牙、日本、葡萄牙、韩国、美国、意大利、中国、巴西和澳大利亚举办了九届会议,其中第七届会议于 2014 年在中国上海召开,会议吸引了来自近 40 个国家的 700 余位代表,收到 600 余篇论文摘要,并最终录用了 396 篇论文,会议组织了 48 场专题研讨会,获得了圆满成功。

以 2012 年会议为契机,在业内同仁的支持下,2012 年,在同济大学成立了国际桥梁养护与安全协会的中国团组(IABMAS-China Group),目的是促进和提升国内桥梁维护与安全领域内的研究及学术联系,促进领域内工程师、管理者和研究人员的学术交流。协会每两年举办一次全国桥梁维护与安全学术会议。2012 年,第一届会议与团组成立大会同期在同济大学召开,来自全国多家高等院校与研究单位近200人参加；2013年4月，第二届全国桥梁维护与安全学术会议在重庆交通大学召开；2015年4月，第三届全国桥梁维护与安全学术会议在长安大学召开；2017年6月，第四届全国桥梁维护与安全学术会议在长沙理工大学召开，来自国内外20余所大学、10余家科研、设计、检测、质监单位的200余名专家学者参会并就桥梁维护管养策略、桥梁可持续发展、寿命周期设计等14个研究主题开展讨论。2019年4月，第五届全国桥梁维护与安全学术会议将在河海大学召开。同时，中国团组每两年均会以桥梁管养领域的最新技术进展和热点研究问题为主题征集稿件，邀请相关专家进行较长篇幅的描述和分析，并编辑形成专著。已出版的专著包括：2013年4月出版的《桥梁维护、安全与运营管理——技术与挑战》、2015年5月出版的《桥梁维护、安全与运营管理——迎接大数据时代》、2017年5月出版的《桥梁维护、安全与运营管理——精细化与寿命延长》。

本书为此系列专著的第四本，主要结合近两年来桥梁安全、维护领域中有关多尺度方法和桥梁结构性能评估的最新研究进展，汇集了来自工程单位和高等院校的专家的最新研究成果，共计十五个章节。主要内容包括：GFRP材料性能、混凝土氯离子扩散、正交异性钢桥面板疲劳开裂过程的多尺度模拟方法；大跨径桥梁多尺度随机车流模拟理论、斜拉桥结构多尺度模型修正方法；以及基于监测数据和模拟分析结果的大跨度悬索桥、钢箱梁桥、混凝土梁桥等桥梁结构在各种不利情况下的监测、评估以及养护维修方法等内容。

在我国桥梁维护与安全领域研究需求的不断推动下，IABMAS中国团组得到了迅速的发展，在国内和国际相关领域内的影响力日益增强。中国团组也将利用这一优势，更好地组织国内相关研究领域内的学术交流，进一步促进领域发展，为社会进步做出积极贡献。2019年4月将在河海大学召开第五届全国桥梁维护与安全学术会议，将就相关主题展开深入讨论。在此也借这个机会，对关注与支持中国桥梁维护与安全领域发展的研究者与读者致以真诚的谢意。

由于时间紧迫，编者水平有限，书中难免存在错漏，望广大读者不吝赐教。

国际桥梁维护与安全协会中国团组　主席

陈艾荣

2019年3月

目录

第1章 GFRP材料多尺度数值模拟 ················ 1
1.1 引言 ················ 1
1.2 非线性多尺度均匀化数值模拟 ················ 2
1.3 多尺度数值模拟结果及讨论 ················ 15
1.4 结语 ················ 22
本章参考文献 ················ 22

第2章 混凝土氯离子扩散多尺度数值模拟 ················ 26
2.1 引言 ················ 26
2.2 混凝土的细观模型 ················ 29
2.3 骨料对混凝土传质过程的影响 ················ 32
2.4 细-宏观氯离子扩散过程多尺度分析 ················ 38
2.5 结语 ················ 50
本章参考文献 ················ 51

第3章 正交异性钢桥面板疲劳开裂过程的多尺度分析 ················ 57
3.1 引言 ················ 57
3.2 疲劳试验 ················ 59
3.3 疲劳开裂过程分析 ················ 65
3.4 多尺度疲劳试验的数值模拟 ················ 70
3.5 结语 ················ 80

本章参考文献 ·· 81

第4章　大跨径桥梁多尺度随机车流模拟理论 ·················· 87
　4.1　引言 ·· 87
　4.2　车流特性分析 ·· 89
　4.3　多尺度随机车流模拟方法 ································· 95
　4.4　车辆荷载响应极值预测方法 ····························· 100
　4.5　随机车流模拟理论的工程应用 ·························· 107
　4.6　结语 ·· 114
　　本章参考文献 ··· 114

第5章　斜拉桥结构多尺度模型修正及确认 ···················· 118
　5.1　引言 ·· 118
　5.2　结构多尺度建模理论与方法 ····························· 120
　5.3　基于两阶段响应面方法的斜拉桥多尺度模型修正 ······ 127
　5.4　斜拉桥多尺度模型确认方法 ····························· 139
　5.5　结语 ·· 147
　　本章参考文献 ··· 148

第6章　基于多尺度模型的正交异性钢桥面板疲劳分析 ······· 152
　6.1　引言 ·· 152
　6.2　多尺度建模方法及正交异性钢桥面板疲劳分析原理 ··· 154
　6.3　基于子结构方法的空间一致多尺度模型建立 ··········· 161
　6.4　微观尺度下疲劳细节子模型及应力特性分析 ··········· 169
　6.5　结语 ·· 176
　　本章参考文献 ··· 177

第7章　大跨度悬索桥主缆的多尺度评估、检测与维修策略 ·· 182
　7.1　引言 ·· 182
　7.2　主缆的常见病害 ··· 184
　7.3　悬索桥主缆的多尺度分析模型 ·························· 186
　7.4　主缆钢丝的断裂强度分析 ································ 198
　7.5　主缆的防护体系 ··· 202
　7.6　主缆的检测、维修策略 ··································· 205

7.7 结语 ……………………………………………………………… 211
 本章参考文献 ………………………………………………… 212

第 8 章　钢箱梁关键细节疲劳应力特征与病害处治技术研究 …… 215
8.1 引言 ……………………………………………………………… 215
8.2 钢箱梁的病害特征及其分布 …………………………………… 217
8.3 移动轮载下疲劳应力的有限元分析 …………………………… 221
8.4 钢箱梁轮载应力的实桥测试 …………………………………… 227
8.5 横隔板弧形切口部位加固方案研究 …………………………… 235
8.6 结语 ……………………………………………………………… 240
 本章参考文献 ………………………………………………… 241

第 9 章　钢箱梁疲劳裂纹维修对策研究 …………………………… 245
9.1 引言 ……………………………………………………………… 245
9.2 钢箱梁疲劳开裂特征及损伤发展规律 ………………………… 247
9.3 典型疲劳裂纹维修方法及特点 ………………………………… 250
9.4 疲劳裂纹维修加固试验研究 …………………………………… 252
9.5 维修效果对比分析 ……………………………………………… 256
9.6 疲劳裂纹的现场维修及效果评价 ……………………………… 263
9.7 结语 ……………………………………………………………… 264
 本章参考文献 ………………………………………………… 265

第 10 章　大跨度悬索桥主梁涡激振动动态监控 ………………… 269
10.1 引言 …………………………………………………………… 269
10.2 监测系统概况 ………………………………………………… 270
10.3 涡激振动影响因素分析 ……………………………………… 271
10.4 涡激振动动态监控模型 ……………………………………… 276
10.5 涡激振动预警分级 …………………………………………… 280
10.6 工程应用 ……………………………………………………… 285
10.7 结语 …………………………………………………………… 293
 本章参考文献 ………………………………………………… 294

第 11 章　"移动式桥梁综合医院"应用初探 ……………………… 297
11.1 引言 …………………………………………………………… 297

11.2 短期监测应用探索 ·· 298
11.3 整体结构宏观受力短期监测与分析 ································ 302
11.4 混凝土结构关键裂缝短期监测与分析 ······························ 310
11.5 钢结构耐久性短期监测与分析 ······································ 317
11.6 斜拉索异常振动短期监测与分析 ··································· 321
11.7 结语 ·· 325
本章参考文献 ·· 326

第12章 基于大数据的混凝土梁桥长期性能损伤分析 ············ 329
12.1 引言 ·· 329
12.2 江苏省混凝土梁桥分类及损伤概况 ································ 330
12.3 空心板梁桥损伤数据分析 ··· 331
12.4 组合箱梁桥损伤数据分析 ··· 337
12.5 基于数据分析的混凝土梁桥性能退化模型 ······················· 341
12.6 结语 ·· 346
本章参考文献 ·· 347

第13章 空心板梁桥退化规律与预防性养护时机 ··················· 351
13.1 引言 ·· 351
13.2 空心板梁桥技术状况退化规律 ····································· 352
13.3 不同路网等级的桥梁退化 ··· 361
13.4 空心板梁桥结构预防性养护的时机选择 ·························· 369
13.5 结语 ·· 380
本章参考文献 ·· 380

第14章 预应力混凝土空心板梁的火损试验、评估与加固方法研究 ··· 383
14.1 引言 ·· 383
14.2 火灾模拟试验 ··· 386
14.3 预应力混凝土空心板梁火灾性状研究 ····························· 391
14.4 火灾后检测方法研究 ··· 412
14.5 预应力混凝土空心板梁火灾效应分析 ····························· 416
14.6 预应力混凝土空心板梁火灾后力学性能规律研究 ·············· 425
14.7 预应力混凝土空心板梁火灾后损伤评估方法研究 ·············· 429

14.8　火灾后维修加固研究 …………………………………………… 432
14.9　结语 …………………………………………………………… 434
本章参考文献 …………………………………………………………… 435

第15章　箱梁桥横向多路径失效模式 ………………………………… 439
15.1　引言 …………………………………………………………… 439
15.2　箱梁桥整体稳定失效模式 ……………………………………… 439
15.3　箱梁桥构件强度破坏失效模式 ………………………………… 444
15.4　失效路径和横向设计 …………………………………………… 451
15.5　结语 …………………………………………………………… 457
本章参考文献 …………………………………………………………… 457

第1章 GFRP材料多尺度数值模拟

刘玉擎,辛灏辉
同济大学桥梁工程系,上海,200092

1.1 引言

GFRP桥面板通常包括树脂/纤维、单层板、层合板和桥面结构四个尺度[1-5]。如图1.1所示,管型GFRP桥面板由层合板构成,层合板由若干厚度、纤维方向不同的单层板铺设而成,单层板由玻璃纤维、树脂、填料等复合而成。层合板通常包含多种铺设方向的单层板,用纤维原纱构成的0°层承受轴向荷载,双轴向织物构成的±45°层承受剪切荷载,单轴向织物构成的90°层用来承受横向荷载。单层板厚度、纤维方向及铺设顺序对层合板的性能影响很大,不同层合板所组成的桥面板力学性能各异。

因此,GFRP桥面板力学性能分析需综合不同尺度,由纤维、树脂材料、界面性能和增强结构几何参数来评估单层板承载性能,由单层板强度和层间界面性能评估层合板性能,最后由层合板性能和粘接界面性能评估桥面板承载性能。

拉挤GFRP桥面板单层板由玻璃纤维和树脂等复合而成,玻璃纤维和树脂两者体积含量不尽相同,纤维形态各异,可单向排列,也可制成织物,所得

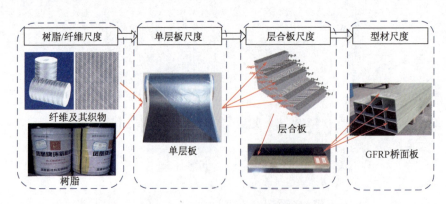

图 1.1 管型 GFRP 桥面板不同尺度

复合材料的宏观力学响应差异较大[6],完全通过试验来确定 FRP 宏观力学响应十分困难。玻璃纤维结构形态的多样性及环氧树脂材料、纤维/树脂界面本构的复杂性,急剧增加了单层板弹性模量及强度预测的难度,从解析细观力学的角度求解类似织物增强单层板复杂胞元的材料性能十分困难。相比于细观力学解析理论,多尺度均匀化有限元计算方法可以有效弥补该缺点。

拉挤 GFRP 桥面板轻质、高强,是实现桥梁结构轻型化和装配化的一个十分有效的途径。FRP 结构设计和制造与传统材料结构区别较大,结构设计和制造与 FRP 材料密不可分,需综合细观和宏观力学,从多个层面和多个尺度开展研究。为此,本节介绍在 FRP 材料线弹性及非线性多尺度均匀化数值模拟方面所开展的工作,为复合材料的设计与性能预测提供支撑。

1.2 非线性多尺度均匀化数值模拟

复合材料组分的多样性及组分材料本构的复杂性急剧增加了复合材料弹性模量及强度预测的难度,从细观力学的角度求解类似纤维织物增强单层板、带气孔的发泡材料、纤维增强混凝土等复杂胞元的材料性能十分困难,多尺度均匀化有限元计算方法是解决这一问题的有效途径之一。多尺度渐进法的核心是均匀化,将细观单胞模型均匀化后获得平均力学信息,然后将力学信息传递至宏观尺度开展结构分析。基本求解思路为:①将宏观应变降阶至细观胞元 RVE,通过细观组分本构关系和周期性边界条件求解细观组分应力分布;②将细观应力均匀化后传递至宏观尺度,实现用细观组分性能预测宏观结构力学性能。

1.2.1 非线性双尺度均匀化理论

为了方便同时考虑材料非线性和几何非线性问题,在非线性多尺度均匀化模拟中采用"变形梯度"和"名义应力"来表征材料本构关系。假设计算模型存在两个不同尺度:细观尺度和宏观尺度,双尺度力学控制方程[7]如下:

$$\frac{\partial P_{ij}^{\xi}}{\partial X_j} + B_i^{\xi} = 0 \quad \text{on} \quad \Omega_x^{\xi}$$

$$F_{ik}^{\xi} = \delta_{ik} + \frac{\partial u_i^{\xi}}{\partial X_k}$$

$$P_{ij}^{\xi} N_j^{\xi} = \overline{T}_i^{\xi} \quad \text{on} \quad \partial \Omega_X^{t\xi}$$

$$u_i^{\xi} = \overline{u}_i \quad \text{on} \quad \partial \Omega_X^{u\xi}$$

$$\partial \Omega_X^{t\xi} \cup \partial \Omega_X^{u\xi} = \partial \Omega_X^{\xi}$$

$$\partial \Omega_X^{t\xi} \cap \partial \Omega_X^{u\xi} = 0$$

式中: F^{ξ}——双尺度变形梯度矢量;

P^{ξ}——双尺度名义应力矢量;

B_i^{ξ}——双尺度体力矢量;

$\overline{T}_i^{\xi}$——双尺度面力矢量;

N_j^{ξ}——边界$\partial \Omega_X^{t\xi}$的法向量;

下标 i 和 j——双尺度坐标轴;

下标 X——偏微分方程在初始(未变形)构形中建立;

下标 x——偏微分方程在当前(已变形)构形中建立。

如图1.2所示,X表示宏观域Ω_x在初始构形中的坐标轴,Y表示微观域Θ_Y在初始构形中的坐标轴。宏细观坐标系按下式桥联:

$$Y = \frac{1}{\xi}(X - \hat{X})$$

式中: ξ——一个正无穷小量,即$0 < \xi \ll 1$;

$\hat{X}$——代表性体积胞元 RVE 中心的坐标。

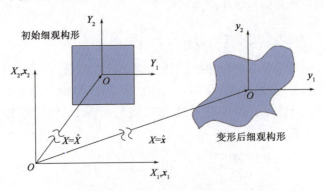

图 1.2　宏细观坐标系示意[7]

采用渐进法,双尺度位移矢量可表示为:
$$u_i^{\xi}(X) = u_i^{(0)}(X) + \xi u_i^{(1)}(X,Y) + \xi^2 u_i^{(2)}(X,Y) + O(\xi^3)$$

由先前分析可知,在假设细观代表性体积胞元远小于宏观模型的前提下,位移渐进表达式中 0 阶为宏观位移,与细观坐标轴无关。采用泰勒级数,将 0 阶位移在 RVE 中心坐标处展开可得:
$$u_i^{(0)}(X) = u_i^{(0)}(\hat{X}) + \frac{\partial u_i^{(0)}}{\partial X_j}\bigg|_{\hat{X}}(X_j - \hat{X}_j) +$$
$$\frac{1}{2}\frac{\partial^2 u_i^{(0)}}{\partial X_j \partial X_k}\bigg|_{\hat{X}}(X_j - \hat{X}_j)(X_k - \hat{X}_k) + \cdots$$

由于 $X_j - \hat{X}_j = \xi Y_j$,则上式可进一步改写为:
$$u_i^{(0)}(X) = u_i^{(0)}(\hat{X}) + \xi \frac{\partial u_i^{(0)}}{\partial X_j}\bigg|_{\hat{X}} Y_j + \xi^2 \frac{1}{2}\frac{\partial^2 u_i^{(0)}}{\partial X_j \partial X_k}\bigg|_{\hat{X}} Y_j Y_k + O(\xi^3)$$

同 0 阶位移,将其他高阶位移均在 RVE 中心坐标 $\hat{X}$ 处用泰勒级数展开:
$$u_i^{(n)}(X) = u_i^{(n)}(\hat{X}) + \xi \frac{\partial u_i^{(n)}}{\partial X_j}\bigg|_{\hat{X}} Y_j + \xi^2 \frac{1}{2}\frac{\partial^2 u_i^{(n)}}{\partial X_j \partial X_k}\bigg|_{\hat{X}} Y_j Y_k + O(\xi^3)$$

将位移展开式代入原始渐进式可得[7]:
$$u_i^{\xi}(X) = \hat{u}_i^{(0)}(X) + \xi \hat{u}_i^{(1)}(X,Y) + \xi^2 \hat{u}_i^{(2)}(X,Y) + O(\xi^3)$$

其中:
$$\hat{u}_i^{(0)}(X) = u_i^{(0)}(\hat{X}) \equiv u_i^c(\hat{X})$$

$$\hat{u}_i^{(1)}(X,Y) = u_i^{(1)}(\hat{X},Y) + \left.\frac{\partial u_i^{(0)}}{\partial X_j}\right|_{\hat{X}} Y_j$$

$$\hat{u}_i^{(2)}(X,Y) = u_i^{(2)}(\hat{X},Y) + \left.\frac{\partial u_i^{(1)}}{\partial X_j}\right|_{\hat{X}} Y_j + \frac{1}{2}\left.\frac{\partial^2 u_i^{(0)}}{\partial X_j \partial X_k}\right|_{\hat{X}} Y_j Y_k$$

式中:$u_i^c(\hat{X})$——RVE 宏观位移,相对于细观 RVE 为刚体平动。

由链式法则,初始构形下的双尺度偏导关系式如下:

$$\frac{\partial f^\xi}{\partial X_i} = \frac{1}{\xi}\frac{\partial f(\hat{X},Y)}{\partial Y_i}$$

因此,双尺度位移对坐标系的偏导表达式如下:

$$\frac{\partial u_i^\xi}{\partial X_k} = \frac{1}{\xi}\frac{\partial \hat{u}_i(\hat{X},Y)}{\partial Y_k} = \frac{\partial \hat{u}_i^{(1)}(\hat{X},Y)}{\partial Y_k} + \xi\frac{\partial \hat{u}_i^{(2)}(\hat{X},Y)}{\partial Y_k} + O(\xi^2)$$

式中:

$$\frac{\partial \hat{u}_i^{(1)}(\hat{X},Y)}{\partial Y_k} = \frac{\partial u_i^{(1)}(\hat{X},Y)}{\partial Y_k} + \left.\frac{\partial u_i^{(0)}}{\partial X_k}\right|_{\hat{X}}$$

$$\frac{\partial \hat{u}_i^{(2)}(\hat{X},Y)}{\partial Y_k} = \frac{\partial u_i^{(2)}(\hat{X},Y)}{\partial Y_k} + \left.\frac{\partial u_i^{(1)}(\hat{X},Y)}{\partial X_k}\right|_{\hat{X}} + \left.\frac{\partial^2 u_i^{(1)}(\hat{X},Y)}{\partial X_j \partial X_k}\right|_{\hat{X}} Y_j + \left.\frac{\partial^2 u_i^{(0)}(\hat{X},Y)}{\partial X_j \partial X_k}\right|_{\hat{X}} Y_j$$

综合上式,双尺度位移梯度表达式[7]如下:

$$F_{ik}^\xi = \delta_{ik} + \frac{\partial u_i^\xi}{\partial X_k} = F_{ik}^{(0)}(\hat{X},Y) + \xi F_{ik}^{(1)}(\hat{X},Y) + O(\xi^2)$$

其中:

$$F_{ik}^{(0)}(\hat{X},Y) = F_{ik}^c(\hat{X}) + F_{ik}^*(\hat{X},Y) \equiv F_{ik}^f(\hat{X},Y)$$

$$F_{ik}^c(\hat{X}) = \delta_{ik} + \left.\frac{\partial u_i^c(\hat{X})}{\partial X_k}\right|_{\hat{X}}$$

$$F_{ik}^*(\hat{X},Y) = \frac{\partial u_i^{(1)}(\hat{X},Y)}{\partial Y_k}$$

对上式在细观域 Y 内积分,由于 $F_{ik}^c(\hat{X})$ 与细观坐标系 Y 无关,且 $u_i^{(1)}(\hat{X},Y)$ 在细观坐标下存在周期性,可得:

$$F_{ik}^c(\hat{X}) = \frac{1}{|\Theta_Y|}\int_{\Theta_Y} F_{ik}^f(\hat{X},Y)\,d\Theta_Y$$

由于名义应力和变形梯度存在共轭性，将 $P_{ij}(F^\xi)$ 在细观变形梯度 $F_{ik}^f(\hat{X},Y)$ 处展开可得：

$$P_{ij}(F^\xi) = P_{ij}(F^f) + \xi \frac{\partial P_{ij}}{F_{mn}^\xi}\bigg|_{F^f} F_{mn}^{(1)} + O(\xi^2)$$

$$P_{ij}(F^\xi) = P_{ij}^{(0)}(X,Y) + \xi P_{ij}^{(1)}(X,Y) + O(\xi^2)$$

将上式进一步在 RVE 中心坐标 $\hat{X}$ 处用泰勒级数展开：

$$P_{ij}(X,Y) = P_{ij}^{(0)}(\hat{X},Y) + \frac{\partial P^{(0)}{}_{ij}}{\partial X_k}\bigg|_{\hat{X}}(X_k - \hat{X}_k) +$$

$$\xi P_{ij}^{(1)}(\hat{X},Y) + \xi \frac{\partial P_{ij}^{(1)}}{\partial X_k}\bigg|_{\hat{X}}(X_k - \hat{X}_k) + \cdots$$

$$P_{ij}(X,Y) = P_{ij}^{(0)}(\hat{X},Y) + \xi\left(\frac{\partial P_{ij}^{(0)}}{\partial X_k}\bigg|_{\hat{X}}Y_k + P_{ij}^{(1)}(\hat{X},Y)\right) + O(\xi^2)$$

上式中 $P_{ij}^{(0)}(\hat{X},Y)$ 即为细观名义应力 $P_{ij}^f(\hat{X},Y)$。将名义应力和变形梯度表达式代入双尺度控制方程组平衡方程可得：

$$\frac{\partial P_{ij}^f(\hat{X},Y)}{\partial Y_j} = 0$$

$$\frac{\partial P_{ij}^f(\hat{X},Y)}{\partial X_j}\bigg|_{\hat{X}} + \frac{\partial P_{ij}^{(1)}(\hat{X},Y)}{\partial Y_j} + B_i(\hat{X},Y) = 0$$

对上式在细观 RVE 全域内积分，由周期性假设可得：

$$\frac{\partial P_{ij}^c(\hat{X})}{\partial X_j}\bigg|_{\hat{X}} + B_i^c(\hat{X}) = 0$$

式中：

$$P_{ij}^c(\hat{X}) = \frac{1}{|\Theta_Y|}\int_{\Theta_Y} P_{ij}^f(\hat{X},Y)\,d\Theta_Y$$

$$B_i^c(\hat{X}) = \frac{1}{|\Theta_Y|}\int_{\Theta_Y} B_i(\hat{X},Y)\,d\Theta_Y$$

综上，如图 1.3 所示，在每一个迭代步中，非线性双尺度问题可通过宏观尺度求解其控制方程 PDEs 获得宏观变形梯度后，传递至细观尺度作为代表性体积胞元的边界条件来求解细观尺度控制方程 PDEs，均匀化得到宏观应力并传递至宏观尺度实现桥联。

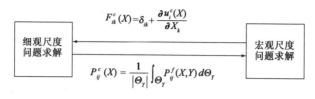

图1.3 双尺度桥联示意

1.2.2 非线性双尺度均匀化程序实现

1) 宏观尺度非线性有限元

采用伽辽金法对宏观尺度进行离散,宏观尺度非线性有限元变为:给定宏观体力 $_{n+1}B_i^c$ 和面力 $_{n+1}\bar{T}_i^c$,采用数值迭代方法求解 $_{n+1}d_\alpha^c$ 使其满足下列平衡方程[7]:

$$_{n+1}r_\alpha^c(_{n+1}d_\alpha^c) = {}_{n+1}f_\alpha^{int} - {}_{n+1}f_\alpha^{ext} = 0$$

$$_{n+1}d_\alpha^c = {}_{n+1}\bar{d}_\alpha^c \quad \text{on} \quad \partial\Omega_X^u$$

式中: $_{n+1}r_\alpha^c$、$_{n+1}d_\alpha^c$——宏观尺度第 $n+1$ 步的残差和位移增量。

若通过迭代使得上述方程满足后,则开展下一次迭代 $n \leftarrow n+1$ 直至所有荷载步加载完毕。其中[8]:

$$_{n+1}f_\alpha^{int} = \int_{\Omega_X} \frac{\partial N_{i\alpha}^c}{\partial X_j} P_{ij\ n+1}^c \mathrm{d}\Omega_X$$

$$_{n+1}f_\alpha^{ext} = \int_{\Omega_X} N_{i\alpha\ n+1}^c B_i^c \mathrm{d}\Omega_X + \int_{\partial\Omega_X^t} N_{i\alpha\ n+1}^c \bar{T}_i^c \mathrm{d}\Gamma_X$$

上式中 $_{n+1}P_{ij}^c$ 和 $_{n+1}B_i^c$ 由细观尺度均匀化求解获得。宏观尺度面力张量 $\bar{T}_i^c(X)$ 定义如下:

$$\bar{T}_i^c(X) = \frac{1}{|\partial\omega_Y|} \int_{\partial\omega_Y} \bar{T}_i^\xi(X,Y) \mathrm{d}s_Y$$

式中: $_{n+1}f_\alpha^{int}$、$_{n+1}f_\alpha^{ext}$——宏观尺度内力和外力矢量。

宏观尺度应力通过牛顿迭代求解细观尺度应力均匀化获得:

$$_{n+1}^{i+1}P_{ij}^c(X) = \frac{1}{|\Theta_Y|} \int_{\Theta_Y} {}_{n+1}^{i+1}P_{ij}^f(X,Y) \mathrm{d}\Theta_Y$$

宏观尺度残差方程偏导矩阵按下式计算:

$$K_{\alpha\beta}^c = \frac{\partial r_\alpha^c}{\partial d_\beta^c} = \frac{\partial f_\alpha^{int}}{\partial d_\beta^c} = \int_{\Omega_X} \frac{\partial N_{i\alpha}^c}{\partial X_j} \frac{\partial P_{ij}^c}{\partial F_{kl}^c} \frac{\partial N_{k\alpha}^c}{\partial X_l} d\Omega_X$$

$L_{ijkl} = \partial P_{ij}^c / \partial F_{kl}^c$ 为宏观尺度材料刚度矩阵。在材料不确定的前提下,由于 P_{ij}^c 和 F_{kl}^c 间无明确解析表达式,宏观尺度材料刚度矩阵可采用有限差分法近似评估。当 $_{n+1}^{i+1}F^c$ 增加微小增量 δF^c,其应力增量表达式如下:

$$\delta P_{ij}^f = P_{ij}^f(_{n+1}^{i+1}F^c + \delta F^c) - P_{ij}^f(_{n+1}^{i+1}F^c)$$

由于名义应力矩阵并不对称,上述应力增量可通过对 RVE 胞元施加不同边界条件,求解九次获得。获得应力增量后,宏观尺度材料刚度矩阵计算式如下:

$$L_{ijkl}^c = \frac{1}{\delta F_{kl}^c |\Theta_Y|} \int_{\Theta_Y} \delta P_{ij}^f d\Theta_Y$$

如果细观尺度本构关系采用应变-柯西(Cauchy)应力关系式,宏观尺度内力矢量 $_{n+1}f_\alpha^{int}$ 和外力矢量 $_{n+1}f_\alpha^{ext}$ 表述为柯西应力的函数则比较方便:

$$_{n+1}f_\alpha^{int} = \int_{\Omega_x} \frac{\partial N_{i\alpha}^c}{\partial x_j}\, _{n+1}\sigma_{ij}^c d\Omega_x$$

$$_{n+1}f_\alpha^{ext} = \int_{\Omega_x} N_{i\alpha}^c b_i^c d\Omega_x + \int_{\partial\Omega_x} N_{i\alpha}^c \bar{t}_i^c d\Gamma_x$$

其中,初始构形坐标系 X 和当前构形坐标系 x 荷载和应力按下式转换:

$$b_i^c = B_i^c / J^c$$
$$\bar{t}_i^c d\Gamma_x = \bar{T}_i^c d\Gamma_X$$
$$J^f \sigma_{ji}^f = F_{jk}^f P_{ik}^f$$
$$J^c \sigma_{ji}^c = F_{jk}^c P_{ik}^c$$

式中:J^f、J^c——变形梯度 F_{jk}^f 和 F_{jk}^c 的行列式。

由 Jacobian 矩阵的定义可知:$d\Theta_y = J^f d\Theta_Y$,因此名义应力表达式可转换为:

$$P_{ik}^c = \frac{1}{|\Theta_Y^c|} \int_{\Theta_y} (F_{km}^f)^{-1} \sigma_{mi}^f d\Theta_y$$

将上式代入宏观尺度柯西应力和名义应力表达式,宏观柯西应力表达式如下:

$$\sigma_{ji}^c = \frac{1}{|\Theta_y^c|} \int_{\Theta_y} F_{jk}^c (F_{km}^f)^{-1} \sigma_{mi}^f d\Theta_y$$

$$|\Theta_y^c| = J^c |\Theta_y| = |\Theta_y|$$

在当前构形下,宏观尺度和细观尺度坐标系关系为 $y \equiv x/\xi$;对双尺度变形梯度 F_{ij}^ξ 求逆可得:

$$(F_{ij}^\xi)^{-1} = \delta_{ij} - \left(\frac{\partial}{\partial x_j} + \frac{1}{\xi}\frac{\partial}{\partial y_j}\right) u_i^\xi(x)$$

综合上述双尺度变形梯度逆矩阵和下列各式:

$$u_i^\xi(x) = u_i^c(x) + \xi u_i^{(1)}(x,y) + \xi^2 u_i^{(2)}(x,y) + O(\xi^3)$$

$$(F_{ij}^f)^{-1} = (F_{ij}^c)^{-1} - \frac{\partial u_i^{(1)}}{\partial y_j}$$

$$(F_{ij}^\xi)^{-1} = (F_{ij}^f)^{-1} + O(\xi)$$

$$(F_{ij}^c)^{-1} = \delta_{ij} - \frac{\partial u_i^c}{\partial x_j}$$

可得:

$$\sigma_{ji}^c = \frac{1}{|\Theta_y^c|} F_{jk}^c \int_{\Theta_y} \left[(F_{km}^c)^{-1} - \frac{\partial u_k^{(1)}}{\partial y_m}\right] \sigma_{mi}^f \mathrm{d}\Theta_y$$

$$\sigma_{ji}^c = \frac{1}{|\Theta_y|} \int_{\Theta_y} \sigma_{ji}^f \mathrm{d}\Theta_y - \frac{1}{|\Theta_y|} F_{jk}^c \int_{\Theta_y} \frac{\partial u_k^{(1)}}{\partial y_m} \sigma_{mi}^f \mathrm{d}\Theta_y$$

对上式第二项用分部积分展开,根据周期性假设可得 $\sigma_{mi,yi}^f = 0$,因此宏观柯西应力表达式为[7]:

$$\sigma_{ij}^c = \frac{1}{|\Theta_y|} \int_{\Theta_y} \sigma_{ij}^f \mathrm{d}\Theta_y$$

2)细观尺度非线性有限元

假设细观尺度位移渐进式[7]如下:

$$u_i^\xi(x) = u_i^c(\hat{X}) + \xi\{[F_{ij}^c(\hat{X}) - \delta_{ij}]Y_j + u_i^{(1)}(\hat{X},Y)\} + O(\xi^2)$$

由于细观尺度 RVE 尺寸远小于宏观尺度,由非线性多尺度均匀化理论章节可知,宏观位移 $u_i^c(\hat{X})$ 仅对细观尺度 RVE 起到刚体平动作用,并不对细观应变和应力产生作用。因此,细观尺度非线性有限元主要求解细观位移,即双尺度渐进式中的 1 阶位移:

$$u_i^f(\hat{X},Y) = [F_{ij}^c(\hat{X}) - \delta_{ij}]Y_j + u_i^{(1)}(\hat{X},Y)$$

相对于细观 RVE,宏观变形梯度由宏观尺度传递至细观尺度,属已知量。因此,采用伽辽金法离散上述表达式有两种选择:①离散细观尺度位移;②离散微小扰动量 $u_i^{(1)}(\hat{X},Y)$。

$$u_i^{(1)}(\hat{X},Y) = N_{i\beta}^f(Y)d_\beta^{(1)}(\hat{X})$$

$$u_i^f(\hat{X},Y) = N_{i\beta}^f(Y)d_\beta^f(\hat{X})$$

式中: $N_{i\beta}^f(Y)$——细观尺度形函数,其表达式同宏观尺度;

$d_\beta^{(1)}(\hat{X})$、$d_\beta^f(\hat{X})$——两种离散形式的位移自由度。

试探函数表达式如下:

$$w_i^{(1)}(\hat{X},Y) = N_{i\eta}^f(Y)c_\eta^{(1)}(\hat{X}) = N_{i\eta}^f(Y)T_{\eta\beta}\tilde{c}_\beta^{(1)}(\hat{X})$$

式中: $T_{\eta\beta}$——线性转换矩阵,用于考虑 $c_\eta^{(1)}$ 和 $\tilde{c}_\beta^{(1)}$ 自由度不相同的情况。

(1) 如果细观本构采用名义应力表征,细观非线性有限元转变为[7]:给定 $^{i+1}_{n+1}F_{ij}^c(\hat{X})$ 和上一迭代步收敛结果 $_n d^f$ 和 $_n P^f$,在特定边界条件下,通过迭代法求解 $^{i+1}_{n+1}\Delta d^f$,使其满足:

$$^{i+1}_{n+1}r_\beta^f(^{i+1}_{n+1}\Delta d^f) = \int_{\Theta_Y} T_{\eta\beta}\frac{\partial N_{i\eta}^f}{\partial Y_j}^{i+1}_{n+1}P_{ij}^f d\Theta_Y = 0$$

(2) 如果细观本构采用柯西应力表征,细观非线性有限元转变为[7]:给定 $^{i+1}_{n+1}F_{ij}^c(\hat{X})$ 和上一迭代步收敛结果 $_n d^f$ 和 $_n \sigma^f$,在特定边界条件下,通过迭代法求解 $^{i+1}_{n+1}\Delta d^f$,使其满足:

$$^{i+1}_{n+1}r_\beta^f(^{i+1}_{n+1}\Delta d^f) = \int_{\Theta_y} T_{\eta\beta}\frac{\partial N_{i\eta}^f}{\partial y_j}^{i+1}_{n+1}\sigma_{ij}^f d\Theta_y = 0$$

图 1.4 描述了代表性体积胞元 RVE 初始构形和当前构形的位移变化情况。图 1.4a) 描述了相反面主从节点的位置。图 1.4b) 中虚线表示仅在宏观作用 $[F_{ij}^c(\hat{X})-\delta_{ij}]Y_j^M$ 下代表性体积胞元 RVE 的变形,而实线表示代表性体积胞元 RVE 在双尺度下的实际变形。因此,细观位移可理解为宏观作用和一个微小扰动量叠加而成,这个微小扰动量便是 1 阶位移。由细观位移定义可知,主从节点位移表达式如下:

$$u_i^f(\hat{X},Y^M) = [F_{ij}^c(\hat{X})-\delta_{ij}]Y_j^M + u_i^{(1)}(\hat{X},Y^M)$$

$$u_i^f(\hat{X},Y^S) = [F_{ij}^c(\hat{X})-\delta_{ij}]Y_j^S + u_i^{(1)}(\hat{X},Y^S)$$

式中: Y_j^M、Y_j^S——周期性边界下主从节点的坐标。

第 1 章 GFRP 材料多尺度数值模拟

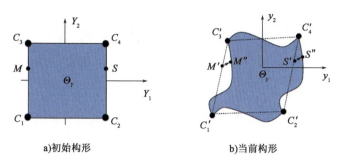

a) 初始构形 b) 当前构形

图 1.4 周期性边界条件示意[7]

对于细观 RVE 模型顶点 $\partial\Theta_Y^{\text{vert}}$，假设其不需要微小扰动量对宏观应变引起的细观位移进行修正，即：

$$u_i^{(1)}(\hat{X}, Y^{\text{vert}}) = 0$$

对于细观 RVE 模型边界，假设微小挠动量存在周期性，分别在主从节点处相等，即：

$$u_i^{(1)}(\hat{X}, Y^M) = u_i^{(1)}(\hat{X}, Y^S)$$

将上式代入主从节点细观位移可得：

$$u_j^{\text{f}}(\hat{X}, Y^M) - u_j^{\text{f}}(\hat{X}, Y^S) = (F_{ij}^{\text{c}}(\hat{X}) - \delta_{ij})(Y_j^M - Y_j^S)$$

细观 RVE 模型的周期性边界条件主要包括基本边界条件、自然边界条件和混合边界条件三种[7]。其具体表达形式如下：

① 自然边界条件

多尺度分析是建立在周期性的假设上，因此 1 阶渐近位移满足下式[7]：

$$\int_{\Theta_Y} \frac{\partial u_i^{(1)}(\hat{X}, Y)}{\partial Y_j} \mathrm{d}\Theta_Y = 0$$

由格林公式和细观位移表达式，细观 RVE 模型周期边界条件可按下式施加：

$$\int_{\partial\Theta_Y} \{u_i^{\text{f}}(\hat{X}, Y) - [F_{ik}^{\text{c}}(\hat{X}) - \delta_{ik}]Y_k\} N_j^\Theta \mathrm{d}\gamma_Y = 0$$

式中：N_j^Θ——细观 RVE 边界 $\partial\Theta_Y$ 的法向量。

上式常被称为自然边界条件。

② 基本边界条件

假设细观尺度微小扰动量为 0 即得到基本边界条件[7]：

$$u_i^f(\hat{X},Y) - (F_{ik}^c(\hat{X}) - \delta_{ik})Y_k = 0$$

上式在非线性有限元弱形式中可通过拉格朗日乘子法施加：

$$\int_{\partial\Theta_Y} (u_i^f(\hat{X},Y) - (F_{ik}^c(\hat{X}) - \delta_{ik})Y_k)\lambda_i \mathrm{d}\gamma_Y = 0$$

③混合边界条件

综合"自然边界条件"和"基本边界条件"可得混合边界条件[7]：

$$\int_{\partial\Theta_Y} (u_i^f(\hat{X},Y) - (F_{ik}^c(\hat{X}) - \delta_{ik})Y_k)N_j^\Theta \mathrm{d}\gamma_Y = 0$$

$$|u_i^f(\hat{X},Y) - (F_{ik}^c(\hat{X}) - \delta_{ik})Y_k|N_j^\Theta| \leq Tol$$

混合边界条件施加方便且均匀化计算结果可信[7]，本文模拟采用混合边界条件。

3) 组分材料及界面本构关系

(1) 纤维损伤模拟

玻璃纤维为脆性材料，本章采用连续介质损伤力学描述纤维应力应变关系式：

$$\sigma_{ij} = (1-w)L_{ijkl}\varepsilon_{kl}$$

式中：L_{ijkl}——材料刚度矩阵；

w——损伤变量，假设 w 为等效应变 $\hat{\varepsilon}$ 的函数。

考虑纤维脆性特点，本文假设当纤维达到极限应变后即刻完全损伤。因此，纤维损伤扩展准则为：

$$w(\hat{\varepsilon}) = \begin{cases} 0 & \hat{\varepsilon} < {}^t\varepsilon_f^u \\ w_{\max} & \hat{\varepsilon} \geq {}^t\varepsilon_f^u \end{cases}$$

式中：$w_{\max}$——最大损伤系数，本文假设为 0.99；

${}^t\varepsilon_f^u$——纤维极限拉伸应变。等效应变 $\hat{\varepsilon}$ 可由主应变 $\bar{\varepsilon}_i$ 计算。在主应变坐标系中，剪应变为 0，根据 Mises 屈服准则，等效应变 $\hat{\varepsilon}$ 表达式如下：

$$\hat{\varepsilon} = \sqrt{\frac{2}{3}\sum_{i=1}^{3}\langle\bar{\varepsilon}_i\rangle^2}$$

由于纤维拉压极限应变并不相同，引入主压应变修正系数 χ 对主应变进行修正，则主应变表达式如下：

$$\langle \bar{\varepsilon}_i \rangle = \begin{cases} \bar{\varepsilon} & \bar{\varepsilon} \geq 0 \\ \chi\bar{\varepsilon} & \bar{\varepsilon} < 0 \end{cases}$$

主压应变修正系数 χ 按下式计算：

$$\chi = \frac{{}^t\varepsilon_f^u}{{}^c\varepsilon_f^u}$$

式中：${}^t\varepsilon_f^u$、${}^c\varepsilon_f^u$——纤维极限拉伸和压缩应变，${}^t\varepsilon_f^u$ 和 ${}^c\varepsilon_f^u$ 可由压缩极限强度和拉伸极限强度除以弹性模量进行计算。

纤维本构屈服面如下：

$$g(\hat{\varepsilon},r) = \hat{\varepsilon} - r \leq 0$$

当纤维发生损伤后，损伤不可逆；损伤系数不应随应力卸载而减小或消除。因此，纤维损伤本构关系应符合 Karush-Kuhn-Tucker 协调条件：

$$\dot{\omega} \geq 0, g(\hat{\varepsilon},r) \leq 0, \dot{\omega}g(\hat{\varepsilon},r) = 0$$

当材料存在刚度折减时，隐式求解法则较难收敛；本章采用黏聚系数的方法来减缓收敛问题，具体表达式如下[9]：

$$\dot{w}^v = \frac{1}{\eta}(w - w^v)$$

（2）树脂损伤模拟

树脂拉伸强度和压缩强度不同，采用摩尔-库仑屈服准则（Mohr-Coulomb）模拟树脂塑性性能。摩尔-库仑屈服准假设当材料滑动面最大剪应力超过材料剪切强度时，材料发生屈服。剪应力与材料正应力相关，具体表达式如下：

$$\tau = c - \sigma\tan\varphi$$

式中：c——材料内聚力；

φ——摩擦角。

环氧树脂内聚力和摩擦角可由其拉伸强度和压缩强度

由树脂拉伸强度和压缩强度可知，环氧树脂内聚力 c 为 49.01MPa，摩擦角 φ 为 11.53°。摩尔-库仑屈服准则屈服面[10]为：

$$F = R_{mc}q - p\tan\varphi - c = 0$$

其中，p 为静水压力：

$$p = \frac{1}{3}\sigma_{ii}$$

q 为 Mises 等效应力:

$$q = \sqrt{\frac{3}{2}(S:S)}$$

式中:S——偏应力张量,可表示为:

$$S = \sigma - pI$$

R_{mc} 为摩尔-库仑等效偏应力,计算式如下:

$$R_{mc} = \frac{1}{\sqrt{3}\cos\varphi}\sin\left(\Theta + \frac{\pi}{3}\right) + \frac{1}{3}\cos\left(\Theta + \frac{\pi}{3}\right)\tan\varphi$$

其中 Θ 为极角,由偏应力张量第三不变量 r 和 Mises 等效应力 q 计算:

$$\cos(3\Theta) = \left(\frac{r}{q}\right)^3$$

偏应力张量第三不变量 r:

$$r = \left(\frac{9}{2}S \cdot S:S\right)^{1/3}$$

(3)界面损伤模拟

采用双线性牵引力-位移损伤模型来模拟纤维和树脂界面性能。Turon[11,12]等研究表明,界面刚度 K_0 要足够大,以提供合适的刚度,但又不能太大以免引起数值振荡导致模型不收敛,建议界面刚度按下式计算:

$$K = \frac{\alpha E_z}{t}$$

式中:K——界面刚度修正参数,Turon[11,12]建议 α 最小值为50;

t——界面层厚度。

根据 Huang[13] 对层合板界面厚度的估算,本文假设细观胞元 RVE 界面层厚度为 RVE 胞元边长的 5%;E_z 假设为纤维弹性模量;三个方向界面刚度 K_0 均取为 $1 \times 10^8 \mathrm{MPa/mm}$。由于黏聚本构存在三个方向位移,多向应力屈服面[10]表达如下:

$$\left\{\frac{\langle t_n \rangle}{t_n^0}\right\}^2 + \left\{\frac{t_s}{t_s^0}\right\}^2 + \left\{\frac{t_t}{t_t^0}\right\}^2 - 1 = 0$$

式中:t_n、t_s、t_t——纯Ⅰ型、Ⅱ型和Ⅲ型牵引力分量;

t_n^0、t_s^0、t_t^0——纯Ⅰ型、Ⅱ型和Ⅲ型界面强度。

根据文献[14],t_n^0 为 60MPa,t_s^0 和 t_t^0 为 80MPa。

在损伤扩展阶段,界面刚度"K_0"将折减为"$(1-d)K_0$",采用双线性损伤扩展准则计算黏聚本构损伤因子。若 Cohesive 单元存在多个方向损伤,Benzeggagh-Kenane(B-K)[15] 断裂准则将用于计算等效断裂能:

$$G^C = G_n^C + (G_s^C - G_n^C)\left\{\frac{G_s + G_t}{G_n + G_s + G_t}\right\}^\eta$$

式中:G_n、G_s、G_t——纯Ⅰ型、Ⅱ型和Ⅲ型断裂能;

上标"C"——临界断裂能释放率,一般由标准断裂韧度试验获取。

根据 Zhang 等[16] 研究成果,Ⅰ型断裂能 G_n^C 为 $0.0682\text{J}\cdot\text{mm}^{-1}$,Ⅱ型和Ⅲ型断裂能 G_s^C 为 $0.4697\text{J}\cdot\text{mm}^{-1}$。材料参数 η 假设为 $1.8^{[15]}$。

1.3 多尺度数值模拟结果及讨论

如图 1.5 所示,以纤维体积率为 56.2%,建立细观 RVE 胞元模型。正方体尺寸为 $1\times1\times1$,纤维直径为 0.423。

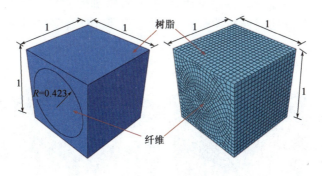

图 1.5 细观 RVE 模型

1.3.1 拉伸性能

图 1.6 为多尺度模拟拉伸应力应变曲线和试验比较。多尺度模拟纵向拉伸强度 T_{11}(1162.5MPa)比试验平均值(1146.0MPa)大 1.2%;多尺度模拟横向拉伸极限强度 T_{22}(48.7MPa)和竖向拉伸极限强度 T_{33}(48.5MPa)比试验平均值(47.5MPa)大 2.1%,多尺度模拟拉伸应力应变曲线和试验吻合较好,表明可用多尺度均匀化数值模拟方法有效预测单层板拉伸性能。

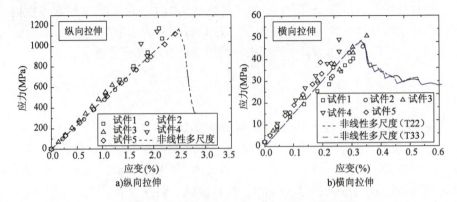

图1.6 多尺度模拟拉伸应力应变曲线和试验比较

图1.7为细观RVE纵向拉伸变形和Mises应力。图1.8为纵向拉伸纤维和基体损伤程度。由图可知,由于纤维弹性模量大于基体,纤维在纵向拉伸中起主要承载作用,其Mises应力远大于基体。随荷载增加,细观RVE沿11方向被拉长,树脂和纤维逐渐出现损伤,纤维和树脂界面出现脱胶现象。基体和纤维界面处损伤较明显,当纤维发生损伤后,整个RVE模型发生破坏。

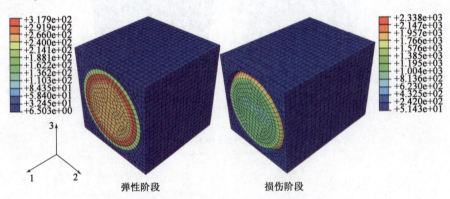

图1.7 纵向拉伸(T_{11})细观胞元Mises应力(MPa)

图1.9为细观RVE横向拉伸变形和Mises应力。图1.10为横向拉伸纤维和基体损伤程度。随荷载增加,基体逐渐出现损伤,且基体在界面处出现脱胶现象,当基体完全损伤后整个RVE模型发生破坏。在整个过程中纤维始终处于弹性阶段,没有出现损伤。

第 1 章 GFRP 材料多尺度数值模拟

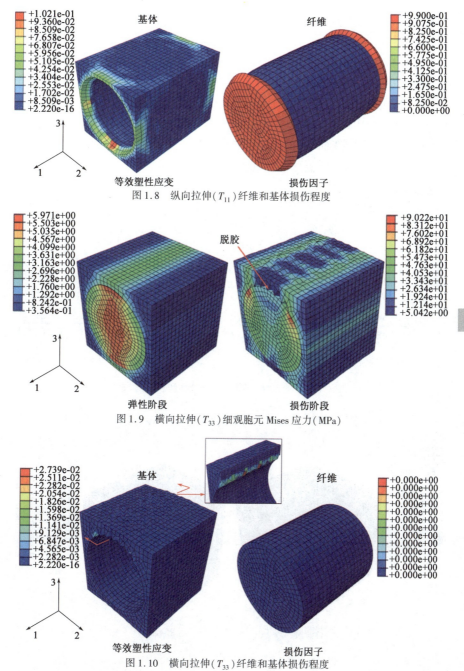

图 1.8 纵向拉伸(T_{11})纤维和基体损伤程度

图 1.9 横向拉伸(T_{33})细观胞元 Mises 应力(MPa)

图 1.10 横向拉伸(T_{33})纤维和基体损伤程度

1.3.2 压缩性能

图 1.11 为多尺度模拟压缩应力应变曲线和试验比较。多尺度模拟纵向压缩强度 C_{11}(821.3MPa)比试验平均值(1017.3MPa)小 19.2%；多尺度模拟横向压缩极限强度 C_{22}(172.7MPa)和竖向压缩极限强度(170.8MPa)比试验平均值(168.4MPa)大 2.5%。除纵向压缩极限强度略小于试验值外，多尺度模拟压缩应力应变曲线和试验值吻合较好，表明可用多尺度均匀化数值模拟方法有效预测单层板压缩性能。

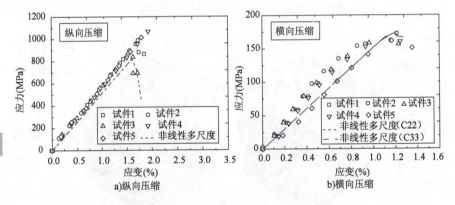

图 1.11 多尺度模拟压缩应力应变曲线和试验比较

图 1.12 为细观 RVE 模型纵向压缩变形和 Mises 应力。图 1.13 为纵向

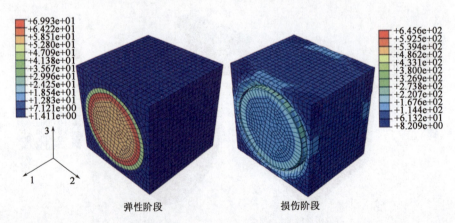

图 1.12 纵向压缩(C_{11})细观胞元 Mises 应力(MPa)

压缩纤维和基体损伤程度。由图可知,由于纤维弹性模量大于基体,纤维在纵向压缩中起主要承载作用,其 Mises 应力远大于基体。随荷载增加,细观 RVE 沿 11 方向被压短,树脂和纤维逐渐出现损伤,纤维和树脂界面部分出现脱胶现象。基体和纤维界面处损伤较明显,当纤维发生损伤后,整个 RVE 模型发生破坏。

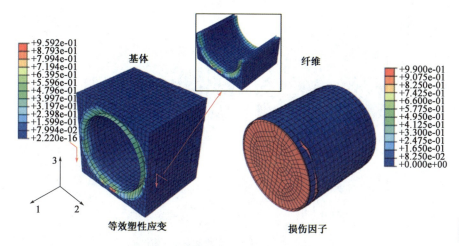

图 1.13　纵向压缩(C_{11})纤维和基体损伤程度

图 1.14 为横向压缩细观 RVE 模型变形和 Mises 应力。图 1.15 为横向压缩纤维和基体损伤程度。随荷载增加,基体逐渐出现损伤,且交界面处基体出现压溃现象,当基体完全损伤后整个 RVE 模型发生破坏。在整个过程中纤维始终处于弹性阶段,没有出现损伤。

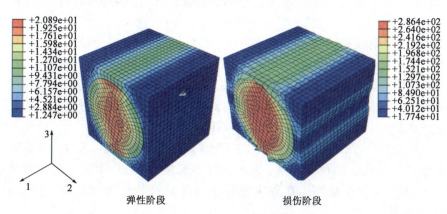

图 1.14　横向压缩(C_{33})细观胞元 Mises 应力(MPa)

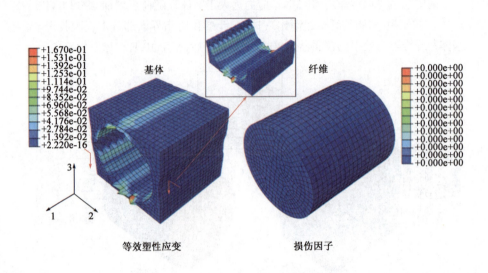

图1.15 横向压缩(C_{33})纤维和基体损伤程度

1.3.3 剪切性能

图1.16为多尺度模拟剪切强度和剪切应变关系和试验比较。多尺度模拟面内剪切强度S_{12}为48.99MPa,面内剪切强度S_{13}为49.02MPa,多尺度模拟结果比试验面内剪切强度(48.5MPa)大1.1%。多尺度模拟面内剪切应力应变曲线和试验值吻合较好,表明可用多尺度均匀化数值模拟方法有效预测单层板面内剪切性能。因为较难开展单层板横向剪切性能试验,多尺度模拟横向剪切性能可为宏观力学分析提供依据,横向剪切强度S_{23}模拟结果为48.5MPa。由此可知,单层板面内剪切强度和横向剪切强度差异较小,在宏观分析中可假设横向剪切强度与面内剪切强度相等。

图1.17~图1.20为细观RVE模型剪切变形和Mises应力、纤维和基体损伤程度。随荷载增加,基体逐渐出现损伤,当基体完全损伤后整个RVE模型发生破坏。在整个过程中纤维始终处于弹性阶段,没有出现损伤。

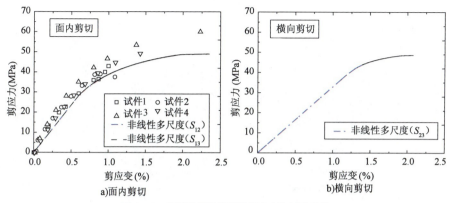

图1.16 多尺度模拟剪切强度应变和试验比较

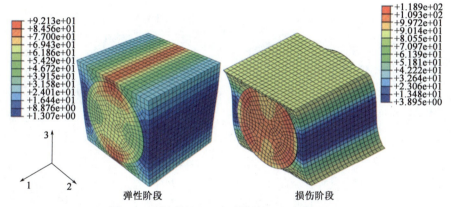

图1.17 面内剪切(S_{13})细观胞元Mises应力(MPa)

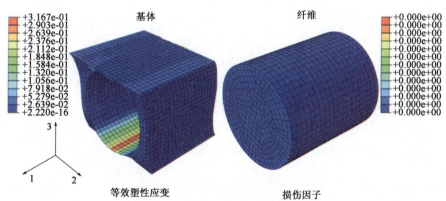

图1.18 面内剪切(S_{13})纤维和基体损伤程度

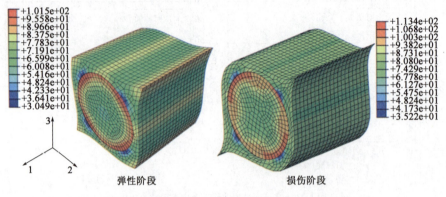

图 1.19 横向剪切(S_{23})细观胞元 Mises 应力(MPa)

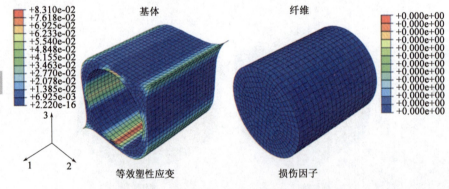

图 1.20 横向剪切(S_{23})纤维和基体损伤程度

1.4 结语

采用损伤力学模拟纤维失效、采用摩尔-库仑屈服准则模拟树脂失效、采用黏聚损伤模型模拟纤维和树脂界面性能,通过开展多尺度均匀化非线性有限元分析,有效模拟了单层板材料的力学性能。

本章参考文献

[1] Xin H,Liu Y,Mosallam A S,et al. Evaluation on material behaviors of pultruded glass fiber reinforced polymer(GFRP)laminates in bridge applica-

tion[J]. Composite Structures,2017,182: 283-300.

[2] Xin H,Mosallam A,Liu Y,et al. Experimental and numerical investigation on in-plane compression and shear performance of a pultruded GFRP composite bridge deck[J]. Composite Structures,2017,180: 914-932.

[3] Xin H,Mosallam A,Liu Y,et al. Analytical and experimental evaluation of Flexural Behavior of FRP pultruded composite profiles for bridge deck structural design [J]. Construction and Building Materials,2017,150: 123-149.

[4] Xin H,Mosallam A S,Liu Y,et al. Experimental and numerical investigation on assessing local bearing behavior of a pultruded GFRP bridge deck[J]. Composite Structures,2018,204: 712-730.

[5] Zuo Y,Mosallam A,Xin H,et al. Flexural performance of a hybrid GFRP-concrete bridge deck with composite T-shaped perforated rib connectors [J]. Composite Structures,2018,194: 263-278.

[6] 辛灏辉. GFRP桥面板材料-结构一体化设计方法研究[D]. 上海：同济大学.

[7] Fish J. Practical multiscaling[M]. John Wiley & Sons,2013.

[8] Fish J,Belytschko T. A first course in finite elements[J]. John Wiley & Sons,2007.

[9] Lapczyk I,Hurtado J A. Progressive damage modeling in fiber-reinforced materials[J]. Composites Part A: Applied Science and Manufacturing,2007,38(11): 2333-2341.

[10] ABAQUS V.6.14 Documentation. Dassault Systemes Simulia Corporation,2014.

[11] Turon A,Camanho P P,Costa J,Dávila C G. A damage model for the simulation of delamination in advanced composites under variable-mode loading [J]. Mechanics of Materials,2006,38(11): 1072-1089.

[12] Turon A,Davila C G,Camanho P P,Costa J. An engineering solution for mesh size effects in the simulation of delamination using cohesive zone models[J]. Engineering fracture mechanics,2007,74(10): 1665-1682.

[13] Huang Z-M,Zhou Y-X. Springer Science & Business Media,2012. Strength of fibrous composites[M]. 2012.

[14] Song K,Dávila C G,Rose C A. Guidelines and parameter selection for the simulation of progressive delamination[C]// ABAQUS User's Conference,

2008,41:43-44.

[15] Benzeggagh M L, Kenane M. Measurement of mixed-mode delamination fracture toughness of unidirectional glass/epoxy composites with mixed-mode bending apparatus[J]. Composites science and technology,1996,56(4):439-449.

[16] Zhang Y, Vassilopoulos A P, Keller T. Mode I and II fracture behavior of adhesively-bonded pultruded composite joints[J]. Engineering Fracture Mechanics,2010,77(1):128-143.

第1章 GFRP材料多尺度数值模拟

刘玉擎 教授

同济大学桥梁工程系教授、博士生导师,1996年毕业于日本九州大学并获博士学位。致力于组合结构桥梁方向的研究,出版《组合结构桥梁》《组合折腹桥梁设计模式指南》等专著。参加《公路钢结构桥梁设计规范》《公路钢混组合桥梁设计与施工规范》等行业标准的编制工作。主持国家自然科学基金、国家863科技计划、交通运输部等国家和省部级科研项目多项,并负责承担苏通长江大桥、上海长江大桥、鄂东长江大桥、荆岳长江大桥、九江长江公路大桥、望东长江大桥、石首长江大桥、深中通道、厦门第二东通道等工程中有关钢与组合结构方面的专题研究。

辛灏辉 博士

1991年2月出生,2017年10月毕业于同济大学并获博士学位,现为代尔夫特理工大学博士后。致力于钢与组合结构、FRP材料应用等的研究,在 *Composites Part B: Engineering*、*Composite Structures*、*Construction and Building Materials*、*Journal of Constructional Steel Research*、*International Journal of Mechanical Sciences* 等期刊已发表论文约27篇并被SCI收录。

第 2 章 混凝土氯离子扩散多尺度数值模拟

潘子超,陈艾荣

同济大学桥梁工程系,上海,200092

2.1 引言

长期以来,混凝土结构的性能退化一直是设计与维护的一个重要话题。其中,环境中有害物质的传输成为混凝土构件性能退化的诱因。与混凝土性能退化密切相关的传输过程主要包括:①水分传输;②氯离子传输;③二氧化碳等酸性气体传输;④硫酸根传输。其中,水分传输是物质传输研究的基础,因为绝大多数有害物质都可以溶解于水,并随着水分传输而到达混凝土内部。因此,水分的传输过程虽然不直接引起混凝土的性能退化,但混凝土的水分传输过程会影响氯离子、二氧化碳等物质的传输过程,并通过后者间接地影响混凝土的耐久性能。因此,水分的传输过程在整个混凝土耐久性研究中占有十分基础的地位。

关于混凝土中水分传输问题的一些代表性研究综述如下。Bažant 和 Najjar 研究了非饱和混凝土中的水分扩散过程(Bažant and Najjar,1972)。他们首先推导得出了以相对湿度梯度为驱动力的水分传输控制方程,并通过对试验数据的拟合,建立了水分扩散系数与相对湿度的函数关系,即提出了水分传输过程的非线性特性。这一研究成果得到了其他学者的广泛认同（Conciatori 等,2010；Kim and Lee,1999；Li,C. Q. 等,2008a,2008b；Martin-Perez 等,2001；West and Holmes,2005）。Xi 等人进一步发展了 Bažant 和 Najjar 的水分非线性扩散模型,并对水分的扩散机理进行了更为详细的论述（Xi,Y.,Bažant,& Jennings,1994；Xi,Y.,Bažant,Molina,等,1994）。他们将水分传输过程划分为一般扩散、Knudsen 扩散和表面扩散三类,并给出了以水灰比为主要参数的水分扩散系数预测模型。Xi 还进一步研究了复合物的水分吸附问题,建立了基于 BET 理论的非线性吸附模型,并将其用于混凝土材料中（Xi,Y. P.,1995a,1995b）。Kim 和 Lee 研究了考虑混凝土早期自收缩条件下的水分扩散问题,采用的控制方程形式上与 Bažant 和 Najjar 的基本相同（Kim and Lee,1999）。通过针对低、中、高三种强度混凝土的室内试验,验证了数值模型的正确性,但计算中采用的水分扩散系数是根据试验数据拟合得到的,研究中并未提供该参数的预测模型。国外针对水分传输的其他研究可参考其他相关文献（Andrade 等,1999；Baroghel-Bouny,2007a,2007b；Jacobsen,2005；Li,K. F. 等,2009；Sadouki and van Mier,1997；van Breugel and Koenders,2000；Wang,S. X. 等,2009）。

国内方面,沈春华系统研究了水泥基材料中的水分传输问题,内容涉及饱和液相传输、非饱和液相传输、非饱和气相传输等多个方面（沈春华,2007）。研究中主要通过干湿杯法、水蒸气吸附法、切片称重法等传统试验方法揭示水泥基材料中的水分传输、水分吸附等现象的机理。此外,作者还采用基元体积法（RVE）,建立了以水饱和度梯度为驱动力的非饱和水分传输模型。李春秋等人研究了干湿循环条件下的水分传输问题,采用的数值模型同样以水饱和度梯度为驱动力（Li,C. Q. 等,2008a,2008b）。研究结果显示,干湿循环对水分传输过程的影响仅体现在构件暴露面的表层,对内部的水分传输过程影响很小。这一结论与 FIP 模式规范和 DuraCrete 中的观点一致。李春秋等人还进一步研究了混凝土中水分传输的边界条件,认为第一类边界条件（Dirichlet 边界）不仅符合实际情况,而且计算的稳定性较好,建议在今后的耐久性计算中作为基本准则（李春秋等,2009）。

在水分传输的基础上,国内外也陆续开展了针对氯离子传输过程的研究。总体来说,氯离子在混凝土中的传输主要包括扩散、对流和迁移三种形式,如图 2.1 所示。在一些文献中,氯离子的传输形式还包括毛细吸收等,但这些形式均可以归纳到对流过程中。

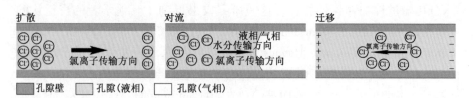

图2.1 氯离子在混凝土中的传输机理

在氯离子扩散问题的研究中,氯离子的扩散系数是最为关键的一个参数。对于绝大多数的混凝土,氯离子的扩散系数一般在 $1.0 \times 10^{-12} \sim 1.0 \times 10^{-11} m^2/s$ 的数量级上。具体取值受很多因素的影响,主要包括:①温度(Chen and Mahadevan,2008;Collepardi 等,1972;Ishida 等,2009;Kong 等,2002;Page 等,1981);②混凝土龄期(Costa and Appleton,1999a,1999b;Mangat and Molloy,1994);③水灰比(Bentz,2000,2007;Bentz et al,2000;Garboczi and Bentz,1992);④相对湿度(Martin-Perez 等,2001;Saetta and Vitaliani,2005);⑤活性添加剂(Shekarchi 等,2009;Thomas and Bamforth,1999)等。

在实际工程中,混凝土通常被认为是一种均质材料。然而,在细观、微观等更小尺度上,混凝土显示出明显的非均质性。在细观尺度上,混凝土可视为一种由水泥浆、骨料和界面层组成的三相复合材料。其中,水泥浆被视为一种各向同性的均质材料。在微观尺度上,可将水泥浆进一步分解为水泥颗粒、孔隙、水化产物等各相物质。

宏观尺度上的研究与实际工程联系最为紧密。例如,通过标准化试验得出氯离子扩散系数,带入到基于 Fick 定律的解析模型中直接就可以求出氯离子的浓度并估算钢筋的开始锈蚀时间。然而,这种分析由于没有考虑到混凝土材料在小尺度上的非均质性,对骨料等小尺度上的组分的影响考虑不够。而小尺度上的分析虽然精细,但计算量太大,工程应用无法接受。在这种情况下,多尺度分析方法是一种折中的选择。其基本思想是,从宏观模型中选择一个代表元(RVE),在这个 RVE 中进行细观尺度的分析,然后通过某种均质化原则算出一个等效参数并返回到宏观尺度上。如有必要,这个过程可以分为多个步骤,即"宏观—细观—微观"。

本文将采用细-宏观两个尺度上的多尺度方法分析氯离子在混凝土中的扩散过程。首先,分别针对卵石和碎石型骨料建立基于椭圆和多边形的混凝土细观模型。模型中的骨料以级配和长宽比为主要控制参数。其次,采用中子成像技术研究骨料对水分传输的影响,为细观尺度上的氯离子扩散问题的研究提供参考。最后，分别在宏观和细观尺度上建立氯离子扩散系数的计算模型，着重在细观尺度上讨论了骨料参数，例如级配、形状、含量等对表观氯离子扩散系数的影响，并通过概率性方法得出了表观氯离子扩散系数的随机特性。

2.2 混凝土的细观模型

2.2.1 混凝土骨料级配理论

2.2.1.1 理想骨料级配

良好的骨料级配是保证混凝土密实度的关键，而混凝土的高密实度一方面能够提高混凝土的力学性能，另一方面也可以延缓有害物质在混凝土内部的侵蚀过程。为了指导实际工程中的骨料选择，各国学者先后提出了多种骨料级配曲线，这些曲线通常以质量积累分布函数的形式给出。以应用最为广泛的 Fuller 级配为例，其表达形式为：

$$P_{3M}(D) = \left(\frac{D}{D_{\max}}\right)^{0.5} \quad (2.1)$$

式中：D——骨料粒径；

$D_{\max}$——骨料最大粒径；

$P_{3M}(D)$——所有粒径小于 D 的骨料质量占所有骨料质量的百分比。

2.2.1.2 规范中的骨料级配

与理想级配不同，规范中的骨料级配按照砂和石两种不同大小的骨料分别给出。按照我国规范《建设用砂》(GB/T 14684—2011) 和《建设用卵石、碎石》(GB/T 14685—2011) 的规定，粒径小于 4.75mm 的骨料为细骨料，大于 4.75mm 的骨料为粗骨料。其中，《建设用砂》将细骨料级配分为 1 区、2 区和 3 区三种类型，大致对应于粗、中、细三种砂。《建设用卵石、碎石》将粗骨料级配分为连续粒级和单粒粒级两种类型，目前工程中一般采用连续粒级。受钢筋间距等因素的限制，钢筋混凝土构件中所采用的粗骨料最大粒径一般不超过 30mm。

2.2.2 满足任意长宽比的骨料生成算法

骨料的长宽比对混凝土的性能有很大的影响。在力学性能方面，长宽比过大的骨料,会造成混凝土受力不均,在骨料表面容易形成应力集中,因此规范对针、片状骨料的含量有明确的规定。在耐久性能方面,已有研究表明,采用高长宽比骨料浇筑而成的混凝土,有较好的抗渗性能(Pan 等,2014; Zheng, J. 等,2012)。因此,除骨料级配外,本文将长宽比作为骨料质量的主要控制指标。

骨料的长宽比应根据骨料的形状分别定义。对于椭圆形骨料,其长宽比定义为长半轴和短半轴的比值,即:

$$\beta = a/b \qquad (2.2)$$

式中:a、b——椭圆的长短半轴长度。

对于多边形骨料,长宽比可定义为所有外接矩形长宽比的最大值,即:

$$\beta = \max(\beta_i) = \max(h_i/l_i) \qquad (2.3)$$

式中:h_i、l_i——外接矩形的长度和宽度。

2.2.2.1 基于椭圆形的卵石骨料模拟

卵石骨料的特点是,表面光滑,没有明显的棱边和角点。针对这些特点,可采用椭圆模拟卵石骨料的外形。椭圆形骨料的形状可以通过参数(a、b、a)唯一确定。其中,a 和 b 分别为椭圆的长半轴和短半轴。a 为椭圆在 $x-y$ 平面内的旋转角,是一个服从 $[0,2\pi]$ 之间均匀分布的随机变量。为了保证生成的椭圆形骨料满足给定的骨料级配,首先确定二维骨料面积累积分布函数,随机生成圆形骨料。然后根据给定的长宽比,对圆形骨料进行拉伸,从而形成椭圆形骨料。

椭圆形的重合性可根据两个椭圆所对应的特征值方程的解来判定(Wang, W. P. 等,2001)。这种方法不仅能够得到精确的判定结果,同时只需判断公式解的数量和符号,而不需要得到解的具体数值,因此有较高的计算效率。

根据以上讨论编写了椭圆形骨料的模拟程序,其输入参数包括:二维骨料面积累积分布函数(以离散点的形式给出),骨料最大及最小粒径,椭圆形骨料的长宽比,模型尺寸,骨料面积分数等。输出参数包括每个椭圆形骨料的长短半轴、旋转角和中心点的坐标。图 2.2 给出了通过该程序得到的一些模拟结果。

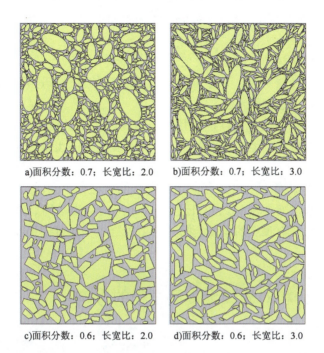

a) 面积分数: 0.7; 长宽比: 2.0   b) 面积分数: 0.7; 长宽比: 3.0

c) 面积分数: 0.6; 长宽比: 2.0   d) 面积分数: 0.6; 长宽比: 3.0

图 2.2 椭圆形骨料模拟示例

2.2.2.2 基于多边形的碎石骨料模拟

与卵石骨料不同，碎石骨料有明显的棱边和角点，因此宜采用多边形对碎石骨料的外形进行模拟。多边形骨料的生成比椭圆形骨料复杂得多，需要在圆形骨料的基础上，依次经过切割、拉伸和缩放三个步骤才能得到符合给定长宽比，并且面积与圆形骨料相同的多边形骨料。

（1）切割

当圆形骨料生成后，首先根据给定的多边形边数，将圆周等分为若干段，在每一段中随机产生顶点。这一步主要是为了避免在完全随机的情况下，多边形顶点过于集中而给后续有限元分析中的网格划分带来困难。之后，依次连接在每个等分段中随机生成的顶点，形成最初的多边形。这种切割方法可以有效避免内凹多边形的产生。

（2）拉伸

圆形骨料经切割后得到的多边形不一定满足给定的长宽比，因此首先需要计算出该多边形的实际长宽比，并记录该长宽比所对应的基准边。之后,根据给定的长宽比,沿着与基准边垂直的方向,对原多边形进行拉伸。

(3) 缩放

与椭圆形骨料的生成方法类似,在形成最终的多边形骨料时,要求其面积与初始圆形骨料一致。为此,需要对经拉伸后的多边形进行等比例缩放,同时不能改变多边形的形状。

多边形骨料的重合性判定包括两个步骤。首先根据面积法,判断多边形的顶点是否位于其他多边形内;其次,判断多边形的边是否与其他多边形的边相交。

根据上述流程,同样编写了多边形骨料的模拟程序,其输入参数除椭圆形骨料模拟程序所要求的之外,还包括多边形的边数范围。输出参数为每个多边形骨料所有顶点的全局坐标。图 2.2 给出了通过该程序得到的一些模拟结果。

2.3 骨料对混凝土传质过程的影响

2.3.1 水分传输的中子成像试验

为了研究水分在混凝土中的传输过程,首先浇筑了如图 2.3 所示的砂浆和两类混凝土试块,分别包含了 4 个和 9 个骨料,砂浆和混凝土试块的水灰比、水泥类型、养护条件均相同;其次,采用如图 2.3c)所示的试验装置使得水分在毛细吸收的作用下向混凝土内部扩散;再次,利用中子成像原理观测混凝土试块中的水分含量。

a) 粗骨料的形状及尺寸

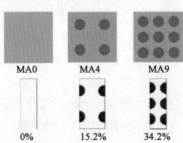

b) 粗骨料的位置及体积分数

图 2.3

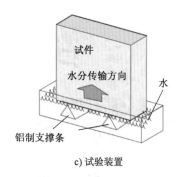

c) 试验装置

图 2.3 混凝土试件采用的粗骨料

试验所观测得到的水分含量分布情况如表 2.1 所示。限于篇幅,以下仅给出了部分结果。其中,白色区域为含水区域,灰色区域为无水区域,黑色区域为粗骨料。从图片可以看出,在粗骨料的影响下,水分的传输锋面不再是一条水平的直线,而是呈现一定程度的扭曲。其中,当水分接近粗骨料表面时,同一水平位置处,靠近粗骨料处的水分含量要高于远离粗骨料的区域。水分传输锋面为"凹型"曲线。而当水分远离粗骨料表面时,同一水平位置处,靠近粗骨料处的水分含量要小于远离粗骨料的区域。水分传输锋面为"凸型"曲线。因此,在整个水分传输过程中,粗骨料均具有一种吸引水分的能力。这种现象在 MA4 和 MA9 试件中均存在,尤以 MA9 试件更为突出。

砂浆及混凝土试件的中子成像试验结果　　　表 2.1

时间 (min)	MA0	MA4	MA9
$t=210$			

续上表

时间(min)	MA0	MA4	MA9
$t=2880$	20.0mm	20.0mm	20.0mm

2.3.2 水分传输的数值模拟

为了解释表 2.1 中的试验现象，开展了相应的数值模拟研究。首先推导得出了如下所示的水分传输控制方程：

$$\frac{\partial w}{\partial t} = \mathrm{div}(D_\mathrm{w} \cdot \nabla w) \qquad (2.4)$$

式中，$w = \rho\phi S$ 为单位体积混凝土含有的水分质量，D_w 为水分扩散性系数。这个公式虽然在形式上与 Fick 第二定律十分相似，但由于推导过程中综合考虑了液态和气态水分的传输，因此 D_w 与一般意义上的水分扩散系数不同，可称其为"水分扩散性系数"。研究表明（Bažant and Najjar，1972），上式中的 D_w 是一个与 w 有关的量。因此，首先可根据各时刻砂浆中的水分含量的分布结果反推出 D_w 和 w 的关系，部分结果如图 2.4 所示。

其次，采用有限元对上式进行求解。其中，水泥浆单元的水分扩散性系数按照图 2.4 取值，骨料单元的水分扩散性系数为零。计算中不考虑骨料与水泥浆界面层的影响。

2.3.3 分析与讨论

数值模拟得到的水分含量与试验结果的对比如表 2.2 和表 2.3 所示。限于篇幅，表中只给出了一些具有代表性的结果。

第 2 章　混凝土氯离子扩散多尺度数值模拟

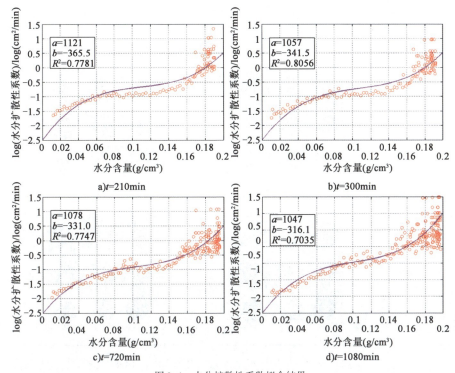

图 2.4　水分扩散性系数拟合结果

四骨料试件的模拟结果及与试验结果的对比（水分含量分布云图）表 2.2

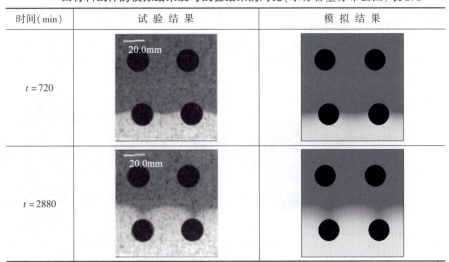

九骨料试件的模拟结果及与试验结果的对比(水分含量分布云图) 表2.3

时间(min)	试 验 结 果	模 拟 结 果
$t = 300$		
$t = 1440$		

为了进一步比较试验结果与模拟结果的异同,在试验及模拟得到的图片的相同位置,沿着水分传输方向或垂直于水分传输方向绘制直线,在该直线上读取图片的像素点灰度值,根据灰度值进一步得到水分含量在该直线上的分布曲线,结果如表2.4和表2.5所示。

骨料试件的模拟结果及与试验结果的对比(水分含量分布曲线) 表2.4

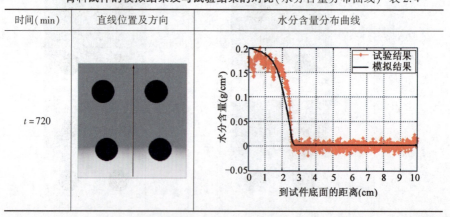

时间(min)	直线位置及方向	水分含量分布曲线
$t = 720$		

续上表

时间(min)	直线位置及方向	水分含量分布曲线
$t=2880$	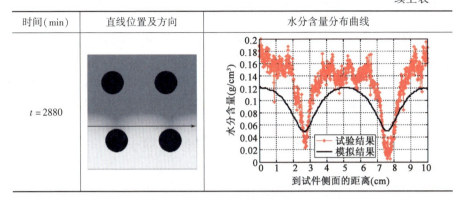	

九骨料试件的模拟结果及与试验结果的对比(水分含量分布曲线) 表2.5

时间(min)	位置及方向	水分含量分布曲线
$t=1080$	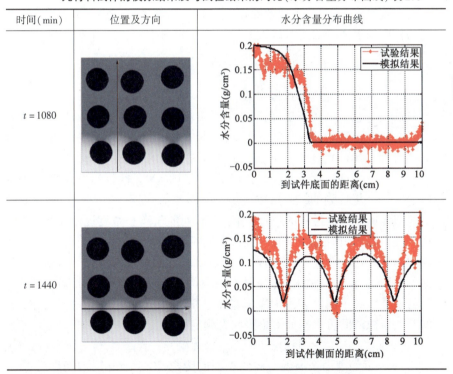	
$t=1440$		

根据上述试验和数值结果可以看出,在细观尺度上,水分的传输锋面不再是一条直线,而是出现一定程度的扭曲。这种扭曲现象主要是由水分沿骨料表面的绕流以及骨料对水分传输通道的压缩所引起的。由于这种因素

与骨料的形状和位置密切相关,因此后者也必然会影响到水分传输锋面的形态。

上述研究虽然是针对水分传输过程开展的,但由于水分传输与氯离子扩散、二氧化碳扩散等其他物质扩散过程具有相同的数学本质(数学物理方程),因此上述研究所得到的结论同样适用于其他物质的扩散过程。以下将在本节研究的基础上,讨论细观尺度上的混凝土氯离子扩散问题。

2.4 细-宏观氯离子扩散过程多尺度分析

2.4.1 宏观尺度上的氯离子扩散过程

在宏观尺度上,混凝土通常被视为一种均质和各向同性材料。此时,混凝土构件中的氯离子浓度可以根据如下所示的Fick定律的解析解来计算:

$$C_f = C_0 + (C_s - C_0) \cdot \left[1 - \mathrm{erf}\left(\frac{x}{2\sqrt{D_{app} \cdot t}} \right) \right] \quad (2.5)$$

式中:D_{app}——表观氯离子扩散系数;

C_0——初始氯离子浓度,对于河砂混凝土,一般情况下有$C_0 = 0$;对于海砂混凝土,C_0的取值在规范中有严格的限定(JGJ 206—2010),计算中可偏安全地取规定值的上限;

C_s——表面氯离子浓度。该参数一般作为耐久性设计方法中氯盐环境区划的控制参数。

随着氯离子扩散过程的进行,钢筋表面处的氯离子浓度逐渐增加,当其增加到一个临界值时,钢筋的钝化层破坏,钢筋开始锈蚀。目前对临界氯离子浓度的研究比较杂乱,无论是定义还是试验方法都没有定论。Angst等人对这一问题进行了详细的文献综述(Angst 等,2009)。为便于计算和测量,一般将临界氯离子浓度表示为总氯离子浓度C_t的形式。在这种定义下,钢筋的开始锈蚀时间可根据如下极限状态确定:

$$C_t(x_s, T_{corr}) = C_c^t \quad (2.6)$$

式中:x_s——钢筋表面至混凝土构件表面的距离,对于最外层钢筋则为保护层厚度;

T_{corr}——钢筋的开始锈蚀时间;

C_c^t——临界氯离子浓度。自由与总氯离子浓度之间存在如下所述的关系：
$$C_t = C_f + C_b = C_f \cdot [1 + f_b(C_f)] \tag{2.7}$$

式中：C_b——黏结氯离子浓度；

$f_b(C_f) = C_b/C_f$，为氯离子的吸附曲线函数。

根据上述公式，同时考虑到 $\text{erf}(x) = 2x/\sqrt{\pi}$ 的近似关系，可得：

$$T_{\text{corr}} = \frac{x_s^2}{\pi \cdot D_{\text{app}}} \cdot \frac{(C_s - C_0)^2}{(C_s - C_c)^2} \tag{2.8}$$

式中：$C_c = C_c^t/[1 + f_b(C_f)]$。

可见，对氯离子侵蚀过程的分析以及钢筋开始锈蚀时间的预测，最终归结为如何确定表观氯离子扩散系数。

2.4.1.1 表观氯离子扩散系数的一般模型

表观氯离子扩散系数受很多因素的影响。这些因素大致可以划分为两类，一类是来自外界环境的影响因素，例如：温度、相对湿度等最基本的环境参数；另一类则是来自混凝土材料本身，例如：水灰比、水泥类型、骨料用量等材料参数。由于目前在机理研究方面的不足，这些因素的影响只能通过一种多因子的方法来考虑。这种方法的基本思想是：首先设定一个标准状态，包括标准环境和标准材料。其次在这个标准状态下，测定氯离子的扩散系数，并定义该系数为基准扩散系数。再次，改变环境和材料参数，测定不同状态下的氯离子扩散系数。最后，根据试验结果，确定无量纲形式的影响函数，来考虑某一个参数对表观氯离子扩散系数的影响。因此，这种多因子方法可用如下所示的模型来描述：

$$D_{\text{app}} = D_0(x_1^0, x_2^0, \cdots, x_n^0) \cdot f_1(x_1) \cdot f_2(x_2) \cdots f_n(x_n) \tag{2.9}$$

式中：$x_1 \sim x_n$——n 个影响因素；

D_0——扩散系数基准值；

$x_1^0 \sim x_n^0$——测定 D_0 时的参数；

$f_1 \sim f_n$——n 个影响函数，这些函数通常相互独立，仅包含一个未知量。

2.4.1.2 水灰比的影响

混凝土的水灰比是决定水泥浆材料性能的一个重要参数。一般而言，水灰比越大，经养护后得到的硬化水泥浆的孔隙率也越大，因此氯离子扩散系数也越大。然而，如何定量地描述水灰比对氯离子扩散系数的影响，目前尚无定论。本文采用了 Ababneh 等人提出的计算模型（Ababneh 等,2003），如下式所示。该模型同时考虑养护时间 t_0 和水灰比（w/c）的影响,计算得到的即为水泥浆中的氯离子扩散系数基准值 D_0。

$$D_0 = \frac{28-t_0}{62500} + \left[\frac{1}{4} + \frac{28-t_0}{300}\right](w/c)^{6.55} \qquad (2.10)$$

2.4.1.3 相对湿度的影响

氯离子必须溶于水才能传输,因此混凝土的水分含量对氯离子的扩散系数有显著的影响。水分含量越高,可供氯离子溶解的载体越多,其扩散速度越快。在大气环境中,混凝土一般都处于非饱和状态,其含水量通常用相对湿度的形式来表示。此时,混凝土含水量对氯离子扩散系数的影响可通过下式来考虑（Ababneh 等,2003）:

$$f_h(h) = \left[1 + \frac{(1-h)^4}{(1-h_c)^4}\right]^{-1} \quad (h_c = 0.75) \qquad (2.11)$$

式中：h——相对湿度；

h_c——临界相对湿度；

$f_h(h)$——相对湿度影响函数。

上述模型最早见于 Bažant 等人对水分传输问题的研究（Bažant and Najjar,1972）。主要特点是,当相对湿度远离 h_c 时,氯离子扩散系数几乎与相对湿度无关,而当相对湿度接近 h_c 时,氯离子扩散系数出现明显的突变。

2.4.1.4 温度的影响

从热力学的角度,氯离子在 Fick 定律下的运动,实际是上大量粒子随机行走过程的统计结果。温度越高,粒子所具有的能量越多,其运动能力也越强,使得宏观上的氯离子扩散速度也越快。

温度对氯离子扩散系数的影响可采用 Arrhenius 定律来描述,如下式所示：

$$f_T(T) = \exp\left[\frac{U}{R}\left(\frac{1}{T_0} - \frac{1}{T}\right)\right] \qquad (2.12)$$

式中：T——实际温度（K）；

T_0——基准温度,通常为 297K；

R——理想气体常数；

U——活化能,U 的取值比较复杂。

Page 等人根据试验结果确定了三种水灰比条件下 U 的取值,可作为一种参考(Page 等,1981)。但实际上,U 还受到水泥类型等其他因素的影响。

2.4.1.5 黏结效应的影响

在氯离子侵蚀过程中,一部分氯离子会与 C_3A 发生化学反应生成 Friedel 盐,或者被 C-S-H 等物质吸附而丧失移动能力。这种化学结合和物理吸附而导致的黏结效应会降低混凝土孔隙溶液中的自由氯离子含量,从而降低表观氯离子扩散系数。

氯离子的黏结效应一般以氯离子的等温吸附曲线来描述。室内试验得出的吸附曲线多呈现非线性,通常以 Freundlich 和 Langmuir 吸附模型来描述。而在现场暴露试验中测得的吸附曲线则多呈线性,即总氯离子含量与自由氯离子含量之间近似成比例关系。根据一些长期现场实测得到的数据可以得出,混凝土中的总氯离子含量与自由氯离子含量的比值在 1.1130 ~ 1.4821 之间。在实际计算中,可以偏安全地选择 $C_t = 1.1130 C_f$。

2.4.1.6 应力状态的影响

混凝土构件的受力状态对氯离子的侵蚀速度有一定的影响。一般而言,拉应力和压应力对氯离子的侵蚀过程分别有加速和延缓两种效果。这与混凝土的孔隙形态以及微裂缝等微观尺度上的结构特点有关。在宏观尺度上,一般根据试验结果,通过影响因子来修正氯离子的扩散系数,如下式所示。

$$f_\sigma = f(\sigma) \tag{2.13}$$

由于混凝土材料自身的离散性以及试验装置和方法的不同,不同试验研究中得出的 f_σ 的表达形式不同。在常见的混凝土工作拉应力范围内,大部分的 f_σ 取值在 1.0 ~ 1.3 之间。因此,在计算中可偏安全地取 $f_\sigma = 1.3$。而对于压应力,可偏安全地不考虑其对氯离子扩散过程的延缓作用,即取 $f_\sigma = 1.0$。

2.4.2 细观尺度上的计算方法

2.4.2.1 均质化方法

对于氯离子扩散过程,细观尺度上的分析最终得到的是宏观尺度上的表观氯离子扩散系数。因此,需要采用均质化方法分析骨料对表观氯离子扩散系数的影响。对于氯离子扩散问题,细-宏观尺度上的均质化流程可总结为:①根据骨料级配选择代表体积元(RVE),其尺寸应远大于级配中骨料的最大粒径;②在 RVE 中随机生成骨料,形成细观模型,采用背景网格方法形成有限元网格;③定义氯离子在水泥浆和界面层中的扩散系数 D_{cp} 和 D_{ITZ},

氯离子在骨料中的扩散系数则近似为 0；④设定初始及边界条件，如图 2.5 所示，并进行稳态分析，得到细观尺度上的氯离子浓度分布 $C_f(x,y)$；⑤计算每个单元中，氯离子沿着 y 轴方向上的通量 J_i；⑥建立如下等效原则：

$$J_{me} = J_{ma} \qquad (2.14)$$

式中：$J_{me} = \sum(J_i A_i)/\sum A_i$，为细观尺度上的氯离子总通量；

$J_{ma} = D_{app} \cdot C_s/L$，为宏观尺度上的氯离子通量。因此，表观氯离子扩散系数可按下式计算：

$$D_{app} = \frac{\sum(J_i A_i)}{\sum A_i} \cdot \frac{L}{C_s} \qquad (2.15)$$

式中：A_i——第 i 个单元的面积；

L——计算模型的长度。

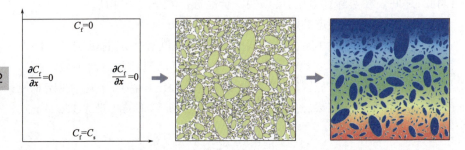

图 2.5　细-宏观计算方法流程示意图

2.4.2.2　界面层扩散系数标定

界面层是混凝土细观模型中一个十分重要的组成部分。界面层的厚度以及氯离子在界面层中的扩散系数将直接影响到数值模拟结果的准确性和可信性。一般而言，界面层的孔隙率高于水泥浆，因此，可以根据孔隙率的变化情况来确定界面层的厚度。结合一些试验报告，可认为界面层的厚度一般在 10~50μm 之间（Ollivier 等,1995；Scrivener and Nemati,1996）。

相比较界面层的厚度，氯离子在界面层中的扩散系数则更加难以测定。目前只能通过一种反算法来间接推测界面层中的氯离子扩散系数。这种方法的思路为：针对两个骨料含量不同但其他参数相同的砂浆或混凝土试件，测定氯离子扩散或迁移系数。然后，假定界面层的厚度，结合数值模型，不断调整界面层中的氯离子扩散系数，直至能与这两个试件的试验结果吻合为止。根据这种方法，Zheng 等人得出了 $t_{ITZ} = 30\mu m, D_{ITZ}/D_{cp} \approx 5.0$ 的结果

(Zheng,J. J. 等,2009)。

本文采用了背景网格方法对几何模型进行网格划分。这种情况下,界面层的厚度是由网格大小决定的,网格密度越小,界面层的厚度也越大。受计算规模的限制,在细观尺度的分析中,一般无法将网格细化至 $10\sim50\mu m$ 的水平。因此,在实际的计算分析中,界面层的厚度一般都大于 $50\mu m$,有时甚至会达到 $500\mu m$。随着界面层厚度的增加,为了保证计算结果与试验结果一致,界面层中的氯离子扩散系数必然降低。由此可见,界面层的厚度与氯离子扩散系数之间有某种函数关系:

$$D_{ITZ}/D_{cp} = f(t_{ITZ}) \tag{2.16}$$

为了得到上述函数的具体形式,首先通过调整背景网格的网格密度,改变界面层的厚度,然后结合试验结果,不断改变氯离子在界面层中的扩散系数,直至能与试验结果吻合为止。根据这一思路,结合 Yang 和 Su 的试验结果(Yang and Su,2002),对上式进行了标定。最终得到了如下结果:

$$D_{ITZ}/D_{cp} = \frac{a}{t_{ITZ}} + 1 \tag{2.17}$$

式中:$a = 145.8$,t_{ITZ} 的单位为 μm。

2.4.3 骨料的影响

2.4.3.1 随机分布类型

在混凝土的细观模型中,骨料形状、旋转角以及位置的随机性都会对 D_{app}/D_{cp} 产生影响,这给 D_{app}/D_{cp} 随机分布类型的确定造成了很大的困难。然而根据大数定律,若干随机变量相加而得到的新随机变量可近似认为服从正态分布。因此,首先尝试采用正态分布对 D_{app}/D_{cp} 进行拟合。

为此,计算得出了 500 个细观模型所对应的 D_{app}/D_{cp} 样本。计算中所采用的工况为:骨料长度比 $\beta = 3.0$,骨料面积分数 $A_{agg} = 0.4$,模型长度 $L = 0.04m$,界面层厚度 $t_{ITZ} = 200\mu m$,界面层和水泥浆扩散系数比 $D_{ITZ}/D_{cp} = 1.74$。图 2.6a)给出了计算结果的正态分布图,图中的直线代表某种理想正态分布,数据点偏离直线越小,代表数据越服从正态分布。图 2.6b)则采用正态分布对 D_{app}/D_{cp} 的样本进行了拟合。此外,对"D_{app}/D_{cp} 服从正态分布"进行了假设检验。上述结果均表明,可以认为 D_{app}/D_{cp} 服从正态分布。

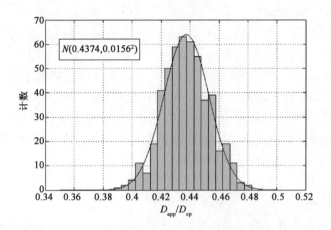

图2.6 D_{app}/D_{cp} 随机分布类型识别

2.4.3.2 骨料级配的影响

为了研究骨料级配对 D_{app}/D_{cp} 的影响,这里参照《建设用卵石、碎石》的规定,选择粒径位于 4.75~19mm 之间的两种级配曲线进行比较分析,如图 2.7a)所示。这两种级配的主要区别是,I 级配比 II 级配含有更多的小颗粒骨料。

计算中采用椭圆形骨料,长宽比为 $\beta = 2.0$。其余计算参数为:$A_{agg} = 0.4$,$L = 0.05\text{m}$,$t_{ITZ} = 250\mu\text{m}$,$D_{ITZ}/D_{cp} = 1.74$。两种级配下的计算结果如图 2.7b)所示。

根据计算结果可以发现,I 级配的 D_{app}/D_{cp} 平均值大于 II 级配,这是由于和 II 级配相比,I 级配含有更多的小颗粒骨料,因此其界面层的总面积大于 II 级配。由于界面层的渗透性大于水泥浆,而两种级配的骨料总面积相等,因此在宏观尺度上,I 级配条件下的氯离子扩散系数大于 II 级配。

2.4.3.3 骨料形状的影响

由于本文将卵石和碎石骨料的形状分别近似为椭圆和多边形,而椭圆又可看作是一个具有很多条边的特殊多边形,因此这里主要讨论多边形边数和长宽比对 D_{app}/D_{cp} 的影响。

为此,将细观模型中所有骨料的形状分别限定为正三角形、正四边形、正五边形、正六边形和圆形五种情况。针对每种形状,随机生成 500 个细观模型,并求得各模型对应的 D_{app}/D_{cp}。然后采用正态分布对计算结果进行拟合,结果如图 2.8 所示。

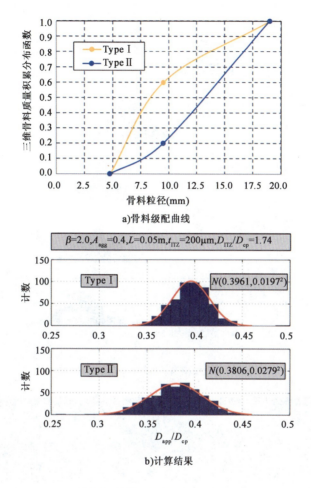

图 2.7 骨料级配对 D_{app}/D_{cp} 的影响

从上图的计算结果可以发现,随着多边形骨料边数的增多,D_{app}/D_{cp} 的平均值增加,而方差基本保持不变。这主要是因为,在面积相等的条件下,多边形骨料对氯离子扩散路径的扭曲程度要高于圆形骨料,而这种扭曲程度又会随着多边形边数的增加而降低。为了更加形象地解释这一问题,可以根据模型中各节点的氯离子通量绘制出流线图,如图 2.9 所示。可以看出,随着骨料越来越接近圆形,流线的扭曲程度越来越小,表明骨料对氯离子运动的阻碍越小。

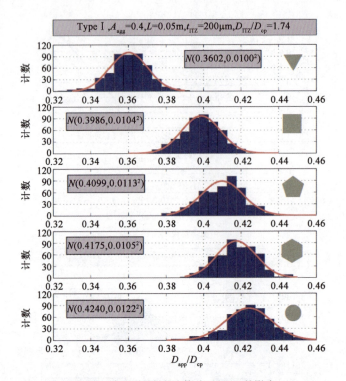

图 2.8 多边形骨料的边数对 D_{app}/D_{cp} 的影响

图 2.9 骨料形状对氯离子绕流的影响

上述结论体现在实际工程上则意味着,相比较卵石骨料,采用碎石骨料制成的混凝土具有更好的抗氯离子侵蚀性能。多数情况下,卵石骨料的光滑以及近似流线形的表面不能对氯离子的侵入产生足够的阻碍作用。

长宽比是骨料形状的另一个控制参数。现有规范对过于细长的针、片状骨料的用量有严格的限定,但主要是基于力学性能的考虑。这是因为,过于细长的骨料,容易造成骨料表面的应力集中,形成微裂缝。为了研究骨料长宽比对氯离子扩散过程的影响,这里以椭圆形骨料为例,令长宽比分别为

1.0、2.0 和 3.0,计算得出 D_{app}/D_{cp} 的分布类型,如图 2.10 所示。

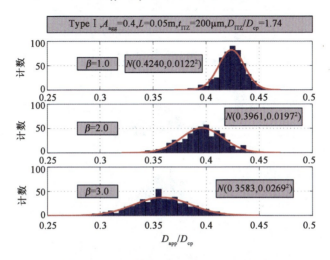

图 2.10 椭圆形骨料长宽比对 D_{app}/D_{cp} 的影响

根据计算结果可知,随着骨料长宽比的增加,D_{app}/D_{cp} 的平均值减小。这一结论与 Zheng 等人的研究以及扩展的 Bruggemann 公式一致(Granqvist and Hunderi,1978;Zheng,J. 等,2012)。因此仅从平均值的角度出发,为保证混凝土具有良好的抗氯离子侵蚀性能,所采用的骨料长宽比应越大越好。但另一方面,D_{app}/D_{cp} 的方差随着骨料长宽比的增加而增加,这一趋势与平均值正好相反。

2.4.3.4 RVE 尺寸的影响

本文建立的细观分析方法的实质是根据小尺度试件的材料属性计算大尺度构件的耐久性退化过程,因此尺寸效应的影响不可忽略。为此,令 RVE 长度分别为 $L=0.05\text{m}$、0.10m、0.15m,计算得出了三种情况下的 D_{app}/D_{cp},如图 2.11 所示。

由计算结果可知,随着细观模型尺寸的增加,D_{app}/D_{cp} 的平均值保持不变,但方差逐渐减小。由于上述尺寸效应的存在,选择合适的细观模型尺寸对于正确评价 D_{app}/D_{cp} 的概率特性至关重要。对于大体积素混凝土构件,骨料的分布仅仅受到边界的约束。同时,由于构件实际尺寸很大,因此一般可不考虑 D_{app}/D_{cp} 的概率特性,而以确定性方法考察骨料对氯离子扩散系数的影响(即采用 D_{app}/D_{cp} 的平均值计算氯离子在此类构件中的扩散过程)。而

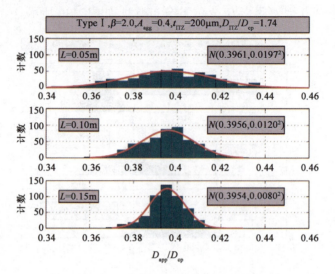

图 2.11　细观模型大小对 D_{app}/D_{cp} 的影响

对于钢筋混凝土构件,则建议采用保护层厚度作为细观模型的尺寸。一方面,钢筋对骨料的分布有类似于构件边界的约束效应,使得骨料的局部含量在钢筋表面有一个明显的下降,并且这一效应将随着钢筋间距的减少而增强。另一方面,钢筋的锈蚀时间主要是由氯离子在保护层内的扩散过程决定的,讨论该区域内的骨料分布对氯离子扩散系数的影响更有实际意义。

2.4.3.5　骨料含量的影响

骨料含量的增加对氯离子扩散过程有正反两个方面的影响。一方面,随着骨料含量的增加,骨料的稀释效应和扭曲效应会更加明显。但另一方面,骨料含量的增加也必然导致边界层面积的增加,这又有利于氯离子的扩散。多数试验表明,稀释和扭曲效应占主导地位。因此在保持骨料级配不变的条件下,随着骨料含量的增加,表观氯离子扩散系数降低。但受成本和时间的限制,试验中制备的试件个数一般都很少,不足以进行概率方面的研究。

为此,采用数值方法,计算得出了 $A_{agg}=0.2$、0.4、0.6 三种情况下的 D_{app}/D_{cp},如图 2.12 所示。由计算结果可知,随着骨料含量的增加,D_{app}/D_{cp} 平均值降低,这与多数试验结果保持一致。同时,D_{app}/D_{cp} 的方差也随着骨料含量的增加而降低。

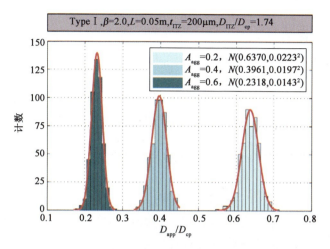

图2.12 骨料面积分数对 D_{app}/D_{cp} 的影响

2.4.3.6 小结

前面采用概率性方法研究了骨料参数对氯离子扩散系数的影响,所得出的主要结论可以用图2.13来总结。能够看出,对于骨料级配和长宽比,由于 D_{app}/D_{cp} 的平均值和方差的变化趋势相反,因此很难给出一般性的优化结果。这两个参数一般需要根据实际情况来确定。而对于骨料含量,D_{app}/D_{cp} 的平均值和方差的变化趋势一致,均随着骨料含量的增加而降低,因此在保证混凝土工作性能的前提下,骨料的用量越多,越有利于提高混凝土的抗氯离子侵蚀性能。

D_{app}/D_{cp}	平均值	方差
骨料级配MX↙	↙	≡
骨料长宽比↙	≡	↙
骨料含量↙	≡	≡

注:这里采用MX来表征骨料级配中的小颗粒含量。
蓝色框表示工程上的期望结果。

图2.13 骨料对氯离子扩散系数影响的概率性评价

2.5 结语

本章首先针对卵石和碎石型骨料,建立了基于椭圆和多边形的混凝土骨料模型,以级配和长宽比为主要控制参数。其次,针对水分传输问题,采用中子成像技术分析了细观尺度上,骨料对物质传输的影响。再次,在细-宏观两个尺度上,通过均质化方法研究了氯离子扩散问题。最后以一个工程案例阐述了多尺度方法的应用。通过本章的研究,可以得出如下结论:

(1)由于水分沿骨料表面的绕流以及骨料对水分传输通道的压缩,骨料会扭曲水分传输锋面。由于这种因素与骨料的形状和位置密切相关,因此后者也必然会影响到水分传输锋面的形态。

(2)由于细观模型的随机性,宏观尺度上的表观氯离子扩散系数应视为一个随机变量。分析结果表明,该随机变量可认为服从正态分布。

(3)骨料级配对表观氯离子扩散系数有一定的影响。随着小颗粒骨料含量的增加,表观氯离子扩散系数的平均值也随着增加,但方差随之减小。

(4)相比较卵石形骨料,碎石形骨料对氯离子传输路径的扭曲效应更为明显,因此能降低表观氯离子扩散系数。

(5)骨料的长宽比越大,表观氯离子扩散系数的平均值越小,但方差随之增大。从概率性方法的角度,同时结合当前规范的规定,应当避免使用长宽比过大的骨料。

(6)细观模型尺寸对表观氯离子扩散系数的方差有显著的影响。对于大体积混凝土构件,可不考虑表观氯离子扩散系数的随机性。对于钢筋混凝土构件,细观模型尺寸应按照最外层钢筋的保护层厚度确定。

(7)随着骨料含量的增加,表观氯离子扩散系数的平均值和方差均随之减小。

本章所建立的方法可用于预测钢筋混凝土构件中主要受力钢筋的开始锈蚀时间。由于表观氯离子扩散系数的随机性,计算得出的钢筋开始锈蚀时间也为随机变量,并服从正态分布。

本章内容得到了国家自然科学基金(51608377)的资助,在此表示感谢。

本章参考文献

[1] Ababneh, A., Benboudjema, F., and Xi, Y. P. Chloride penetration in nonsaturated concrete[J]. J. Mater. Civ. Eng., 2003, 15(2):183-191.

[2] Andrade, C., Sarria, J., and Alonso, C. Relative humidity in the interior of concrete exposed to natural and artificial weathering[J]. Cem. Concr. Res., 1999, 29(8):1249-1259.

[3] Angst, U., Elsener, B., Larsen, C. K., and Vennesland, O. Critical chloride content in reinforced concrete -A review[J]. Cem. Concr. Res., 2009, 39(12):1122-1138.

[4] Baroghel-Bouny, V. Water vapour sorption experiments on hardened cementitious materials-Part I: Essential tool for analysis of hygral behaviour and its relation to pore structure[J]. Cem. Concr. Res., 2007, 37(3):414-437.

[5] Baroghel-Bouny, V. Water vapour sorption experiments on hardened cementitious materials. Part II: Essential tool for assessment of transport properties and for durability prediction[J]. Cem. Concr. Res., 2007, 37(3):438-454.

[6] Bažant, Z., and Najjar, L. Nonlinear water diffusion in nonsaturated concrete [J]. Matériaux et Construction, 1972, 5(1):3-20.

[7] Bentz, D. P. Influence of silica fume on diffusivity in cement-based materials II. Multi-scale modeling of concrete diffusivity[J]. Cem. Concr. Res., 2000, 30(7):1121-1129.

[8] Bentz, D. P. A virtual rapid chloride permeability test[J]. Cem. Concr. Compos., 2007, 29(10):723-731.

[9] Bentz, D. P., Jensen, O. M., Coats, A. M., and Glasser, F. P. Influence of silica fume on diffusivity in cement-based materials I. Experimental and computer modeling studies on cement pastes[J]. Cem. Concr. Res., 2000, 30(6):953-962.

[10] Chen, D., and Mahadevan, S. Chloride-induced reinforcement corrosion and concrete cracking simulation[J]. Cem. Concr. Compos., 2008, 30(3):227-238.

[11] Collepardi, M., Marcialis, A., and Turriziani, R. Penetration of Chloride Ions

into Cement Pastes and Concretes[J]. J. Am. Ceram. Soc., 1972, 55(10): 534-535.

[12] Conciatori, D., Laferriere, F., and Bruhwiler, E. Comprehensive modeling of chloride ion and water ingress into concrete considering thermal and carbonation state for real climate[J]. Cem. Concr. Res., 2010, 40(1): 109-118.

[13] Costa, A., and Appleton, J. Chloride penetration into concrete in marine environment - Part I: Main parameters affecting chloride penetration[J]. Mater. Struct., 1999, 32(218): 252-259.

[14] Costa, A., and Appleton, J. Chloride penetration into concrete in marine environment - Part II: Prediction of long term chloride penetration[J]. Mater. Struct., 1999, 32(219): 354-359.

[15] Garboczi, E. J., and Bentz, D. P. Computer-Simulation of the Diffusivity of Cement-Based Materials[J]. J. Mater. Sci., 1992, 27(8): 2083-2092.

[16] Granqvist, C. G., and Hunderi, O. Conductivity of inhomogeneous materials: Effective-medium theory with dipole-dipole interaction[J]. Phys. Rev. B, 1978, 18(4): 1554-1561.

[17] Ishida, T., Iqbal, P. O. N., and Anh, H. T. L. Modeling of chloride diffusivity coupled with non-linear binding capacity in sound and cracked concrete [J]. Cem. Concr. Res., 2009, 39(10): 913-923.

[18] Jacobsen, S. Calculating liquid transport into high-performance concrete during wet freeze/thaw[J]. Cem. Concr. Res., 2005, 35(2): 213-219.

[19] Kim, J. K., and Lee, C. S. Moisture diffusion of concrete considering self-desiccation at early ages[J]. Cem. Concr. Res., 1999, 29(12): 1921-1927.

[20] Kong, J. S., Ababneh, A. N., Frangopol, D. M., and Xi, Y. P. Reliability analysis of chloride penetration in saturated concrete[J]. Probabilistic Engineering Mechanics, 2002, 17(3): 305-315.

[21] Li, C. Q., Li, K. F., and Chen, Z. Y. Numerical Analysis of Moisture Influential Depth in Concrete and Its Application in Durability Design[J]. Tsinghua Science and Technology, 2008, 13(S1): 7-12.

[22] Li, C. Q., Li, K. F., and Chen, Z. Y. Numerical Analysis of Moisture Influential Depth in Concrete During Drying-Wetting Cycles[J]. Tsinghua Science and Technology, 2008, 13(5): 696-701.

[23] Li, K. F., Li, C. Q., and Chen, Z. Y. Influential depth of moisture transport in concrete subject to drying-wetting cycles[J]. Cem. Concr. Compos., 2009, 31(10):693-698.

[24] Mangat, P. S., and Molloy, B. T. Prediction of Long-Term Chloride Concentration in Concrete[J]. Mater. Struct., 1994, 27(170):338-346.

[25] Martin-Perez, B., Pantazopoulou, S. J., and Thomas, M. D. A. Numerical solution of mass transport equations in concrete structures[J]. Comput. Struct., 2001, 79(13):1251-1264.

[26] Ollivier, J. P., Maso, J. C., and Bourdette, B. Interfacial Transition Zone in Concrete[J]. Advanced Cement Based Materials, 1995, 2(1):30-38.

[27] Page, C. L., Short, N. R., and El Tarras, A. Diffusion of chloride ions in hardened cement pastes[J]. Cem. Concr. Res., 1981, 11(3):395-406.

[28] Pan, Z., Ruan, X., and Chen, A. Chloride diffusivity of concrete: probabilistic characteristics at meso-scale[J]. Comput. Concr., 2014, 13(2):187-207.

[29] Sadouki, H., and van Mier, J. G. M. Meso-level analysis of moisture flow in cement composites using a lattice-type approach[J]. Mater. Struct., 1997, 30(10):579-587.

[30] Saetta, A. V., and Vitaliani, R. V. Experimental investigation and numerical modeling of carbonation process in reinforced concrete structures Part II. Practical applications[J]. Cem. Concr. Res., 2005, 35(5):958-967.

[31] Scrivener, K. L., and Nemati, K. M. The percolation of pore space in the cement paste/aggregate interfacial zone of concrete[J]. Cem. Concr. Res., 1996, 26(1):35-40.

[32] Shekarchi, M., Rafiee, A., and Layssi, H. Long-term chloride diffusion in silica fume concrete in harsh marine climates[J]. Cem. Concr. Compos., 2009, 31(10):769-775.

[33] Thomas, M. D. A., and Bamforth, P. B. Modelling chloride diffusion in concrete-Effect of fly ash and slag[J]. Cem. Concr. Res., 1999, 29(4):487-495.

[34] Van Breugel, K., and Koenders, E. Numerical simulation of hydration-driven moisture transport in bulk and interface paste in hardening concrete[J]. Cem. Concr. Res., 2000, 30(12):1911-1914.

[35] Wang, S. X., Utaka, Y., and Tasaki, Y. An experimental study on moisture transport through a porous plate with micro pores[J]. Int. J. Heat Mass Transfer, 2009, 52(19-20):4386-4389.

[36] Wang, W. P., Wang, J. Y., and Kim, M. S. An algebraic condition for the separation of two ellipsoids[J]. Computer Aided Geometric Design, 2001, 18(6):531-539.

[37] West, R. P., and Holmes, N. Predicting moisture movement during the drying of concrete floors using finite elements[J]. Constr. Build. Mater., 2005, 19(9):674-681.

[38] Xi, Y., Bažant, Z. P., and Jennings, H. M. Moisture diffusion in cementitious materials Adsorption isotherms[J]. Advanced Cement Based Materials, 1994, 1(6):248-257.

[39] Xi, Y., Bažant, Z. P., Molina, L., and Jennings, H. M. Moisture diffusion in cementitious materials moisture capacity and diffusivity[J]. Advanced Cement Based Materials, 1994, 1(6):258-266.

[40] Xi, Y. P. A model for moisture capacities of composite materials Part I: formulation[J]. Comput. Mater. Sci., 1995, 4(1):65-77.

[41] Xi, Y. P. A model for moisture capacities of composite materials Part II: application to concrete[J]. Comput. Mater. Sci., 1995, 4(1):78-92.

[42] Yang, C. C., and Su, J. K. Approximate migration coefficient of interfacial transition zone and the effect of aggregate content on the migration coefficient of mortar[J]. Cem. Concr. Res., 2002, 32(10):1559-1565.

[43] Zheng, J., Zhou, X., Wu, Y., and Jin, X. A numerical method for the chloride diffusivity in concrete with aggregate shape effect[J]. Constr. Build. Mater., 2012, 31(6):151-156.

[44] Zheng, J. J., Wong, H. S., and Buenfeld, N. R. Assessing the influence of ITZ on the steady-state chloride diffusivity of concrete using a numerical model[J]. Cem. Concr. Res., 2009, 39(9):805-813.

[45] 李春秋,李克非,陈肇元. 混凝土中水分传输的边界条件研究[J]. 工程力学, 2009, 26(8):74-81.

[46] 沈春华. 水泥基材料水分传输的研究[D]. 武汉:武汉理工大学, 2007.

潘子超　助理研究员

博士,硕士生导师。2014 年毕业于同济大学桥梁工程系,获博士学位;2014～2016 年在荷兰代尔夫特理工大学做博士后;2016 年 5 月至今在同济大学桥梁工程系任助理研究员。主要研究领域包括混凝土材料数值仿真、混凝土构件耐久性数值模拟、多尺度多物理场数值模拟技术、桥梁全寿命设计理论与方法等。主持国家自然科学基金青年基金、同济大学高峰学科(交叉类)等项目;参与多项国家自然科学基金面上项目、863 计划项目、交通部西部科技项目等。共发表 SCI 论文 10 篇,EI 论文若干,专著一部,参与多次国际会议。

陈艾荣　教授

博士,博士生导师。1983 年毕业于同济大学桥梁工程专业,1983～1989 年在西安公路学院公路工程系任助教、讲师;1996～1997 年在德国斯图加特大学做访问学者,1997 年获得同济大学工学博士学位。

主要研究领域为桥梁结构寿命周期设计理论、桥梁造型与设计伦理、桥梁管理与养护方法与技术、多尺度多物理场数值模拟技术、极端事件下的桥梁安全性能、多尺度结构拓扑优化理论等。他主持了国内 40 余座大跨径桥梁的抗风设计、审查及风洞试验工作,参与并主持了我国桥梁抗风设计规范的编写,主持编写了国内第一部桥梁景观与造型设计规范,提出了全寿命设计方法与工程实践结合的具体方法。近年来他在结构多尺度分析理论方面也做了大量工作,出版了《细观尺度上的钢筋混凝土结构耐久性数值模拟》。多年来陈艾荣教授培养硕士、博士研究生百余人,发表论文 200 余篇,出版专著十余部,承担了国家自然科学基金、国家高技术研究发展计划(863 计划)、国家科技支撑计划、交通部西部科技项目、交通部规范项目等国家和省部级项目近二十余项;参与苏通长江大桥、泰州长江大学等重大桥梁工程的科研和咨询服务近百项,担任苏通长江大桥设计副总负责人、矮寨大桥和九江长江二桥等大桥工程的特聘专家。

陈艾荣教授担任中国公路学会桥梁与结构工程分会副理事长、上海市公路学会桥梁与结构工程专业委员会主任委员,同时为国际桥梁安全与维护协会(IABMAS)执行委员会委员、国际桥梁安全与维护协会中国团组

(IABMAS-China Group)的发起人和召集人、国际结构与建筑学会副主席。多次在重大国际会议中进行大会发言,并担任学术委员会、咨询委员会委员等职务,任第七届国际桥梁安全与维护会议主席(IABMAS2014)。担任 Journal of Bridge Engineering(ASCE)、Structural Concrete 等十余种学术期刊的特邀审稿人。

第 3 章 正交异性钢桥面板疲劳开裂过程的多尺度分析

陈艾荣,王本劲

同济大学桥梁工程系,上海,200092

3.1 引言

正交异性钢桥面板作为拥有卓越承载能力的轻型结构,在世界各地的大跨径桥梁建设中得到了广泛应用。然而,正交异性钢桥面板的焊缝及附近区域极易产生疲劳问题(Fisher,1970,Wolchuck,1990)。考虑到我国桥梁建设在制造、施工和管理养护阶段缺乏长期经验,可能导致正交异性钢桥面板的实际疲劳性能较差,尤其在开展的大规模、快节奏的桥梁建设的前提下,更可能留下疲劳问题的隐患。我国现有部分桥梁的正交异性钢桥面板所暴露的疲劳问题无疑证明了这一点,其中出现的疲劳开裂现象导致了桥梁使用性能和耐久性能的大幅降低。

在正交异性钢桥面板的各类疲劳裂纹中,U 肋-顶板焊缝裂纹是危害性最大的一类。如英国的 Severn Bridge 和荷兰的 Second Van Brienenoord 桥,均在通行数年后开始在 U 肋-顶板焊缝出现穿透顶板的疲劳裂纹(Wolchuck,1990,Maljaars 等,2012)。其原因主要在于这类裂纹较难检测和识别,可能扩展至穿透顶板,使得局部产生锈蚀等问题,进一步加速疲劳破坏进程。并且,由于疲劳开裂导致的局部刚度降低,使得局部变形增大,极易导致桥面铺装层损坏,影响桥梁使用性能。已有研究将这一细节处的疲劳失效形式归纳为以下三种:①焊缝焊趾处穿透 U 肋开裂;②焊缝焊趾处穿透顶板开裂;③焊缝焊根通过焊喉的开裂(王春生 & 冯亚成,2009)。另外,实际桥梁中也存在源于 U 肋-顶板焊缝焊根的裂纹穿透顶板的开裂。

已有研究从不同角度揭示了这一疲劳问题的成因,如较短影响线导致的高循环次数(Nunn & Cuninghame,1974);面外弯矩的作用导致局部应力较高(Xiao 等,2008);严重的焊接缺陷(如未焊透)等(Ya & Yamada,2008,Sim & Uang,2012)。但实质上,这一结构形式的疲劳问题远高于预期的原因在于其疲劳设计阶段采用的安全寿命设计思想,主要基于应力-寿命关系给出结构或构件疲劳性能的物理规律,保证结构服役期内的应力幅及相应的疲劳失效寿命满足需求。这类方法对疲劳的过程没有深入的分析,也无法解释疲劳问题产生的机理,当实际工程的疲劳开裂过程中涉及不同尺度下的影响因素及其耦合作用时,则很难保证其疲劳设计的可靠性。并且,由于忽视了疲劳问题发生的机理及过程,难以对带损伤构件对整体结构性能的影响做出准确评价,导致了疲劳设计与实际桥梁的管理养护工作的矛盾。与之相比,基于断裂力学理论的损伤容限设计思想可以通过对疲劳损伤的检测及裂纹扩展寿命分析,保证在已有损伤的情况下结构的承载能力及剩余寿命满足要求,在疲劳问题敏感的航空工程、船舶工程(Lassen & Sorensen,2002)和车辆工程(Mahadevan & Ni,2003)中有重要应用。然而,在桥梁工程中,由于疲劳裂纹与结构的尺度差异较大,进行无损探伤等检测要求的精度极高且工作量极大,暂时还没有将损伤容限的思想引入正交异性钢桥面板疲劳设计的实际案例。

因此,需要在多个尺度上对正交异性钢桥面板 U 肋-顶板焊缝的疲劳过程进行分析,考虑带裂纹结构的性能退化及剩余寿命,最终提出适应结构全寿命周期的疲劳设计理论及方法。本章内容主要通过考虑疲劳过程的试验及断面微/细观结构特征分析,深入理解其疲劳机理及行为,并建立开裂区域的微/细观模型及其与宏观结构相连接的多尺度方法,根据断裂力学方法对这一跨尺度的疲劳过程进行模拟,形成针对正交异性钢桥面板 U 肋-顶板焊缝的疲劳评价方法。相应地,本章的组织结构如下:第二节介绍所开展的过程导向的疲劳试验,并通过试件的疲劳断口显微观察对其行为进行分析;基于对其疲劳行为的认识,第三节基于扩展有限元方法建立了考虑随机性的裂纹扩展模拟数值工具及均质化方法;第四节建立了疲劳问题数值模拟的多尺度方法,对试验的疲劳开裂过程进行了定量分析,并根据不同阶段的影响因素提出了分阶段疲劳评价方法;第五节提出了主要研究结论及之后有待继续研究的方向。

3.2 疲劳试验

在评价正交异性钢桥面板焊缝的疲劳强度方面,疲劳试验始终被认为是最具说服力的方法。大多数正交异性钢桥面板疲劳研究,最后的疲劳强度评估方面均采用了经典的应力-寿命关系,即 S-N 曲线。Kolstein(2007)总结了 1974~2000 年间开展的共计 245 次正交异性钢桥面板焊缝疲劳试验,总结了其应力-寿命关系,并与 EN 1993-1-9(NBN,2005)中的 S-N 曲线进行了比较。经过大量的经验累积,这一方法在实践中无疑是有效的,同时也是多数疲劳设计标准或规范建议的方法。然而,S-N 曲线仅给出了试件最终破坏的循环次数,而忽略了疲劳裂纹扩展的整个过程。这首先将使得部分疲劳裂纹扩展的参数的影响难以计入,如应力幅变化、平均应力变化、开裂区域微观结构、裂纹扩展方向等,导致疲劳寿命的不准确。此外,由于正交异性钢桥面板上存在大量的焊缝,这一方法也不利于引入随机性/不确定性,而这对于正交异性钢桥面板这类涉及复杂荷载作用的高周疲劳问题实际上相当重要。

因此,为了更好地解释疲劳试验结果的离散性,并深入理解疲劳裂纹扩展过程,需要对正交异性钢桥面板焊缝开展以过程导向的疲劳试验,同时结合试件断口分析,从机理上理解正交异性钢桥面板的疲劳开裂过程。

3.2.1 试验设计

已有试验研究大多基于小尺度试件设计。其中,最早的小尺度试件疲劳试验由 Maddox(1974)开展,其研究中考虑到小尺度试件与真实情况不完全相符,通过改变边界条件和加载位置进行了一系列试验,从而使得顶板或加劲肋上产生与实际荷载作用下类似的应力状态。近年来,也有部分研究对大尺度模型进行了疲劳试验,其试件通常由数个纵向加劲肋及至少两根横梁组成(Tsakopoulos & Fisher,2005;Sim 等,2009;Kainuma 等,2016)。受益于试件的较大尺寸,这些试验往往可获得具有更加真实的边界条件,使其响应更接近于车轮荷载作用下的响应。但考虑到疲劳开裂过程研究导向的正交异性钢桥面板疲劳试验需求,应保证疲劳试验的可重复性,从而更好地避免试验结果离散性的影响。因此,出于现阶段及未来试验成本考虑,适用小尺度试件进行疲劳试验。

3.2.1.1 试件及边界条件

根据正交异性钢桥面板模型中 U 肋-顶板焊缝细节的应力状态,同时综合考虑实验室的条件,确定了疲劳试验试件和边界条件,如图 3.1 所示。试件由一个 U 肋及顶板组成。试件材料采用 S355 钢,其制造根据正交异性钢桥面板常用的加工方式,通过埋弧焊方法对两个长 4 m 的试件进行焊接,再分别切割成 10 个等长的小尺度试件,分别以罗马数字和阿拉伯数字编号。试验边界条件为:右边距离焊缝 300mm 处为简支,在距离另一侧焊缝 150mm 处为固支。在实验室中,采用两个由螺栓连接的梁夹住顶板以实现固支,而采用 20mm 直径的辊支承以模拟简支。试件所受的疲劳荷载为右侧焊缝以左 80mm 处施加的线荷载。

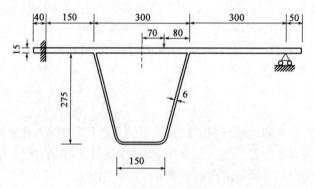

图 3.1 疲劳试验设计(尺寸单位:mm)

实际疲劳试验中,对试件的加载采用固定于重型钢梁上的液压系统,反力支座为图 3.2a)所示的三角形钢制支承底座。试件的固定边界条件采用螺栓连接的两个矩形钢梁实现,见图 3.2b),而简单支承通过两个直径为 20mm 的钢辊实现,见图 3.2c)。上部液压系统与圆柱形支架在水平方向固定,载荷由接触面为曲面(半径 50mm)的加载梁传递至试件顶板,见图 3.2d)。由此,可基本保证试件上所加的荷载是线荷载,且加载方向始终保持竖直方向。出于整体系统的稳定性原因考虑,除试件Ⅷ试验中部分采用了6Hz加载频率外,其余试件加载频率均为4Hz。

图 3.2　试件的支承系统

3.2.1.2　数据采集

针对本研究中最重要的关注点,即疲劳裂纹扩展过程,在疲劳试验设计中需要尽可能得到更多有关疲劳裂纹的信息。对于正交异性钢桥面板这类大尺度土木工程结构,在断面上观察到的疲劳弧线可有效追踪其疲劳开裂过程,但从已有试验看来,试件断口上获得的疲劳弧线数量相当有限,或者几乎无法被观察到(Ya 等,2011;Kainuma 等,2016)。因此,研究计划在疲劳试验中采用特殊设计的疲劳荷载序列,通过变幅加载在断面上产生较为清楚的疲劳弧线。因此,在试验中不可避免地需要通过合理调整疲劳荷载序列的设计,以得到最佳的可观测的疲劳弧线。

此外,试验中也利用应变计测量了关键位置附近的应变值。为得到顶板的弯曲应力及膜应力,将应变计安装在顶板上下表面,且考虑到焊趾和焊根附近的应力集中问题,应变计在这两处布置较多。完整的应变计布置位置如图 3.3 所示,按应变计所处构件的表面,以从左至右,从上至下的顺序编号,即顶板上表面(Top Deck)的应变计记为 TD1 ~ TD5,下表面(Bottom Deck)的记为 BD1 ~ BD9,U 肋外表面(Top Stiffener)记为 TS1 ~ TS7,内表面(Bottom Stiffener)的记为 BS1 ~ BS7。由于焊趾附近的较小空间内将有较高的应力梯度,应变间距取为 2mm,故应变计 BD3 ~ BD7,TS1 ~ TS5,BS1 ~ BS5 等三组关键点位采用含多个应变计的链式应变计模组(HBM 1-KY11-2/120)。而其余位置由于不存在空间限制,采用常规应变计(HBM 1-LY41-3/350)。

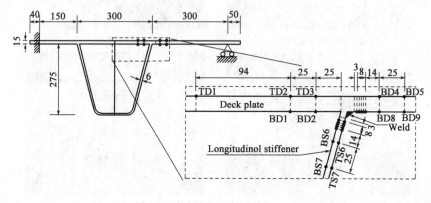

图 3.3 应变计位置(尺寸单位:mm)

3.2.2 试验结果

3.2.2.1 开裂位置

对共计 11 个试件进行了疲劳试验,其中 9 个由同一个长试件切割而来,以罗马数字编号,另两个来自另一个长试件,以阿拉伯数字编号。试验中各试件的疲劳荷载如表 3.1 所示。其中,N 表示荷载循环次数,下标 base 和 beachmark 分别表示主疲劳荷载(高应力幅)和疲劳弧线荷载(低应力幅);P_{max} 和 P_{min} 分别为主疲劳荷载加载的最大、最小值;μ 为疲劳弧线荷载幅值与主疲劳荷载幅值之比。

可以看出,多数荷载的应力比 R 等于 0 或 -1,U 肋-顶板焊缝受拉应力作用,使得裂纹较易往穿透顶板方向扩展。一旦试件的变形超过极限,试验将强制停止,此时的常规疲劳荷载和疲劳弧线荷载循环次数记为疲劳寿命,同样记录于表 3.1 中。唯一的例外是试件Ⅷ,由于其应力比为负无穷,意味着试件始终受到竖直向上的力,导致 U 肋 - 顶板焊缝受压应力作用。因此,在超过 150 万次循环后,试件Ⅷ仍未出现明显可见的疲劳损伤,出于时间及试验成本因素考虑,将试验提前终止。

疲劳试验结果   表3.1

试件	P_{max}（kN）	P_{min}（kN）	μ	R	N_{base}（次）	$N_{beachmarks}$（次）	初始裂纹深度（mm）
Ⅰ	27	-27	0.3	-1	156535	119220	0.481
Ⅱ	40	-40	—	-1	62844	—	—
Ⅲ	40	-40	0.2	-1	46737	168692	0.379
Ⅳ	0	-40	0.4	0	147425	19500	0.498
Ⅵ	0	-27	0.4	0	484782	178149	0.362
Ⅶ	0	-31	0.4	0	272852	337525	0.375
Ⅷ	40	0	0.6	-∞	>1527492	640000	—
Ⅸ	0	-35	0.4	0	247762	99067	0.282
Ⅹ	40	-40	0.4	-1	40809	24402	0.284
9	30	-30	0.2	-1	101394	148871	0.308
10	0	-31	0.4	0	270544	307902	0.288

试验结果表明,试件起始于焊趾位置的裂纹是试件发生疲劳破坏的主因。这类裂纹在竖直方向上往穿透顶板方向扩展,而顺桥向则沿焊趾扩展,如图 3.4 所示。而直至在试验结束,在焊根处仍未观察到明显的裂纹。对比

图3.4 起始于焊趾处的穿透顶板裂纹(试件9)

大量基于小尺度试件开展的研究,焊缝的焊趾处出现疲劳裂纹的情况同样较为多见(Kolstein,2007)。相较而言,在由数个纵向加劲肋和至少两根横梁组成的大尺度试件的疲劳试验中,通常在焊根处也会发现疲劳裂纹(Tsakopoulos & Fisher,2005;Sim 等,2009;Kainuma 等,2016)。考虑到焊趾裂纹是本试验中疲劳破坏的主要原因,在后续的断口分析、数值模拟和最后的实际工程应用中,均以焊趾裂纹为主要破坏模式开展。从疲劳机理和寿命估计上看,基于焊趾裂纹所得的方法及结果也有利于今后对焊根裂纹的分析。

3.2.2.2 疲劳弧线

试验的11个试件中有10个加载了疲劳弧线荷载,排除一个未断裂的试件(试件Ⅷ),最终在9个试件断口上获得了疲劳弧线,见表3.1。如前所述,对疲劳弧线荷载设计的调整需要一些试验来优化,因此部分试件所得的疲劳弧线不甚理想。最终在本次试验中最后进行试验的两个试件中,即试件Ⅶ和试件10,得到了数量较多且质量较高的疲劳弧线。二者断面的疲劳弧线分别如图3.5、图3.6所示,由于二者所加的疲劳荷载相同($P_{min} = -31kN$,$R = 0$),其结果有较好的可比性。

图3.5 试件Ⅶ上的疲劳弧线

其中,特别值得注意的是主裂纹的尾部形态,如试件10(图3.6)显示的一个典型主裂纹,其形状大体上是半椭圆形的,但其尾部呈现出类似于被拉伸的形态。这主要是由于主裂纹与较小的初始裂纹合并所致。考虑到试验采用通长的线荷载加载,故试件在其纵向可能有较多的初始裂纹,而主裂纹尾部附近可能存在较晚形成的小裂纹,其扩展速率小于主裂纹。当主裂纹接近时,这些小裂纹开始与主裂纹合并,最终呈现出所观察到的尾部形态。在之后的断口分析中,这一焊趾部位的初始裂纹形成区域得以确认。

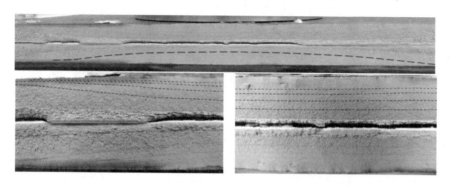

图 3.6 试件 10 上的疲劳弧线

3.3 疲劳开裂过程分析

3.3.1 裂纹初始成因

根据由疲劳弧线确定的裂纹扩展不同区域,对每个试件的断裂面进行了研究。将疲劳裂纹初始形成区域编号为区域 0,其后直到第一个可见的疲劳弧线的范围为区域 1,以此类推。区域 0 可由不同疲劳行为导致的边界识别出,如图 3.7 中左右两部分所示。该区域内最重要的,也可能是影响正交异性钢桥面板焊缝疲劳寿命的最主要问题,是靠近试件表面的沿晶断裂现象。这一现象在所有试件的断面中都可观察到。图 3.8c)给出了一个较明显的例子,其中沿晶断裂发生的位置由黄色箭头标出,可以被认为是裂纹初始形成的主要原因。

当然,实际发生沿晶断裂前的疲劳寿命并不绝对为零,且这一寿命与所加荷载相关。但是,对于诸如正交异性钢桥面板一类的大尺度结构,由于其中不可避免的焊接缺陷(如易产生沿晶断裂的区域),可认为裂纹初始形成寿命相当小(Kolstein,2007)。因此,将初始裂纹深度等效为发生沿晶断裂现象的最大深度,各试件测量结果如表 3.1 所示。由此可见,正交异性钢桥面板 U 肋 – 顶板焊缝的初始裂纹深度在 0.2~0.4mm。

图 3.7 靠近试件表面的不同疲劳行为（试件Ⅵ）

3.3.2 疲劳弧线识别

疲劳裂纹形成后的扩展过程则可根据疲劳弧线得到。首先对疲劳弧线所反映的裂纹形态及尺寸等特征进行详细、定量的分析。通过肉眼观察和显微图像观察得到，可将不同阶段的裂纹形状特征归纳如下。

（1）所形成的前几个疲劳弧线通常是不连续的，这与焊缝附近微观结构的随机性，以及长度方向上由于微裂纹合并产生的疲劳弧线尾部形态有关。

（2）虽然难以确定所有疲劳弧线的实际形状，但根据可直接观察的疲劳弧线，可认为疲劳裂纹形状基本呈半椭圆片状，这也与之前的研究相符（Ya 等，2011）。由于初始裂纹的形成主要是由于粗晶区的沿晶断裂，因此在理想线荷载作用下，将出现与粗晶区尺度一致的裂纹，即深度较小但贯穿试件纵向的裂纹。当然，由于试验中的实际荷载并非是理想线荷载，因此初始裂纹不会贯穿试件纵向，而是细长的半椭圆片状裂纹。

（3）即使对于可由肉眼观察的疲劳弧线，其实际形状的确定仍然相当复杂。由于此时的疲劳弧线长度较长，使不同阶段的疲劳弧线的尾部几乎处于同一位置，这导致疲劳弧线的长度测量存在一定误差。此外，试验中常见初始形成于四分点处的两个裂纹在中间合并的现象，如试件Ⅶ、Ⅵ和Ⅸ，还导致了对其实际形状的识别需考虑裂纹之间的相互作用。

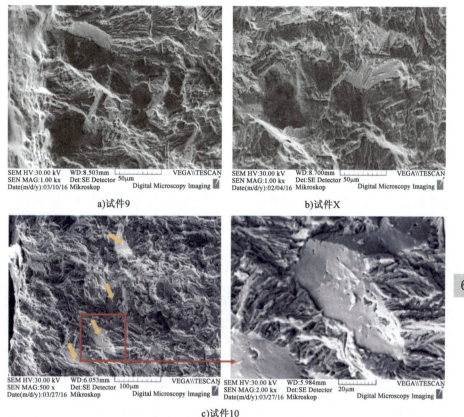

图 3.8　试件断面上的沿晶断裂

考虑到疲劳试验最终产生的疲劳弧线数量以及易识别性,基于试件 10 给出理想的裂纹形状。与试件Ⅶ相比,其断面上的多数疲劳弧线具有典型的半椭圆形状特征,尽管这一形状无法从裂纹早期的疲劳弧线中确证。根据疲劳弧线观测结果,给出疲劳试验中的裂纹面的典型形状,如图 3.9 所示。裂纹主要呈半椭圆形,但其长短半轴之比大于部分已有研究结果(刘艳萍, 2010,Kainuma 等,2016),说明裂纹在长度方向扩展率明显较高。导致这一差别的原因主要是本试验中采用了与试件等长的线荷载,而非已有研究中多数采用的局部面荷载加载。从对正交异性钢桥面板的实际情况看,由于疲劳循环荷载主要来源于是通过桥梁的车辆移动轮荷载,因此本试验中产生的这一形状更加接近真实。

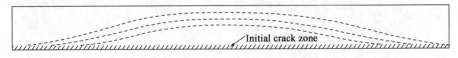

图3.9 考虑裂纹相互合并的典型裂纹形状

3.3.3 疲劳裂纹尺寸

考虑到识别疲劳弧线实际形状方面的问题,根据ⅠⅠW建议中给出的原则,将复杂裂纹形状简化为等效的主裂纹,以确定裂纹尺寸(Hobbacher,2008)。图3.10给出了试件Ⅶ的主裂纹等效实例。然而,对于早期疲劳裂纹,由于其对应的疲劳弧线不连续,通过图像难以测量其长度或测量中存在明显人为误差。为此,采用基于损伤的方法,通过可测量的长裂纹尺寸进行外推。

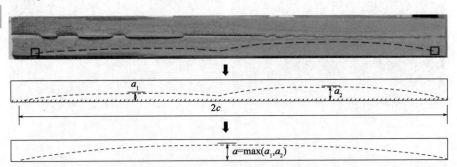

图3.10 试件Ⅶ的等效半椭圆片状主裂纹

首先假设试件中只存在一个半椭圆片状的主裂纹,试验施加疲劳循环次数 N_{app},导致了试件裂纹面积的扩展,即产生了 D,则有

$$N_{app} \propto D \propto Area$$

如前所述,裂纹在深度方向的扩展主要由应力强度因子决定,因此可引入揭示裂纹扩展率与应力强度因子关系的 Paris 公式:

$$\frac{da}{dN} = C \Delta K^m = C[F\Delta\sigma \sqrt{\pi a}]^m$$

将其代入上上式则得到

$$N_{app} = \int dN = \int \frac{da}{C[F\Delta\sigma\sqrt{\pi a}]^m} \propto Area$$

上式建立了可测量的裂纹深度与裂纹面积之间的关系。尽管其中的形状因子 F 的影响参数较多,难以获得解析的表达式,但基于上式中的积分形式可以认为,裂纹面积随裂纹深度呈幂指数变化,即

$$Area = p_1 a^{p_2}$$

于是,根据非早期疲劳弧线的测量结果,通过 MATLAB 进行曲线拟合,得到系数 p_1 和 p_2 的值,如图 3.11 所示。将半椭圆面积公式引入上式,则可由下式计算早期裂纹的长度。

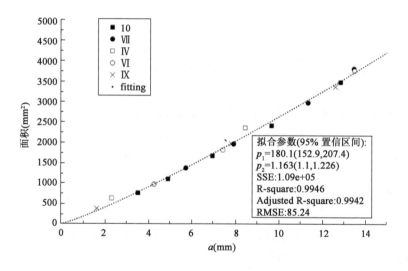

图 3.11 裂纹面积—深度拟合曲线

基于所有试件的疲劳弧线,可以得到以裂纹深度表征的疲劳裂纹扩展过程曲线,如图 3.12 所示,与之对应的裂纹长度则可由上述方法等效给出。其中,由于试件 X 的疲劳弧线太宽,曲线中给出了其两边的疲劳裂纹深度,因此其裂纹扩展曲线在某些部分几乎是垂直的。而后,则可基于测量所得的疲劳弧线建立数值模拟方法,对疲劳裂纹扩展的过程进行分析。

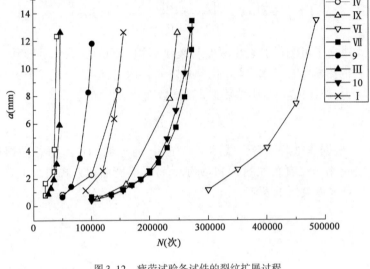

图 3.12 疲劳试验各试件的裂纹扩展过程

3.4 多尺度疲劳试验的数值模拟

3.4.1 宏观模型

首先,根据疲劳试验设计,利用有限元软件 SAMCEF 建立了宏观模型,如图 3.13 所示。考虑计算能力,模型采用一阶实体单元,单元总数为 144966 个。并且,对试验中的边界条件、接触关系等进行了简化,将左侧固定端设为约束一个面的所有方向自由度,右侧简支端设为在底面接触线上约束纵向和竖向自由度。所加荷载需根据前一个模型的接触面反力得到。

而后,利用 SAMCEF 的扩展有限元模块,可在简化模型中定义初始裂纹,并以自适应方式对裂纹周围的网格进行细化,生成足够精细的网格,计算裂纹尖端应力场及应力强度因子。在理想情况下,这一方法可以用于计算所有试验中获得的疲劳弧线,但在实际上对较小的裂纹仍无能为力。其主要原因在于初始裂纹的形状是相当细长的半椭圆形,使得扩展有限元计算域过大且网格密度要求过高,以现有计算条件难以进行。由于扩展有限元方法中,裂纹面可与单元相交或在单元内部,基于此方法的网格密度仅取决于裂纹前缘的应力场所需精度,其计算量已经相对于传统有限元方法更易实现,而即便如此,该宏观尺度模型在现有计算条件下仍只能计算深度大于 1.5mm 的疲劳裂纹。

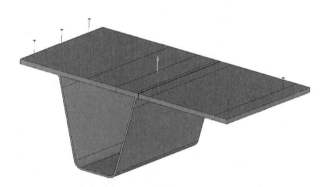

图 3.13　宏观尺度有限元模型

对于宏观尺度模型无法计算的早期裂纹,采用初步分析中的经验公式(Bowness & Lee,2000)无法保证其准确性。其主要原因在于公式中所用的名义应力是由构件上加载的弯矩计算的,而这与疲劳试验以及实际桥梁的荷载不符。因此,对于这一问题的解决,特别是针对早期较小的疲劳裂纹,很有必要建立适用的多尺度方法。

3.4.2　局部模型

考虑到可行性、效率、准确性,以及子模型方法中由于与宏观模型联系导致的误差,需要建立一个独立于宏观模型的非一致模型方法进行多尺度模拟。通过借鉴经典的基于名义应力计算应力强度因子的方法,提出基于应力边界条件的非一致多尺度方法来建立局部模型。

首先,使用前述扩展有限元程序建立了含初始裂纹的二维模型,其中考虑顶板厚度和焊趾角等影响裂纹扩展的几何参数,如图 3.14 所示。该局部模型的边界条件是左侧边界完全固定,在右侧边界施加应力边界条件。在保证局部模型边界距离裂纹足够远的前提下,可通过宏观模型求得的应力幅计算早期裂纹的尖端应力强度因子。考虑计算精度即效率,局部模型边界取在距离焊趾 8mm 处,则模型尺寸为 16mm × 15mm(未计入由焊趾角产生的附加长度),单元尺寸为 20μm,包含单元数量大于 600000 个。

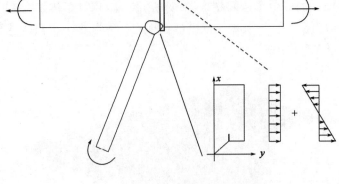

图 3.14 局部模型简图

为验证该方法,计算了三个可同时由 SAMCEF 宏观模型和扩展有限元模型求解的裂纹应力强度因子,即 S10BM4、SVIIBM4、SIXBM2,并将所得结果进行比较,如表 3.2 所示。其中,S10BM4 是指试件 10 上的第 4 个疲劳弧线,后同。显然,这一方法得到的结果误差足够小且模型计算效率较高。因此,其后在对试件的疲劳弧线分析,以及对实际结构在车流荷载下的疲劳寿命的估计中,均采用这一方法计算了应力强度因子值。

扩展有限元模型结果对比　　　　　　　表 3.2

裂纹	裂纹尺寸(mm)		应力强度因子(MPa·m$^{0.5}$)		误差
	a	c	扩展有限元模型	SAMCEF	
S10BM4	1.578	123.510	13.81	14.31	-3.52%
SVIIBM4	1.551	123.158	13.74	14.15	-2.90%
SIXBM2	1.611	147.500	15.70	16.26	-3.46%

3.4.3 疲劳试验的裂纹扩展分析

3.4.3.1 基于疲劳弧线的分析

利用基于应力的非一致多尺度方法,对试验所得疲劳弧线的应力强度因子进行计算,结果如表 3.3 所示。对计算结果给出以下说明:

(1)初始裂纹深度由粗晶区的厚度确定。这一测量的初始裂纹记为 0 号疲劳弧线。由断面分析的结果表明,初始裂纹深度并不均匀,其值可能存在一定误差,在表 3.3 中以灰色块注明。

（2）对可测量其长度的疲劳弧线，在表 3.3 中以加粗字体表示。如前所述，其测量精度仅为 0.5mm。其余为不可测量长度的疲劳弧线。

（3）对所有疲劳弧线均首先采用 SAMCEF 的宏观模型试算，其中无法计算的工况再采用局部模型求解应力强度因子。局部模型的边界条件，即施加的应力幅由宏观模型得到，见表 3.3。

试件断面的疲劳弧线计算结果　　　　表 3.3

试件	疲劳弧线编号	N	a（mm）	c（mm）	a/c	$\Delta\sigma$（MPa）	ΔK（MPa·m$^{0.5}$）
10	0	0	0.288	93.613	0.003	172.21	8.89
	1	100000	0.451	100.699	0.004	172.21	9.87
	2	135000	0.825	111.116	0.007	172.21	11.46
	3	155000	1.188	117.920	0.010	172.21	12.67
	4	170000	1.578	123.505	0.013	—	14.31
	5	185000	2.002	128.390	0.016	—	15.57
	6	200000	2.601	133.987	0.019	—	17.23
	7	215000	3.514	137.500	0.026	—	19.65
	8	230000	4.900	142.500	0.034	—	23.24
	9	245000	6.952	152.500	0.046	—	28.57
	10	260000	9.663	159.000	0.061	—	34.60
	11	270544	12.827	172.500	0.074	—	32.85
Ⅶ	0	0	0.375	97.724	0.004	172.21	9.45
	1	100000	0.539	103.678	0.005	172.21	10.30
	2	135000	0.863	111.944	0.008	172.21	11.60
	3	155000	1.210	118.273	0.010	172.21	12.74
	4	170000	1.551	123.158	0.013	—	14.15
	5	185000	1.947	127.808	0.015	—	15.44
	6	200000	2.436	132.567	0.018	—	16.66
	7	215000	3.162	138.324	0.023	—	18.66
	8	230000	4.251	145.159	0.029	—	21.51
	9	245000	5.725	152.500	0.038	—	25.20
	10	260000	7.925	157.500	0.050	—	31.18

续上表

试件	疲劳弧线编号	N	a (mm)	c (mm)	a/c	$\Delta\sigma$ (MPa)	ΔK (MPa·m)$^{0.5}$
Ⅶ	11	272000	11.341	166.500	0.068	—	36.61
	12	272852	13.453	180.000	0.075	—	29.26
Ⅳ	0	0	0.498	102.331	0.005	222.21	13.04
	1	50000	0.874	112.166	0.008	222.21	15.03
	2	100000	2.299	172.500	0.013	—	21.29
	3	147425	8.447	177.500	0.048	—	44.37
Ⅵ	0	0	0.362	97.173	0.004	149.99	8.17
	1	300000	1.199	118.098	0.010	149.99	11.07
	2	350000	2.673	134.584	0.020	—	15.23
	3	400000	4.251	145.000	0.029	—	18.74
	4	450000	7.425	155.000	0.048	—	25.83
	5	484782	13.480	177.500	0.076	—	24.05
Ⅸ	0	0	0.282	93.259	0.003	194.43	9.99
	1	110000	0.561	104.346	0.005	194.43	11.75
	2	160000	1.611	147.500	0.011	—	16.26
	3	235000	7.815	160.000	0.049	—	35.15
	4	247762	12.591	170.000	0.074	—	40.20

（4）由于试件尺寸有限，当裂纹扩展至靠近试件边界时，应力强度因子幅值的最大值位置可能会从裂纹尖端向侧面移动。这导致了裂纹前缘最深处的应力强度因子幅值可能随裂纹扩展变小，如表3.3中给出的S10BM11相较于S10BM10小，SVIIBM12相较于SVIIBM11小等。

应注意的是，由于裂纹扩展率的计算是由两个疲劳弧线之间的距离和循环次数计算的，因此是一个阶段内的平均值。因此，在绘制裂纹扩展率曲线时，每个疲劳弧线处求得的应力强度因子幅值不能直接使用。对此，按照Paris公式，可认为裂纹扩展率随着应力强度因子幅值呈幂指数变化，则二者取对数时为线性关系，即

$$\lg\left(\frac{\Delta a}{\Delta N}\right)_i = \lg C + m\lg \overline{\Delta K_i}$$

其中，i 指的是第 $i-1$ 至第 i 个疲劳弧线间的阶段，$\overline{\Delta K_i}$ 为这一阶段内的应力强度因子幅值的平均，由下式可得，

$$\lg \overline{\Delta K_i} = (\lg \Delta K_{i-1} + \lg \Delta K_i)/2$$

其中，ΔK_i 是第 i 个疲劳弧线的应力强度因子幅值。所得结果如表 3.4 所示。

各阶段裂纹的应力强度因子及裂纹扩展率 表 3.4

试件	i	$\Delta a/\Delta N$ (m/次)	$\overline{\Delta K}$ (MPa·m$^{0.5}$)	试件	i	$\Delta a/\Delta N$ (m/次)	$\overline{\Delta K}$ (MPa·m$^{0.5}$)
10	1	1.628×10^{-9}	9.37	Ⅶ	1	1.641×10^{-9}	9.87
	2	1.069×10^{-8}	10.64		2	9.261×10^{-9}	10.93
	3	1.815×10^{-8}	12.05		3	1.732×10^{-8}	12.16
	4	2.600×10^{-8}	13.23		4	2.273×10^{-8}	13.23
	5	2.827×10^{-8}	14.66		5	2.640×10^{-8}	14.56
	6	3.993×10^{-8}	16.38		6	3.263×10^{-8}	16.04
	7	6.087×10^{-8}	18.40		7	4.840×10^{-8}	17.63
	8	9.240×10^{-8}	21.37		8	7.260×10^{-8}	20.04
	9	1.368×10^{-7}	25.77		9	9.826×10^{-8}	23.28
	10	1.807×10^{-7}	31.44		10	1.467×10^{-7}	28.03
	11	3.001×10^{-7}	33.71		11	2.846×10^{-7}	33.78
Ⅳ	1	7.525×10^{-9}	14.00		12	2.479×10^{-6}	32.73
	2	2.850×10^{-8}	17.89	Ⅵ	1	2.789×10^{-9}	9.51
	3	1.296×10^{-7}	30.74		2	2.948×10^{-8}	12.98
Ⅸ	1	2.540×10^{-8}	10.83		3	3.156×10^{-8}	16.89
	2	2.100×10^{-8}	13.58		4	6.348×10^{-8}	22.00
	3	8.272×10^{-8}	25.73		5	1.741×10^{-7}	24.92
	4	3.742×10^{-7}	41.18				

于是，可以得到裂纹扩展率 da/dN 和应力强度因子幅值 ΔK 之间的关系。图 3.15 给出了所有应力比为零的试件结果散点图，以对数坐标表示。

相较于第二节中进行的初步分析,结果的规律性更加明显,特别是在裂纹扩展的初期阶段。由于采用了相同的加载历程,试件10和试件Ⅶ所得的结果基本一致。同时,考虑到这个试件断面上产生了最多的疲劳弧线,在图中得到了最多的数据点,故可将其结果作为深入分析的参考,并与其他试件的结果进行比较。另外,可以注意到试件Ⅳ的结果显示其裂纹扩展率明显低于其他试件。这主要是因为试件Ⅳ只有两个可测量的疲劳弧线,在裂纹形状的拟合中所占权重最小。如图3.11所示,试件Ⅳ的数据点与拟合曲线的偏差也略高于其他试件。

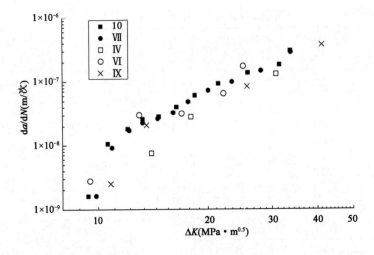

图3.15 裂纹扩展率($R=0$的试件)

由上述结果可绘制裂纹扩展率-应力强度因子曲线,以揭示正交异性钢桥面板的焊缝裂纹扩展在不同阶段的特征。由于多数试件的数据点较少,因此,仅给出试件10和试件Ⅶ的裂纹扩展率-应力强度因子曲线,如图3.16所示。由此,可将试验中的裂纹扩展过程归纳为三个阶段,其中第Ⅱ阶段分为Ⅱ-a及Ⅱ-b两个子阶段,各阶段的裂纹扩展特征可以描述如下:

第Ⅰ阶段:初始裂纹扩展阶段,其扩展率低,但梯度较高。在这个阶段,微观和细观尺度上的材料非均质性将影响裂纹扩展,导致相较于其他阶段更明显的不确定性。

第Ⅱ-a阶段:过渡阶段,其裂纹扩展率的梯度,即曲线的斜率逐渐减小。

随着裂纹本身尺寸增大,其受微观和细观尺度上的材料非均质性的影响变小,故其中的不确定性变小。然而,由于裂纹在这一阶段中仍处于热影响区内,其各子区的微观结构不同仍然导致其扩展存在随机性。

第Ⅱ-b阶段:裂纹稳定扩展阶段。这一阶段中试件10和试件Ⅶ的曲线几乎一致,适用Paris公式,其中的Paris常数和指数也可由此估计。

第Ⅲ阶段:裂纹失稳扩展阶段。

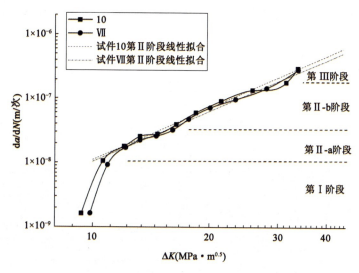

图3.16 裂纹扩展过程的典型阶段

3.4.3.2 材料参数拟合

如前所述,第Ⅱ-b阶段是裂纹稳定扩展阶段,适用于Paris公式。因此对于正交异性钢桥面板的焊缝,可基于所得结果估计Paris公式中的材料常数。此外,尽管存在一定误差,但不难发现裂纹扩展率曲线除第Ⅰ阶段外,其余阶段基本与Paris公式反映的规律相同,故也可采用其他试件的裂纹扩展率结果估计其材料常数。因此,在拟合中采用两个不同的数据集,即数据集1和数据集2,来估计材料常数。前者为试件10和试件Ⅶ的第Ⅱ-b阶段数据点,而后者为所有试件除第Ⅰ阶段外的所有数据点。另外,为了与多数疲劳设计规范及建议的推荐相比较,将Paris指数m的值取固定值3或由结果拟合得到。

对材料常数进行拟合,得到四组拟合结果,分别为 Fit 1、Fit 2、Fit 3 和 Fit 4,如表3.5所示,并给出表征了拟合质量的参数。根据结果,采用数据集

2 的拟合（Fit 3 及 Fit 4）与采用数据集 1 的拟合（Fit 1 及 Fit 2）结果相当接近，即使后者往往有更佳的拟合质量参数，如误差平方和（SSE）、确定系数（R-square）、校正确定系数（Adjusted R-square）和均方根误差（RMSE）等，但差异并不大。因此，Fit 3 和 Fit 4 提供了适用于大部分裂纹扩展过程的材料常数，且导致的疲劳寿命估计中的误差不明显，从工程实用的角度来看，其实用性较好。而比较 m 未采用固定值（Fit 2&4）与采用固定值（Fit 1&3）的结果时，前者的拟合质量更优。此外，当 ΔK 较小时，Fit 2 和 Fit 4 的曲线得到的裂纹扩展率较高。考虑到这一阶段是疲劳寿命的主要组成部分，应偏保守地采用这两组拟合结果。

材料参数拟合   表3.5

拟合数据		Fit 1	Fit 2	Fit 3	Fit 4
		数据集 1*	数据集 1*	数据集 2*	数据集 2*
拟合结果	C	8.511×10^{-12}	1.905×10^{-11}	7.943×10^{-12}	2.570×10^{-11}
	95% 置信区间	(7.943×10^{-12}, 9.120×10^{-12})	(7.762×10^{-12}, 4.786×10^{-11})	(7.079×10^{-12}, 8.710×10^{-12})	(1.259×10^{-11}, 5.129×10^{-11})
	m	3（固定值）	2.726	3（固定值）	2.603
	95% 置信区间	—	(2.419, 3.033)	—	(2.369, 2.837)
拟合质量参数	SSE	0.0225	0.0155	0.3849	0.2657
	R-square	0.9683	0.9782	0.9287	0.9508
	Adjusted R-square	0.9683	0.9758	0.9287	0.9489
	RMSE	0.0475	0.0415	0.1172	0.0992

注：* 数据集 1 为试件 10 和试件 Ⅶ 的第 Ⅱ-b 阶段数据点，数据集 2 为所有数据点。

3.4.4 基于过程的分阶段疲劳评价

根据疲劳试验的开裂过程及分析方法，可建立相应的分阶段疲劳评价方法。考虑到早期裂纹的疲劳行为表现出更强的离散性，而裂纹到达一定尺度后其扩展规律将较为稳定，故对于正交异性钢桥面板的 U 肋-顶板焊缝疲劳问题，可将其开裂过程分为两阶段进行研究：①裂纹从初始形成扩展至可检测尺度，称宏观裂纹形成期；②裂纹扩展至临界尺度前，称宏观裂纹扩展期。

宏观裂纹形成期内，由于材料的非均质性、初始裂纹及焊接缺陷的不确定性等影响,正交异性钢桥面板 U 肋－顶板焊缝的疲劳行为呈现出较强的随机性,应采用概率性方法开展研究。首先,根据疲劳试验结果,初始裂纹深度 a_0 可认为是范围在 $0.2\sim0.4\text{mm}$ 内的随机变量,主要取决于热影响区粗晶区尺寸。这一初始裂纹深度也与部分文献采用值类似(Atzori 等,2005,Zhou 等,2016)。裂纹扩展中涉及热影响区的材料非均质性及随机焊接缺陷的影响则可利用均质化方法进行描述,得到与初始裂纹深度相关的均质化系数为一个随机变量,则利用均质化系数修正的材料参数同样为随机变量。宏观裂纹形成期的终点为裂纹扩展至可检测尺度 a_d。根据之前的研究,由于无损探伤结果的随机性,a_d 通常也作为一个随机变量来考虑(Cremona & Lukic,1998)。当然,考虑无损探伤的可检测精度,也可取 a_d 为确定值,根据实际桥梁的无损探伤结果进行修正。

宏观裂纹扩展期内,材料参数的随机性较小,可通过前述试验方法获得,得到确定的裂纹扩展率。并且,这一阶段内裂纹可大概率由无损探伤检出,裂纹扩展过程及扩展率也可通过无损探伤方法长期追踪得到。因此,这一阶段的疲劳性能评价可采用确定性方法开展研究。值得注意的是,宏观裂纹扩展期的终点为裂纹扩展至某一临界尺度 a_{crit},根据所关注的结构性能指标可设为不同值。根据经验,a_{crit} 可设为裂纹深度扩展至顶板厚度的一半,因此时将导致焊缝表面的涂层破坏,可由目视检测确定结构的裂纹(Ryan 等,2006),并且可能出现裂纹在深度方向上停止扩展的现象(Kainuma 等,2016)。然而,由于正交异性钢桥面板 U 肋-顶板焊缝的疲劳问题多数导致桥梁使用性能的降低,远未达到结构的安全性临界状态,因此从保持桥梁使用性能的角度来看,a_{crit} 的取值可进一步考虑正交异性钢桥面板结构疲劳损伤状态对上部铺装层结构的影响。对此,有必要结合铺装层的材料、结构损伤及其性能评价问题,开展进一步研究。

基于过程的分阶段疲劳评价方法及其涉及的裂纹尺度如图 3.17 所示。

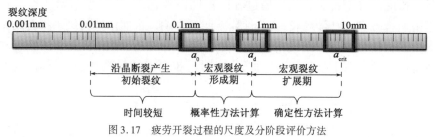

图 3.17 疲劳开裂过程的尺度及分阶段评价方法

3.5 结语

本章从多尺度的视角对正交异性钢桥面板的 U 肋-顶板焊缝疲劳问题开展研究,通过考虑疲劳过程的试件试验及断口分析,建立了微/细观模型及多尺度方法,实现对这一关键细节的疲劳开裂过程分析,并基于此形成了分阶段的疲劳评价方法。本章的主要结论如下:

(1)对正交异性钢桥面板的 U 肋-顶板焊缝细节开展了小尺度试件的疲劳试验。试验结果表明,疲劳裂纹总是出现在试件的 U 肋-顶板焊缝焊趾处,并不断扩展导致试件的最终断裂。试验中通过变幅疲劳荷载设计,在试件断口上产生疲劳弧线。通过断口的显微分析,确定了焊趾热影响区内的粗晶区在循环荷载作用下易出现沿晶断裂现象,并据此估计了由其导致的初始裂纹深度。此外,焊缝焊趾附近的微观组织和焊缝缺陷等也将对早期裂纹的扩展产生影响。

(2)基于扩展有限元方法,建立了可高效求解代表体积元中涉及材料不连续问题的程序。并且,考虑焊接缺陷的随机性,通过等效裂纹扩展长度准则提出了均质化的方法,并给出了数值算例及参数分析。结果表明,由于早期裂纹的裂纹扩展速率较小,均质化方法对早期裂纹扩展问题有较好的准确性,其计算效率也保证了在随机化、概率化分析中的适用性。均质化结果仅受焊接缺陷的相关参数等影响,而不受边界条件、焊趾几何外形等因素等影响。

(3)根据已有的疲劳试验提出了多尺度的数值模拟方法以研究疲劳过程。根据试验的疲劳弧线结果提出了裂纹面积与深度之间的关系。而后通过基于应力边界条件的局部模型及其与宏观模型的多尺度连接方法,计算了疲劳试验中试件各阶段裂纹的应力强度因子,得到了疲劳裂纹扩展率曲线。由此可确定疲劳裂纹扩展过程的不同阶段,其中第 I 阶段对正交异性钢桥面板 U 肋-顶板焊缝的疲劳性能有明显影响。虽然由试验结果拟合的第 II 阶段材料常数与标准或规范中的建议值十分接近,但由于疲劳试验无法获得更多关于第 I 阶段的裂纹扩展的信息,难以对其材料参数进行验证,有待进一步研究。

(4)考虑到正交异性钢桥面板 U 肋-顶板焊缝疲劳过程中,第 I 阶段疲劳行为相对于第 II 阶段的稳定扩展期表现出更强的离散性,提出分阶段的疲劳评价方法。在裂纹达到宏观可检测尺度前，须考虑初始裂纹及焊接缺陷的随机性、热影响区材料非均质性作用以及无损探伤技术对小尺度裂纹的检出概率等，采用概率性计算方法获得宏观裂纹形成期时间。相对地，裂纹达到一定尺度后，其疲劳扩展趋于稳定，可采用确定性计算方法获得裂纹扩展至临界尺度，即宏观裂纹扩展期时间。并且，由于这一阶段内裂纹较易检测，可根据长期跟踪检测结果对计算的宏观裂纹扩展期时间进行修正。然而，由于正交异性钢桥面板的疲劳裂纹往往对结构安全性能影响较小，其实际失效情况多是局部刚度不足导致的铺装层破坏，故对裂纹临界尺度的确定应考虑桥面板和铺装层结构体系的损伤及其耦合效应还有待更深入的研究。

本章内容在研究中得到了国家自然科学基金项目（51678437），江苏省交通科学研究计划项目"大跨悬索桥钢箱梁疲劳易损性、维护理论及关键技术研究"，江苏省交通运输科技项目"正交异性钢桥面板裂纹扩展历程预测方法及加固补强技术"的资助，在此表示感谢。

本章参考文献

［1］ Atzori, B., Meneghetti, G., & Susmel, L. Material fatigue properties for assessing mechanical components weakened by notches and defects[J]. Fatigue & Fracture of Engineering Materials & Structures, 2005, 28(1-2):83-97.

［2］ Belytschko, T., & Black, T. Elastic crack growth in finite elements with minimal remeshing[J]. International Journal for Numerical Methods in Engineering, 1999, 45(5):601-620.

［3］ Belytschko, T., Moës, N., Usui, S., & Parimi, C. Arbitrary discontinuities in finite elements[J]. International Journal for Numerical Methods in Engineering, 2001, 50(4):993-1013.

［4］ Bowness, D., & Lee, M. M. K. Prediction of weld toe magnification factors for semi-elliptical cracks in t-butt joints[J]. International Journal of Fatigue, 2000, 22(5):369-387.

［5］ BSI (British Standards Institution). BS 7910 Guide to methods for assessing the acceptability of flaws in metallic structures. London, 2013.

［6］ Crémona, C., & Lukiĉ, M. Probability-based assessment and maintenance of welded joints damaged by fatigue[J]. Nuclear Engineering and Design, 1998,182(3):253-266.

[7] Fisher, J. W. Effect of weldments on the fatigue strength of steel beams: Highway Research Board[J]. National Research Council,1970.

[8] Hiriyur, B., Waisman, H., & Deodatis, G. Uncertainty quantification in homogenization of heterogeneous microstructures modeled by xfem[J]. International Journal for Numerical Methods in Engineering, 2011, 88(3): 257-278.

[9] Hobbacher, A. Iiw recommendations for fatigue design of welded joints and components, doc. Iiw-1823[J]. WRC Bulletin,520,2008.

[10] Kainuma, S., Yang, M., Jeong, Y. -S., Inokuchi, S., Kawabata, A., & Uchida, D. Experiment on fatigue behavior of rib-to-deck weld root in orthotropic steel decks[J]. Journal of Constructional Steel Research,2016,119:113-122.

[11] Kolstein, M. H. Fatigue classification of welded joints in orthotropic steel bridge decks: TU Delft, Delft University of Technology,2007.

[12] Kumar, S., Singh, I. V., & Mishra, B. K. A homogenized xfem approach to simulate fatigue crack growth problems[J]. Computers & Structures,2015, 150:1-22.

[13] Lassen, T., & Sørensen, J. D. A probabilistic damage tolerance concept for welded joints. Part 1: Data base and stochastic modelling[J]. Marine Structures,2002,15(6):599-613.

[14] Maddox, S. J. The fatigue behaviour of trapezoidal stiffener to deck plate welds in orthotropic bridge decks: Bridge Design Division, Structures Department, Transport and Road Research Laboratory,1974.

[15] Mahadevan, S., & Ni, K. Damage tolerance reliability analysis of automotive spot-welded joints[J]. Reliability Engineering & System Safety,2003,81(1):9-21.

[16] Maljaars, J., van Dooren, F., & Kolstein, H. Fatigue assessment for deck plates in orthotropic bridge decks[J]. Steel Construction, 2012, 5(2): 93-100.

[17] Miki, C., Fahimuddin, F., & Anami, K. Fatigue performance of butt-welded joints containing various embedded defects[J]. Doboku Gakkai Ronbun-

shu, 2001(668):29-41.

[18] Miki, C., Tateishi, K., Fan, H. -d., & Tanaka, M. Fatigue strengths of fillet-welded joints containing root discontinuities[J]. International Journal of Fatigue, 1993, 15(2):133-140.

[19] Moës, N., Cloirec, M., Cartraud, P., & Remacle, J. F. A computational approach to handle complex microstructure geometries[J]. Computer methods in applied mechanics and engineering, 2003, 192(28):3163-3177.

[20] Moës, N., Dolbow, J., & Belytschko, T. A finite element method for crack growth without remeshing[J]. International Journal for Numerical Methods in Engineering, 1999, 46(1):131-150.

[21] Murakami, Y. Metal fatigue: Effects of small defects and nonmetallic inclusions: Elsevier, 2002.

[22] Murakami, Y., & Keer, L. M. Stress intensity factors handbook, vol. 3[J]. Journal of Applied Mechanics, 1993, 60:1063.

[23] NBN (European Committee for Standardization). EN 1991-2, Eurocode 1: Actions on structures - part 2: Traffic loads on bridges[J]. Brussels, Belgium, 2004.

[24] Newman, J. C., & Raju, I. S. An empirical stress-intensity factor equation for the surface crack[J]. Engineering Fracture Mechanics, 1981, 15(1):185-192.

[25] Nunn, D. E., & Cuninghame, J. R. Stresses under wheel loading on steel orthotropic decks with trapezoidal stiffeners: Bridge Design Division, Structures Department, Transport and Road Research Laboratory, 1974.

[26] Pais, M. J. Variable amplitude fatigue analysis using surrogate models and exact xfem reanalysis[D]. University of Florida, 2011.

[27] Ryan, T. W., Hartle, R., Mann, J. E., & Danovich, L. Bridge inspector's reference manual[R]. Report No. FHWA NHI, 03-001, 2006.

[28] Sim, H. -B., & Uang, C. -M. Stress analyses and parametric study on full-scale fatigue tests of rib-to-deck welded joints in steel orthotropic decks [J]. Journal of Bridge Engineering, 2012, 17(5):765-773.

[29] Sim, H. -B., Uang, C. -M., & Sikorsky, C. Effects of fabrication procedures on fatigue resistance of welded joints in steel orthotropic decks[J]. Journal

of Bridge Engineering,2009,14(5):366-373.

[30] Sukumar,N.,Chopp,D. L.,Moës,N.,& Belytschko,T. Modeling holes and inclusions by level sets in the extended finite-element method[J]. Computer methods in applied mechanics and engineering, 2001, 190 (46): 6183-6200.

[31] Tsakopoulos,P. A.,& Fisher,J. W. Full-scale fatigue tests of steel orthotropic decks for the williamsburg bridge[J]. Journal of Bridge Engineering, 2003,8(5):323-333.

[32] Wang,B.,Zhou,X. Y.,De Backer,H.,Chen,A.,& Schmidt,F. Macro crack initiation life for orthotropic steel decks considering weld heterogeneity and random traffic loading[J]. Structure and Infrastructure Engineering,2017, 13(12):1639-1652.

[33] Wolchuk,R. Lessons from weld cracks in orthotropic decks on three european bridges[J]. Journal of Structural Engineering,1990,116(1):75-84.

[34] Wolf,E. Fatigue crack closure under cyclic tension[J]. Engineering Fracture Mechanics,1970,2(1):37-45.

[35] Xiao,Z. -G.,Yamada,K.,Ya,S.,& Zhao,X. -L. Stress analyses and fatigue evaluation of rib-to-deck joints in steel orthotropic decks[J]. International Journal of Fatigue,2008,30(8):1387-1397.

[36] Ya,S.,& Yamada,K. Fatigue durability evaluation of trough to deck plate welded joint of orthotropic steel deck[J]. Doboku Gakkai Ronbunshuu A, 2008,64(3):603-616.

[37] Ya,S.,Yamada,K.,& Ishikawa,T. Fatigue evaluation of rib-to-deck welded joints of orthotropic steel bridge deck[J]. Journal of Bridge Engineering, 2011,16(4):492-499.

[38] Zerbst,U.,Madia,M.,& Hellmann,D. An analytical fracture mechanics model for estimation of s-n curves of metallic alloys containing large second phase particles [J]. Engineering Fracture Mechanics, 2012, 82 (0): 115-134.

[39] Zhou,H.,Shi,G.,Wang,Y.,Chen,H.,& De Roeck,G. Fatigue evaluation of a composite railway bridge based on fracture mechanics through global-local dynamic analysis[J]. Journal of Constructional Steel Research,2016,

122:1-13.
- [40] 陈传尧. 疲劳与断裂[M]. 武汉:华中科技大学出版社,2002.
- [41] 刘新灵,张峥,陶春虎. 疲劳断口定量分析[M]. 北京:国防工业出版社,2010.
- [42] 刘艳萍. 焊接桥梁钢疲劳裂纹扩展行为研究[M]. 武汉:华中科技大学出版社,2010.
- [43] 王春生,冯亚成. 正交异性钢桥面板的疲劳研究综述[J]. 钢结构,2009,24(9):10-13.
- [44] 王自强,陈少华. 高等断裂力学[M]. 北京:科学出版社,2009.
- [45] 余天堂. 扩展有限单元法:理论、应用及程序[M]. 北京:科学出版社,2014.

陈艾荣　教授

博士，博士生导师。1983年毕业于同济大学桥梁工程专业，1983~1989年在西安公路学院公路工程系任助教、讲师；1996~1997年在德国斯图加特大学做访问学者，1997年获得同济大学工学博士学位，1998~2006年任同济大学桥梁工程系副教授、教授、系副主任（主持工作）、系主任；2006~2010年任同济大学土木工程学院副院长。

陈艾荣教授的主要研究领域为桥梁结构寿命周期设计理论、桥梁造型与设计伦理、桥梁管理与养护方法与技术、多尺度多物理场数值模拟技术、极端事件下的桥梁安全性能、多尺度结构拓扑优化理论等。他主持了国内40余座大跨径桥梁的抗风设计、审查及风洞试验工作，参与并主持了我国桥梁抗风设计规范的编写；出版了专著《桥梁造型》，主持了泰州长江大桥等多座大跨桥梁的造型设计，主持编写了国内第一部桥梁景观与造型设计规范；他首先将全寿命设计理论系统引入国内桥梁工程领域，并于2008年出版了国内这一领域第一部专著《基于给定结构寿命的桥梁设计过程》，提出了全寿命设计方法与工程实践结合的具体方法。近年来他在结构多尺度分析理论方面也做了大量工作，出版了《细观尺度上的钢筋混凝土结构耐久性数值模拟》。

多年来陈艾荣教授培养硕士、博士研究生百余人，发表论文200余篇，出版专著十余部，承担了国家自然科学基金、国家高技术研究发展计划（863计划）、国家科技支撑计划、交通部西部科技项目、交通部规范项目等国家和省部级项目近二十余项；参与苏通长江大桥、泰州长江大桥等重大桥梁工程的科研和咨询服务近百项，担任苏通长江大桥设计副总负责人、矮寨大桥和九江长江二桥等大桥工程的特聘专家。

陈艾荣教授担任中国公路学会桥梁与结构工程分会副理事长、上海市公路学会桥梁与结构工程专业委员会主任委员，同时为国际桥梁安全与维护协会（IABMAS）执行委员会委员、国际桥梁安全与维护协会中国团组（IABMAS-China Group）的发起人和召集人、国际结构与建筑学会副主席。多次在重大国际会议中进行大会发言，担任学术委员会、咨询委员会委员等职务，任第七届国际桥梁安全与维护会议主席（IABMAS2014）。担任 Journal of Bridge Engineering（ASCE）、Structural Concrete 等十余种学术期刊的特邀审稿人。

第4章 大跨径桥梁多尺度随机车流模拟理论

阮欣,王雪静,金泽人,周军勇,周小燚
同济大学桥梁工程系,上海,200092

4.1 引言

在桥梁设计过程中,车辆荷载一直以来都是不可忽视的主要可变荷载。由于车辆荷载的时空变异性极为突出,桥梁设计或评估过程中对于车辆荷载的准确表达和有效概括成为设计理论中的重点和难点之一。目前,各国设计规范中车辆荷载模型的基本思路和应用现状可概括为:

(1)荷载模型的基本建立过程:对特定时间、特定地点的车辆荷载特性进行统计分析,获取基本统计参数,进行荷载响应极值外推,获得模型的取值参考。

(2)主要面向量大面广的中小跨径桥梁,确定荷载模型的最终取值。这些桥梁影响线明确、加载长度较短,单个重车往往是控制荷载取值的决定性因素。

(3)常见的荷载模型形式采用均布荷载+集中力的加载制式,要求基于影响线的数值分布进行布载;相较于车列加载模式,这种模式概念明确,便于计算实现并提高了设计中车辆荷载的计算效率。

这种荷载研究和应用模式能够较好地反映大多数中小跨径桥梁车辆荷载的作用机制和响应特点,但对大跨径桥梁具有明显的局限性,这在各国的规范中已得到普遍承认。例如,欧洲规范明确说明其车辆荷载模型不适用于加载长度超过200m桥梁设计。但在实际应用中,由于缺乏可用的荷载模型和应用标准,对于大跨径桥梁的车辆荷载取值,设计人员往往只能在现有模型基础上将荷载取值进行适度外延后使用。这一操作方法使得一些大跨径桥梁的车辆荷载响应在设计中被错误估计[1]。基于苏通大桥的研究表明,对比用实测车流作用和规范荷载模型加载的计算结果,部分结构响应前者结果仅为后者结果的一半,如主塔弯矩、剪力;但一些响应却高出规范计算结果近一倍,如索力。然而,因为车辆荷载响应在大跨径桥梁的总体响应中,与恒载相比所占比例有限,这样的"忽略"尚未导致直接的结构安全问题,因此既有车辆荷载模型的局限性长期未被重视。

随着我国已建成大跨径桥梁数量的增加和新建大跨径桥梁技术水平的不断提升,大跨径桥梁车辆荷载模型的表达能力与工程实践和运维管养的实际需求之间的不平衡性将日益凸显。例如,大跨径多塔悬索桥中,使用保守的车辆荷载导致中间塔鞍座两侧主缆的不平衡荷载过高,而无法设计;采用分体箱梁缆索承重桥,车辆荷载选取不当,会导致对于主梁扭矩的错误估计,造成后期运营过程中的箱梁早期病害;另外,新型高强度材料、轻柔结构体系等日益广泛地应用到新型大跨径桥梁结构中,保守的车辆荷载将很快成为制约创新的瓶颈[4]。更加应该关注的是:随着我国大跨径桥梁建成数量的日益增加,桥梁管养和状态评估的重要性日益凸显,准确反映桥梁运营荷载特点的评估车辆荷载模型亟待发展。

大跨径桥梁(包括斜拉桥、悬索桥和拱桥)的车辆荷载效应特点如下:

(1)加载长度大,荷载响应水平受到车辆排布方式和平均荷载大小的控制,单纯分析车辆自身荷载特性已难以满足要求,车辆间距、车型分布、轴重分布等微观特性应当在一些桥梁加载关键区域中加以考虑,针对拥堵或事故等极端状态应加以特别关注和专项表达。

(2)影响线分布特性复杂(图4.1),数值变化幅度大,对于长加载效应,车列的平均效应已能够进行有效的表达;而对于其他的一些效应,如果能精细化地模拟车流在影响线敏感部位的微观行为,简化其他区域的加载模式,则可起到事半功倍的效果。

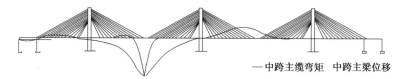

——中跨主缆弯矩　　中跨主梁位移

图 4.1　三塔斜拉桥关键效应影响线分布

就这一角度,在大跨径桥梁设计和评估中是否遵循均一化的荷载取值和完全基于影响线的加载模式,应当进行深入的分析、比选和讨论。

目前车辆荷载模型不能满足大跨径桥梁设计、评估和管养的现实需求,其深层次的原因是对于车辆作用特性科学规律认识匮乏,相关基础研究工作亟待加强。

从国内外桥梁车辆荷载研究方法的演化态势可以发现,动态称重(Weight in Motion, WIM)技术的发展和广泛应用使得大规模获取特定地点高精度车辆数据成为可能,为桥梁车辆荷载的研究开辟了新的思路。WIM数据完整地还原了经过桥梁的车流信息,为研究车辆运行机制及其荷载响应分布特性提供了丰富的数据基础。基于WIM数据研究车辆、车流的时空分布特性、荷载极值特性及相应的结构响应特性等,正成为车辆荷载研究和模型构建的新趋势。这其中,关键问题的研究方法包括车流特性分析方法、随机车流模拟方法、车辆加载建模方法和响应极值预测方法等,在下面的章节将逐一介绍和讨论。

4.2　车流特性分析

行驶于公路上的车辆具有高度的随机性和时变性,车辆的交通行为既有一定规律性,同时也存在普遍差异性。特别是近年来交通快速增长、车辆超载现象非常普遍,极大程度上影响了公路和桥梁的使用和运营。研究实际的交通运营状况,分析实际车流作用下交通行为、荷载情况,对研究车流作用下桥梁结构的响应特性以及建立荷载模型体系具有重要意义。WIM技术为这项研究提供了关键的技术支持。它提供了不影响交通运营条件下断面实时、准确、同步的车流与车辆荷载信息,为全面分析随机车流信息提供了关键的数据基础。

4.2.1　车流的交通特性

对于大跨径桥梁,由于加载的纵向长度很大,荷载影响线区域内能够布置的车辆数较多,其结构响应受车队总体荷载情况影响较大,受单一车辆轴载水平的影响相对较小。在针对响应进行车辆荷载研究时,应选取一段时间内的车流交通荷载特性为研究对象,因此需要针对车流的交通特性进行研究。

流量是反映交通流宏观特性的基本参数,直接影响荷载的密集程度。流量是随时间不断变化的变量,它是指单位时间间隔内通过道路某断面的交通实体数(对于机动车而言就是车辆数),受到出行时段、地理位置、周围路段信息等多个因素影响。交通流量使用较多的基本参数包含:月均交通量、日均交通量、时均交通量。统计表明:我国高速公路的交通流量在每月、每周和每天内均有显著的不均匀分布,月均和日均交通量都很难反映交通流的演化规律,因此采用时均交通量(Average Hourly Truck Volume,AHTV)作为基本统计参数。交通流量以天为周期呈现出明显的周期性。图4.2a)显示了实测车流数据一周内交通流量波动图。

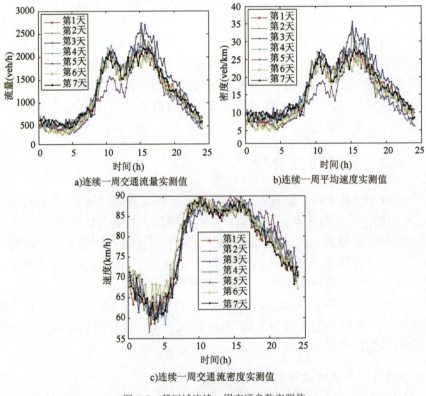

a)连续一周交通流量实测值 b)连续一周平均速度实测值

c)连续一周交通流密度实测值

图4.2 某区域连续一周交通参数实测值

流速有很多种定义的方法,包括表达车辆本身行驶特性的地点速度、瞬时速度、行程速度、运行速度、平均速度等;从道路运营要求方面,有设计车速、临界车速等。平均速度是进行交通流分析的最常用参数,平均速度包含时间平均速度和空间平均速度,均代表集群车辆的速度特性。时间平均速度是某时段内特定地点的瞬时速度平均值,相比于空间车速(某一路段内同一瞬时的各车辆瞬时速度的平均值)更能反映路段区间的车辆速度和荷载集度的关系。时间平均速度表达式为:

$$\bar{v}_t = \frac{1}{n}\sum_{i=1}^{n} v_i \tag{4.1}$$

式中:$\bar{v}_t$——时间 t 内的时间平均速度;

v_i——第 i 辆车的瞬时速度;

n——时间 t 内的车辆数目。

图 4.2b)显示了实测车流连续一周内平均速度的变化趋势。

交通流的密度表示单位车道长度的车辆数,它与流量均可以表征交通流中车辆的密集程度;密度更为直观地表达某一车道上的交通密集程度。车流密度一般以辆每千米表示(veh/km),表达式为:

$$K = n/s \tag{4.2}$$

式中:K——车流密度(veh/km);

n——单车道路段区域车辆数;

s——路段长度。

由于交通密度是瞬时值,其统计数值随时间变化,因而与路段长度 s 高度相关。密度以天为周期呈现出明显的周期性。图 4.2c)显示了实测车流数据一周内交通流密度波动图。

4.2.2 车流的荷载特性

车辆荷载是影响路面服务性能和路面使用寿命的重要因素,而车流荷载则是表征车流整体荷载水平并影响结构响应的因素。由前述分析可知,大跨径桥梁结构响应受车队总体荷载情况影响较大,受单一车辆轴载水平的影响相对较小,在针对响应进行车辆荷载研究时,有必要选取一段时间内的车流荷载特性作为研究对象。

交通领域对车流的研究侧重于车流的交通行为,对于车流的荷载效应关注较少,本节中的荷载集度是为研究结构车流响应而引入的车流特性,表征车道单位长度范围内的平均重量,一般用单位 kN/m 表示。荷载集度与车流密度高度相关,只需要将连带的车辆荷载考虑进来即可,因而在已知车辆称重的情况下,可以通过车流密度计算得到,其一般表达公式为:

$$q = \frac{\sum\limits_{i=1}^{n} W_i}{s} \tag{4.3}$$

式中:q——荷载集度(kN/m);
W_i——第 i 个车辆的重量(kN);
n——单车道路段区域车辆数;
s——路段长度。

荷载集度连续一周每日变化趋势如图 4.3a)所示,荷载集度在一周之中的连续变化如图 4.3b)所示。

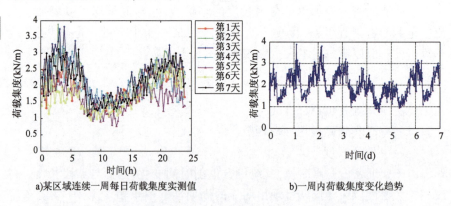

a)某区域连续一周每日荷载集度实测值　　b)一周内荷载集度变化趋势

图 4.3　车流荷载集度特性

4.2.3　车流参数间相关性

随机的车辆荷载作用下的结构响应呈现出显著的随机特性,研究这两个随机变量之间的相关性是描述车流特性对结构响应影响的关键。因此需要有针对性地研究车流特性,特别是车流的交通特性与荷载特性之间的联系。

在交通工程领域可通过交通参数明确交通流的动态演化规律,对于面向车辆加载的桥梁结构,同样也可通过若干个交通与荷载参数,确定作用于桥梁的"荷载流",用于桥梁荷载响应研究。这里最为关键的就是分析车流交通与荷载参数间的相关性。本节以 15min 为统计区间,根据连续两周的六车道 WIM 数据,分析荷载流量、密度、速度、荷载集度、0.9 倍车重分位值与重车混入率的相关性,如图 4.4、图 4.5 所示,为形成针对响应研究的荷载模型提供依据。

图 4.4 中给出了六个荷载流参数之间的相关系数,其中椭圆色块直观地表示变量之间的线性相关程度的大小:椭圆越扁,变量间相关系数的绝对值越接近于 1;椭圆越圆,变量间相关系数的绝对值越接近于 0。若椭圆的长轴方向是从左下到右上,则变量间为正相关,反之为负相关。可直观判断出完整车流参数间,流量与密度、速度、车重 0.9 倍分位值以及重车混入率均呈现较为明显的线性相关性,其中密度、速度与流量呈正相关关系。重车车流参数之间,速度与流量、密度呈现负相关关系,流量与荷载集度与 0.9 倍车重分位值则呈现正相关关系,可见重车的车流特性与完整车流存在统计意义上的差异。

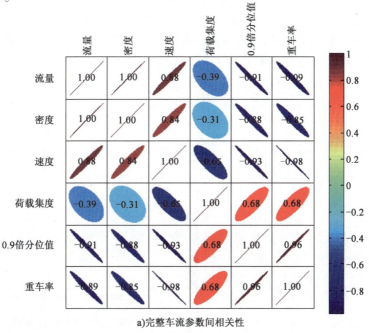

a)完整车流参数间相关性

图 4.4

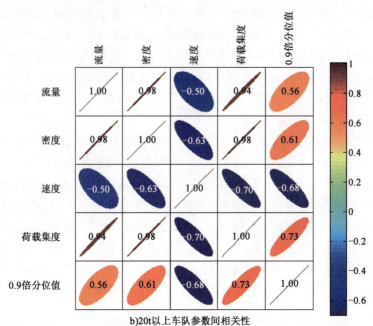

b)20t以上车队参数间相关性

图4.4 车流参数可视化相关性图

图4.5给出了流量、速度与荷载各参数间的相关性。重车混入率与车重0.9倍分位值与速度呈现较好的线性相关性,其线性相关性程度优于流量,荷载集度与速度、流量两参数均无明显的相关性,但三者之间存在一定的函数关系。可见,车流交通与荷载参数间存在广泛的相关关系,但相关性并不显著。

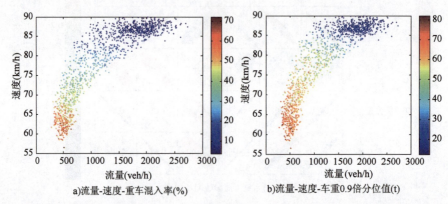

a)流量-速度-重车混入率(%)　　　b)流量-速度-车重0.9倍分位值(t)

图 4.5

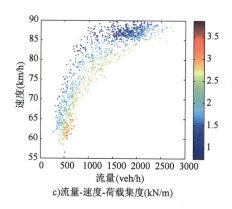

c) 流量-速度-荷载集度(kN/m)

图 4.5 车流交通与荷载参数间相关性散点图

综上所述：车流交通与荷载参数间存在广泛的相关关系，研究车流参数特性及参数间相关性为建立车流模拟方法提供了依据。

4.3 多尺度随机车流模拟方法

4.2 节所述的车流特性为建立随机车流模拟方法提供了数学基础。为实现车流模拟及响应分析精度和效率的合理权衡，以下建立了多尺度随机车流模拟方法，其中包括宏观荷载流和微观荷载流。宏观荷载流虽然也生成具体的车辆，但主要关注车重特性、车道选择、车辆的空间分布等宏观特性，车流生成后车辆匀速、稳定前进。微观荷载流则将微观状态下的车辆超车、制动、加速、换道等个体驾驶行为考虑进来。不同尺度的随机车流对应了特征不同的影响线加载区段，旨在利用精细化的车流演化过程反映各自区段的荷载响应状态变化，以保证响应分析的准确可靠。本章将重点介绍多尺度随机车流模拟方法中宏观荷载流和微观荷载流的基本思路和生成方法，用于多尺度随机车流的加载建模方法将在后续的章节中详细介绍。

4.3.1 宏观荷载流

宏观荷载流模拟基于车辆到达、车型组成和车重分布的广义统计，对于车辆荷载演化过程的描述主要反映在蒙特卡洛抽样的随机层面。宏观荷载流能够在影响线分布变化平缓，但影响量值始终较为显著的条件下，实现对随机车流的模拟与加载。在对众多大跨径桥梁荷载响应影响线调研的基础上发现,满足上述条件的加载区段在桥梁的加载长度中占据了主要部分。考虑到在影响线平稳区车辆的加载模式(均布荷载或集中荷载)对荷载响应的计算结果影响较小,为提高这一区段的荷载生成和加载效率,假定车流在生成后匀速稳定前进,形式近似于"均匀流"。在此基础上,可进一步假定宏观荷载流的表现形式为均布荷载。针对计算荷载响应的主要目的,此处宏观荷载流的生成并不直接模拟每一辆车的所有自身参数(车长、轴型、轴重等)和行驶参数(车速、车头间距、车头时距等),而是直接通过已有的车重分布进行抽样,确定某时刻宏观加载车流区段上各车的具体车重值,将总车重均摊到区段长度上,从而得到此时宏观区段上的均布荷载值,作为荷载响应的计算依据。

宏观荷载流基于宏观交通流参数生成,具体包括小时交通流量、轴型比例、平均车速和车辆总重的概率分布等。具体的模拟思路如下:

(1)基于小时交通流量、轴型比例和平均车速,利用典型流量-密度-速度曲线[11],确定各个时刻车辆密度;

(2)基于车辆总重的概率分布和时刻车辆密度,分别抽样得到各车具体车重;

(3)基于每辆车的具体车重,计算加载区段上的均布荷载,并利用这一均布荷载计算各个时刻的荷载响应(均布荷载量值与加载区段影响线面积)。

从上述过程中可以看出,均布荷载(即荷载密度)可通过两个数值模型(流量-密度-速度曲线、车重概率分布),以及若干宏观交通流参数(小时交通流量、轴型比例和平均车速)直接生成得到。这一过程未涉及车辆序列的具体生成和演化描述,在保证计算精度的基础上,很大程度上提高了该加载区段荷载响应的分析效率。

4.3.2 微观荷载流

元胞自动机是模拟微观交通流的一种基础工具,是一种关注动态模型的建模方法。Nagel 和 Schreckenberg 最早提出了能够描述车辆微观运动的元胞自动机 N-S 模型,随后发展出确定性元胞自动机(Deterministic Traffic Cellular Automaton,以下简称 DTCA)和随机性元胞自动机(Stochastic Traffic Cellular Automaton,以下简称 STCA)。这其中,STCA 对车辆的随机特性描述更为准确,因此被广泛采用。此后,针对实际行驶过程中车辆微观行为的各种更新规则也被不断提出,旨在通过模拟车流重现并表达实际交通流的作用特征。

在一般的元胞自动机模型中,有限且连续的模拟空间以一定的规律被划分为若干个边界明确的网格,这些网格被称为"元胞",其中存储实现时间和空间状态转化的参数。"自动机"是指元胞中的参数能够根据预先设定好的规则,参考一定范围内其他元胞的参数状态,按相等的时间间隔自行演化。元胞自动机中需要定义的内容主要分为元胞、元胞空间、邻域和状态更新规则。元胞自动机用数学符号可以表示为:

$$\mathrm{CA} = (L^d, \Sigma, N, \delta) \tag{4.4}$$

元胞空间 L 是元胞所分布的空间网点集合,包含元胞物理环境、网格及划分形式,如空间尺寸、时间间隔、网格划分方法,元胞空间的维数 d 可以是 1 维、2 维或者更高,这将影响模拟的精度。元胞是构成元胞自动机的最基本单元,包含元胞的各项属性及有限、离散的元胞状态 Σ。邻域 N 是指对某一特定元胞演化有影响的元胞集合,可以是两个紧靠的元胞,也可以是一个区域内的多个元胞。局部规则 δ 是对元胞内参数进行更新的具体操作,规则基于离散的时间和空间同步作用于所有元胞,实现元胞及元胞空间的状态演化。

基于 STCA 的元胞自动机进行交通模拟时,首先根据模拟的精度和车辆的轴型,确定元胞网格划分的尺度 cell。元胞状态 σ 所包含的参数依据车辆属性和模拟要求进行确定,主要包括运动学参数 M 和荷载参数 W。在运动学方面,模拟过程的离散间隔为 Δt,导出相应的车速单位为 cell/Δt,其余运动学参数包括最大速度 $v_{\max}$、当前速度 v 及前车间距 g_s;荷载参数主要包括车辆的自重 G、各轴轴重 g、轴数 a 及各轴间轴距 p。基于 STCA 的元胞自动机的数学模型可如下表示:元胞自动机的状态空间 Σ 包含了研究区段上所有单个元胞的状态:$\sigma_i(t) \in \Sigma$,即元胞 i 在 t 时刻的参数状态。

图 4.6 为用于车流模拟的基于元胞自动机物理环境建立和状态更新的流程。整个元胞自动机系统可以表示为一个二维矩阵:

$$\begin{bmatrix} \sigma_1 \\ \sigma_2 \\ \cdots \\ \sigma_n \end{bmatrix} = \begin{bmatrix} M_1 & W_1 \\ M_2 & W_2 \\ \cdots & \cdots \\ M_n & W_n \end{bmatrix} \tag{4.5}$$

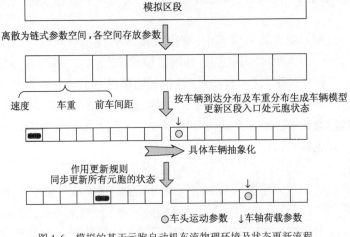

图4.6 模拟的基于元胞自动机车流物理环境及状态更新流程

单元胞模型对车辆荷载的模拟通过在该元胞内的均布荷载或元胞中心的单点加载实现,这两种模拟方式在表达车辆荷载的分布形式方面有明显的精度局限性。多元胞模型(Multi-cell Cellular Automata,简称 MCA)重新定义了元胞自动机的基本参数:允许一辆车跨越连续的多个元胞,跨越元胞的数量由车轴数确定。与单元胞模型相比,其运动学参数和演化规则基本相同,参数仅存放于车头所在的元胞内;在单元胞模型车重 G 的基础上,荷载参数在连续的多个元胞中设置了不同的轴重 g。例如,当区 k 段上仅有一辆三轴车,其车头位置在第 i 个元胞处,多元胞荷载模型中,元胞自动机系统的状态矩阵可以进一步表示为:

$$\begin{bmatrix} \sigma_1 \\ \cdots \\ \sigma_{i-2} \\ \sigma_{i-1} \\ \sigma_i \\ \cdots \\ \sigma_n \end{bmatrix} = \begin{bmatrix} M_1 & G_1 & g_1 & 0 \\ \cdots & \cdots & \cdots & \cdots \\ M_{i-2} & G_{i-2} & g_{i-2} & 0 \\ M_{i-1} & G_{i-1} & g_{i-1} & 0 \\ M_i & G_i & g_i & 1 \\ \cdots & \cdots & \cdots & \cdots \\ M_n & G_n & g_n & 0 \end{bmatrix} \quad (4.6)$$

其中,$M_j = \phi\ (j \neq i)$,无车头占据的元胞内运动参数为零值;$G_j = \phi$ $(j \neq i, j \neq i-1, j \neq i-2)$,无车轴占据的元胞内荷载参数为零值;$G_i = G_{i-1} = G_{i-2}$,车轴占据的元胞内设定相同的车重;$G_i = g_i + g_{i-1} + g_{i-2}$,车重为车辆的

轴重之和。

STCA通过随机慢化的规则进行局部更新,从而考虑随机因素的影响。对于车辆i所占据的元胞,其邻域N为车辆i的正前方与其紧靠的车辆所占据的元胞。针对在模拟区段中的运动车辆,其各项参数的更新规则见下式:

(1)加速和减速:$v_t(t) \leftarrow \min\{v_i(t-1)+1, g_s(t-1)/\Delta t, v_{\max}\}$;

(2)随机慢化:$\xi(t) < p \Rightarrow v_i(t) \leftarrow \max\{0, v_i(t)-1\}$;

(3)位置更新:$x_i(t) \leftarrow x_i(t-1) + v_i(t) \cdot \Delta t$。

其中,$v_i(t)$表示第i辆车在时刻t的速度;$g_s(t)$表示第i辆车的车头与前车车尾在t时刻的距离,以元胞个数 cell 表示;$v_{\max}$表示车辆最大运动速度;$\xi(t)$表示在t时刻产生的随机数,且有$\xi(t) \in [0,1]$;p为给定的减速因子;$x_i(t)$表示第i辆车在时刻t所在的位置。

在进行车流模拟时,根据元胞的局部更新规则,首先确定各车辆在下一时刻的运动学参数,以实现车头的移动,而后同步更新车辆各轴所在元胞的荷载参数,反映车辆各轴的荷载参数随车头同步移动的过程,实现车辆荷载的局部动态模拟和精细化的轴位加载。

4.3.3 多尺度车辆加载建模方法

从随机车流模拟技术发展情况来看,对于大跨径桥梁结构,拥堵是形成极端荷载响应的关键,随机车流模拟需要精确考虑车辆的微观作用行为,这些行为可以借助跟驰与变道模型的应用解决;同时,完全精细化的车流模拟分析可能带来显著的计算代价,因此需要对微观车流仿真进行大量的优化。车流作用本身具有多物理特征,根据多尺度建模的基本思路,可以在显著区域精细化模拟而在非显著区域采用稍粗略的宏观模拟方法,势必极大改善计算效率和精度。对桥梁结构效应影响线的分析可知:该结构影响线仅在部分区域具有非常显著影响值,而在其他区域影响值较小。因此,引入多尺度理念进行随机车流仿真模拟具有重要意义。

随机车流的加载建模需要考虑不同范围的应用需求:小到伸缩缝的设计,大到悬索桥主缆的设计。因此,车辆和车队的加载模式(Load Model Variety,简称LMV),或者说加载保真度,应该反映计算分析的需求,即通过对最真实加载模式的简化,提供满足精确要求的加载方式。

基于上述背景,提出一种多尺度随机车流模拟方法,其基本理念可以通过图4.7表达并详细阐述如下:任意桥梁荷载效应的影响线都有影响值显著和不显著的区域划分,这些分别定义为敏感区域和非敏感区域。在敏感区域,由于影响线的影响值很大,因此要求在这些范围内精确模型车队荷载的作用,任意形式的简化都可能产生较大的计算误差。在非敏感区域,影响线的影响值很小,因此可以采用简化的车流模拟方法,这样模拟效率可以得到很大的提高并充分保障了计算精度。桥梁效应除了可划分为敏感区和非敏感区,还可能划分出"不太敏感"的区域,这时可以采用中等保真度的加载模式。多尺度随机车流模拟的基本理念是在任意桥梁效应影响线的敏感区域采用精细化微观车流模拟,而在影响线不敏感区域采用宏观车流荷载模拟,从而在显著提高计算效率的同时保障加载计算精度。

在多尺度车辆加载建模中,应同时进行微观和宏观模拟。微观车流模拟覆盖影响线的"不太敏感"区域和敏感的区域,如图4.7所示。宏观车流模拟仅覆盖影响线的非敏感区域。二者通过宏观交通参数相关联。因此,可以分别基于来自流量检测器1和2的宏观交通参数实现左右部分中的荷载集度的宏观模拟,从而实现了全桥影响线的多尺度连续模拟。此外,若在微观车流模拟区域中的某个位置发生堵塞,则可以在流量检测器1和2中实时反映交通量的变化,并且自适应地改变相应的荷载集度。

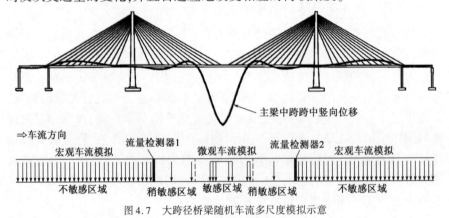

图4.7 大跨径桥梁随机车流多尺度模拟示意

4.4 车辆荷载响应极值预测方法

随着公路运输中日均交通水平不断增长和车辆载重水平的显著提高,公路桥梁车辆荷载响应的精确分析与极值预测成为桥梁结构的设计与安全评估过程中越来越重要的内容。除响应实测外,前文阐述的车流模拟和加载方法提供了获取结构响应数据的另一思路和途径。通过现场实测或模拟合成的方法获取结构响应和交通数据等已经越来越方便和可靠,然而其数量仍然不足以支撑获得结构寿命期内的荷载响应极值,因此应用极值统计方法在获取的结构响应数据进行极值预测仍然是普遍采用的方法。如何利用有限的数据基础评估长时间回归周期内的结构荷载响应,极值预测方法的选择与运用是桥梁车辆荷载响应评估及荷载模型分析的关键问题。本节将介绍极值理论的基本原理及几种常用的车辆荷载极值外推方法。

4.4.1 基于同分布的极值外推方法

假设 $X_1, X_2, \cdots, X_n$ 为概率分布函数为 F 的独立同分布随机变量,其最大值可以表示为:

$$M_n = \max_{1 < i < n} [X_1, X_2, \cdots, X_n] \quad (4.7)$$

$$P(M_n \leqslant x) = P(X_1 \leqslant x, X_2 \leqslant x, \cdots, X_n \leqslant x)$$
$$= P(X_1 \leqslant x) \times \cdots \times P(X_n \leqslant x) = [F(x)]^n \quad (4.8)$$

如图 4.8 所示,任意最大值分布可以通过随机变量的底分布的幂函数来表示。然而随着幂指数即最大值的间距 n 变大,最大值分布逐渐趋向底分布的尾部,因此对底分布 F 对数据样本描述的精确性尤其是尾部的要求越来越高。在通常情况下,最大值所对应样本数据的底分布是未知的,因此直接从该定义获得最大值 M_n 是非常困难的。

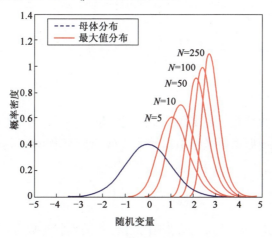

图 4.8 任意分布随机变量的最大值分布

根据极值统计理论，独立同分布随机变量的最大值收敛于三类分布，包括 Gumbel、Frechet 和 Weibull 分布等可以表示为：

$$G(x) = \exp\left\{-\exp\left[-\left(\frac{x-b}{a}\right)\right]\right\}, -\infty < x < \infty \qquad (4.9)$$

$$G(x) = \begin{cases} 0, x \leq b \\ -\exp\left[-\left(\frac{x-b}{a}\right)^{-\alpha}\right], x > b \end{cases} \qquad (4.10a)$$

$$G(x) = \begin{cases} -\exp\left[-\left(\frac{x-b}{a}\right)^{\alpha}\right], x < b \\ 1, x \geq b \end{cases} \qquad (4.10b)$$

其中，参数 $a > 0, \alpha > 0, b$ 在 Frechet 和 Weibull 分布中需为正值。此外，该三类分布也被合并为一个概率分布函数，即用广义极值分布函数来表示，

$$G(x;\xi,\mu,\sigma) = \exp\left\{-\left[1+\xi\left(\frac{x-\mu}{\sigma}\right)^{-1/\xi}\right]\right\} \qquad (4.11)$$

其中，ξ, μ 和 σ 是分布函数的形状、位置和尺度参数。Gumbel 分布为 $\xi = 0$ 的情况，而 Frechet 和 Weibull 分布则分别对应于 $\xi > 0$ 和 $\xi < 0$ 的情况。通过广义极值分布，任意重现期 T 的极值可以通过下式进行估计：

$$x_T = \begin{cases} \mu - \dfrac{\sigma}{\xi}\left[1-\left\{-\log\left(1-\dfrac{1}{T}\right)\right\}^{-\xi}\right], \xi \neq 0 \\ \mu - \sigma\log\left\{-\log\left(1-\dfrac{1}{T}\right)\right\}, \xi = 0 \end{cases} \qquad (4.12)$$

此外，以随机变量 x 超出阈值 u 的超出量 $y = x - u$ 为对象的另一极值理论认为，超出量 y 服从广义帕累托分布（Generalized Pareto distribution），其定义为：

$$H(y;\xi,\sigma) = 1 - \left(1+\frac{\xi y}{\tilde{\sigma}}\right)^{-1/\xi} \qquad (4.13)$$

其中，ξ 和 $\tilde{\sigma} = \sigma + \xi(u-\mu)$ 是帕累托分布的形状参数和尺度参数。事实上，超出量的分布可以通过随机变量的底分布来表示为：

$$P(X>u+y|X>u) = \frac{1-F(u+y)}{1-F(u)} = H(y) \quad (4.14)$$

因此，假如已知该随机变量超出阈值 u 的概率 $\zeta_u = P(X>u) = 1-F(u)$，则其概率分布函数 F 可以表示为：

$$F(x) = 1 - \zeta_u H(y = x - u) \quad (4.15)$$

那么，在重现期为 T 内，如果事件 X 发生次数为 m，则其对应的极值可以通过下式计算为：

$$x_T = u + \frac{\sigma}{\xi}[(m\zeta_u)^\xi - 1] \quad (4.16)$$

显然，通过极值理论可以对随机变量的最大值分布以及极值进行预测，以此为基础的两种实用方法被广泛应用。对某一给定区间数据取其最大值，例如每日车辆荷载效应的最大值，假定其符合广义极值分布，对区间最大值数据进行分布的参数拟合，从而获得最大值概率分布，并以此为基础进行极值预测是常用的方法，该方法被称为区间最大值法。类似的，以广义帕累托分布为基础的极值理论也在车辆荷载效应的极值预测中被使用。具体而言，通过对荷载效应数据样本超出量进行广义帕累托分布的分布参数拟合，从而获得样本数据的母分布概率函数，并通过其进行极值预测，该方法被称为阈值法。在实际问题中极值统计方法的应用依然面临诸多问题，例如缺少足够的样本数据、数据不服从极值理论对于独立同分布的假定等，使得一些经验性实用方法被提出，特别是针对分布尾部拟合的方法。

极值或重现期水平值是车辆荷载效应分布的高分位，通过对分布的尾部进行拟合是在车辆荷载效应极值预测早期研究中一种常用的做法，即通过假定随机变量底分布符合某一分布类型并拟合估计参数进行极值外推。Nowak 在美国桥梁设计规范（LRFD）中采用正态概率纸直线外推方法，通过安大略省交通管理部门收集的 9250 辆卡车数据，评估了设计基准期 75 年的荷载响应极值。该方法基本步骤如下：①将车辆数据对特征效应的响应面加载，求荷载响应值，计算的基础数据容量为 n，时长 m 天；②将荷载响应累积概率分布绘制于正态概率纸上，横坐标为荷载响应，纵坐标为对应累积概率的标准正态分布逆值；③结构设计基准期 T 最大值累积概率 $p = 1 - \frac{m}{365nT}$，相应纵坐标为 $\Phi^{-1}(p)$，根据数据走势直线拟合尾部数据并计算对应荷载响应值。Nowak方法首先成功将可靠度理论引入汽车荷载研究中，但是该方法当时存在如下弊端：①选择所有的荷载响应数据，低尾、中尾的基础数据严重影响底分布的确定，荷载响应的分析中工程师往往关注基础数据的高尾部分；②根据尾部数据的正态分布拟合特性直接进行直线外推，存在很大的经验性；③响应极值确定的对应概率，没有跟重现期或者设计基准期联系。为此Moses进行了一定程度的改进，他只选择荷载响应高端的20%数据，计算其均值$\mu_{20\%}$与方差$\sigma_{20\%}$，并计算设计基准期T内荷载响应极值。此后，Sivakumar根据极值理论在Moses方法基础上进行了改进，在选择高端5%数据基础上，根据极值理论，计算了设计基准期内的最大值均值μ和方差σ。值得注意的是，此类方法一般假定荷载响应满足正态分布，根据卡车在短小跨径桥梁加载计算的响应值，利用尾端数据基于概率理论外推响应极值，该研究方法在桥梁车辆荷载领域具有很好的开创性，并应用于AASHTO规范的相关车辆荷载模型确定。

实际上，荷载效应为一平稳随机过程，其极值可通过超越次数来描述，相对于最大值分布而言，超越次数更能够通过简单地计算得到。超越次数的概念在平稳高斯过程中应用较多，特别是对于大跨径桥梁车辆荷载响应。研究表明，大跨径桥梁车辆荷载是一个随时间变化的随机过程，车辆荷载效应的影响面分布范围长，如果特定荷载效应的影响面是随跨长变化的非零值，而且影响区域比单个重车所占有区域更大，则可以将车辆荷载响应模拟为白噪声过程。此外，如果影响面随跨长变化足够缓慢且连续，并且桥跨长度与连续车辆的间距比值足够大，则该荷载效应的车辆响应满足平稳高斯过程。

基于平稳高斯过程可用Rice公式外推荷载响应极值，其中σ、$\dot{\sigma}$和m分别是随机变量x的标准值、随机过程导数$\dot{x}$的标准差和平均值。Rice公式极值外推方法的主要步骤是：①计算任意荷载响应的水平穿越次数并绘制直方图；②选择合适的起点和直方图间距，基于最小二乘法用Rice公式拟合穿越直方图；③采用K-S检验计算拟合值的置信水平β。研究表明，当$\beta \geq 0.95$时可以得到足够理想的极值外推结果。根据上述拟合的Rice公式，便可以计算任意重现期的荷载响应极值：

$$v(x) = \frac{1}{2\pi} \frac{\dot{\sigma}}{\sigma} \exp\left[-\frac{(x-m)^2}{2\sigma^2}\right] \quad (4.17)$$

$$x_{\mathrm{opt}}(R_{\mathrm{t}}) = m_{\mathrm{opt}}^r + \sigma_{\mathrm{opt}}^r \sqrt{2\ln(v_{0,\mathrm{opt}}^r R_{\mathrm{t}})} R_{\mathrm{t}} = -\frac{T_{\mathrm{ref}}}{\ln(1-\alpha)} \quad (4.18)$$

Rice 公式极值外推通过选取合适的拟合起点,在满足荷载响应是平稳高斯过程的前提下,便可以计算任意回归周期内的荷载响应极值,该方法具有很好的精度和可靠性,但也存在一定的问题:首先,并非所有的荷载响应都能满足平稳高斯假定,对于大跨度桥梁结构的某些荷载效应,其响应时程也无法满足平稳高斯过程;其次,Rice 公式拟合最佳起点需要不断试算,其精度较难把握。

4.4.2 基于复合分布的极值预测方法

上述方法均假定车辆荷载效应为独立同分布的随机变量,事实上由于产生荷载效应的荷载事件的不同,车辆荷载效应为同分布的假定不成立。基于此考虑,有学者提出了荷载效应为复合分布的两种极值预测方法。

Caprani 等(2008)以区间最大值法为基础,利用广义极值分布,提出了复合统计法(Composite Distribution Statistics)。对于一随机变量序列 X_1, $X_2,\cdots,X_n$,其分布函数为 $F(x)$,假定样本之间相互独立,但该序列受到多事件的影响而不满足同分布假定,假设有 $j(j=1,2,\cdots,m)$ 个事件影响,其中 m 表示最多的可能事件数量。假设其代表某一给定区间的车辆荷载效应最大值,则其概率可以表示为:

$$P(S_i \leqslant s) = \sum_{j=1}^{m} \varphi_j \cdot F_j(s) \quad (4.19)$$

式中:$F_j(s)$ ——第 j 个事件的最大值分布的累积概率;

φ_j ——该事件在总体样本中的出现概率或比重。

假设各个事件的区间最大值分布是独立的,那么所有事件中最大值的概率可以表示为:

$$P(\widehat{S} \leqslant s) = P(\max_{i=1}^{n_d}(S_i \leqslant s)) = \prod_{i=1}^{n_d} P(S_i \leqslant s) = \Big(\sum_{j=1}^{m} \varphi_j \cdot F_j(s)\Big)^{n_d} \quad (4.20)$$

根据

$$P(\widehat{S} \leqslant s) = \prod_{j=1}^{n_t} G_j(s) \quad (4.21)$$

$$G_j(s) = \exp\left\{-\left[1-\xi_j\left(\frac{s-\mu_j}{\sigma_j}\right)\right]^{\frac{1}{\xi_j}}\right\} \quad (4.22)$$

其中,ξ_j、σ_j、μ_j 分别为 GEV 分布的形状参数、尺度参数和位置参数。从而可以获得复合分布的极值分布表达为：

$$P(\widehat{S} \leq s) = \sum_{j=1}^{n_t} \left[1 - \xi_j \left(\frac{s - \mu_j}{\sigma_j}\right)\right]^{\frac{1}{\xi_j}} \quad (4.23)$$

其将用于极值预测。

Zhou 等（2016）则以广义帕累托分布为基础，提出了复合阈值法（Mixture Peaks-Over-Threshold Approach）。对于满足复合分布的给定样本 X，其不超过某一分位值的概率，可以通过累积概率函数 F 计算，即：

$$P(X_i \leq x^*) = F(x^*) = \sum_{j=1}^{m} \varphi_j \cdot F_j(x^*) \quad (4.24)$$

式中：x^*——某一分位值；

$F(x^*)$——样本的累积概率；

$F_j(x^*)$——第 j 个事件的累积概率；

φ_j——第 j 个事件的组成权重系数。

基于前述单一分布随机变量的超出某一分位值的概率分表述式，复合分布情况下超过某一分位值 x^* 的概率为：

$$P(X_i > x^*) = 1 - \sum_{j=1}^{m} \varphi_j \cdot F_j(x^*) = \sum_{j=1}^{m} \varphi_j \cdot [1 - F_j(x^*)] \quad (4.25)$$

对任一事件 j，设定某一足够大的阈值 u_j，由于同一加载事件满足独立和同分布假定，根据超阈值定理，可以采用 GPD 分布拟合超阈值分布，即：

$$\frac{1 - F_j(x^*)}{1 - F_j(u_j)} = 1 - H(x^*; \xi_j, \sigma_j, u_j) \quad (4.26)$$

其中，$H(x^*; \xi_j, \sigma_j, u_j)$ 为事件 j 控制下样本分布的超阈值 GPD 拟合模型；ξ_j、σ_j、u_j 分别为对应的 GPD 形状参数、尺度参数和位置参数。

由此可以推导出：

$$P(X_i > x^*) = \sum_{j=1}^{m} \varphi_j \cdot [1 - H(x^*; \xi_j, \sigma_j, u_j)] \cdot [1 - F_j(u_j)] \quad (4.27)$$

事实上，当所有事件都设定相同阈值 u 时，可以确定超出量分布为：

$$F_u(x^* - u) = \frac{F(x^*) - F(u)}{1 - F(u)} = \sum_{j=1}^{m} \frac{\varphi_j \cdot H(x^*; \xi_j, \sigma_j, u_j) \cdot [1 - F_j(u_j)]}{1 - F(u)} \quad (4.28)$$

因此，复合分布的事件可以通过尾部超出量来表示：

$$F(x) = 1 - \sum_{j=1}^{m} \varphi_j \cdot [1 - H(x^*; \xi_j, \sigma_j, u_j)] \cdot [1 - F_j(u)] \quad (4.29)$$

由此可以对某一回归期的特征值进行估计:

$$[1-F(\hat{x}_m)]-\frac{1}{m}\leqslant\epsilon \quad (4.30)$$

其中,ϵ为一个极小量;$m=365\times n\times T$为在回归期内总事件数。

4.5 随机车流模拟理论的工程应用

4.5.1 工程背景

选取一座三塔斜拉桥为工程背景,分别采用基于 WIM 车流数据统计的宏观车流模拟,以及实现超车换道功能的多车道 MSCA 随机车流参数化微观模拟。以三塔斜拉桥的某项使用性能指标为关注对象,分析其在实际随机车流荷载作用下及模拟随机车流荷载作用下的响应值及其极值特性。特征效应根据其应用途径可划分为性能评估效应及监测指标效应,用于监测指标的效应应满足易于监测且能反映结构荷载响应的要求。选取三塔斜拉桥的中跨跨中竖向位移作为关注的监测指标效应,桥梁立面及中跨跨中竖向位移影响线如图 4.9 所示。

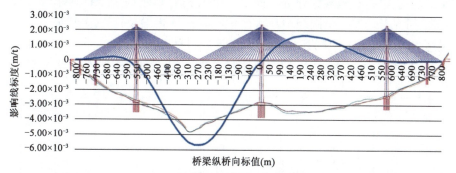

图 4.9 三塔斜拉桥中跨跨中竖向位移影响线

通过宏观随机车流及 MSCA 微观车流模拟程序进行参数化车流模拟后,即可以获得指定时间内在特定桥梁结构上运行的随机车辆荷载流。当随机荷载流产生之后,为进一步获得结构响应,即所求随机荷载效应,可通过荷载效应影响面/线进行计算。该方法是在前述建立的有限元模型基础上,先求得所求荷载效应的对应影响面/线,再将其与随机荷载流相结合,从而得到所求随机荷载效应。这一方法建立在线性叠加理论的基础上,具体的荷载加载及效应分析过程如图 4.10 所示。

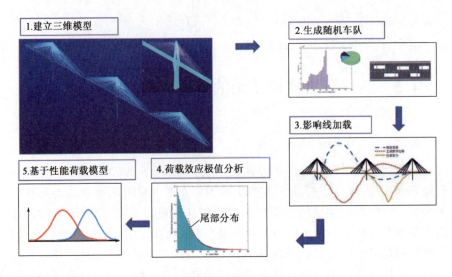

图 4.10 荷载响应的加载及效应分析过程

选取某双向六车道高速路段 2015 年全年 WIM 系统车流监测数据作为基础数据,进行车流参数分析及提取。图 4.11a) 所示为全年日均车流量折线图,可见日均车流量围绕 6 万辆上下波动,呈缓慢增长趋势,单日最高车流量达 10 万辆;图 4.11b) 所示为全年车重分布直方图,可见车重呈现多峰分布特性,基本处于 25t 以下,单车车重最大可达 63t,15t 以上重车占比 5.8%。

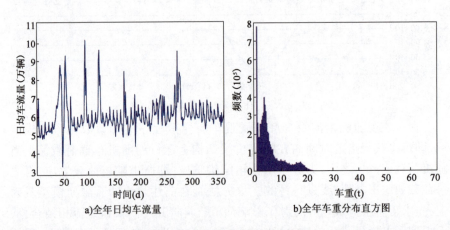

a) 全年日均车流量　　　　　b) 全年车重分布直方图

图 4.11 某高速路段全年车流数据

4.5.2 宏观及微观模拟车流荷载响应

按照上文所述宏观及微观车流模拟方法，基于对实测高速路段车流数据的分析，进行宏观及微观随机车流的模拟，并计算背景工程跨中竖向位移效应的响应值。通过对比实际车流精密加载得到的响应值与车流模拟的响应值，进一步讨论车流模拟方法的效率及准确性。

通过实际车流加载和模拟车流加载得到各类车流下的跨中位移响应值，由于跨中位移效应的主响应为负值，故除去0值后，对各类响应值进行处理分析：图4.12a)所示为实际车流模拟下的跨中位移响应直方图，图4.12b)所示为微观车流模拟下的跨中位移响应值。与实际车流下的响应值相比，宏观车流模拟下的响应值组成结构与实际值相似，总体水平低于实际响应，极值水平也低于实际响应；微观车流模拟下的响应值与实际值相差较大，0值附近聚集了较多的响应值，极值水平与实际值接近。

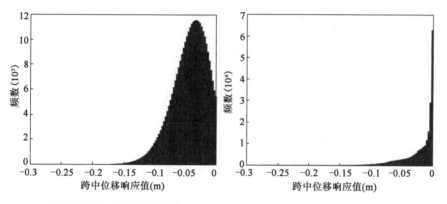

a)实际车流模拟下跨中位移响应值　　b)微观车流(日均交通量8万辆)模拟下跨中位移响应值

图4.12　特征效应荷载响应直方图

如表4.1所示为各类车流作用下跨中位移效应的响应值参数统计。可见在均值方面，宏观车流响应均值略小于实际车流响应均值，微观车流的响应均值则明显小于实际车流的响应均值；在0.98分位值方面，四类车流下的响应参数差异较小；在0.90分位值方面，微观车流下的响应参数较小于实际车流及宏观车流响应；在0.80分位值方面，微观车流下的响应参数与其他车流响应的差别进一步增大；在最大值方面，宏观车流的最大响应值略小于实际车流下的最大响应值,日均车流量 6 万辆的微观车流下响应最大值接近于实际车流下的响应最大值,而日均车流量 8 万辆的微观车流下的响应最大值则大于实际车流下的响应最值。

各类车流作用下特征效应响应值参数　　　表4.1

车流类别	均值	方差	0.98 分位值	0.90 分位值	0.80 分位值	最大值
实际车流	-0.045	0.027	-0.111	-0.082	-0.067	-0.261
宏观车流	-0.036	0.024	-0.096	-0.069	-0.055	-0.228
微观车流(6万辆)	-0.016	0.023	-0.086	-0.049	-0.028	-0.253
微观车流(8万辆)	-0.021	0.027	-0.098	-0.059	-0.038	-0.277

由于样本空间的有限性,数据采集时段内所出现的汽车荷载效应极值不能代表桥梁运营期内可能出现的最大值。这里采用上文提到的极值外推方法,对运营期内可能出现的最大荷载响应进行极值预测。通过抽取每日荷载响应极值,关注响应的尾部走势,对所有汇聚组成的样本进行分布拟合检验,获取不同重现期内的荷载响应极值。我国公路桥梁汽车荷载设计标准为基准期 100 年内,汽车荷载效应取值有 95% 保证率不被超越,对应 $1/(1-0.95^{1/100})$ = 1950 年重现期标准。1950 年重现期对应于 Gumbel 概率纸纵坐标为: $-\ln\{-\ln[1-1/(1950 \times 365)]\}$ = 13.68,如表4.2 所示为本节进行外推的基准期与重现期标准以及 Gumbel 概率纸纵坐标对应表。

不同基准期对应的重现期标准与 Gumbel 概率纸纵坐标对应表　　　表4.2

基准期	1 年	5 年	10 年	50 年	100 年
重现期标准	20 年	98 年	195 年	975 年	1950 年
$-\ln(-\ln F)$	8.9	10.5	11.2	12.8	13.5

为直观了解汽车荷载效应水平,取与现行规范《公路桥涵设计通用规范》(JTG D60—2015)荷载效应标准值(公路 I 级)的比值作为效应统计分析的对象,得到跨中位移在各个评估周期(基准期)下整体效应极值预测的情况,如表 4.3 及图 4.13 所示,可知 100 年基准期下跨中位移效应比值达到 0.615 的水平,宏观车流及微观车流(日均车流量 6 万辆)下响应外推值比实际车流下的响应外推值小,相差 8% ~ 15%,微观车流(日均车流量 8 万辆)下响应外推值比实际车流的响应外推值偏大,相差 6%。

跨中位移与规范值比值不同车流下极值预测　　　表4.3

基　准　期	实际车流	宏观车流	微观车流(6万辆)	微观车流(8万辆)
1 年	0.552	0.481	0.542	0.614
5 年	0.575	0.497	0.551	0.628
10 年	0.585	0.504	0.554	0.633
50 年	0.606	0.518	0.562	0.644
100 年	0.615	0.524	0.565	0.649

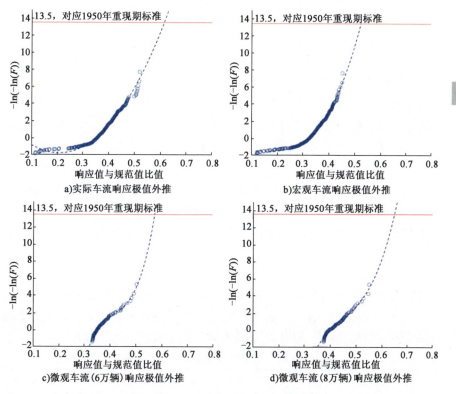

图 4.13　跨中位移响应极值外推

由上述图表可知,跨中位移与规范比值极值预测水平在各类车流响应下存在差异,100年基准期预测值为0.524~0.649之间。可见在未来一定时段内该三塔斜拉桥跨中位移效应水平能够满足荷载发展。同时,极值外推受效应极值影响较大,故存在一定的随机性,加大样本容量可适当减小其随机作用。

综上所述,宏观车流与微观车流模拟在诸多方面存在差异。在荷载响应方面,宏观车流响应数据组成结构与实际响应类似,但总体水平偏小,极值水平偏小;微观车流响应数据组成结构与实际响应存在较大差异,数据倾向于向零值靠拢,同时极值水平随输入参数不同略低于或高于实际响应极值。在模拟效率方面,宏观车流模拟效率较高,在保证一定计算精度的基础上计算效率明显快于微观车流模拟,进行微观车流模拟时由于进行了车辆序列的具体生成和演化描述,模拟效率远低于宏观车流模拟。可见,宏观车流模拟虽效率较高但精度不足,微观车流模拟精度较高但效率过低,可通过基于影响线的多尺度车流模拟方法综合上述方法的优势。

4.5.3 多尺度模拟车流荷载响应

在多尺度车辆加载建模中,应同时进行微观和宏观模拟。微观车流模拟覆盖影响线的较敏感区域和敏感的区域,宏观车流模拟仅覆盖影响线的非敏感区域。二者通过宏观交通参数相关联。这样一来,实现了全桥影响线的多尺度连续模拟。

综合宏观车流与微观车流模拟,针对背景桥梁跨中竖向位移响应进行多尺度车流模拟,得到响应值后,选取其主响应值即负值部分进行分析:图4.14a)所示为多尺度车流加载下的跨中位移响应直方图,与实际车流下的响应值相比,响应数据结构存在差异,极值水平与实际响应相同。如图4.14b)所示为多尺度车流加载下的响应极值外推,可见在评估周期1~100年范围内外推值与实际情况符合度较高。表4.4所示为多尺度车流作用下跨中位移效应的响应值参数统计。可见在最大值方面,多尺度车流的最大响应值与实际车流相当,其模拟效果优于宏观车流及微观车流。

多尺度车流下跨中位移特征效应响应值参数　　　表4.4

车流类别	均值	方差	0.98分位值	0.90分位值	0.80分位值	最大值
实际车流	-0.045	0.027	-0.111	-0.082	-0.067	-0.261
宏微观多尺度车流	-0.022	0.026	-0.097	-0.059	-0.038	-0.266

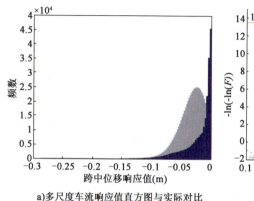
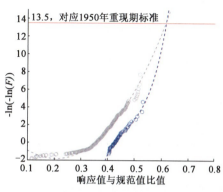

a) 多尺度车流响应值直方图与实际对比   b) 多尺度车流响应极值外推与实际对比

图 4.14 多尺度车流响应参数与实际对比图(实际车流为灰色部分)

多尺度车流加载下跨中位移在各个评估周期(基准期)下整体效应极值预测的情况如表 4.5 所示,可知 100 年基准期下跨中位移效应比值达到 0.615 的水平,宏观车流及微观车流(日均车流量 6 万辆)下响应外推值比实际车流下的响应外推值小,相差 8% ~ 15%,微观车流(日均车流量 8 万辆)下响应外推值比实际车流的响应外推值偏大,相差 6%,多尺度车流下响应外推值与实际值差异不大,相差仅为 0.3%。

不同车流下跨中位移与规范值比值的极值预测   表 4.5

基准期	实际车流	宏观车流		微观车流(6 万辆)		微观车流(8 万辆)		多尺度车流	
		极值	误差	极值	误差	极值	误差	极值	误差
1 年	0.552	0.481	-12.9%	0.542	-1.8%	0.614	11.2%	0.586	6.2%
5 年	0.575	0.497	-13.6%	0.551	-4.2%	0.628	9.2%	0.598	4.0%
10 年	0.585	0.504	-13.8%	0.554	-5.3%	0.633	8.2%	0.603	3.1%
50 年	0.606	0.518	-14.5%	0.562	-7.3%	0.644	6.3%	0.613	1.2%
100 年	0.615	0.524	-14.8%	0.565	-8.1%	0.649	5.5%	0.617	0.3%

由上述图表可知,跨中位移与规范比值极值预测水平在各类车流响应下存在差异,100 年基准期预测值在 0.524 ~ 0.649 之间。多尺度车流模拟下的响应极值与实际响应极值符合程度较高。

综上所述,采用多尺度车流模拟方法综合了宏观车流与微观车流模拟的优势,兼顾了效率与精度,具有较高的应用价值。

4.6 结语

与中小跨径桥梁相比,大跨径桥梁车辆效应影响面的特点十分突出:数值分布复杂、加载区域大、类型多。目前的规范主要针对中小跨径桥梁编制,针对大跨径桥梁车辆效应的特点未能进行有效覆盖。随机车流模拟技术是研究大跨径桥梁车辆荷载特性和荷载响应规律的有力工具,但目前研究中常用的单一尺度无法兼顾计算效率和模拟精度,面临海量计算等困境。本章首先研究了车辆、车列的荷载特性、演化规律和等效方法,建立了微观尺度和宏观尺度的随机车流模拟方法,改善车流模拟精度和效率的权衡关系;其次,研究了基于影响线的分布特征,提出对结构效应的科学分类方法,并提出相关分类指标,为多尺度模拟区域划分提供数学依据;再次,研究了基于同分布的极值外推和基于复合分布的极值外推方法,分析两种方法的适用条件,参数估计方法和准确性评估,确定了方法选择标准,解决多尺度随机车流作用下长周期效应极值的预测精度问题;最后,基于工程实例讨论了多尺度随机车流的应用方法,探索性能设计条件下加载建模的应用模式和科学表达。研究结果表明,采用包含了宏观与微观的多尺度随机车流模拟方法,综合了宏观车流与微观车流模拟的优势,兼顾了效率与精度,是大跨径桥梁车辆荷载效应研究与状态评估的重要方法和工具。

致谢:本研究得到了国家自然科学基金项目 51108338、51478337、51878495 的支持,特此致谢!

本章参考文献

[1] 张喜刚,陈艾荣. 千米级斜拉桥设计指南[M]. 北京:人民交通出版社,2010.

[2] Ding Y L, Li A Q, Du D S, et al. Multi-scale damage analysis for a steel box girder of a long-span cable-stayed bridge[J]. Structure and Infrastructure Engineering, 2010, 6(6):725-739.

[3] 阮欣,周军勇,石雪飞. 随机车流作用下多塔斜拉桥总体荷载响应特性[J]. 同济大学学报(自然科学版),2014.

[4] 王雪静. 基于车流荷载与交通特性的分族车流方法研究[D]. 上海:同

济大学,2016.

[5] Caprani C C. Calibration of a congestion load model for highway bridges using traffic microsimulation[J]. Structural Engineering International,2012,22(3):342-348.

[6] OBrien E J,Hayrapetova A,Walsh C. The use of micro-simulation for congested traffic load modeling of medium-and long-span bridges[J]. Structure and Infrastructure Engineering,2012,8(3):269-276.

[7] Chen S R,Wu J. Modeling stochastic live load for long-span bridge based on microscopic traffic flow simulation[J]. Computers & Structures,2011,89(9-10):813-824.

[8] Sarkar P. A brief history of cellular automata[J]. Acm computing surveys (csur),2000,32(1):80-107.

[9] 阮欣,金泽人,周军勇,等. 基于多元胞模型的桥梁车流合成及荷载模拟[J]. 同济大学学报(自然科学版),2017(07):5-11.

[10] Chen S R,Wu J. Modeling stochastic live load for long-span bridge based on microscopic traffic flow simulation[J]. Computers & Structures,2011,89(9-10):813-824.

[11] Zhou J,Ruan X,Shi X,et al. An efficient approach for traffic load modelling of long span bridges[J]. Structure and Infrastructure Engineering,2019:1-13.

[12] Ruan X,Zhou J,Tu H,et al. An improved cellular automaton with axis information for microscopic traffic simulation[J]. Transportation Research Part C:Emerging Technologies,2017,78:63-77.

[13] Cremona C. Optimal extrapolation of traffic load effects[J]. Structural Safety,2001,23(1):31.

[14] Caprani C,O'Brien E J,McLachlan G J. Characteristic traffic load effects from a mixture of loading events on short to medium span bridges[J]. Structural Safety,2008,30(5):394-404.

[15] O'Brien E J,Schmidt F,Hajializadeh D,et al. A review of probabilistic methods of assessment of load effects in bridges[J]. Structural Safety,2015,53:44-56.

[16] 阮欣,周军勇,石雪飞. 桥梁汽车荷载响应的极值外推方法综述[J]. 同

济大学学报(自然科学版),2015,43(9):1339-1346.

[17] 阮欣,周小燚,郭济.基于合成车流的桥梁车辆荷载响应极值预测[J]. 同济大学学报(自然科学版),2012,40(10):1458-1465.

[18] 周军勇,阮欣,石雪飞.多事件混合影响的桥梁车辆荷载效应组合极值预测[J].哈尔滨工业大学学报,2018,50(6).

[19] Zhou J, Ruan X, Shi X, Caprani C C. An efficient approach for traffic load modelling of long span bridges[J]. Structure and Infrastructure Engineering, 2019.

[20] Ruan X, Zhou J, Tu H, Jin Z, et al. An improved cellular automaton with axis information for microscopic traffic simulation[J]. Transportation Research Part C, 2017, 78:63-77.

[21] Ruan X, Zhou J, Shi X, Caprani C C. A site-specific traffic load model for long-span multi-pylon cable-stayed bridges[J]. Structure and Infrastructure Engineering, 2017, 13(4):494-504.

[22] Nowak A S. Live load model for highway bridges[J]. Structural Safety, 1993,13(1):53.

阮欣 教授

博士,博士生导师。2006年同济大学桥梁与隧道工程博士研究生毕业,后留校任教;2008年在美国里海大学(Lehigh University)大型结构与基础设施研究中心(ATLSS)访问研究一年。中国公路学会桥梁结构和工程分会理事,中国公路学会青年专家委员会委员,国际桥梁与结构工程协会(IABSE)第六委员会主席、技术委员会委员,国际桥梁管理和安全协会会员(IABMAS)中国团组秘书长。主要研究领域为桥梁设计理论、桥梁工程风险评估、桥梁荷载与可靠度方法、桥梁结构耐久性、桥梁工业化与智能建造、桥梁管养与维护技术等。主持国家自然科学基金项目4项,参与国家及省部级科研项目10余项;发表论文100余篇,其中SCI、EI检索60余篇;获得省部级科技进步奖2项、中国公路学会科技进步特等奖2项、一等奖3项、二等奖3项;授权发明专利5项。2010年获国际桥梁与结构工程协会(IABSE)青年工程师杰出贡献奖(Outstanding Young Engineer Contribution Award);2014年获得中国公路学会颁发的"第九届中国公路青年科技奖";2018年获国际桥梁维护与安全协会青年贡献奖(IABMAS Junior Prize)。研究成果为苏通大桥、泰州大桥、卢浦大桥等国内二十余座大桥工程提供了建设、管理、养护过程的决策支持。

王雪静

博士在读。2017年进入同济大学桥梁与隧道工程攻读博士学位,主要研究方向为桥梁结构的车辆荷载及响应评估。

金泽人

博士在读。2016年进入同济大学桥梁与隧道工程攻读博士学位,主要研究方向为车辆荷载、行人荷载等模拟理论和桥梁数据挖掘与分析。

周军勇

博士。2018年同济大学桥梁与隧道工程博士研究生毕业,主要研究方向为大跨径桥梁车辆荷载效应模拟、预测与评定。

周小燚

博士。2013年法国东巴黎大学结构工程博士研究生毕业,主要研究方向为结构可靠性分析与设计优化。

第5章 斜拉桥结构多尺度模型修正及确认

宗周红,钟儒勉

东南大学土木工程学院,江苏 南京,211189

5.1 引言

人类对于客观世界的认识是从不同尺度展开的,有数以万亿光年的宇宙,也有高倍显微镜下的原子微粒,可见时空多尺度是客观世界的基本特征。James 和 Sharp[1]对多尺度这一科学问题进行了概述,提出多尺度学科是类似于非线性和随机现象的交叉学科,其涵盖了流体力学、材料科学、生物学、环境科学、化学、地质学、气象学、高能物理学等研究领域,位于当代最具挑战性科学问题的核心部位。白以龙院士[2]亦在探讨工程结构损伤的两个科学问题——分布式损伤和尺度效应中,强调了多尺度建模对于揭示工程结构损伤演化规律的重要性。

目前,对于多尺度的研究,首先出现在材料领域,Griffth 在 1921 年提出了材料失效的多尺度问题。对于材料的认知大体上遵循宏观—微观—纳观的规律,人们所使用的材料大都是宏观尺度的,但是其宏观表现由微观或者纳观的材料构造和特性决定,因而若要改善材料的宏观特性就需要从微观或纳观的角度开展研究。整体而言,材料多尺度研究中的尺度普遍较小,

主要分布在 $1.0 \times 10^{-9} \sim 1.0 \times 10^{-2}$ m 的尺度范围内[3-5]。

与材料多尺度类似，大型土木工程结构也面临着"千里之堤毁于蚁穴"的问题。对于大型建筑、桥梁及水工结构而言，整体的损毁往往是由局部损伤演化造成的。针对结构的多尺度问题，当全部采用精细小尺度单元进行结构模拟时，往往会产生过多的节点、单元和自由度，导致整体计算量很大；而如果仅仅通过大尺度单元进行模拟时，又会导致结构局部计算误差较大，无法满足有限元模拟的精度要求[6-10]。近年来，随着有限元理论的不断完善和分析软件的逐步优化，针对大型土木工程结构的多尺度有限元模拟技术取得了较大的进步，如图 5.1 所示，即为简化的多尺度模型。

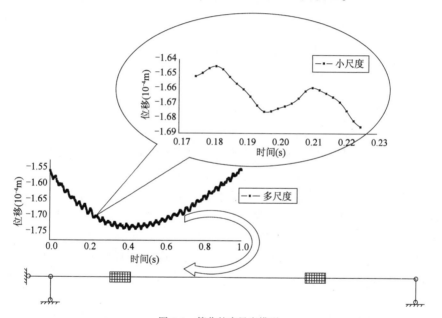

图 5.1 简化的多尺度模型

从工程结构的健康运营、安全管理和可持续发展的角度出发，损伤的尺度效应是大型土木工程结构尤其是大跨度斜拉桥普遍存在的问题，因而为了保证大跨度斜拉桥结构安全评估有效性，建立考虑尺度效应的数值模型非常必要。结构多尺度的主要挑战在于多尺度损伤及失效过程模拟；而作为目前有限元技术可以企及的目标，首先需要解决的是结构多尺度模拟问题，其主要包括不同尺度单元的连接和耦合问题、结构多尺度损伤敏感性问题、结构多尺度模型修正及确认问题[11]。

5.2 结构多尺度建模理论与方法

5.2.1 多重网格法、网格重合法、离散元与有限元结合法

(1) 多重网格法

多重网格法[12]最初被用于偏微分方程的求解,其本质是一个数值迭代的过程,其计算量仅与网格节点的数量成正比,而其收敛的速度与网格规模无关,故而其特别适用于大型工程结构的数值分析。多重网格法在多尺度结构模拟中主要包括两个部分,即密网格光滑和粗网格校正。其中,密网格光滑是为了消除高频误差,而粗网格校正是为了压缩低频误差。其主要原理是分别基于粗网格和精细网格建立有限元模型,可得到其离散化之后的力学平衡方程:

$$L_n u_n = f_n \tag{5.1}$$

式中:L_n、u_n——最密层结构的刚度矩阵与待求的位移矢量;

f_n——外力矢量;

n——网格的层数,对应的有 n 个刚度矩阵 L_1、L_2、…、L_n 和 n 个插值与限制算子 I_{i+1}^i、I_i^{i+1}。

进而,分别基于各层网格的位移计算结果,对粗网格的刚度矩阵和插值函数进行精细修正。这是一个循环迭代的过程,其理论上不存在收敛问题,然而在具体工程应用中,往往受到单元类型的选取、网格尺寸的大小或网格类型(如三角形网格和矩阵网格收敛速度不一样)的限制,特别是粗网格的选取对整体计算精度和收敛性影响较大,从而限制了该方法在土木工程领域的应用。

(2) 网格重合法

网格重合法[13]的本质是通过两种不同尺度的单元来建立多尺度模型,其中大尺度网格与小尺度网格通过有限的重合实现连接,且小尺度网格必须在大尺度网格的包络范围内,两者的节点可以不重合。其基于的建模思想是在整体大尺度模拟的基础上,对于需要进行精确计算的局部关键区域采用小尺度单元,并将小尺度单元模拟的结构叠合到大尺度结构上,如图5.2所示。

假设需要重点研究的关键区域(如最大应力幅、应变变异性较大区域)

出现在边界为 Γ_{GL} 的局部区域 Ω_L 内,且 $\Omega_L \subset \Omega$。其中 Γ_t 和 Γ_u 分别为整体区域 Ω_G 的表面力作用的边界和位移边界,t_i 与 b_i 分别为表面力与体积力。

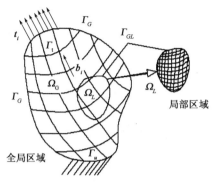

图 5.2 网格重合法原理图

在网格重合法中位移向量 u 可由整体区域上的位移向量 u_G 和局部区域的位移向量 u_L 叠加表示。为了保证位移场在边界 Γ_{GL} 处连续,可以假设在 Γ_{GL} 处 $u_L = 0$。具体表达如下式。

$$u = \begin{cases} u_G & \text{在 } \Gamma_{GL} \text{ 和 } \Omega_G - \Omega_L \text{ 区域} \\ u_G + u_L & \text{在 } \Omega_L \text{ 区域} \end{cases} \tag{5.2}$$

进而可以基于有限元离散化方法对各位移向量 $\bar{u}_G$、$\bar{u}_L$ 及其形函数 $[N_G]$、$[N_L]$ 进行求解。由于网格重合法中的大网格单元与小网格单元相互独立,两者仅通过约束方程连接,故而这两种尺度单元在分别进行网格划分相对较易实现,然而由于在大小网格重合区域,两者节点无法完全重合,这导致重合区域的迭代求解较为困难,使得该方法在实际工程中的应用受阻。

(3) 离散元与有限元结合法

离散单元法的核心是基于牛顿第二定律将连续的介质分解为离散的"元",如下式。

$$\begin{cases} m_i \ddot{r}_i = \sum_{j=1}^{N_i} F_{ij} + F_i^e \\ J_i \ddot{\theta}_i = \sum_{j=1}^{N_i} q_{ij} \times F_{ij} + K_i^e \end{cases} (i = 1, 2, \cdots, N) \tag{5.3}$$

式中:m_i、$\ddot{r}_i$——离散元 i 的质量和中心点的位置;

$\ddot{\theta}_i$、J_i——离散元 i 的角矢量和转动惯量;

F_{ij}——离散元 i 的相邻离散元 j 对其作用力;

q_{ij}——该作用力距离散元 i 的力臂长度；

F_i^e、K_i^e——作用在离散元 i 上的外力和外力矩；

N——离散元的总数；

N_i——与离散元 i 相邻的离散元数目。

有限元法的基本原理就是将连续介质划分为有限个单元，其动力学基本方程可以表示为：

$$M\ddot{a} + C\dot{a} + Ka = F_{ex} \quad (5.4)$$

式中：$\ddot{a}$、$\dot{a}$、a——各节点的加速度、速度和位移向量；

M、C、K——系统的质量矩阵、阻尼矩阵以及刚度矩阵；

F_{ex}——节点外荷载向量。

进而可得：

$$M\ddot{a} = F_{ex} - C\dot{a} - Ka \quad (5.5)$$

类比于上式，可以将 $-C\dot{a} - Ka$ 看作是介质内的相互作用力 $\sum_{j=1}^{N_i} F_{ij}$，F_{ex} 和 F_i^e 分别为有限元节点以及离散元的外力。离散元方法与有限元方法本质上是非常类似的，这导致两者可以很好地结合，从而实现结构多尺度的模拟。具体思路如下：首先，确定结构中需要精确分析的关键区域，并采用离散元方法精细建模；进而，采用有限元方法对其他区域进行粗糙模拟；最后在离散元与有限元结合的区域采用过渡单元模拟，其中过渡单元既包含离散单元，又包含有限单元，如图 5.3 所示。由于离散元对离散度较大的结构进行模拟时具有显著优势，故而在工程结构的爆炸和冲击计算分析中采用离散元与有限元结合的方法具有较大优势。但是当离散元与有限元进行结合时，两类模型时间尺度的统一性显得尤为关键。

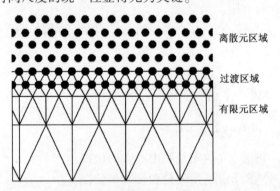

图 5.3 有限元与离散元通过过渡层结合

5.2.2 多点约束方法

多点约束方法[14]是目前结构多尺度模拟较常用的方法之一，根据其在有限元软件中的实施方法，可以细分为约束方程法、子结构方法。

约束方程法可以解决不同单元类型节点形式不一致的情况，为一种联系自由度值的线性方程，如下式所示：

$$\text{Const} = \sum_{i=1}^{n} \left[\text{Coefficient}(i) \times U(i) \right] \quad (5.6)$$

式中：$U(i)$——自由度；
$\text{Coefficient}(i)$——自由度 $U(i)$ 的系数；
n——自由度总量。

下面以梁单元和壳单元的连接为例进行说明，首先将节点位移参数转换到单元的局部坐标系中，如图 5.4 所示，可得：

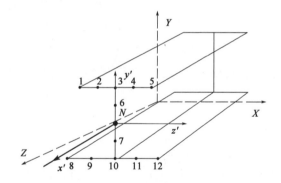

图 5.4 节点坐标转换

$$\begin{Bmatrix} U(x_i)' \\ U(y_i)' \\ U(z_i)' \\ R(x_i)' \\ R(y_i)' \\ R(z_i)' \end{Bmatrix} = \begin{bmatrix} P & \cdots & 0 \\ \vdots & \ddots & \vdots \\ 0 & \cdots & E \end{bmatrix} \begin{Bmatrix} U(x_i) \\ U(y_i) \\ U(z_i) \\ R(x_i) \\ R(y_i) \\ R(z_i) \end{Bmatrix} = \hat{P} \begin{Bmatrix} U(x_i) \\ U(y_i) \\ U(z_i) \\ R(x_i) \\ R(y_i) \\ R(z_i) \end{Bmatrix} (i=1,2,3,\cdots,12,N)$$

$$(5.7)$$

其中，$\boldsymbol{P} = \begin{bmatrix} t_{xx} & t_{xy} & t_{xz} \\ t_{yx} & t_{yy} & t_{yz} \\ t_{zx} & t_{zy} & t_{zz} \end{bmatrix}$ 为整体坐标 $\begin{Bmatrix} U(x_i) \\ U(y_i) \\ U(z_i) \\ R(x_i) \\ R(y_i) \\ R(z_i) \end{Bmatrix}$ 到局部坐标 $\begin{Bmatrix} U(x_i)' \\ U(y_i)' \\ U(z_i)' \\ R(x_i)' \\ R(y_i)' \\ R(z_i)' \end{Bmatrix}$ 的转换矩阵。

在局部坐标系下，梁单元与壳单元在连接处的约束方程为：

$$\begin{Bmatrix} U(x_N)' \\ U(y_N)' \\ U(z_N)' \end{Bmatrix} = \begin{bmatrix} & & 0 & 0 & -y'_i \\ E & & 0 & 0 & x'_i \\ & & y'_i & -x'_i & 0 \end{bmatrix} \begin{Bmatrix} U(x_i)' \\ U(y_i)' \\ U(z_i)' \\ R(x_i)' \\ R(y_i)' \\ R(z_i)' \end{Bmatrix} = \widetilde{T}_i \begin{Bmatrix} U(x_i)' \\ U(y_i)' \\ U(z_i)' \\ R(x_i)' \\ R(y_i)' \\ R(z_i)' \end{Bmatrix}$$

(5.8)

其中，$i = 1, 2, 3, \cdots, 12$，将上式代入节点位移参数即可得到整体坐标系下的约束方程：

$$\begin{Bmatrix} U(x_N) \\ U(y_N) \\ U(z_N) \end{Bmatrix} = \hat{P}^{-1} \widetilde{T} P \begin{Bmatrix} U(x_i) \\ U(y_i) \\ U(z_i) \\ R(x_i) \\ R(y_i) \\ R(z_i) \end{Bmatrix} \quad (i = 1, 2, 3, \cdots, 12) \quad (5.9)$$

子结构方法通过将一组单元凝聚成为一个超单元来实现结构多尺度模拟，其具体步骤如下。

(1) 选取局部分析单元：基于工程经验和初步有限元计算结果确定结构易损区域、应变变异性较大区域和其他重点关注区域，并将其确定为需要进行精细小尺度分析的区域。

(2) 形成超级单元：将需要进行局部分析的单元按静力凝聚法缩减其自由度，形成一个超级单元。

(3) 连接不同尺度单元：将超单元与整体模拟进行有效连接，并进行有限元分析。

(4) 扩展超单元计算结果：基于有限元整体计算结果，从使用部分的凝聚解中提取出整个超单元的完整解。

对于大型工程结构，可以将需要精确分析的关键区域采用精细小尺度单元进行模拟，并将此小尺度单元凝聚为一个超单元，最后将该超单元嵌入大尺度单元中，实现结构多尺度模拟，这样既可以提高结构的计算效率，又能保证一定的计算精度。这使得子结构方法在大跨土木工程结构中有了较为广泛的应用，但是其在不同尺度单元连接处会产生较大误差，这对多尺度模型的精度影响较大。

5.2.3 Arlequin 方法

为了减少数值建模的烦琐，从而提高工作效率，Ben Dhia 等[15,16]提出了基于 Arlequin 的多尺度建模方法。Arlequin 方法可以实现不同力学模型的耦合，并通过耦合算子分配不同力学模型的能量，其实现需要考虑三方面要素：

(1) 需确定不同模型重合区域的非空耦合区域；

(2) 需通过分段连续权函数来确定不同模型在耦合区域的能量分配方式；

(3) 需在耦合区域选择合适方法对不同模型进行耦合。

如图 5.5 所示，结构 Ω 可以分割为两个有重合区域的结构 Ω_I 和 Ω_J，其中 $E = \Omega_I \cap \Omega_J$ 代表结构的非空耦合区域。

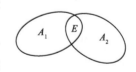

图 5.5 非空耦合区域 E

基于单元层次的 Arlequin 统一分析框架，可得非空耦合区域的平衡方程：

$$\begin{bmatrix} \alpha K & 0 & K_I^T \\ 0 & \beta K & -K_J^T \\ K_I & -K_J & 0 \end{bmatrix} \begin{Bmatrix} u_I \\ u_J \\ \lambda \end{Bmatrix} = \begin{Bmatrix} F_I \\ F_J \\ 0 \end{Bmatrix} \quad (5.10)$$

其中，单元刚度矩阵 $K = \int_\Omega B^T D B d\Omega$，$B$ 为单元的应变矩阵，D 为弹性张量；K_I^T、K_J^T 分别为粗糙单元和精细单元刚度矩阵；U_I、U_J 分别为粗糙单元和精细单元位移矩阵；荷载矩阵 $F_\mathrm{I}=\alpha\int_{\Omega_\mathrm{I}}N_\mathrm{I}^\mathrm{T}f\mathrm{d}\Omega$，$F_\mathrm{J}=\alpha\int_{\Omega_\mathrm{J}}N_\mathrm{J}^\mathrm{T}f\mathrm{d}\Omega$，$N_\mathrm{I}$ 和 N_J 分别为粗糙单元和精细单元的插值函数矩阵；耦合矩阵 $K_\mathrm{I}=\int_\Omega N_\lambda^\mathrm{T}N_\mathrm{I}+l^2B_\lambda^\mathrm{T}B_\mathrm{I}\mathrm{d}\Omega$，$K_\mathrm{J}=\int_\Omega N_\lambda^\mathrm{T}N_\mathrm{J}+l^2B_\lambda^\mathrm{T}B_\mathrm{J}\mathrm{d}\Omega$，$N_\lambda$ 和 B_λ 为耦合单元的插值函数与应变矩阵，l 为缩放参数；λ 为拉格朗日乘子向量；α 和 β 为代耦合区域能量分配的权函数，且 $\alpha+\beta=1$。

由上式可知，直接基于 Arlequin 算法可实现上述耦合矩阵方程的求解，然而耦合矩阵 K_C、权函数 α 和 β 的求解是一个非常烦琐的高斯积分过程，且影响参数众多，不利于多尺度模拟的普遍推广和应用，故而此处耦合参数的求解采用回避静力状态下递进数学推导的思路；采用动力状态下，结构两阶段响应面模型修正循环逼近的思路。

5.2.4 不同建模策略的比较

在工程界，结构多尺度模拟是平衡计算精度与计算代价的一个有效途径。在一些工程结构的常规设计中有时需要进行细部结构的分析，如斜拉桥拉索锚固区的应力分析、钢桁架桥钢节点的局部应力分析、大跨度桥梁跨中部位受力分析、预应力混凝土刚构桥的墩顶应力分析、大型框架结构梁柱节点处局部受力分析、拱桥拱脚处的局部应力分析，等等。对于这类问题，常见的分析方法有以下两种：一是全结构均采用精细模拟，以达到局部分析的目的，该方法虽然能满足计算精度要求，但往往会带来十分庞大的计算量；二是以结构整体分析为基础对结构构件或者细节部位进行二次分析，例如子模型技术，但该方法在从整体到局部的分析中很难确定二次分析时施加在局部模型的边界条件。当需要进行重大工程结构的损伤累积分析时，这种二次分析方法的计算精度往往是不够的，但完全基于结构细节的数值模拟计算成本又相当巨大，这就需要考虑采用整体和局部的耦合计算策略。

目前在土木工程领域结构的数值模拟多借助于通用有限元软件，选择合理的建模策略是实现该目标的有效方法。通常在结构的多尺度模拟中会通过采用不同尺度的单元来实现结构多尺度模拟，不同类型单元的连接即跨尺度连接。常见的不同尺度单元的连接形式可以分为梁单元与壳单元的连接、梁单元与实体单元的连接以及壳单元与实体单元的连接，三类单元构成的模型从微观到宏观的排列顺序为实体单元、壳单元、梁单元。常见的工程应用如下:在对框架结构梁柱节点抗震性能分析时引入多尺度模型的概念,在节点连接处使用壳单元进行精细模拟,而杆件的其他部位则采用梁单元模拟[17];在对斜拉桥拉索锚固端进行局部应力分析时,锚固区采用实体单元模拟,主梁其他部位采用梁单元进行简化模拟以减小计算量[18]。现有的大跨度桥梁结构有限元模型大多采用脊骨梁模型,该模型将整个桥面系都用梁单元模拟,这样的模型可以用于结构整体的静动力响应分析,可以得到整个主梁顺桥向轴线的近似应力,但却无法得到主梁某关键截面的应力分布状况。如果为得到关键部位的应力状况而采用全桥精细模拟,显然也是不合理的选择。因此面向健康监测的大跨度桥梁有限元模拟可以通过引入多尺度模拟的思想,在重点监控部位实现精细模拟,在其他部位进行简化模拟,这样既能达到结构健康监测与安全评估的目的,也能在一定程度上减小计算工作量,实现计算精度与计算效率的统一。

5.3 基于两阶段响应面方法的斜拉桥多尺度模型修正

5.3.1 灌河大桥简介

灌河大桥位于江苏沿海高速公路(G15)连云港市和盐城市交界处,主桥桥长 636.6m,为 32.9m + 115.4m + 340m + 115.4m + 32.9m 的五跨钢与混凝土组合梁斜拉桥,采用半漂浮体系,主桥布置见图 5.6。主梁在索塔处采用双向滑动支座,在过渡墩和辅助墩处均采用单向滑动支座。桥塔选用双塔双索面,H 形索塔,塔高 119.629m,每个索塔布置 13 对拉索,全桥共 104 根,采用平行钢绞线拉索,拉索在主梁和塔柱上的锚固分别采用锚拉板和钢主梁。

图 5.6 灌河大桥整体效果图

5.3.2 两阶段响应面方法

目前,响应面方法已经广泛应用于大跨度桥梁有限元模型修正,但是针对大跨度桥梁的多尺度有限元模型,单一的响应面方法已经很难满足多尺度模型修正的需要[21]。故而,结合响应面方法[20]和Ben[15]提出的多尺度模拟方法,本节探讨了一种两阶段响应面方法。

基于两阶段响应面模型修正的多尺度建模方法是利用结构动力学平衡方程展开的。

$$M\ddot{u} + C\dot{u} + Ku = F \tag{5.11}$$

其中,M,C 和 K 分别为质量、阻尼和刚度矩阵;u 为位移列向量;F 为外荷载列向量。

可得多尺度模型的动力平衡方程:

$$\begin{bmatrix} \alpha K & 0 & K_I^T \\ 0 & \beta K & -K_J^T \\ K_I & -K_J & 0 \end{bmatrix} \cdot \begin{bmatrix} \mu_1 \\ \mu_2 \\ \lambda \end{bmatrix} + \begin{bmatrix} \alpha C & 0 & 0 \\ 0 & \beta C & 0 \\ 0 & 0 & 0 \end{bmatrix} \cdot \begin{bmatrix} \dot{\mu}_1 \\ \dot{\mu}_2 \\ \dot{\lambda} \end{bmatrix} + \begin{bmatrix} \alpha M & 0 & 0 \\ 0 & \beta M & 0 \\ 0 & 0 & 0 \end{bmatrix} \cdot \begin{bmatrix} \ddot{\mu}_1 \\ \ddot{\mu}_2 \\ \ddot{\lambda} \end{bmatrix} = \begin{bmatrix} F_1 \\ F_2 \\ 0 \end{bmatrix} \tag{5.12}$$

式中:μ_1,μ_2——粗糙、精细单元的位移列向量;

F_1,F_2——粗糙、精细单元的荷载列向量。

对于单一尺度有限元模型 B,其也可以被划分为两个具有重合区域两个模型 B_1 和 B_2,如图 5.7 所示。

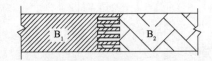

图 5.7 单一尺度有限元模型

基于上式可得单一尺度有限元模型的动力平衡方程:

$$\begin{bmatrix} \alpha_0 \boldsymbol{K}_0 & 0 & \boldsymbol{K}_{\mathrm{I0}}^{\mathrm{T}} \\ 0 & \beta_0 \boldsymbol{K}_0 & -\boldsymbol{K}_{\mathrm{J0}}^{\mathrm{T}} \\ \boldsymbol{K}_{\mathrm{I0}} & -\boldsymbol{K}_{\mathrm{J0}} & 0 \end{bmatrix} \cdot \begin{bmatrix} \boldsymbol{\mu}_1 \\ \boldsymbol{\mu}_2 \\ \boldsymbol{\lambda} \end{bmatrix} + \begin{bmatrix} \alpha_0 \boldsymbol{C}_0 & 0 & 0 \\ 0 & \beta_0 \boldsymbol{C}_0 & 0 \\ 0 & 0 & 0 \end{bmatrix} \cdot \begin{bmatrix} \dot{\boldsymbol{\mu}}_1 \\ \dot{\boldsymbol{\mu}}_2 \\ \dot{\boldsymbol{\lambda}} \end{bmatrix} +$$

$$\begin{bmatrix} \alpha_0 \boldsymbol{M}_0 & 0 & 0 \\ 0 & \beta_0 \boldsymbol{M}_0 & 0 \\ 0 & 0 & 0 \end{bmatrix} \cdot \begin{bmatrix} \ddot{\boldsymbol{\mu}}_1 \\ \ddot{\boldsymbol{\mu}}_2 \\ \ddot{\boldsymbol{\lambda}} \end{bmatrix} = \begin{bmatrix} \boldsymbol{F}_1 \\ \boldsymbol{F}_2 \\ 0 \end{bmatrix} \tag{5.13}$$

式中：M_0、C_0、K_0——单一尺度有限元模型的质量、阻尼和刚度矩阵；

K_{I0}、K_{J0}——单一尺度粗糙、精细单元刚度矩阵。

由上式可知，基于多尺度模型修正方法，结构的耦合刚度矩阵 K_{I}、K_{J} 和权函数 α、β 均可以得到近似求解，这即是两阶段多尺度模型修正的第一个步骤"多尺度模型修正"。进而，结合环境振动试验结果，可以对多尺度模型的参数进行修正，这即是两阶段多尺度模型修正的第二个步骤"模型参数修正"。

5.3.3 灌河大桥多尺度有限元模型

基于 ANSYS 软件编程平台分别建立灌河大桥单一尺度和多尺度有限元模型。如图 5.8 所示，斜拉索采用线性杆单元（Link 8），二期恒载采用材料单元（Mass 21），支座采用线性弹簧单元（Combin 14）。对于精细单一尺度有限元模型，桥塔和混凝土桥面板均采用 3D 实体单元（Solid 45），主梁和横梁均采用 3D 壳单元（Shell 43）。

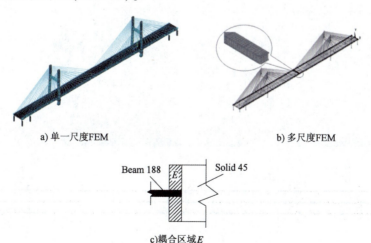

图 5.8 灌河大桥多尺度有限元模型

对于多尺度有限元模型,桥塔和大尺度主梁均采用 3D 梁单元(Beam 188);在耦合区域 E,钢主梁的结构刚度矩阵 K 被分为 αK 和 βK,且其分别由 3D 梁单元(Beam 188)和实体单元(Solid 45)提供;耦合单元采用线性弹簧单元(Combin 14),如图 5.8c)所示。与单一尺度有限元模型相比,多尺度模型的单元总数、节点总数、总自由度和动力分析的计算时间列于表 5.1。由此可知,多尺度有限元模型具有较高的计算效率,且其可以应用于普通工作站电脑。

多尺度和单一尺度有限元模型比较　　　　　　表 5.1

模型	单元	节点	自由度	计算时间(s)
单一尺度 FEM	46228	86568	519408	326
多尺度 FEM	2253	3208	19248	13854

5.3.4　环境振动试验

2012 年 6 月 30 日,对灌河大桥主桥进行环境振动试验,共布置 56 个测点和 1 个共用参考点(7 个测站,测点编号见图 5.9),每个测点布置 1 个三向加速度传感器;其中参考点设在跨中,测点全部布置在紧急停靠带边缘,桥面振动的采样频率为 200Hz,滤波频率为 200Hz,每个测站的采样时间不低于 15min。对测试所得的数据基于随机子空间方法(SSI)进行系统参数识别,得到灌河大桥实测的自振频率和振型,见表 5.2 和表 5.3。

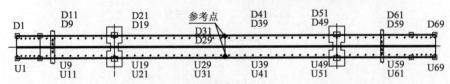

图 5.9　环境振动测点布置

实测与计算的自振频率 表 5.2

振动方向	阶数	频率(Hz)		
		实测值(SSI 法)	精细模型计算值	多尺度模型计算值
竖向	1	0.38	0.36	0.33
	2	0.50	0.50	0.47
	3	0.77	0.76	0.75
横向	1	0.39	0.28	0.15
	2	0.50	0.39	0.31
扭转	1	0.63	0.59	0.55
纵向	1	0.87	0.15	0.83

灌河大桥实测振型与计算振型 表 5.3

模态阶次	环境振动实测振型	ANSYS 有限元模型计算振型
竖向 1 阶		
竖向 2 阶		
竖向 3 阶		
竖向 4 阶		

续上表

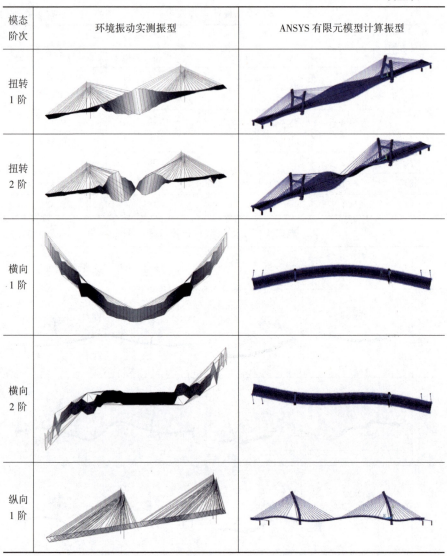

模态阶次	环境振动实测振型	ANSYS有限元模型计算振型
扭转1阶		
扭转2阶		
横向1阶		
横向2阶		
纵向1阶		

5.3.5 多尺度有限元模型修正

5.3.5.1 待修正参数筛选

如表 5.4 所示,权重参数 α ($\beta = 1 - \alpha$) 和耦合参数 k_v, k_t, k_l 被选定为独

立的待修正参数；而根据多尺度模型试算发现，耦合参数的变化会导致结构各阶振型的突变，在非空耦合区域附近振型的突变尤为明显，故而本章选取各阶振型的 MAC 值作为输入值，其 MAC 值计算如下式所示：

$$\mathrm{MAC}(\phi_a, \phi_e) = \frac{|\phi_a^T \phi_e|^2}{(\phi_a^T \phi_a)(\phi_e^T \phi_e)} \tag{5.14}$$

其中，ϕ_a, ϕ_e 分别为单一尺度和多尺度有限元模型的模态振型向量。MAC 值介于 0 和 1 之间，MAC 值越接近于 1，则计算模态与实测模态的相关性就越好。

多尺度模型待修正参数筛选 表5.4

待修正参数	梁单元抗弯惯性矩			
	k_v	k_t	k_l	α
单元	耦合区域竖向弹簧刚度	耦合区域横桥向弹簧刚度	耦合区域顺桥向弹簧刚度	耦合区域权函数

5.3.5.2 三阶响应面模型修正

在多尺度建模修正中，采取三阶响应面方法对选择的参数进行修正。其步骤如下：①基于 D 最优设计[25]，选择 45 组设计样本，并将样本参数代入多尺度有限元模型中，计算得到结构竖向 1 阶、横向 1 阶以及纵向 1 阶振型的 MAC 值，如表 5.5 所示；②选取三阶响应面函数，应用最小二乘法回归分析技术对样本数据进行拟合。

试验样本值 表5.5

序号	自变量				频率样本		
	$k_v(10^7)$	$k_t(10^7)$	$k_l(10^7)$	α	V_1	T_1	L_1
1	1.00	1.00	100.00	0.57	0.72	0.98	0.84
2	79.71	43.57	22.86	0.57	0.66	0.78	0.76
3	100.00	68.25	100.00	0.69	0.93	0.32	0.89
⋮	⋮	⋮	⋮	⋮	⋮	⋮	⋮
28	76.74	1.00	1.00	0.81	0.63	0.97	0.97
29	75.25	32.19	62.88	0.81	0.64	0.63	0.75
30	1.00	26.74	73.77	0.64	0.84	0.66	0.85

注：V_1 表示竖向 1 阶振型的 MAC 值；T_1 表示横向 1 阶振型的 MAC 值；L_1 表示纵向 1 阶振型的 MAC 值；余类同。

对回归后的响应面模型进行精度检验,以保证其可靠性。运用上述公式计算参数范围内的 R^2 及 RMSE 值,如表 5.6 所示。从表中精度检验值来看,R^2 值很接近 1,RMSE 值很接近 0,响应面函数计算值与有限元计算值之间的误差很小。因此,在参数设计空间内,响应面函数能有效反映结构响应和参数之间的关系,回归的响应面模型可以替代有限元模型用于模型修正。

竖向振动响应面模型精度检验值汇总　　　　表 5.6

模态阶次	竖向一阶	竖向二阶	竖向三阶
R^2	0.9996	0.9998	0.999997
RMSE	8.78×10^{-6}	3.11×10^{-6}	5.25×10^{-7}

如表 5.7 所示,将修正后的参数代入有限元模型进行计算,并计算多尺度模型各阶振型的 MAC 值结果,如表 5.7 所示。从表中可以看出,响应面模型修正后计算得到的振型与精细模型计算得到的振型吻合较好,最大误差不超过 10%,说明初步修正后的多尺度模型精度符合要求,基于响应面方法求解得到的非空耦合区域的耦合矩阵 K_C、权函数 α 和 β 具有一定可信度。

修正后多尺度模型参数值与 MAC 值　　　　表 5.7

参数	初始值	修正值	MAC (%)		
			V_1	T_1	L_1
$k_v(10^7 \text{ N/m})$	1	91.32	93.51	97.11	95.43
$k_t(10^7 \text{ N/m})$	1	2.13			
$k_l(10^7 \text{ N/m})$	1	1.59			
α	0.5	0.71			
β	0.5	0.29			

5.3.6　模型参数修正

5.3.6.1　修正参数筛选

在模型参数修正中,根据灌河大桥桥梁检测报告,选取材料弹性模量、支座弹簧刚度等作为修正参数,并且根据工程经验和强度等级分布等筛选出待修正参数,见表 5.8。

第 5 章　斜拉桥结构多尺度模型修正及确认

响应面模型待修正参数筛选　　　　　表 5.8

待修正参数	支座处弹簧刚度			混凝土弹性模量 E_1
	K_1	K_2	K_3	
梁段	纵向弹簧刚度	桥塔处横向弹簧刚度	边墩及辅助墩处横向弹簧刚度	主梁混凝土弹性模量

5.3.6.2　三阶响应面模型修正

在模型参数修正中,采取三阶响应面方法对选择的参数进行修正,其步骤同 5.3.5 节所述,表 5.9 为试验设计的样本点及样本本值。得到的各参数之间的关系可以用响应面模型直观表示,如图 5.10 列出了各参数与竖向、横向、纵向一阶频率的关系图。

试　验　样　本　值　　　　　表 5.9

序号	自　变　量				频率样本(Hz)						
	A	B	C	D	R_1	R_2	R_3	R_4	R_5	R_6	R_7
1	3.45	20.71	15.00	12.08	0.347	0.505	0.797	0.377	0.531	0.878	0.585
2	3.57	25.00	5.00	18.42	0.355	0.508	0.797	0.411	0.615	0.886	0.585
3	3.80	19.37	5.00	5.00	0.362	0.512	0.799	0.311	0.423	0.875	0.585
⋮	⋮	⋮	⋮	⋮	⋮	⋮	⋮	⋮	⋮	⋮	⋮
43	3.80	17.22	15.00	8.98	0.361	0.512	0.799	0.360	0.492	0.869	0.585
44	3.80	15.00	5.00	20.00	0.362	0.512	0.799	0.423	0.636	0.861	0.585
45	3.80	25.00	5.00	11.34	0.362	0.512	0.799	0.380	0.526	0.886	0.585

注:A 表示 E_1,B 表示 K_1,C 表示 K_2,D 表示 K_3,A~D 的单位分别为 $A(\times 10^{10}\text{Pa})$、$B(\times 10^8\text{N/m})$、$C(\times 10^9\text{N/m})$、$D(\times 10^6\text{N/m})$;$R_1$~$R_3$ 代表竖向 1~3 阶频率,R_4、R_5 代表横向 1~2 阶频率,R_6 代表纵向 1 阶频率,R_7 代表扭转 1 阶频率。

对回归后的响应面模型进行精度检验,以保证其可靠性,分别计算参数范围内的 R^2 及 RMSE 值,如表 5.10 所示。从表中精度检验值来看,R^2 值很接近 1,RMSE 值很接近 0,响应面函数计算值与有限元计算值之间的误差很小。因此,在参数设计空间内,响应面函数能有效反映结构响应和参数之间的关系,回归的响应面模型可以替代有限元模型用于模型修正,修正前后参数值比较见表 5.11,修正后计算得到的频率和振型如表 5.12 和图 5.11 所示。

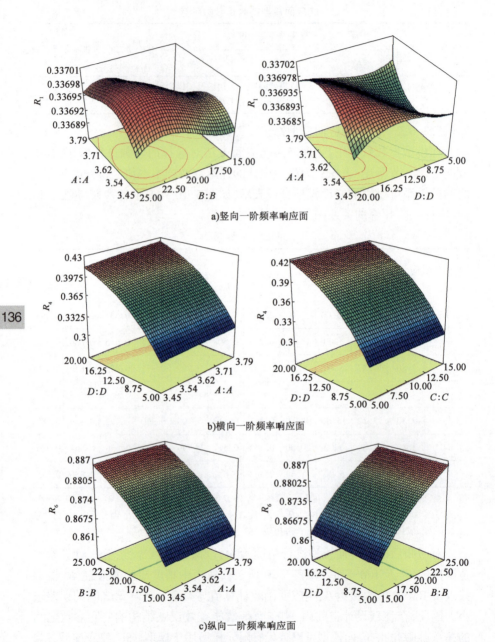

图 5.10 各参数与竖向、横向、纵向一阶频率的关系图

各阶振动响应面模型精度检验值汇总　　　表 5.10

模态阶次	竖向一阶	竖向二阶	竖向三阶
R^2	0.99999926	0.9999989	0.99999998
RMSE	1.55×10^{-6}	1.96×10^{-6}	2.44×10^{-7}

修正前后参数值比较　　　表 5.11

参　　数	初　始　值	修　正　值	误差(%)
$E_1 (\times 10^{10} \text{MPa})$	3.45	3.59	4.2
$K_1 (\times 10^8 \text{N/m})$	15	17.54	14.5
$K_2 (\times 10^9 \text{N/m})$	5	6.47	22.7
$K_3 (\times 10^6 \text{N/m})$	10	10.77	7.1

注:误差率(%) = 100 × (修正值 − 初始值)/初始值。

修正后的频率与实测频率的比较　　　表 5.12

振动方向	阶数	频率(Hz)				修正前MAC值(%)	修正后MAC值(%)
		实测值(SSI法)	精细模型计算值	修正后计算值	修正后误差(%)		
竖向	1	0.38	0.36	0.35	7.80	90.05	91.01
	2	0.50	0.50	0.51	2.00	88.65	91.21
	3	0.77	0.76	0.80	3.90	92.13	93.15
横向	1	0.39	0.28	0.37	5.13	87.65	91.11
	2	0.50	0.39	0.52	4.00	89.05	92.25
扭转	1	0.63	0.59	0.59	6.35	91.92	92.11
纵向	1	0.87	0.15	0.87	0.00	92.12	95.23

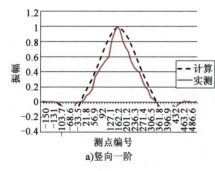
a) 竖向一阶

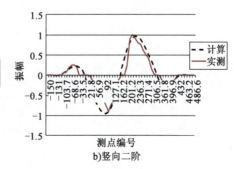
b) 竖向二阶

图 5.11

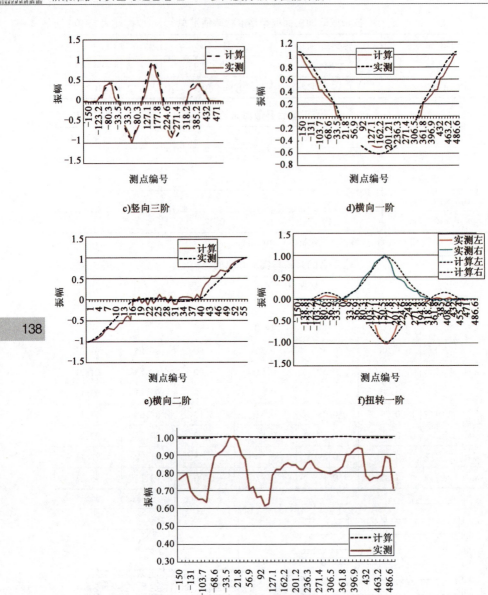

图5.11 灌河大桥实测振型与计算振型比较

由表 5.11 可以看出,修正后的参数仍然具有其真实的物理意义。再将修正后的参数代入多尺度模型进行计算,并将计算得到的结果与现场实测结果进行比较,如表 5.12 和图 5.11 所示,基于两阶段响应面模型修正后计算得到的全桥频率和振型与实测值吻合较好,频率最大误差不超过 8%,全桥各阶振型的 MAC 值均在 90% 以上。

5.4 斜拉桥多尺度模型确认方法

目前,普遍采用的有限元模型确认方法均是在一维空间进行的,如 5.3 节所示,即在用单一确定性的概率统计来描述结构参数和行为,当结构参数和行为具有明显统计分布特征时,采用单一的概率函数对其进行描述是恰当的;但是当结构参数和行为统计分布不明显、变异性较大时,采用确定性的概率函数对其进行描述则不合适。概率盒提供了一种二维的概率描述方法,即通过对实测数据首先进行分类,进而得到不同的概率分布,最后得到实测数据的不确定概率表达。

5.4.1 概率盒方法

由于结构参数的偶然性和人为认知的不确定性,在不同的时间结构参数有不同的不确定性分布。特别是对于桥梁结构,其环境和交通量具有较强的季节变异性,仅由一个确定的概率分布不能表征整个结构的可能行为,概率盒提供了一种解决不确定性概率分布的方法[25,26]。

概率盒是一个不确定的概率,其由上下边界组成一个包络区间,可被视为概率的包络[27]。与传统的由一系列确定点组成的概率相比,概率盒是由一系列不确定点组成的。概率盒也可以被视为一个连续的随机集。

假设 X 是一个变量,可表示为一个最低 $\underline{P}$ 和最高 $\overline{P}$ 的累积分布函数(CDF),并定义为概率盒 $[\underline{P}, \overline{P}]$[28]。最低的 $\underline{P}$ 和最高的 $\overline{P}$ 分布可以定义一组精确的 $\psi(\underline{P}, \overline{P})$ 分布,例如:

$$\psi(\underline{P}, \overline{P}) = \{P \mid \forall x \in R, \underline{P}(x) \leq P(x) \leq \overline{P}(x)\} \qquad (5.15)$$

其中, $\{P(x): \underline{P}(x) \leq P(x) \leq \overline{P}(x)\}$ 是被一对边界 $\underline{P}$ 和 $\overline{P}$ 限制的累积分布函数(CDFs)。

$\underline{P}$ 和 $\overline{P}$ 的逆函数为:

$$h(x) = \overline{P}^{-1}(x) \quad \forall x \in [-\infty, +\infty]$$
$$g(x) = \underline{P}^{-1}(x) \quad \forall x \in [-\infty, +\infty] \tag{5.16}$$

根据上式,对于在概率盒中的任何累积概率 $x \in [-\infty, +\infty]$,都有一个与之相对应的区间 $[g(x), h(x)]$,这种关系为概率盒的抽样提供了基础。$\underline{P}$ 和 $\overline{P}$ 在概率盒中的间距,不是仅有一个实数精确概率,而是一系列连续概率点,其可以反映认知的不完整性。

只要相关事件在其范围内,一个连贯的最高的概率及其共轭的最低概率满足以下性质:

$$0 \le \underline{P}(A) \le \overline{P}(A) \le 1$$
$$A \in B \text{ implies } \underline{P}(A) \le \underline{P}(B) \text{ and } \overline{P}(A) \le \overline{P}(B) \,[单调性]$$
$$\overline{P}(A \cup B) \le \overline{P}(A) + \overline{P}(B) \,[次可加性]$$

结构参数 X 的概率密度函数和累积概率密度分布函数分别如图 5.12a)、(b) 所示,这是一个均值为 3、标准差(SD)为 0.5 的正态分布函数。由于缺乏数据或测量不够精确,参数 X 存在认知和偶然不确定性,正态分布均值不是 3,而是 2~4 范围内的不确定数;生成的图如图 5.13 所示。

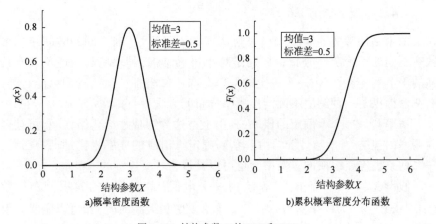

图 5.12　结构参数 X 的 PDF 和 CDF

如图 5.14 所示,概率盒为一个最低 $\underline{P}$ 和最高 $\overline{P}$ 组成的区间累积分布函数。累积分布函数 $[\underline{P}, \overline{P}]$ 可以反映不完整的结构参数,结构参数 $[\underline{P}, \overline{P}]$ 的概率盒可以用来获得结构响应的概率盒 $[\underline{F}, \overline{F}]$,其不确定性可以从结构参数 $[\underline{P}, \overline{P}]$ 传递到结构响应 $[\underline{F}, \overline{F}]$。本章所述的概率盒将用于量化和传递结构参数的不确定性。

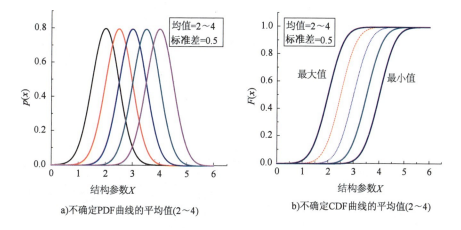

图 5.13 结构参数 X 的概率盒

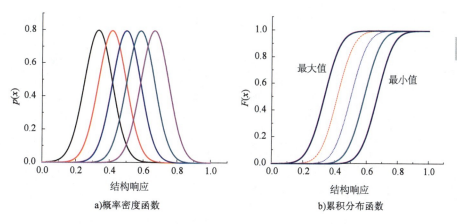

图 5.14 结构响应的概率盒

5.4.2 不确定性量化

不确定性和误差的各种来源已由 Oberkampf 等[29]讨论,本节的主要重点是开展对灌河大桥频率不确定性的量化(UQ)研究,它在验证仿真方法方面起着至关重要的作用。

基于灌河大桥结构健康监测系统采集的大量频率样本数据可以根据季节分为 4 个部分,见表 5.13。基于统计学的原理和方法、正态分布和广义极值分布(GEV)、Gamma 分布和 t – location – scale 分布来拟合样本的累积分布[30]。结果表明,正态分布的累积分布函数与被测样本有良好的一致性。

实测频率的样本数据(Hz)　　　　　表 5.13

时间	N	竖向			横向		纵向
		1	2	3	1	2	1
春季	1	0.380	0.505	0.773	0.386	0.506	0.882
	⋮	⋮	⋮	⋮	⋮	⋮	⋮
	144	0.379	0.508	0.778	0.382	0.509	0.9
夏季	1	0.375	0.504	0.804	0.381	0.502	0.87
	⋮	⋮	⋮	⋮	⋮	⋮	⋮
	144	0.375	0.501	0.773	0.381	0.504	0.886
秋季	1	0.377	0.502	0.752	0.372	0.502	0.864
	⋮	⋮	⋮	⋮	⋮	⋮	⋮
	144	0.377	0.501	0.763	0.376	0.503	0.869
冬季	1	0.379	0.504	0.769	0.389	0.505	0.901
	⋮	⋮	⋮	⋮	⋮	⋮	⋮
	144	0.377	0.507	0.769	0.378	0.502	0.895

5.4.3　概率盒应用

概率盒是一个由上下概率边界包络的不确定区间。如图 5.15 所示,当采样间隔为 0.001Hz 时,可以获得概率分布的较低和较高边界。随着健康监测系统不断地采集新的样本(表 5.14),概率盒会持续地更新。可以很清晰地看到频率的均值和方差随季节的变化不同,方差在夏季最大、冬季最小,这与灌河大桥的环境和交通量有关。因为环境(温度)和交通量具有明显的季节变化特点,这对结构的刚度和质量影响很大,特别是对柔性结构(悬索桥和斜拉桥)。故而环境与交通量的季节性变化对结构动力特性和动力响应影响较大。本章将仅关注频率的累积概率分布,频率随时间变化的主要原因将在未来的研究中讨论。

第 5 章 斜拉桥结构多尺度模型修正及确认

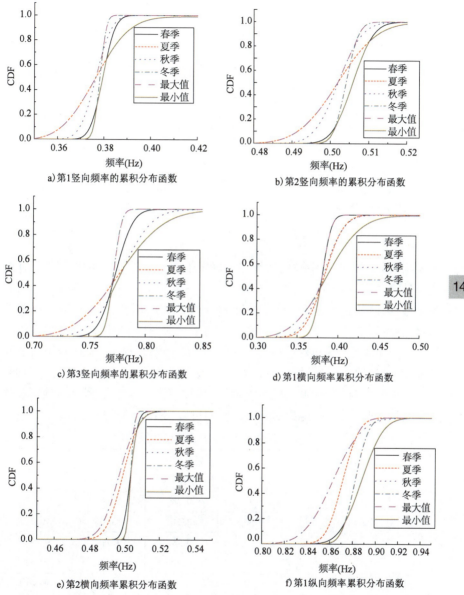

图 5.15 频率的概率盒

143

试验样本   表5.14

N	结构参数				频率(Hz)					
	A	B	C	D	R_1	R_2	R_3	R_4	R_5	R_6	R_7
1	55	20.71	15.00	12.08	0.398	0.527	0.81	0.469	0.541	0.915	0.606
2	3.57	25.00	5.00	18.42	0.4	0.53	0.813	0.466	0.537	0.921	0.614
3	3.80	19.37	5.00	5.00	0.38	0.504	0.773	0.449	0.529	0.869	0.58921
⋮	⋮	⋮	⋮	⋮	⋮	⋮	⋮	⋮	⋮	⋮	⋮
43	3.80	17.22	15.00	8.98	0.379	0.501	0.769	0.414	0.484	0.769	0.59
44	3.80	15.00	5.00	20.00	0.379	0.502	0.774	0.453	0.518	0.774	0.584
45	3.80	25.00	5.00	11.34	0.377	0.499	0.767	0.408	0.476	0.767	0.584

注：$A(\times 10^{10}\mathrm{Pa})$，$B(\times 10^8\mathrm{N/m})$，$C(\times 10^9\mathrm{N/m})$，$D(\times 10^6\mathrm{N/m})$分别代表$k_v$、$k_1$和$\alpha$；$R_1 \sim R_3$、$R_4$、$R_5$、$R_6$、$R_7$分别代表竖向1～3阶、横向1～2阶、纵向一阶和扭转一阶的频率。

5.4.4 不确定性传递

响应面法在本节中被用来传递不确定性[21]。首先，试验样本采用D最优设计方法，而将不同的试验样本带入单一尺度有限元模型可以计算得到各振型的频率；进而，用最小二乘回归分析和响应面法来拟合这些试验样本；然后可以得到结构参数和频率之间的数学关系，得到的响应面模型可以用于参数不确定性传递；最后，修正单一尺度有限元模型，并且修正后的频率和MAC值也可以通过计算得到：频率最高误差不大于10%，MAC值均超过90%（表5.15）。因此，修正后的单一尺度有限元模型计算出的频率和模态与实测值吻合较好，得到的响应面模型可以用来传递参数的不确定性。

修正后模型计算值与实测值比较   表5.15

方向	N	频率(Hz)			MAC(%)
		实测值	计算频率	相对误差(%)	
竖向	1	0.38	0.38	0.2%	90.52
	2	0.50	0.51	1.1%	90.69
	3	0.77	0.78	0.9%	95.38
横向	1	0.39	0.88	0.2%	90.12
	2	0.50	0.42	9.8%	99.01
扭转	1	0.63	0.49	2.3%	94.77
纵向	1	0.87	0.59	6.2%	95.11

基于统计方法,可以得到结构频率概率盒。响应面模型和蒙特卡洛模拟方法已被用来传输从频率到结构参数的不确定性[24],以下为不确定性量化和传递的过程:①基于频率的概率盒,通过随机重采样获得100组概率数据样品,进而生成符合此概率分布的100组数据样本点;②获得这些频率样本后,结构参数可以基于已建立的响应面模型计算得到,最后可以得到这些结构参数的均值和标准差,见表5.16,显然K_1(支座纵向刚度)变化率最大,E_1(混凝土桥面板的弹性模量)变化率最小。

灌河大桥结构参数的概率分布　　　　表5.16

参　数	均　值		标　准　差		变异系数(%)	
	下限	上限	下限	上限	下限	上限
E_1($\times 10^{10}$Pa)	3.64	3.78	0.07	0.04	1.29	1.90
K_1($\times 10^{8}$N/m)	17.16	18.28	2.11	1.25	7.28	11.54
K_2($\times 10^{9}$N/m)	5.98	7.01	0.21	0.17	2.84	3.00
K_3($\times 10^{6}$N/m)	10.11	11.02	0.36	0.32	3.56	2.90

如表5.16所示,结构参数可以假定为服从正态分布[24],并且表5.16中的标准差可以作为结构参数的标准差,以表征结构参数的变异性;而将基于两阶段模型修正后的结构参数值作为结构参数的平均值;进而基于蒙特卡洛模拟方法,得到符合上述分布的结构参数的随机数,并将其带入多尺度有限元模型中,计算得到各阶频率;最后比较计算频率与实测频率概率盒(图5.16)。重叠率标准(ORC)可以用于分析计算值与实测值概率盒之间的相关性。$J(p)$是一个重叠率指标,如果$J(p)=1$,它表明多尺度有限元模型与桥梁实际状况是完全一致的。

计算得到的重叠率如表5.17和表5.18所示。可以得出结论,由于修正后多尺度有限元模型计算频率和实测频率的均值存在一定的误差,因此各阶频率的累积概率分布重合度指标较小,当不考虑均值误差时,每个模态频率的重叠率均超过89%。因此,更新的多尺度有限元法能较好地代表灌河大桥的动力特性。

考虑相对误差的重叠率　　　　　　　　　　　表 5.17

模态	竖向			横向		纵向
	1	2	3	1	2	1
$J(p)$	0.873	0.968	0.972	0.651	0.721	0.901

消除相对误差的重叠率　　　　　　　　　　　表 5.18

模态	竖向			横向		纵向
	1	2	3	1	2	2
$J(p)$	0.971	0.999	0.999	0.891	0.904	0.962

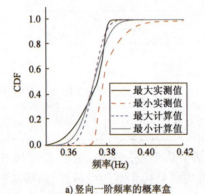

a) 竖向一阶频率的概率盒

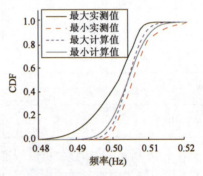

b) 竖向二阶频率的概率盒

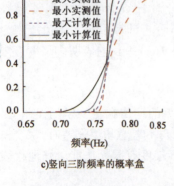

c) 竖向三阶频率的概率盒

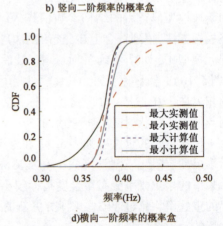

d) 横向一阶频率的概率盒

图 5.16

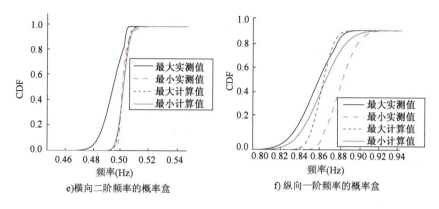

e) 横向二阶频率的概率盒　　　　f) 纵向一阶频率的概率盒

图 5.16　灌河大桥各阶频率的概率盒

5.5　结语

多尺度模拟和计算是 21 世纪最热门的前沿研究领域之一,它涉及了物理、化学、数学等众多学科领域,在这些领域内研究的问题本质上是多物理的,即不同尺度下的过程和现象是由不同特征的物理定律支配的。多尺度模拟考虑空间和时间的跨尺度与跨层次特征,并将相关尺度耦合起来,提高模拟和计算效率,过滤出有用的微观信息,是求解各种复杂的材料和工程问题的重要方法和技术。

本章阐述了多种目前普遍采用的多尺度模拟技术,并就如何建立面向健康监测的桥梁结构多尺度模型,如何运用模型修正及模型确认技术提高多尺度模型的精度进行了讨论,得出以下主要结论:

(1)基于两阶段响应面模型修正后计算得到的全桥频率和振型与实测值吻合较好,频率最大误差不超过 8%,全桥各阶振型的 MAC 值均在 90% 以上,且修正后的灌河大桥结构参数具有物理意义。

(2)基于灌河大桥结构参数不确定性分析可知:边界条件的横向约束和纵向约束状态分别对横向和纵向频率的影响较大,变异系数均达到 2% 左右;结合梁弹性模量的不确定性对竖向频率的影响较大,变异系数在 0.9% ~ 2.9% 之间;各参数的不确定性对频率均值的影响较小。

(3)当环境条件变异性较小时,三阶响应面方法和蒙特卡罗模拟技术可以进行参数的不确定量化与传递,传统的多尺度模型确认方法可以较好地评估修正后多尺度模型的精度。

(4) 考虑环境变异性时,基于概率盒方法多尺度模型确认表明:多尺度模型频率计算值和实测值之间的相对误差对重叠率指数有影响,不考虑均值误差时,每个模态频率的重叠率均超过89%。因此,更新后的多尺度有限元模型能较好地反映灌河大桥的动力特性。

(5) 结合梁斜拉桥的多尺度有限元模型经过确认后,能够较真实地反映桥梁现状,可以应用于桥梁健康监测、安全评价、损伤识别及其预后。

本章参考文献

[1] James G., Sharp D. Multiscale science: A challenge for the twenty-first century [J]. Advances in Mechanics, 1998, 28(4):545-551.

[2] 白以龙. 工程结构损伤的两个重要科学问题——分布式损伤和尺度效应[J], 华南理工大学学报, 2002, 11(30):11-14.

[3] 任国武. 材料的多尺度模拟[D]. 上海:复旦大学, 2010.

[4] Pantelides S. T. What is materials physics, anyway [J]. Physics Today, 1992:45-67.

[5] Cui J. Z., Shih T. M., Wang Y. L., The two-scale analysis method for bodies with small periodic configurations [J]. Structural Engineering and Mechanics. 1999, 7(6):601-614.

[6] 林旭川, 陆新征, 叶列平. 钢-混凝土混合框架结构多尺度分析及其建模方法[J]. 计算力学学报, 2010, 6(3):469-475.

[7] Li Z X, Zhou T, Tommy H T. et al. Multi-scale numerical analysis on dynamic response and local damage in long-span bridges [J]. Engineering Structures, 2007, 29(7):1507-1524.

[8] 丁幼亮, 李爱群, 缪长青. 大跨斜拉桥扁平钢箱梁的多尺度损伤分析研究[J]. 工程力学, 2009, 11(6):60-66.

[9] 张磊, 伍石生, 黄卫, 等. 面向桥面铺装动力响应分析的多尺度桥梁模型[J]. 中国公路学报, 2012, 5(3):87-93.

[10] Zhang W, Cai C S, Pan F. Finite element modeling of bridges with equivalent orthotropic material method for multi-scale dynamic loads [J]. Engineering Structures, 2012, 54:82-93.

[11] 吴佰建,李兆霞,汤可可.大型土木结构多尺度模拟与损伤分析——从材料多尺度力学到结构多尺度力学[J].力学进展,2007,37(3):321-336.

[12] Barenblatt G I,Bodner S R,et al. Micromechanics of fracture [J]. Theoretical and Applied Mechanics,1993:25-52.

[13] Yalchin Efendiev,Thomas Y Hou. Multiscale Finite Element Methods:Theory and Applications [M]. New York:Springer-Verlag New York Inc,2009.

[14] Bramble J H,Cohen A,Dahmen W. Multiscale problems and methods in numerical simulations [M]. Berlin:Springer-Verlag Berlin and Heidelberg Gmbh & Co. K,2003.

[15] Ben Dhia H. Multiscale mechanical problems:the Arlequin method[J]. Comptes Rendus de l´Academie des Sciences Serie IIB Mecanique Physique Astronomie,1998,326(12):899-904.

[16] Paul T B,Hachmi Ben Dhia,Nadia Elkhodja,et al. On the application of the arlequin method to the coupling of particle and continuum models [J]. Computer Mechanic,2008,42:511-530.

[17] 石永久,王萌,王元清.基于多尺度模型的钢框架抗震性能分析[J].工程力学,2011,28(12):20-26.

[18] 黎微.三塔混凝土斜拉桥多尺度建模及局部损伤分析[D].长沙:中南大学,2009.

[19] 李国平.斜拉索非线性分析的状态修正法[J].同济大学学报(自然科学版),2000,28(01):1-4.

[20] 宗周红,褚福鹏,牛杰.基于响应面模型修正的桥梁结构损伤识别方法[J].土木工程学报,2013,46(02):115-122.

[21] 刘琦齐.斜拉桥多尺度模型修正及模型确认方法研究 [D].南京:东南大学,2015.

[22] Zhong R M,Zong Z H,Liu Q Q. A multiscale finite element model validation method of composite cable-stayed bridge based on structural health monitoring system [J]. Shock and Vibration,2015:1670-1682.

[23] Hurty W C. Dynamic analysis of structural systems using component modes [J]. AIAA Journal,1965,3(4):678-685.

[24] Zhong Rumian, Zong Zhouhong, Niu Jie. A multiscale finite element model validation method of composite cable-stayed bridge based on Probability Box theory [J]. Journal of Sound and Vibration, 2016, 370, 111-131.

[25] Stephen CH. Aleatory and epistemic uncertainty in probability elicitation with an example from hazardous waste management [J]. Reliability Engineering and System Safety, 1996, 54:217-223.

[26] Alvarez D A. On the calculation of the bounds of probability of events using infinite random sets [J]. Int. J. Approx. Reason, 2006, 43(3), 241-267.

[27] A P Dempster. Upper and lower probabilities induced by a multivalued mapping [J]. Annals of Mathematical Statistics, 1967, 38:325-339.

[28] Christopher H. M., P-boxes for cost uncertainty analysis [J]. Mechanical Systems and Signal Processing, 2013, 37:253-263.

[29] Oberkampf W L, Roy C J. Verification and Validation in Scientific Computation [M]. London: Cambridge University Press, 2010.

[30] Ferson S, Tucker W. Sensitivity analysis using probability bounding [J]. Reliability Engineering and System Safety, 2006, 91(10-11):1435-1442.

宗周红　教授

宗周红（1966.10—），江苏省如皋市人，东南大学土木工程学院教授、博士生导师，主要从事桥梁动力灾变及其控制研究，研究方向包括：桥梁健康监测与安全预后、桥梁抗震与加固改造、桥梁抗爆及防护等。已经发表学术期刊论文160余篇（其中SCI/EI检索90余篇），获得省部级科技进步二等奖和三等奖各4项，出版专著2部。

钟儒勉　博士

钟儒勉（1989.5—），湖北省仙桃市人，2017年毕业于东南大学桥梁与隧道工程专业，获工学博士学位。主要从事桥梁结构健康监测研究，目前已发表相关论文17篇，其中SCI & EI收录11篇。

第6章 基于多尺度模型的正交异性钢桥面板疲劳分析

韩万水

长安大学公路学院,陕西西安,710064

6.1 引言

目前,发达国家在桥梁建设方面已经步入以钢桥建设为主的阶段,近年来我国也在不断推进钢桥的发展与应用,但发达国家的钢桥比例仍远高于我国[1],按照交通运输部意见,推动公路建设转型,加快钢结构桥梁建设。正交异性钢桥面板箱形截面因承载能力和施工周期上的明显优势而广泛应用于各类桥型,但在实际服役阶段由于结构的复杂性,在荷载作用下桥梁出现不同程度的疲劳病害并且在维修后无法达到理想效果[2]。研究正交异性钢桥面板疲劳问题属于微观尺度问题,桥梁常规模型尺度度量级在米级,研究正交异性钢桥面板的疲劳时通过将桥梁关注部位与其余位置跨尺度连接,解决计算效率和计算精度的问题。

正交异性钢桥面板疲劳问题的研究方法主要包括试验分析和有限元仿真模拟两种[3]。通过足尺或缩尺试验模型研究不同典型构造细节的疲劳性能,分析影响结构疲劳寿命的关键因素,采用 S-N 曲线或断裂力学进行构件疲劳寿命评估。借助商业有限元软件对结构进行疲劳分析仿真是一种常见方法,随着计算机技术的提高,采用多线程运算可以极大提高计算效率。但是采用有限元软件进行疲劳仿真分析时,采用不同的分析手段会导致结果的差异。实现仿真模拟的前提是不同的分析原理得到的计算结果应与试验结果相吻合,正交异性钢桥面板结构复杂,应当深入分析结构中不同位置的疲劳细节[4]。

多尺度研究主要分为结构多尺度和材料多尺度,结构多尺度主要研究不同尺度连接部位的耦合,在兼顾模型精度和计算效率前提下得到模型关注点的微观信息,材料多尺度模拟方式更加繁杂,因此相关研究成果相对较少[5]。在工程结构分析中,往往需要对结构局部细节进行精细化分析,如斜拉桥锚箱的受力精细化分析、正交异性钢桥面板疲劳细节位置疲劳寿命评估、拱脚处大节点受力优化等。常见的分析方法有两种:一种方法是建立满足运算精度的整体精细化模型,这对计算机的硬件要求高且计算时间长;另一种方法是基于粗糙的整体模型再对结构关键部位进行二次分析,缺点在于可能存在迭代误差放大效应。结构多尺度模拟具有两个研究分支:一种是由材料多尺度引出的结构多尺度模拟,代表方法为多重网格法[6];另一种以约束方程法、子模型法以及子结构法为代表的结构跨尺度连接研究,相关方法已经在商业软件中实现[7]。结构的多尺度连接本质在于,结构多尺度信息传递过程中的行为一致[8],不同尺度下建立的模型进行信息交换时若涉及非线性迭代,每次迭代产生误差的累加会造成结果失真,为保证迭代过程中模型不失真,则必须建立行为一致的多尺度模型[9]。

本章首先阐述结构行为一致的多尺度建模方法并讨论不同建模方法的优劣性,介绍正交异性钢桥面板疲劳分析基本理论,确定典型疲劳分析位置后,提出使用基于 S-N 曲线的疲劳评估方法进行疲劳寿命评估。利用 ANSYS 软件建立初始梁单元模型,基于桥梁动力响应进行参数敏感性分析,确定修正参数并验证修正后模型的振动特性,然后利用子结构方法建立跨中壳单元精细化模型。基于子模型方法对结构需着重关注的局部典型疲劳细节进一步进行分析;分别建立板壳和实体单元局部模型,利用热点应力法进行参数敏感性分析,最终确定合理的建模参数。

6.2 多尺度建模方法及正交异性钢桥面板疲劳分析原理

桥梁结构数值模拟分析中的有限元模拟方法越来越被人们所接受[10]，桥梁结构日渐倾向于精细化建模，即在最优的模拟条件下提取关键参数。桥梁设计通常采用粗糙的结构单元进行建模，例如梁单元、板壳单元，此时需要数量庞大的单元和节点建立精细化模型，对于大跨桥梁这种模拟方式所需的计算时间往往难以接受，而采用多尺度建模方法可以解决计算效率低的问题。疲劳分析研究材料性能退化过程，该过程包含材料内部微裂纹产生、扩展直至形成宏观裂纹，对模型精度有较高要求[11]。本章对几种不同多尺度连接方法加以介绍，通过算例分析对比不同连接方法的优劣性，并就其应用时的关键问题加以讨论。

6.2.1 结构行为一致多尺度模拟方法

若想建立的有限元模型同时满足宏观和局部关键位置精细化响应要求，需要解决桥梁宏观模型和微观病害扩展尺度不一致问题[12]。分析疲劳问题时特征微观单元的尺寸为毫米级，而桥梁宏观特性分析模型尺寸通常为米级[13]。桥梁结构整体效应、局部构件细部尺寸以及微观裂纹扩展情况属于三个不同尺度的问题，因此所适用的理论和采用的单元尺度均应有一定区别[10]。

6.2.1.1 子结构方法

子结构方法本质是一种凝聚单元矩阵的方法，其不仅可以将结构本身质量矩阵缩聚到定义的主节点，而且可以实现对加载的外荷载进行荷载矩阵缩聚，通过矩阵扩展技术，反解分析结果[14]。

$$KD = F \tag{6.1}$$

式中：K——结构的总刚度矩阵；

F——外荷载向量；

D——待求解的自由点向量。

自由度可以分为主节点自由度和从节点自由度向量，从节点自由度向量通过分解可由主节点自由度向量表示，因此在结构运算中只需要计算主节点自由度[15]，再通过自由度凝聚技术在一次分析的基础上极大减少运算量。在有限元软件中考虑整体结构一次扰动对子结构的影响，子结构分析

过程中应保持应力 $\boldsymbol{\sigma}_D$、应变 $\boldsymbol{\mu}_D$ 等变量的恒定：

$$\boldsymbol{\sigma} = \boldsymbol{\sigma}_D + [L_\sigma^R]\Delta\boldsymbol{\sigma}^R \tag{6.2}$$

$$\boldsymbol{u} = \boldsymbol{u}_D + [L_u^n]\Delta\boldsymbol{u}^n \tag{6.3}$$

$[L_u^n]$、$[L_\sigma^R]$ 在约束自由度的同时，考虑应变和应力的一次线性转化关系的运算；在子结构不考虑外力变化的情况下上述公式等号两端相等。但对于具有主节点的子结构部分受到外荷载作用，其子结构内部会产生相应的外力，假设外力值为：

$$\overline{P}^R = \overline{M}\ddot{u}^R + \overline{C}\dot{u}^R + \overline{K}\Delta u^R \tag{6.4}$$

$\overline{M}$、$\overline{C}$、$\overline{K}$ 对应形成子结构结构部分质量、阻尼和刚度矩阵。若只考虑一次线性分析，外力荷载作用的功可以表示为：

$$\delta W = [\delta u^n \quad \delta u^E]\left(\begin{Bmatrix} \Delta P^n \\ \Delta P^E \end{Bmatrix} - \begin{bmatrix} K^{nn} & K^{nE} \\ K^{En} & K^{EE} \end{bmatrix}\begin{Bmatrix} \Delta u^n \\ \Delta u^E \end{Bmatrix}\right) \tag{6.5}$$

$\{\Delta P^n\}$、$\{\Delta P^E\}$ 只考虑外力荷载在子结构部分造成的矩阵变化，与子结构本身先前的荷载历程无关 $\begin{bmatrix} K^{nn} & K^{nE} \\ K^{En} & K^{EE} \end{bmatrix}$ 为切线刚度矩阵。若子结构的从节点自由度向量用 $\boldsymbol{u}^n$ 表示，子结构的主节点自由度向量用 $\boldsymbol{u}^E$ 表示，δu^E 作为节点自由度向量的改变量，上式可分解为：

$$\Delta u^E = [K^{EE}]^{-1}(\Delta P^E) - [K^{EE}]\Delta u^R$$

$$\delta W = [\delta u^n][\Delta P^E - [K^{RE}][K^{EE}]^{-1}\Delta P^E) - ([K^{RR}] - [K^{RE}][K^{EE}]^{-1}[K^{ER}])\Delta u^R]$$

子结构的静力分析缩聚矩阵为：

$$[\overline{K}] = [K^{RR}] - [K^{RE}][K^{EE}]^{-1}[K^{ER}] \tag{6.6}$$

将子结构受到的荷载转化为主节点所受到的荷载，其节点荷载向量形式为：

$$P^n = \Delta P^R - [K^{RE}][K^{EE}]^{-1}\Delta P^E \tag{6.7}$$

6.2.1.2 子模型方法

子模型方法是对桥梁精细化分析的一种常用手段[16]。子模型通过局部部位精细化网格划分研究结构的微观尺度问题，通过子模型办法可以避免对整体模型进行精细化网格划分所引起的工作量剧增问题[17]。正交异性钢桥面板通常采用 4 节点板壳和实体单元进行分析。

对于常用的 4 节点四边形实体单元,假设子模型驱动节点 A 位于整体模型中的第 i 个单元中,如图 6.1 所示,则使用 i 单元的 4 个节点的位移(速度、加速度)插值得到子模型驱动节点的位移。则 A 点在 t 时刻的位移:

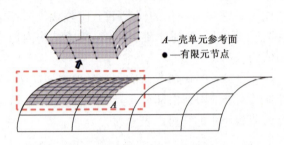

图 6.1　子模型方法插值示意图

$$[\delta_A(t)] = [\delta_{Ax}(t), \delta_{Ay}(t), \delta_{Az}(t)]^T \tag{6.8}$$

使用形函数进行插值的公式为:

$$[\delta_A(t)] = \sum_{j=1}^{4} N_j [\delta_j(t)] \tag{6.9}$$

6.2.1.3　多点约束方法

多点约束方法采用约束方程解决多尺度界面连接处自由度耦合问题,常用的连接形式如式(6.10)所示。

$$\text{Const} = \sum_{i=1}^{n} [\text{Coefficient}(i) \times U(i)] \tag{6.10}$$

式中:$U(i)$——自由度项;

Coefficient(i)——自由度项 $U(i)$ 的系数;

n——项的编号。

建模时使用刚臂、释放节点自由度都属于多点约束法[18],其本质是在拟连接部分添加相应的约束方程,例如刚臂是添加两节点自由度全耦合的约束方程。同一模型中采用不同的单元类型进行建模时,单元类型的差异将导致连接部分的单元自由度数目差异,使得结果奇异。多点约束方法根据边界位移协调条件和节点虚功相等限定连接节点处的约束方程,实现不同尺度单元的连接。

6.2.1.4　不同多尺度模拟方法优势及关键问题分析

以上介绍的三种多尺度建模方法的原理,每种方法都有适用范围和优缺点,忽视方法特点去任意使用多尺度建模连接,其结果是不可信的。下面就三种建模方法进行讨论,以算例说明三种方法对应力集中效应的计算精度,并就子模型方法的边界选取合理性做出讨论。

子结构的优势在于刚度、质量矩阵所占内存很小。在子结构分析中,在定义主节点时才确定刚度、质量矩阵的位置,在进行子结构的调用时才产生刚度、质量矩阵,节省了内存空间。在进行重复结构计算时,子结构形成的缩聚矩阵可以单独保存,在需要创建的位置直接进行调用。对大型工程而言,可将工作量进行分割,保证建模和计算效率。

子模型的优势在于软件分析不需要迭代计算,直接对跨尺度连接的关键位置进行网格细化,与 ANSYS 软件自带的局部网格细化功能相比,子模型可以实现不同单元类型跨尺度连接的局部网格细化且满足计算精度的要求,而 ANSYS 自带的局部细化网格功能不能实现壳单元与实体单元的连接。本章将通过算例说明子模型插值边界的选取对计算精度的影响。

多点约束方程法的优势在于可以自由控制不同尺度模型连接界面处的力学行为,在进行桥梁结构建模时通常采用全自由度耦合实现不同单元的连接,在 ANSYS 软件中提供两种方式对跨尺度连接问题进行处理,一种是自动考虑不同单元类型自由度的差异性,由程序内部添加约束方程简化用户操作,避免自由度不同引起的计算错误;另一种是手动输入约束方程。多尺度约束方程法存在部分计算误差:连接界面的耦合方式是根据位移协调和节点虚功原理推导得到,根据位移协调方程,其界面点的位移具有切向性且与实际不符,并且采用多点约束的方式应避免涉及结构的塑性区域,由于节点虚功原理中的应力是按照线性变化进行推导,所以要使连接界面远离塑性区域。若要对塑性区域进行子模型划分,便需要重新推导塑性区域应力变化关系。本章采用多尺度约束方程法,实现斜拉桥拉索单元与桥面板单元的连接。

通过对三种建模方法的优缺点进行总结,本章将以一个数值算例对子模型的边界条件选取问题和三种分析多尺度建模方法的精度进行定量讨论。算例信息如下:总长 9m 的闭口截面梁,截面长、宽为 $1m \times 1m$,厚度 t 为 0.01m 的钢板,支撑条件为两端位移全约束,跨中顶部节点施加 1kN 集中力。

基准工况:全部采用壳单元建立模型,划分节段为 $3m + 1.5m + 1.5m + 3m$;

子模型工况:采用3m[梁单元(beam)188)]+0.5m[壳单元(shell)63)]+1m×2(子结构模型)+0.5m[壳单元(shell)63]+3m[梁单元(beam)188];

子结构工况:采用3m[梁单元(beam)188]+1.5m×2[壳单元(shell)63]+3m[梁单元(beam)188];

多点约束工况:采用3m[梁单元(beam)188]+1.5m×2[壳单元(shell)63]+3m[梁单元(beam)188]。

各工况所对应的有限元模型如图6.2所示。

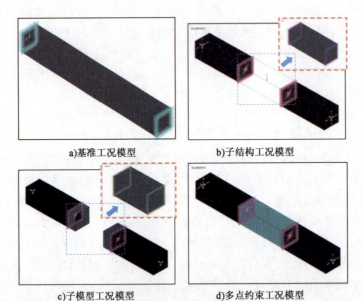

a)基准工况模型 b)子结构工况模型

c)子模型工况模型 d)多点约束工况模型

图6.2 多点约束工况计算示意图

对比不同多尺度连接方式的计算结果,以全部采用壳单元模拟的结构模型作为基准参考模型,分析不同多尺度建模方式的最大位移和Von Mises应力,结果如图6.3所示。

由图6.3可知,多点约束的计算精度最高,子模型的计算精度最差。由于后续模型的复杂化,多点约束方法建立的节点约束方程数目增多,结果运算量增加,导致结果失真,子模型方法受到边界条件切割位置影响较大,按照圣维南原理,在进行纵向比较时以梁高作为合理扩散长度进行横向对比。因此后续分析中将采用子结构方法建立相应的有限元分析模型。

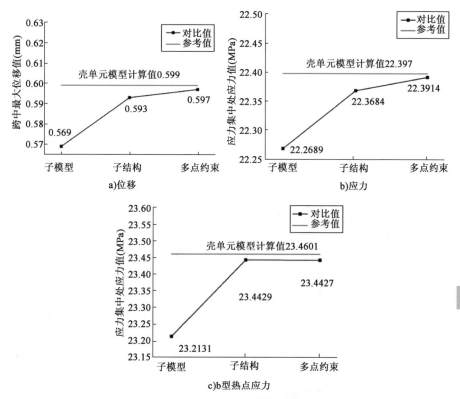

图6.3 不同多尺度建模方法的结果对比

6.2.2 正交异性钢桥面板疲劳分析方法

正交异性钢桥面板局部位置本身存在塑性变形,同时轮载会产生重复应力或循环交变应力,但荷载应力幅是疲劳分析的重点[1]。国内外学者通过构造细节以及研究焊缝局部应力建立多种疲劳强度评估方法,如名义应力法、热点应力法及有效切口应力法等[19]。

正交异性钢桥面板板件的几何交叉、焊接残余应力位置为疲劳研究的重点[28],这些疲劳细节位置在轮载作用下更容易出现疲劳裂缝。孟凡超等对日本东京高速公路的正交异性钢桥面板服役状态进行调查,调查主体为主要疲劳裂缝的分布情况[29],结果如表6.1所示。

日本正交异性钢桥面板常见病害位置　　　　　表6.1

编号	位置	比例(%)	编号	位置	比例(%)
①	纵肋与横肋板焊缝	0.90	⑤	纵肋现场接头过焊孔焊缝	0.60
②	纵肋与横肋板焊缝(含开孔部位)	38.20	⑥	薄板与横肋(隔)板焊缝	2.30
③	顶板与竖向加劲肋焊缝	31.50	⑦	纵肋对接焊缝	5.7
④	顶板与纵肋焊缝	18.90	⑧	纵肋与边横隔板焊缝	1.70

　　王春生等对正交异性钢桥面板病害的主要位置进行受力特性分析，并对其疲劳强度研究发展进行说明[4]，研究发现，目前我国正交异性钢桥面板的病害分布大致与表6.1相同。结构设计已经取消顶板与竖向加劲肋焊缝这种构造形式，因此本章不进行该部位的模拟研究。由表6.1可知，顶板与纵肋处的焊缝约占疲劳病害20%，且疲劳裂缝不断扩展，直到桥面板形成贯穿裂缝时才会被发现，因此这是疲劳分析的重点。纵肋连接部分虽然存在疲劳裂缝，但目前有将该部位连接方式修改为强度更高的栓接的趋势[30]，其他部位出现病害的主要原因是焊缝施工不当产生的高残余应力引起疲劳开裂。本章所研究的典型疲劳构造细节如图6.4所示。其中细节①为桥面板与纵肋焊缝，细节②为纵肋与横隔板相交处焊缝，细节③为横隔板弧形切口；细节④为U肋底部对接焊缝。相关研究表明，以上四个正交异性钢桥面板疲劳细节位置的选取囊括了90%的病害比例[31]，具有一定的研究代表性。

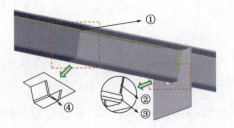

图6.4　典型正交异性钢桥面板疲劳分析部位

6.2.3　正交异性钢桥面板疲劳寿命评估方法

　　基于S-N曲线的疲劳评估方法是结合S-N曲线和疲劳损伤等效原则，对所关注部位进行疲劳寿命评估的方法。S-N曲线中不同应力幅在结构上作用循环次数的改变反映为结构疲劳寿命的变化；根据应力幅相对大小的不同，分为常幅疲劳极限和截止限等，代表应力幅的大小对结构疲劳寿命影响有着本质的区别;规范中 S-N 曲线通过疲劳细节试验获得。结构承受变幅应力时按疲劳等效原则简化为等效疲劳应力幅,用以计算结构疲劳寿命。在进行正交异性钢桥面板疲劳寿命计算时首要任务就是确定疲劳细节位置的 S-N 曲线,基于 S-N 曲线法疲劳寿命评估流程如图 6.5 所示。

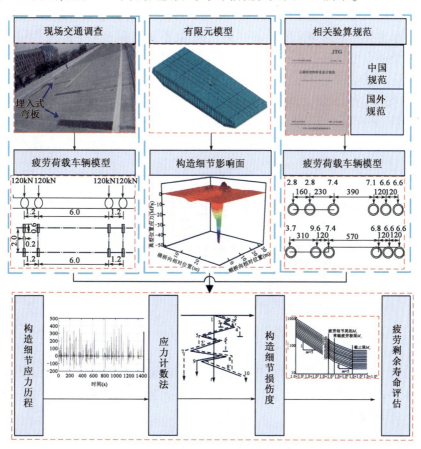

图 6.5　基于 S-N 曲线法疲劳寿命评估流程

6.3　基于子结构方法的空间一致多尺度模型建立

6.3.1　初始梁单元模型

斜拉桥模型使用单主梁建模,用一排单主梁单元模拟整个实际截面的刚度和质量。根据选取的单元类型不同,梁单元同样可以模拟实际截面的三向刚度,桥面二期质量通过将桥面铺装层与钢桥面板弹性模量等效后赋予到主梁上,也可以采用 ANSYS 软件带有的 Mass 21 单元进行模拟,同时赋予铺装层三向质量和惯性矩。斜拉索与主梁的连接简化为刚接处理,单主梁模型可以较好地模拟桥梁静动力响应,且计算精度满足工程需要[18]。

单主梁模型通常采用 Beam 4 进行模拟,单元具有三向维度,根据用户需要每个节点可以具有 6~7 个自由度(翘曲自由度),同时单元可以考虑剪切变形应用在结构的弹塑性分析中[32]。

采用 ANSYS 建立单主梁模型,通过人为划分节段简化变截面的方式建立桥塔,采用 Link 10 单元建立斜拉索,通过赋予单元初应变的方法赋予斜拉索索力,其中初始应变等于设计索力与截面面积的比值,并简化考虑索单元的垂度效应,采用 Ernst[33] 公式修正弹性模量:

$$E_1 = \frac{E}{1 + \frac{W^2 L_0^2 AE}{12T^3}} \tag{6.11}$$

式中:E_1——利用 Ernst 等效弹性模量;

E——考虑修正的弹性模量;

W——斜拉索单位重量;

A——斜拉索面积;

L_0——斜拉索顺桥向投影长度;

T——斜拉索张力。

模型建立过程严重影响疲劳分析结果,必须精确考虑主梁截面尺寸、边界条件以及全桥刚度分布,建立的初始梁单元模型共 569 个节点、805 个单元,如图 6.6 所示。

图 6.6 梁单元初始有限元模型

6.3.2 基于动力响应的梁单元模型修正

6.3.2.1 模型修正流程及动力目标函数

基于动力响应的初始梁单元有限元模型修正具体流程如图6.7所示,现场实测的模态阶数是有限的且随着模态阶数的提高桥梁的振动形式越复杂[34],高阶形式的出现顺序对桥梁实际损伤情况和模型局部误差有较大的敏感性。目标函数反映计算模型与实测模型频率的差异,当模型具有绝对精度时其残差为0,目标函数定义为[35]:

$$J = \sum_{i=1}^{n} \left(\frac{f_{ai} - f_{ei}}{f_{ei}} \right)^2 \tag{6.12}$$

式中:f_{ai}、f_{ei}——实测结果和模拟结果的i阶频率值。

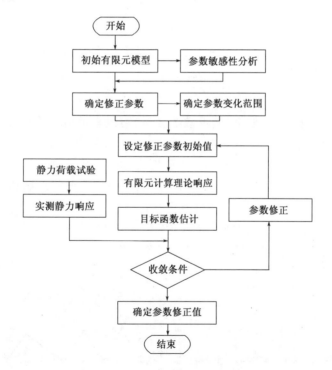

图6.7 基于动力响应的初始梁单元有限元模型修正流程图

6.3.2.2 模型修正参数敏感性分析

利用模型进行动力修正时选取主梁弹性模量、主梁质量密度、拉索弹性模量、拉索质量密度和拉索面积为待修正参数。在一定范围内调整待修正参数并确定参数的各阶敏感性。本章按照初始值的 ±10% ~ ±20% 控制，各修正参数具体变化范围如表 6.2 所示。

各修正参数变化范围　　　　　　　　　　　　　　表 6.2

构件	参数	设计值	初始设计值	估计区间
主梁	弹性模量（GPa）	210	210	[189,231]
	密度（kg·m^{-3}）	7850	7850	[7065,8635]
斜拉索	弹性模量（GPa）	195	195	[175.5,214.5]
	密度（kg·m^{-3}）	7850	7850	[7065,8635]
	拉索面积（m^2）	0.2826×10^{-4}	0.2826×10^{-4}	[0.2543×10^{-4},0.3108×10^{-4}]

为提高模型修正计算效率，同时避免修正过程陷入局部收敛，应选取参数敏感性较高的待修正参数。参数敏感性的定义是：若 $F(x)$ 为一个 n 元可导函数，对于任意自变量的敏感性可以用偏导的形式计算得到：

$$S = \frac{\partial F(x_1, x_2, \cdots, x_n)}{\partial x_i} \tag{6.13}$$

上式表征目标函数的一阶灵敏度，$F(x)$ 可以表示结构任何的目标函数，自变量 x_i 可以代表材料参数或几何参数。

由图 6.8 可知，拉索面积与拉索弹性模量的参数敏感性基本一致，且拉索面积的参数敏感性主要体现在高阶模态，这对结构分析影响甚微，同时考虑到采用过多的敏感参数分析可能会导致结果发散，最终选取主梁弹性模量、主梁质量密度、拉索弹性模量和拉索质量密度作为修正参数。

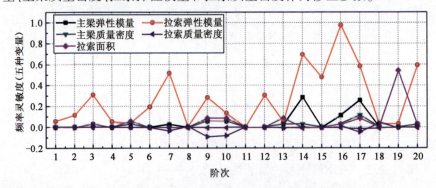

图 6.8　不同参数对于振型阶次的敏感性分析结果

6.3.2.3 优化迭代结果分析

采用 ANSYS 的优化设计模块,其基本原理是对目标函数,添加罚函数,以转化问题解决形式[36]。本章采用一阶修正算法,目标函数采用式(6.12)处理修正参数,通过计算参数敏感性确定修正方向并采用线搜索法确定最优解[37],优化误差设置为 0.01。对正交异性钢桥面板需要进行车辆荷载作用下的疲劳寿命分析,因此将模型竖向振型的修正结果作为分析重点。图 6.9 a)~c)分别给出了弹性模量、质量密度及一、二阶竖弯频率迭代分析结果。

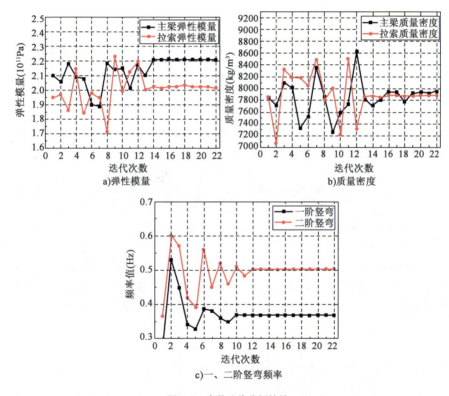

图 6.9 参数迭代分析结果

由图 6.9a)可知,迭代初期主梁和拉索的弹性模量在 10% 的范围内浮动变化,并在第 14 次迭代后趋近于稳定,主梁和拉索的质量密度经过 18 次迭代后趋于稳定,通过对比可知,弹性模量迭代收敛速度更快。通过对比主梁弹性模量的修正参数,拉索的弹性模量敏感性波动范围更大。一、二阶竖弯频率迭代收敛速度快于弹性模量迭代收敛速度,主要是因为弹性模量参数敏感性较强,因此将敏感性强的迭代收敛参数作为模型修正完成的判断依据。

6.3.2.4 修正后模型振动特性对比

现场实测环境下漏频现象时常发生,只考虑模型计算与结构实测的频率值相吻合并不合理,建立动力目标函数确定频率残差项关系时可能出现振型的不匹配,为了判断模型修正后的合理性和模态关联性,给出以下三种判断准则[38]:

(1)频率,误差范围在10%以内。

(2)正交性,用修正后模型质量矩阵检测测试振型是否有良好的正交性,引入误差矩阵,当误差矩阵的对角元素归一化之后非对角元素值应很小。

(3)交叉正交异性,用修正后的模型质量矩阵检测测试模态向量和计算模态向量的交叉正交性,其对角元素交叉正交性 >0.9,非对角元素交叉正交性 <0.1。

上述第(2)、(3)条可以通过计算修正后模型的 MAC 值来判断,引入模态置信度来表示模态向量之间的相关性[39],具体 MAC 的函数表达式为:

$$\mathrm{MAC}(\boldsymbol{\phi}_a,\boldsymbol{\phi}_e) = \frac{|\boldsymbol{\phi}_a^T \boldsymbol{\phi}_e|^2}{(\boldsymbol{\phi}_a^T \boldsymbol{\phi}_a)(\boldsymbol{\phi}_e^T \boldsymbol{\phi}_e)} \quad (6.14)$$

式中:$\boldsymbol{\phi}_e$——实测模态振型向量;

$\boldsymbol{\phi}_a$——理论模态振型向量。

$\mathrm{MAC}(\boldsymbol{\phi}_a,\boldsymbol{\phi}_e)$ 为振型相关度,如果两者完全相关,$\mathrm{MAC}(\boldsymbol{\phi}_a,\boldsymbol{\phi}_e)=1$;如果两者完全不相关,$\mathrm{MAC}(\boldsymbol{\phi}_a,\boldsymbol{\phi}_e)=0$;若 $\mathrm{MAC}(\boldsymbol{\phi}_a,\boldsymbol{\phi}_e)$ 越接近数值1,表示相关程度越高。以对应振型同一点振幅实测值与计算的残差作为新的约束方程构造目标函数:

$$r_s = \frac{1-\sqrt{\mathrm{MAC}_i}}{\sqrt{\mathrm{MAC}_i}}, i \in \{1,2,3,\cdots,n\} \quad (6.15)$$

其中:$\mathrm{MAC} = \mathrm{MAC}(\boldsymbol{\phi}_a,\boldsymbol{\phi}_e)$

构造函数之前需要对现场实测数据布置的测点进行统计,找到对应的模型计算值,并将模态振型进行量化与标准化,确保模型分析与试验测试的频率、振型向量吻合良好,将上述 MAC 程序编入 ANSYS 之中并设置收敛条件,修正过程中目标函数的容许误差为0.01,具体对比结果如表6.3所示。

模型修正缩小了模型理论固有振动特性的计算误差,但五阶以后的模型修正误差并不满足5%的要求,考虑到本章重点关注的一、二阶竖向振型对应实测的二、四阶振型,修正误差分别为2.71%、3.58%,模态置信度的结果为98.26%、97.38%。因此结构竖向模态的修正满足要求(表6.3)。

修正后模型前十阶段固有振动特性　　　表6.3

阶次	频率				MAC(%)
	修正值(Hz)	实测值(Hz)	初始误差(%)	修正误差(%)	
1	0.12	0.123	5.35	2.5	98.47
2	0.369	0.379	3.73	2.71	98.26
3	0.435	0.433	3.53	0.46	99.54
4	0.503	0.521	4.32	3.58	97.38
5	0.554	0.538	5.12	2.89	98.08
6	0.629	0.581	7.32	7.63	93.29
7	0.641	0.591	9.42	7.80	93.12
8	0.927	0.893	12.99	3.66	97.29
9	0.981	0.934	30.45	4.79	96.16
10	1.277	0.991	42.23	12.68	88.18

6.3.2.5　基于子结构方法建立跨中壳单元模型

正交异性钢桥面板构造复杂属于高超静定结构,建立的梁单元模型可以满足传统结构分析计算需要,但不能进行局部精细化分析。本章采用通用有限元软件 ANSYS 中的子结构方法进行建模,跨中子结构节段采用 shell 63 单元模拟,shell 63 单元的特点是可以考虑结构大变形和应力刚化效应,在结构大变形中单元自动采用一致切向矩阵。

桥梁跨中节段长13m,共六道横隔板,正交异性钢桥面板的主要几何参数和板壳单元实常数如表6.4所示。主梁典型截面形式如图6.10所示。

主梁典型截面参数表　　　表6.4

构件名称	厚度(mm)	构件名称	厚度(mm)
顶板	14	内腹板	12
顶板 U 肋	8	外腹板	16
底板	12	横隔板	12
底板 U 肋	8	人行道板	12
斜底板	12	托架腹板	12

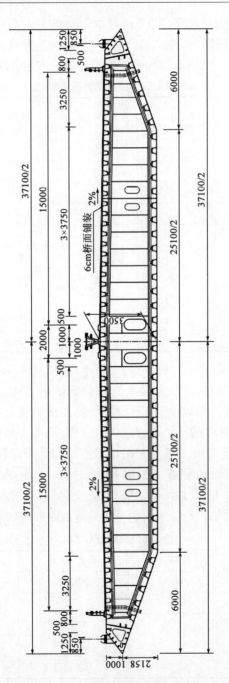

图6.10 主梁典型截面形式(尺寸单位:mm)

6.4 微观尺度下疲劳细节子模型及应力特性分析

通过单主梁模型可以获得桥梁结构的整体静动力特性,在对结构进行疲劳分析时,采用子结构的方法将该部分的质量、刚度矩阵进行缩聚,并以主节点的方式与梁单元进行连接,可以实现从宏观米级尺度到分米级尺度的跨尺度连接。采用热点应力法进行复杂细节位置疲劳寿命评估工作,其需要的网格精度在 1.0×10^{-3} m,单纯采用子结构的方式进行跨中精细化建模已经不能满足要求,故采用子模型方法对模型进行进一步细化。相关研究表明,在对正交异性钢桥面板进行交通荷载作用下疲劳分析时,可不考虑多车道效应和多车效应对疲劳强度的影响[40-42]。本章采用子模型方法对局部关注位置进行建模分析,并对热点应力法荷载位置敏感性、网格敏感性、单元敏感性进行分析,确定合理的建模参数,根据荷载对疲劳细节位置的损伤比概念,对疲劳荷载谱进行简化。

6.4.1 易疲劳位置子模型的建立

对于大多数正交异性钢桥面板而言,有四个典型关注点位置需要注意:1 号点位置,桥面板与纵肋焊缝细节;2 号点位置,纵肋与横隔板相交处焊缝细节;3 号点位置,横隔板弧形切口细节;4 号点位置,U 肋底部对接焊缝细节,具体如图 6.11 所示。

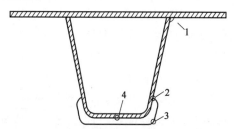

图 6.11 疲劳细节位置建模示意图
注:1~4 表示典型关注点位置。

为了准确计算并研究 U 肋与横隔板之间以及 U 肋与桥面板之间等疲劳薄弱位置的疲劳寿命,对疲劳细节进行精细化建模。为了保证计算不至于烦琐,建立的细化子模型包含所有关注的疲劳细节部位,子模型建立流程如图 6.12 所示。

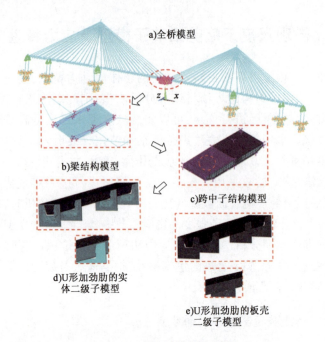

图 6.12 子模型建模流程示意图

6.4.2 易疲劳位置的参数分析

由于在多尺度建模的过程中,跨中精细化子结构模型考虑了桥梁的横纵坡,按照等参元力和力矩分配原则进行软件的瞬态分析在考虑桥梁横纵坡的情况下过于烦琐,主要是由于网格划分之后选取不同竖向位置的节点在 ANSYS 软件中较为麻烦,故对于桥梁结构的弹性阶段的计算可以通过影响线插值的方式,利用 MATLAB 软件加载疲劳车分析。

6.4.2.1 疲劳细节位置荷载加载位置敏感性分析

已有的研究成果表明,正交异性钢桥面板的疲劳细节位置应力影响面在轮载直接作用处会有峰值,峰值随着距离关注位置的不断增大而迅速变小[43,44]。横、纵向影响线时程可以通过研究典型部位的影响线得到。按照距重车车道位置最近的原则确定最不利 U 肋位置,以此作为研究对象进行分析。对建立的子模型进行应力分析时,由于研究正交异性钢桥面板典型部分的疲劳特性,因此在研究疲劳细节位置影响面时采用集中荷载。在 ANSYS 软件计算中,为了更好地度量荷载与应力之间的关系,采用 50kN 的力进行模拟加载,利用 ANSYS 的瞬态分析功能进行计算,得到不同正交异性钢桥面板典型分析位置的纵、横向应力影响面示意图。横向位置按照 1 号点对应的 U 肋另一侧作为 X 轴坐标零点,顺桥向按照研究位置正上方作为 Y 轴坐标零点。绘制影响面以及纵横向影响线,提取的应力需满足不同疲劳细节应力要求。

1~4 号点桥面板与纵肋焊缝位置影响面及影响线如图 6.13 所示。

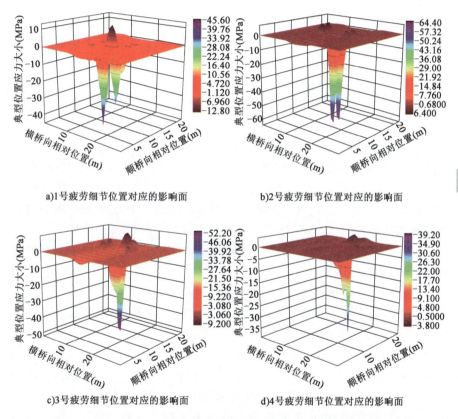

a) 1 号疲劳细节位置对应的影响面

b) 2 号疲劳细节位置对应的影响面

c) 3 号疲劳细节位置对应的影响面

d) 4 号疲劳细节位置对应的影响面

图 6.13　1~4 号点疲劳细节位置对应的影响面及影响线

通过图 6.13 可以得到不同疲劳细节位置的应力受荷载作用位置影响的敏感性分析结果。通过对各疲劳细节位置的计算结果进行分析得出:在车轮荷载作用下,不同疲劳细节位置处承受的弯曲应力和薄膜应力都具有很强的局部性。从疲劳细节位置 1 号点的应力影响面结果可以看出,其应力的影响范围大致在以纵腹板为中心线两侧2m范围内,2m处的应力水平已经减少到最大应力水平的5%以下。车辆沿顺桥向行驶时,在车辆轮载作用下,典型应力位置首先受到压应力的作用,在车辆行驶到关注位置附近时,典型应力位置处应力为拉应力,形成了第一个较大的应力幅;当拉应力增加到峰值后,其拉应力水平开始降低,直到变成了压应力,随着车辆行驶距离的增加,应力水平开始趋0。此时疲劳细节位置的应力变化结束,一共经历较大的应力幅值有4个,中间两个应力幅值相对较大,对疲劳寿命分析影响较大。3、4号点所研究的典型疲劳位置具有一定的不对称性,这是在建模时考虑了纵坡所导致的;另外,从横向分析位置来看,选取的零点位置为对应一侧纵向竖肋与桥面板相交部分的焊趾,另一侧为研究典型疲劳验算位置所在部分,其横向影响趋势对于具有焊缝的典型研究位置是不对称的,明显有向一侧偏移的趋势,并且左右侧的压应力水平有显著不同,造成其产生的应力幅值左右侧也是不对称的。4个典型研究位置的轮载横向分布敏感性同样具有顺桥向轮载分布局部效应的特点,其横向影响范围大致在2.5~4m范围内,横向影响范围略大于其竖向影响范围,这应该是由于正交异性钢桥面板对顺桥向和横桥向具有不同的刚度,造成其横纵向的应力影响范围不同。对于实际工程而言,其纵向刚度由于顺桥向加劲U肋和顺桥向加劲板的影响,应该大于由截面以及横向加劲板提供的整桥横桥向刚度。其应力影响面趋势应该是横桥向的轮载加载位置影响范围大于顺桥向的轮载加载位置影响范围,与模拟结果吻合。

6.4.2.2 热点应力法的网格敏感性分析

基于局部位置子模型,根据热点应力法进行不同网格尺寸情况下的计算,分别计算不同网格尺寸子模型的应力,选取 $0.0625t \times 0.0625t$、$0.125t \times 0.125t$、$0.25t \times 0.25t$、$0.5t \times 0.5t$、$0.625t \times 0.625t$、$1.25t \times 1.25t$ 处的应力,t 表示焊趾处板厚,按实际情况取16mm。得到各子模型的应力计算值,按照热点应力的计算方法,以2号关注点位置为研究对象,在着地面积为 $0.6m \times 0.2m$ 时,研究其在50kN荷载作用下的应力情况。加载位置按照6.4.2.1小节确定的最不利位置进行加载,热点应力法采用 $0.4t$、$1.0t$ 处正应力进行两点线性外推,其公式为:

$$\sigma_{hs} = 1.67\sigma_{0.4t} - 0.67\sigma_{1.0t} \tag{6.16}$$

在ANSYS软件中提取应力分布线,得到沿整个纵腹板的应力情况,计算得到不同网格尺寸的热点应力。

从图 6.14、图 6.15 可以看出,当网格尺寸从 $0.0625t \times 0.0625t$ 变化到 $1.25t \times 1.25t$ 时,热点应力法的计算结果降低 30% 左右。当网格尺寸小于 $0.25t \times 0.25t$ 时,此时再增加网格的精度对热点应力法的计算结果几乎无影响,反之热点应力的计算结果呈指数下降。为了兼顾计算效率和计算精度,在使用热点应力法进行疲劳验算时模型的网格精度建议取 $0.25t \times 0.25t$。

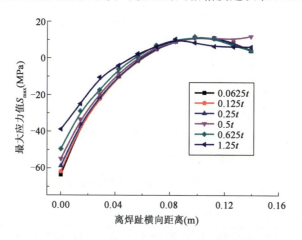

图 6.14 应力值随着焊趾距离的变化规律

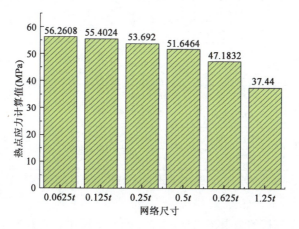

图 6.15 不同网格尺寸的热点应力值

网格不变的情况下对桥面板进行单独构件网格加密划分,其他部分的网格尺寸取 $0.25t \times 0.25t$,分别采用两点表面外推法和三点表面外推法,通过在 ANSYS 软件中控制直线划分的方式控制板厚方向单元层数。两点外推的控制点选为 $0.4t/1.0t$,三点外推的控制点选为 $0.4t/0.9t/1.4t$。相应的外推网格尺寸按照表 6.5 进行计算,计算结果如图 6.16 所示。

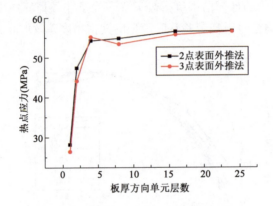

图 6.16　桥面板不同单元层数的计算精度

两种建模方法的外推网格尺寸　　　　　表 6.5

模型和焊趾类型		相对粗网格模型(高阶单元)		相对细网格模型(低阶单元)	
		a、c 型	b 型	a、c 型	b 型
尺寸	板单元	$t \times t$ (不大于 $t \times w/2$)	10mm × 10mm	小于 $0.4t \times t$ 或 $0.4t \times w/2$	小于 4mm × 4mm
	实体单元	$t \times t$ (不大于 $t \times w$)	10mm × 10mm	小于 $0.4t \times t$ 或 $0.4t \times w/2$	小于 4mm × 4mm
外推点	板单元	$0.5t$、$1.5t$ 中节点	5mm、10mm 中节点	$0.4t$、$1.0t$ 节点处	4mm、8mm 和 12mm 节点处
	实体单元	$0.5t$、$1.5t$ 表面中心	5mm、15mm 表面中心	$0.4t$、$1.0t$ 节点处	4mm、8mm 和 12mm 节点处

注:高阶单元是指阶数为一阶以上的单元,采用高次函数来描述高阶单元边界,所以高阶单元精度更高。

按照上文分析的结果,$0.25t \times 0.25t$ 的网格尺寸对应着板厚方向单元层数为四层时,也就是说通过分析网格尺寸和热点应力的关系以及板厚方向的单元层数和热点应力的关系,可以看出其结论是相互印证的,最终确定网格精度 $0.25t \times 0.25t$ 为最优网格计算精度。同时也可以看出热点应力法、两点表面外推法和三点表面外推法计算结果在四层的时相差不大,下文按照两点表面外推法进行计算。

6.4.2.3 疲劳细节位置荷载加载位置敏感性分析

采用子模型的建模方式,以单元类型作为因变量参数进行参数分析,考虑采用不同单元类型对热点应力、两点表面外推法计算结果的影响,单元类型选取 shell 43、shell 63、shell 93、solid 45、solid 64、solid 95 单元共 6 种,子模型的局部单元尺寸均为 $0.25t \times 0.25t$。在 ANSYS 软件中以 2 号关注位置为研究对象,按照 6.4.2.1 小节所述的横顺桥向最不利加载位置进行加载,绘制不同单元类型计算结果,如图 6.17、图 6.18 所示。

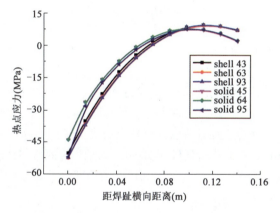

图 6.17 不同单元类型热点范围内的计算结果

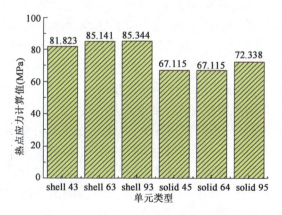

图 6.18 不同单元类型热点应力计算值

从图 6.17、图 6.18 中可以看出，板壳单元的热点应力计算值均高于采用实体单元进行热点应力的计算结果，网格已经达到一定精度，故采用不同的单元对计算结果存在一定的影响的。在第 2 章介绍了关于采用板壳单元模型模拟焊缝，并规定了相应的外推公式和网格尺寸，但由于板壳单元模拟焊缝不理想，建议采用实体单元进行正交异性钢桥面板典型局部部位的疲劳分析。根据图中信息可知，高阶单元和低阶单元的计算精度有一定差异性，由于高阶单元采用了协调位移插值函数，更能真实反映结构局部应力状态，故建议采用 solid 95 单元进行计算。

按照疲劳等效原则对正交异性钢桥面板疲劳细节位置进行损伤度分析时，为了进行疲劳车简化，模型在构造上应满足之前讨论的计算参数，因此需规定子模型的建模参数，来保证不同车型计算得到的损伤比的准确性。通过对典型关键部位的荷载加载位置敏感性、子模型网格敏感性以及单元类型敏感性进行分析，可以为之后进一步的研究提供准确的分析模型，最终确定计算不同车型损伤比、车辆的横向行驶位置为对应 2 号疲劳细节位置的正上方；以横向位置为参考时，首先选取距离焊趾位置 0.4 倍和 1 倍板厚位置作为计算点，采用两点表面外推法计算热点应力。子模型网格划分为 $0.25t \times 0.25t$，采用 solid 95 单元进行建模，此时可以兼顾计算效率与精度。

6.5　结语

首先，本章就正交异性钢桥面板的结构特点以及应用发展进行概述，并指出由于其结构以及受力复杂性，易产生应力集中现象从而发生疲劳破坏。就疲劳问题研究特点而言，采用有限元进行模拟时，其模型精度以及网格精度应具有很高的要求，全桥进行高精度建模势必会影响计算效率。多尺度建模分析方法作为衔接不同尺度模型连接的一种方法，常用于进行疲劳分析，本章对常用的多尺度建模方法的应用及发展予以介绍，随后介绍了对正交异性钢桥面板疲劳分析的常用方法，并以易发生疲劳病害的位置确定后续研究的疲劳细节位置；对大跨斜拉桥的跨中节段建立基于子结构方法的壳单元模型，并以动力响应函数对整体模型进行动力特性修正。后续就典型疲劳细节位置建立二级子模型并对热点应力法的不同建模因素进行讨论，确定最优的建模参数。最终得到如下结论：

（1）对于正交异性钢桥面板采用壳单元子模型方法进行二次分析时，若要满足计算精度,可采用1.5倍梁高进行建模。通过对正交异性钢桥面板的疲劳病害进行总结,可以选取四处典型疲劳细节位置进行进一步分析,分别为:1号面板与U肋焊缝处焊缝细节;2号U肋与横隔板焊缝处细节;3号横隔板弧形切口细节;4号U肋底部对接焊缝细节。

(2)按照动力特性约束方程对模型进行动力特性修正时,主梁的弹性模量以及斜拉索的弹性模量对结构动力特性影响较大,拉索面积对结构低阶动力修正影响较小。以斜拉桥跨中节段为子结构建立的模型与整体模型静力特性相差不到5%,故再用子结构方法进行多尺度建模,满足工程精度要求。

(3)通过子模型的方法对典型关注位置进行二次建模分析,基于热点应力法进行疲劳分析,并以轮载作用位置、网格尺寸、外推方法以及单元类型等参数作敏感性分析,最终确定横向位置首先选取距离焊趾位置0.4倍板厚和1倍板厚位置作为计算点,采用两点应力外推法作为热点应力法的计算方法,局部位置网格尺寸 $0.25t \times 0.25t$ 以及采用高阶实体 solid 95 单元进行建模为宜。

本章参考文献

[1] 王春生,付炳宁,张芹,等.正交异性钢桥面板足尺疲劳试验[J].中国公路学报,2013,26(3):69-76.

[2] 顾萍,颜兆福,盛博,等.正交异性钢桥面板栓焊接头疲劳性能[J].同济大学学报(自然科学版),2013,41(6).

[3] 张清华,崔闯,卜一之,等.港珠澳大桥正交异性钢桥面板疲劳特性研究[J].土木工程学报,2014,47(09):110-119.

[4] 王春生,冯亚成.正交异性钢桥面板的疲劳研究综述[J].钢结构,2009,24(09):10-13,32.

[5] 刘琦齐.斜拉桥多尺度模型修正及模型确认方法研究[D].南京:东南大学,2015.

[6] Fish J, Belsky V. Multigrid method for periodic heterogeneous media, Part1: Convergence studies for one-dimensional case [J]. Computer Methods in Applied Mechanics and Engineering, 1995, 126(1):1-16.

[7] 王新敏.ANSYS工程结构数值分析[M].北京:人民交通出版社,2012.

[8] Mchopoulos J G, Farhat C, Fish J. Modeling and Simulation of Multiphysics Systems [J]. Journal of Computing and Information Science in Engineering, 2005, 5: 198-204.

[9] 孙正华, 李兆霞, 陈鸿天. 大跨斜拉桥结构行为一致多尺度有限元模拟 [J]. 中国公路学报, 2009, 22(05): 68-74, 117.

[10] 李兆霞, 孙正华, 郭力, 等. 结构损伤一致多尺度模拟和分析方法 [J]. 东南大学学报(自然科学版), 2007(02): 251-260.

[11] 张宁, 刘永健, 刘士林. 单孔PBL剪力连接件疲劳性能试验研究 [J]. 建筑结构学报, 2014, 35(03): 186-192.

[12] 李兆霞, 王滢, 吴佰建, 等. 桥梁结构劣化与损伤过程的多尺度分析方法及其应用 [J]. 固体力学学报, 2010, 31(06): 731-756.

[13] Xia Z, Curtin W A. Multiscale modeling of failure in metal matrix composites [J]. Acta Mater, 2001, 49: 273-287.

[14] 谢素明. 子结构技术及其在摇枕计算中的应用 [J]. 大连铁道学院院报, 2000, 9(3): 17-20.

[15] 马少坤. 子结构分析的基本原理和ANSYS软件的子结构分析方法 [J]. 广西大学学报(自然科学版), 2004, 29(2): 150-153.

[16] 徐伟, 李智, 张肖宁. 子模型法在大跨径斜拉桥桥面结构分析中的应用 [J]. 土木工程学报, 2004, 37(6): 30-34.

[17] 冯兵. 公路正交异性钢桥面板构造细节的热点应力分析及疲劳研究 [D]. 成都: 西南交通大学, 2014.

[18] 王浩, 李爱群, 郭彤. 带中央扣的超大跨度悬索桥多尺度有限元模拟方法 [J]. 中国公路学报, 2009, 22(6): 60-66.

[19] 陶晓燕. 正交异性钢桥面板节段模型疲劳性能试验研究 [J]. 中国铁道科学, 2013, 34(4): 22-26.

[20] Zhang Q H, Cui C, Bu Y Z, et al. Fatigue Tests and Fatigue Assessment Approaches for Rib-to-Diaphragm in Steel Orthotropic Decks [J] Journal of Constructional Steel Research, 2015, 114: 110-118.

[21] Liu R, Liu Y Q, Ji B H, et al. Hot Spot Stress Analysis on Rib-deck Welded Joint in Orthotropic Steel Decks [J] Journal of Constructional Steel Research, 2014, 97: 1-9.

[22] MUSTAFA A, OHAMMAD A, SHOTA U. Modeling and Fatigue Life As-

sessment of Orthotropic Bridge Deck Details Using FEM[J]International Journal of Fatigue,2012,40:129-142.

[23] LIU R,JI B H,WANG M M,et al. Numerical Evaluation of Toe-deck Fatigue in Orthotropic Steel Bridge Deck[J]Journal of Performance of Constructed Facilities,2015,29(6):1-10.

[24] SIM H B,UANG C M. Stress Analyses and Parametric Study on Full-scale Fatigue Tests of Rib-to-Deck Welded Joints in Steel Orthotropic Decks[J] Journal of Bridge Engineering,2012,17(5):765-773.

[25] CHOI J H,KIM D H. Stress characteristics and Fatigue Crack Behavior of the Longitudinal Rib-to-Cross Beam Joints in an Orthotropic Steel Deck[J] Advances in Structural Engineering,2008,2(11):189-198.

[26] 朱劲松,郭耀华.正交异性钢桥面板疲劳裂纹扩展机理及数值模拟研究[J].振动与冲击,2014,33(14):40-47.

[27] 顾萍,周聪.铁路正交异性钢桥面板典型疲劳裂纹寿命估算[J].铁道学报,2012,34(1):97-102.

[28] 张清华,卜一之,李乔.正交异性钢桥面板疲劳问题的研究进展[J].中国公路学报,2017,30(03):14-30,39.

[29] 孟凡超,张清华,苏权科,等.正交异性钢桥面板抗疲劳关键技术[M].北京:人民交通出版社,2014.

[30] Fatigue design recommendations for steel structures and commentary[S]. Japan:Gihodo Publishing,1993.

[31] 曾志斌.正交异性钢桥面板典型疲劳裂纹分裂及其原因分析[J].钢结构,2011,26(2):9-15,26.

[32] 张朝辉.ANSYS12.0热分析工程应用[M].北京:中国铁道出版社,2010.

[33] 林元培.斜拉桥[M].北京:人民交通出版社,1994.

[34] 张国刚.混凝土斜拉桥的模态参数识别与模型修正[D].长沙:湖南大学,2013.

[35] 魏锦辉,任伟新.基于响应面方法的桥梁静动力有限元模型修正[J].公路交通科技,2015,32(02):68-73.

[36] 夏樟华.基于静动力的桥梁结构有限元模型修正[D].福州:福州大学,2006.

[37] 贺媛媛,刘莉.结构动态模型修正技术[J].战术导弹技术,2008(1):5-9,13.

[38] 朱安文,曲广吉,高耀南,等.结构动力模型修正技术的发展[J].力学进展,32(3):337-348.

[39] Allemang R J, Brown D L. Correlation coefficient for modal vector analysis [J]. Proceedings of the 1st international Modal Analysis Conferernce, 1982:110-116.

[40] 童乐为,沈祖炎,陈忠延.正交异性钢桥面板疲劳验算时结构分析[J].上海力学,1998,19(3).

[41] M. S. G. Culimore, Dr and J. W. Smith, Dr. Local stresses in orthotropic steel bridge decks Caused by wheel loads[C]. Journal of Constructional Steel Research,1981,1(2):17-26.

[42] Xiao hua H. Cheng, Jun Murakoshi. Orthotropic deck design and fabrication for fatigue recommendations from research[C]. International Orthotropic Bridge Conference 2008. Sacramento California USA, Aug. 25-30, 2008: 206-223.

[43] 张凯斌.正交异性钢桥面板截面形式与疲劳性能研究[D].西安:长安大学,2011.

[44] 吴瑧旺,郑凯峰,苟超,等.公路钢箱梁正交异性板桥面国内外规范荷载作用局部应力计算与比较[J].四川建筑科学研究,2011,1(37).

[45] 傅中秋,吉伯海,王满满,等.钢桥面板疲劳热点应力计算模型精度分析[J].南京工业大学学报(自科科学版),2016,38(1):83-88.

韩万水　教授

韩万水,博士,教授,博士生导师,美国路易斯安那州立大学访问学者,长安大学公路学院院长助理。研究兴趣为桥梁抗风与车桥耦合振动,基于 Visual Fortran、VC++和 Matlab 的混合编程技术。2000 年与 2003 年分别获得长安大学本科与硕士学位,2003 年 3 月师从陈艾荣教授进行风-汽车-桥梁耦合振动研究,2006 年 9 月毕业于同济大学桥梁与隧道工程专业,获工学博士学位,博士论文获得上海市优秀博士论文。

始终坚持以"理论创新为先导,软件研发跟进,数值与现场实测验证,理论、软件、验证三位一体,相互校验、补充、提高,打造可应用和具有指导性的研究成果"的科研理念。组建研发团队,先后联合 8 位具有深厚编程能力的科研骨干,立足科研团队核心竞争力的凝聚与形成,基于 Visual Fortran 和 VC++混合编程技术,历时十余年研发了桥梁结构三维动力可视化分析软件 BDANS(Bridge Dynamic ANalysis System),并已将其应用于杭州湾跨海大桥、四渡河特大桥和宜昌长江大桥等一大批事关国计民生的重大桥梁工程。

所组建科研团队未来以集成一款具有完全独立自主知识产权,融合梁壳实体单元,考虑几何、材料和接触等非线性的桥梁运营阶段三维可视化分析软件为工作目标,力争打造闭环科研成果。

第7章 大跨度悬索桥主缆的多尺度评估、检测与维修策略

曾勇[1],陈艾荣[2]
1. 重庆交通大学,重庆,400074;
2. 同济大学桥梁工程系,上海,200092

7.1 引言

从结构组成与受力上来说,主缆是大跨悬索桥重要的生命线,通过它把桥面荷载传递到索塔和锚碇。如同锚碇与基础一样,主缆在整个悬索桥寿命期内是不能更换的。换句话说,其他构件养护良好的情况下,主缆使用多少年,悬索桥就使用多少年,因此主缆是悬索桥重要的生命线。主缆是悬索桥中最重要的构件,承担了全桥上部结构所有的静载和动载。它与锚碇、索塔、索鞍共同构成大桥的第一受力体系。在悬索桥设计理论中,在100年设计基准期内不考虑更换主缆,而构成大桥第二受力体系的索夹、吊索和加劲梁,在设计基准期内是可以进行局部修复或更换的。因此,要使大跨度悬索桥主缆长期处在正常的工作状态,对大跨度悬索桥主缆进行评估、检测与维修是十分重要和必要的。

主缆像其他土木工程结构一样,也随着时间的推移承受外界环境的作用,腐蚀是影响其可靠性与承载力的主要因素之一。对许多既有悬索桥的主缆检测都发现了主缆存在不同程度的腐蚀退化现象[1-3],如在纽约的威廉斯堡大桥、法国的Tancarville桥、中国的虎门大桥等都发现了主缆的腐蚀现象。主缆的腐蚀导致了悬索桥结构几何形状与受力特点的改变。为了确保主缆处于最优状况,其安全分析应该与主缆的检测相结合,通过将主缆的检测数据与主缆的剩余强度评估结合,来进行主缆的安全分析。但遗憾的是,由于检测技术(目测、无损检测等)的限制与主缆保护系统的存在,许多悬索桥的主缆检测往往局限于外观检测,即使进行主缆检测,也是相当局部的。

许多缆索承重桥梁的失效事故都是由缆索的腐蚀引起的,人们希望通过预测缆索的剩余使用寿命,为悬索桥评估、检测与维修决策提供科学依据。J. Matteo等[4]根据纽约Williamsburg桥主缆钢丝的试验结果,采用延脆性和延性钢丝模型来估算主缆承载能力。C. Cremona[1]基于钢丝样本试验结果,提出了用蒙特卡罗方法来模拟拉索的极限强度分布,并评估悬索桥主缆的剩余强度。基于可靠度的缆索强度评估的方法,M. H. Faber等[5]建立了考虑拉索疲劳、腐蚀损伤的拉索强度概率修正的理论公式。

Perry[6]将极值Ⅲ型分布用于模拟钢丝强度不定性,钢丝特性平均的概念被用于模拟索断面强度;在模拟钢丝强度时退化钢丝和完好钢丝是没有区别的,通过假设钢丝的本构关系具有相同的概率分布,并且钢丝伸长没有变形极限,来发展Daniels模型。这些假设对于纤维材料可能是合理的,但应用于钢丝拉索时其合理性却值得怀疑。Betti等[7]的模型模拟了在索失效过程中钢丝按顺序断裂的过程,把索力描述成应变的函数,在分析中将索力简化考虑成不考虑钢丝应变变化的钢丝力的函数,认为钢丝有相同的应力-应变本构关系。朱劲松等[8]结合蒙特卡罗方法和Matteo的钢丝延脆性模型,把拉索模拟成由m根钢丝(每根钢丝分为n段)并联而成的分析系统。这是一种模拟健康缆索较为准确的方法,但没有考虑腐蚀引起的钢丝强度退化,拉索的退化状态仅由钢丝的断丝引起。从主缆结构总体受力出发,考虑缆索损伤导致的索力变化及其对桥梁结构静、动力性能的影响[9,10],不考虑缆索构造组成、材质特性、荷载条件、环境条件等的影响,是一种较为宏观的评估方法,也是目前国内常见的缆索评估方法。

7.2 主缆的常见病害

主缆是悬索桥主要的承重构件,它的腐蚀会危及其大桥的使用功能和寿命。一旦缆索系统发生严重腐蚀,造成的后果是不可想象的。由于缆索系统引起的安全事故和经济上的损失,是非常惨重的。悬索桥的长期运营会造成主缆松弛以及载质量的改变,会改变主缆线形,这种变化积累到一定程度便会影响主缆的使用功能和美观。腐蚀减少了主缆的有效的索股面积和强度,钢丝腐蚀严重影响悬索桥主缆的安全性。许多大型悬索桥都存在由于腐蚀带来的强度损失问题。

7.2.1 主缆组成

某悬索桥的主缆由若干根直径5.35mm的镀锌高强度钢丝组成。主跨主缆有169束预制平行钢丝索股,每束预制平行钢丝索股有127根镀锌高强度钢丝,紧缆后的主跨主缆直径为866mm。由于受力的需要,边跨各增加8根背索,紧缆后的边跨主缆直径为886mm(图7.1)。索股锚头采用套筒式热铸锚,在铸钢制成的锚杯内浇铸锌铜合金。锚头前部设置锚板,通过锚板,锚头与锚室内的锚杆相连。

主缆防护层由腻子、直径4mm缠绕钢丝和外涂层构成。

抗拉强度高于570MPa;在100倍直径内,最少能扭转14次;250mm的标距长度内,最小延伸率为8%。钢丝具有良好的可焊性能。钢丝硫磷含量小于0.025%。残余应变为0.2%的屈服应力不低于1180MPa;在区间0~840MPa范围内,弹性模量为$(2.0 \pm 0.1) \times 10^5$MPa,250mm的标距长度内,最小延伸率为4%;钢丝松弛率低于2.5%;疲劳应力方面,要求钢丝在重复张拉2.0×10^6次后不发生断裂。

7.2.2 常见病害

根据国外部分悬索桥主缆防护状况调查,主缆腐蚀的原因是在施工过程中侵入雨水的滞留以及在运营过程中防护的损伤。防护的损伤导致外界雨水和水汽的不断渗入,而且在风的作用下,可以使缆索下的水加速进入开口的裂缝中,如果处于空气中含有一定量酸性气体的环境中,主缆钢丝将会逐渐发生腐蚀,腐蚀发展到一定程度后,必将影响大桥的正常使用。

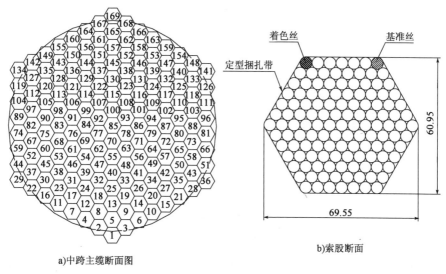

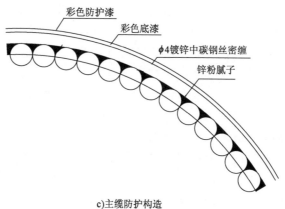

图 7.1 某悬索桥的主缆构造及防护(尺寸单位:cm)

在主缆使用过程中,由于疲劳、腐蚀等原因,导致主缆索股断丝。有些断丝发生在外层,有些则发生在内部,肉眼无法看到。主缆常见的病害类型有:

(1)主缆外表面的油漆漆膜损坏(如开裂、碎片、粉化、针孔或剥落)。

(2)主缆索股钢丝发生松弛、鼓丝和断丝。

(3)主缆填块发生滑移,钢丝表面发生锈蚀。

(4)索夹滑移造成的吊索和加劲梁内力重分布,使滑移索夹的吊索拉力减少,相邻吊索拉力增大,加劲梁弯矩增大,严重时还会造成全桥线形变化引起受力改变。索夹滑移还将损坏主缆防护构造,刮伤主缆钢丝,并导致缠丝鼓包甚至断裂,使原索夹范围内没有缠丝的主缆部分暴露在大气中,从而引起主缆钢丝锈蚀。

(5)索夹和索夹螺杆的外涂装油漆开裂、剥落或锈蚀等现象;上、下半索夹之间缝隙的 HM106 密封胶及索夹端部的填封料开裂、剥落;索夹螺杆腐蚀、断裂、螺牙、螺帽或垫圈损坏及张拉力不足;索夹严重腐蚀、夹壁或耳板开裂。

(6)缆索系统表面涂膜局部起泡、开裂、脱起、粉化或生锈。

7.3 悬索桥主缆的多尺度分析模型

对于大跨度悬索桥的主缆结构,由于作用在上千米主缆的荷载、整体受力与变形响应,与发生损伤的局部细节(如疲劳裂纹,腐蚀凹坑都在毫米级)在分析尺度上相差甚远,其响应和局部损伤过程同样需要用不同的理论在不同的尺度中去分析。如果用于结构分析的模型都是在同一尺度上进行,必然使得分析结果与实测结果相去甚远。因此,大跨主缆结构也同样存在多尺度模拟和计算的需要,传统上的单一分析尺度内的模拟和计算已经无法达到结构损伤分析的目标[11-13]。

主缆系统是有许多相互联系或相互依靠的元件组成,因此系统的特性取决于组成系统的各个元件。悬索桥的主缆(Cable)可以被看成一个有许多平行布置的索股(strand)组成的系统,其中索股又由许多钢丝索或钢绞线(wire)组成的。如某悬索桥的中跨主缆有 169 根索股,跨中主缆由 29913 根钢丝组成。

悬索桥的整体结构分析中,主缆可以作为一个分析尺度,索股可以作为一个分析尺度,单独的每一根钢丝可以作为一个分析尺度,如缆索的研究通常可以分为如下几个尺度:钢丝索的尺度、索股的尺度、缆索的尺度。缆索可以认为是这样一个系统:并联(K 根索股)—串联(每根索股有 M 段)—并联(每段有 N 根钢丝),如图 7.2 所示。这个三个尺度有以下相关性:

(1)钢丝的性能影响整根缆索的性能,缆索的每层的物理化学过程(如由于腐蚀引起的退化)是不同的,外层钢丝直接暴露在外界环境中。

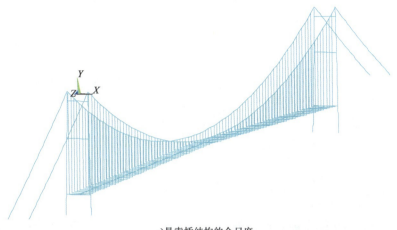

a)悬索桥结构的全尺度

b)主缆的缆索尺度及其组成

c)主缆的索股尺度　　　　　　　　d)主缆的钢丝尺度

图7.2　悬索桥的主缆的各尺度示意图

(2)对于由钢绞线组成索股,破断的钢丝将经过一定的恢复长度之后,能够恢复它自身的强度。根据 Raoof 的研究[14],恢复长度的是节段长度的1~2.5倍。由于索股是串联系统,所以它的性能取决于它的最弱断面(断丝最多的断面)。

(3)索股平行布置组成缆索,所以缆索的抗力取决于每根索股的抗力及它们之间的内力重分布类型。

这种多尺度分析缆索的方法可以分析单个钢丝性能退化(如腐蚀、开裂等)对缆索整体性能的影响,也可以分析缆索的有效强度。本节用概率多尺度的模型来描述腐蚀对主缆承载力的影响,而不考虑其他复杂的力学因素(如非线性行为,各尺度之间的耦合,等等)。主缆多尺度的研究工作可以集中在以下两个方面:

(1)评估影响主缆长期性能的影响因素,建立一个主缆强度模型,这个模型能够分析主缆不同层次的损失;

(2)由于主缆的性能随时间发生变化,建立一个主缆剩余寿命模型,能够评估主缆的失效概率。

7.3.1 钢丝的尺度

1)等效的轴向刚度

对于由螺旋钢丝(如钢绞线)组成的缆索,其刚度小于由平行钢丝组成的缆索的刚度。轴向刚度是主缆重要的参数,因为轴向力的分布对钢丝的特性(如弹性模量、界面面积)很敏感。已经有多个模型模拟螺旋索的刚度,如 Hruska's model、Model of McConnell and Zemek、Model of Machida and Durelli、Knapp's model、Costello's model、Model of Kumar and Cochran、Ramsey's model、Sathikh's model、Labrosse's model 等。其中最著名的是 Kumar and Cochran 提出的模型。它将 Costello's model 线性化,得到了下列闭合解形式的螺旋索轴向刚度(包括环向刚度与径向刚度的贡献):

$$EA_{i,ex} = EA_i \sin\alpha_i [1 - (1+\nu)p_i \cos^2\alpha_i] \qquad (7.1)$$

式中:$A_{i,ex}$——索的截面面积;

$E、\nu$——弹性模量与柏松比;

α_i——i 层钢丝的螺旋角度;

A_i——i 层钢丝的面积。

索股截面外形如图 7.3 所示。

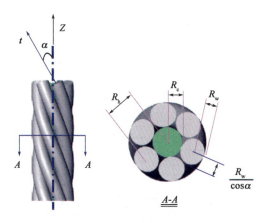

图7.3 索股截面外形

其中，
$$p_i = \left(1 - v\frac{R_i}{r_i}\cos^2\alpha_i\right) \times \left[1 - \frac{v}{1+v}\cos(2\alpha_i)\cos^2\alpha_i\right] \quad (7.2)$$

Kumar and Cochran 对上式加以简化，提出了更为简单的螺旋索轴向刚度：

$$EA_{i,\mathrm{ex}} = EA_i \sin^3\alpha_i [1 - v\cot g^2 \alpha_i]$$

已有的研究文献比较了 Kumar and Cochran 模型与其他模型之间的数值解，在弹性范围内 Kumar and Cochran 模型能准确地模拟螺旋索的轴向刚度，轴向刚度的误差随螺旋角度而发生变化，螺旋角度 α 从 5°变化至 35°，误差由 0.4% 增至 11%。主缆的螺旋角一般都很小，往往在 10°以内，因此采用 Kumar and Cochran 模型来模拟螺旋索的轴向刚度是合适的，是满足工程精度的。

螺旋角越大，刚度折减就越明显（图 7.4）。对于悬索桥的主缆来说，平行钢丝组成的缆索常常存在 1°~10°的轻微扭转，根据扭转角度进行相应的刚度修正。

2) 材料的本构关系

钢丝索是缆索最基本的组成单元，单根钢丝索的截面都是圆形的，直径都在 3~10mm 之间，它一般通过拔丝机生产，并具有很高的抗拉强度。由于缆索是由很多钢丝组成，各根钢丝的性能不可能完全一致，一般通过统计的方法来模拟它们之间的变异性。钢丝的变异性一般体现为钢丝内部的变异性与钢丝之间的变异性。事实上，钢丝被当作串联系统，其单元的组成数目取决于钢丝的长度与钢丝的力学性能，尤其是对于已退化的钢丝，还取决于其缺陷(如裂纹、腐蚀等)。

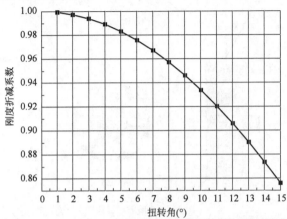

图 7.4　Kumar and Cochran 模型的轴向刚度折减系数随角度变化

钢丝常用的本构关系有理想弹性、弹塑性、弹脆性、非弹性等，具体采用哪种本构关系与使用钢材的特性有关。试验中钢丝的张拉行为是具有分散极限应变的弹塑性的，可以用四参数的本构关系来模拟[15]。

剩下的计算分析过程采用与吊杆强度模拟类似的蒙特卡罗方法。σ_u 服从韦布尔分布(Weibull distribution)，考虑到尺寸效应，极限应力 σ_u 的统计特征如表 7.1 所示。1000 次蒙特卡罗模拟的主缆的钢丝强度如图 7.5 所示。

极限应力 σ_u 的统计特征　　　　　表 7.1

特征描述	σ_u 均值 (MPa)	标准差 (MPa)	变异系数	类型	m_σ	σ_{min} (MPa)	σ_0 (MPa)
健康吊杆	1510	632	0.04	韦布尔分布	3.173	1330	204
腐蚀吊杆	1240	208	0.168	韦布尔分布	3.526	576.4	735

3)腐蚀过程

钢丝的腐蚀过程是一个在时间和空间上都是完全随机的过程，钢丝可以分为未腐蚀的钢丝和已腐蚀的钢丝。钢丝可以从未腐蚀状态转换到已腐蚀状态。经过时间间隔 Δt 的状态转换量可以用转换概率 $p_{\Delta t}(t)$ 表示，转换概率 $p_{\Delta t}(t)$ 随钢丝在索股或缆索中的位置变化而发生变化，外层钢丝比内层钢丝容易发生腐蚀，越外层的钢丝越容易发生腐蚀，但是同一层上的钢丝的转换概率 $p_{\Delta t}(t)$ 是一样的[16-21]。在钢丝这一层次上，腐蚀也认为是从钢丝的表面往里面发展。

不同转换概率下的腐蚀开始的概率如图 7.6 所示。

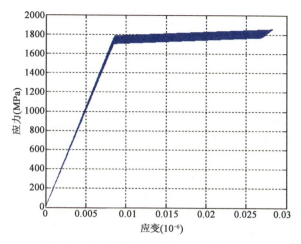

图7.5　1000次蒙特卡罗模拟的主缆的钢丝强度

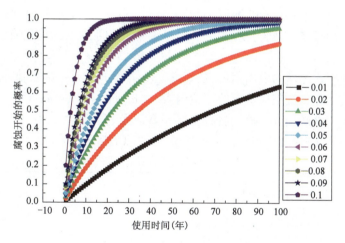

图7.6　不同转换概率下的腐蚀开始的概率

钢丝腐蚀开始时间的统计分布是 i 层钢丝在腐蚀时刻 t 分布密度 $p(i,t)$，其中 $t=n\Delta t$。钢丝在时刻 t 未腐蚀即为在 n 个间隔 Δt 过程中均未腐蚀，所以将 $p(i,t)$ 与 $p_{\Delta t}(t)$ 联系起来。

$$p(i,t) = p(i,n\Delta t) = 1 - [1 - p_{\Delta t}(t)]^n \tag{7.3}$$

上式中，$p(i,t)$ 是几何分布。第 i 层腐蚀钢丝的数目 N_{C_i} 在时刻 t 的腐蚀数目是 k，则由二项分布可知：

$$N_{C_i}(t) = C_{n_i}^k p(i,t)^k [1-p(i,t)]^{n_i-k} \tag{7.4}$$

这里的 n_i 为第 i 层总的钢丝数目；$p_{\Delta t}(t)$ 可以通过一定数量的观测,通过试验或现场观测获得。

在钢丝的层次上,最常见的腐蚀形式有两种:均匀腐蚀与凹坑腐蚀。凹坑腐蚀的危害性非常大,会产生局部应力集中。凹坑裂纹在局部的范围内形成,当应力达到临界值,会产生严重后果。目前关于钢丝腐蚀的试验数据不多,一般采用现象学的模型来模拟腐蚀发展,具体采用下列模型:

$$c(t) = \alpha(t-t_0)^\beta \tag{7.5}$$

其中：$c(t)$——在时刻 t 材料损失$(1.0 \times 10^{-6}\text{m})$,即钢丝直径的损失；

t_0——钢丝腐蚀开始的时刻；

α——腐蚀率；

β——腐蚀发展趋势参数。

t_0 对应于几何分布的均值,即 $t_0 = (1-p_{\Delta t})/p_{\Delta t}$。参数 α、β 之间是紧密关联的,即使是对于同一场地,由于局部环境的不同,α、β 的值仍有较大的变异性。

锈蚀导致钢丝的截面损失,从而降低桥梁的承载力。锈蚀受环境影响,空气中的水分和盐是最重要的环境因素。Albrecht 和 Naeemi 通过大量检测确定了 α 与 β 的值,α、β 平均值、变异系数以及相关系数见表7.2。采用上述模型,对大跨悬索桥的养护管理来说,是可以借鉴的。

系数 α,β 的值　　　表7.2

气候	参数	碳素钢		耐候钢	
		α	β	α	β
乡村气候	平均值	34.0	0.65	33.3	0.498
	变异系数	0.09	0.1	0.34	0.09
	相关系数			−0.05	
城市气候	平均值	80.2	0.593	50.7	0.567
	变异系数	0.42	0.4	0.3	0.37
	相关系数	0.68		0.19	
海洋气候	平均值	70.6	0.789	40.2	0.557
	变异系数	0.66	0.49	0.22	0.1
	相关系数	−0.31		−0.45	

由于腐蚀随时间发生变化,因此主缆的强度值 $F(\sigma_u)$ 也随时间发生变化,即具有时变特性。

不同的 α、β 情况下的腐蚀发展情况如图 7.7 所示。不同情况下的 σ_u 的累积概率分布函数曲线如图 7.8 所示。

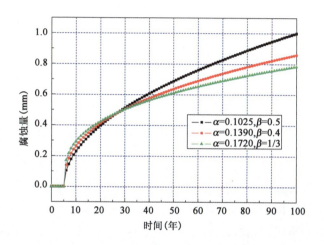

图 7.7　不同的 α、β 情况下的腐蚀发展情况

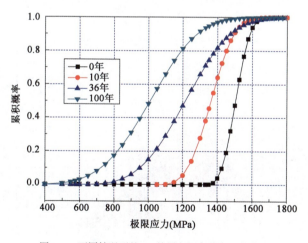

图 7.8　不同情况下的 σ_u 的累积概率分布函数曲线

7.3.2 索股的尺度

索股上承受的力可以认为是组成索股的各根钢丝的所承受的力的总和,一般采用蒙特卡罗模拟方法进行计算。

$$F_{\text{trc}}(u,t) = \sum_{i=1}^{N} F_{\text{w},i}(u,t) \tag{7.6}$$

式中:$F_{\text{trc}}(u,t)$——索股上承受的力;

N——组成索股的钢丝数目;

u——索股产生的位移,$u = \varepsilon l$;

$F_{\text{w},i}$——钢丝承受的荷载。

$$F_{\text{w},i}(u,t) = \sigma\left(\frac{u}{l_{\text{r}}}, \varepsilon_{\text{e}}, \sigma_{\text{e}}', \varepsilon_{\text{u}}, \sigma_{\text{u}}\right) \cdot A(t, t_0, \alpha, \beta) \tag{7.7}$$

此处 A 是钢丝的截面面积。由于 $F_{\text{w},i}$ 是随机变量,因此 F_{trc} 是随机变量的函数,F_{trc} 的确定需要采用模拟技术,常用的有蒙特卡罗模拟法(MC 法)。

索股上承受的力 F_{trc} 索股断丝数目 N_{r} 能较好地满足正态分布,因此可以用正态分布来模拟索股上承受的力 F_{trc} 索股断丝数目 N_{r}。索股断面的腐蚀影响同样采用了 10000 次蒙特卡罗模拟,模拟结果 F_{trc} 如图 7.9 ~ 图 7.11 所示。从中可以看出,腐蚀进行到 100 年时,截面损失了 30.7%;腐蚀进行到 160 年时,截面损失了 40.7%。

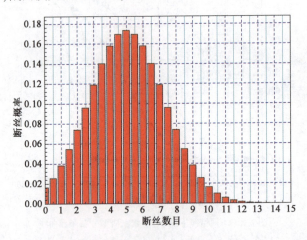

图 7.9 断丝数目的模拟(正态分布)

7.3.3 缆索的尺度上

如果不考虑整体尺度与局部尺度的耦合效应,则能进行缆索的可靠度分析。在缆索尺度上的腐蚀发展应当考虑索股两端,因为索股两端更容易遭受腐蚀的侵蚀。

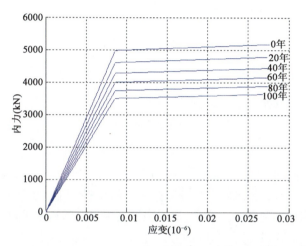

图 7.10 索股强度的蒙特卡罗模拟

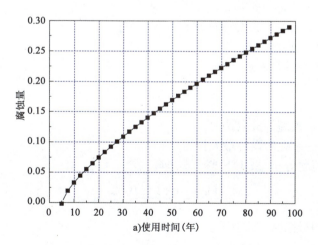

图 7.11

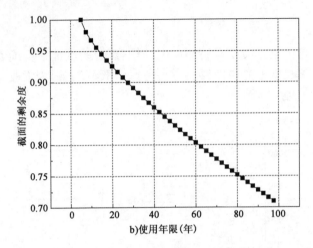

图7.11 索股截面的腐蚀程度与剩余度模拟

腐蚀会导致缆索抗力减少。在使用期内,由于腐蚀产生的不利影响,主缆的强度变为原来的15%~20%,这对主缆极其不利。由于主缆的抗力是时变的,假定使用荷载是不变的,所以主缆发生失效的概率可以表示为:

$$P_f = \Phi\left(\frac{\overline{R_c(t)} - S}{\overline{\overline{R_c(t)}}}\right) = \Phi(-\beta_{rel}) \tag{7.8}$$

式中:β_{rel}——可靠度指标;
$\Phi(.)$——标准正态分布的累积分布函数;
S——使用荷载。

主缆安全系数 θ 定义为:

$$\theta = \frac{T_u}{T_c}$$

式中:T_u——主缆的极限拉力;
T_c——主缆的设计最大拉力。

为了简化分析,采用下式计算,即

$$T_c = \frac{l(w+p)\sqrt{l^2+f^2}}{16f}, T_u = A_c \sigma_c$$

主缆的极限状态方程为:

$$G = \sigma_c - \frac{\gamma l(w+p)\sqrt{l^2+f^2}}{16fA_c}$$

主缆安全系数 θ 则为:

$$\theta = \frac{16fA_c\sigma_c}{l(w+p)\sqrt{l^2+f^2}}$$

上述式中,w、p、A_c、σ_c 均为随机变量,其统计特征见表 7.3。某悬索桥主缆参数见表 7.4。

各参数统计特征　　表 7.3

参　　数	均　值	变异系数	分布类型
A_c	设计值	0.05	对数正态
w	设计值	0.08	正态
p	设计值	0.05	极值 I 型
σ_c	1678MPa	0.05	正态

某悬索桥的主缆参数　　表 7.4

主跨跨径 (m)	主缆矢高 (m)	主缆面积 (m²)	结构恒载(半侧) (kN/m)	均布活载(半侧) (kN/m)
1385	131.9	0.4825	180	15

失效概率计算采用一次二阶矩法,通过自编的可靠度计算程序,主缆未腐蚀之前的可靠指标为 5.04。考虑腐蚀因素后,主缆的截面面积是时变的,即 $A_c(t) = A_{c0}[1-\alpha(t-\tau_0)^\beta]$。当考虑腐蚀因素后,主缆的可靠度随着使用年限的增长,可靠度降低很快,应对主缆的腐蚀予以高度重视。

主缆的时变可靠度如图 7.12 所示,从图中可以看出,如果临界可靠指标取 3.72 即失效概率为 0.01% 时,当使用年限到达 68 年时,主缆的可靠度达到临界值;如果临界可靠指标取 3.03 即失效概率 0.1% 时,在 100 年使用年限到内,主缆的可靠度高于临界值。由于主缆是悬索桥的主要构件,主缆的失效会导致严重的后果,因此主缆的临界可靠度取 3.03 是合适的,即失效概率为 0.1%。

由活载产生的主缆张拉力为:

$$T_L = w_L \frac{L(L^2+16h^2)^{\frac{1}{2}}}{8h} \tag{7.9}$$

带入数据得:$T_L = 29180\text{kN}$。同样可得恒载得张拉力:$T_D = 350160\text{kN}$。

$$\lambda = \frac{T_L}{T_D} = 0.083 = 8.3\%$$

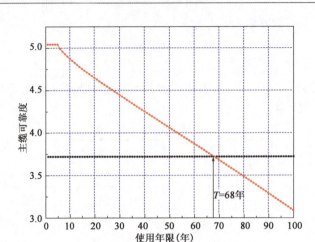

图 7.12 主缆的时变可靠度

对于考虑主缆 95% 强度保证值的安全系数按下式求解:

$$\gamma = \frac{\mu_{F,cable} - 1.645 \cdot \sigma_{F,cable}}{T_L + T_D} \quad (7.10)$$

$$T_c = 1678 \times 0.4825 = 809635(kN)$$

所以
$$\gamma = \frac{801538 - 1.645 \times 4048.2}{29180 + 350160} = 2.11$$

代入相关参数,可得 $\gamma = 2.11$。主缆安全系数 $\gamma > 1$,所以主缆是安全的。主缆安全系数 γ 受汽车活载的影响较小,主要受悬索桥自身荷载的影响。由汽车活载产生的主缆拉力约为由悬索桥自身荷载产生的 8.3%。

7.4 主缆钢丝的断裂强度分析

之前的研究大都针对健康、完整钢丝的强度,或者对钢丝的性能退化做了简化(如断丝)或考虑修正系数,并未考虑裂纹的形状对钢丝强度的影响。而实际上断丝只是裂纹或缺陷发展的最后阶段,其导致钢丝断裂。为了模拟缆索真实的强度,分析带裂纹的悬索桥主缆钢丝的断裂强度是非常必要的。钢丝裂缝扩展具有"先圆后扁"特点,在已有的钢丝裂纹的应力强度因子之上,采用一种拟合而成的应力强度因子(几何修正系数)来考虑钢丝的裂纹特征,然后采用断裂力学的方法来分析有裂缝的钢丝断裂强度,可以辅助进行养护决策[22-23]。

7.4.1 带裂纹钢丝的应力强度因子

由于潮湿环境带来的退化,就会使钢丝发生断裂。当钢丝的保护系统不起作用时,水蒸气会穿过保护系统到达钢丝的表面,此后复杂的退化过程就开始了。伴随着镀锌涂层的氧化,水蒸气会在有表面缺陷的地方进入钢丝的金属体,表面缺陷的地方钢丝的开裂是多种因素耦合作用的结果。一般认为裂纹的前缘应力、应变场的应力强度因子是决定裂纹扩展速率的主要因素,同时还与门槛值 ΔK_{th}、应力比、加载频率、材料性质等因素有关。

钢丝的裂纹被模拟成 I 型裂纹(张拉型)。圆柱形钢丝的表面裂纹形状主要有两类:直线形前锋裂纹、圆形前锋裂纹。从已有悬索桥的受损钢丝检测结果来看,钢丝的表面裂纹随时间推移而不断发生着变化。在裂纹发展的最初阶段,裂纹的边缘是半圆形的;随着裂纹的不断发展,它的前端不断变平,最后趋于一条直线。表面裂纹是三维问题,其应力强度因子的计算对于断裂分析、疲劳裂纹扩展寿命估计十分重要。根据钢丝裂纹扩展的"先圆后扁"的特点,把圆形前锋裂纹与直线形前锋裂纹的分析结果一起拟合,这样既符合钢丝裂纹扩展的实际情况,又方便实际应用。图 7.13 显示了半圆形前锋裂纹的已有研究结果。为了方便使用,本节用二次幂函数来拟合这些结果,拟合后的结果为:

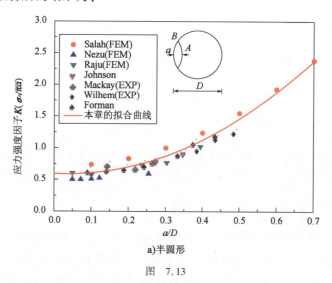

a)半圆形

图 7.13

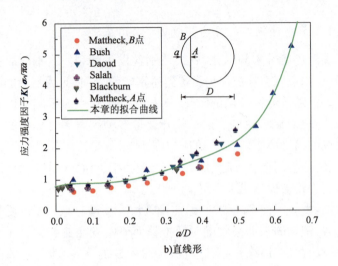

b) 直线形

图 7.13 轴向力作用下的裂纹的应力强度因子

$$Y\left(\frac{a}{D}\right) = 0.5964 - 0.2686\left(\frac{a}{D}\right) + 4.0122\left(\frac{a}{D}\right)^2 \quad (7.11)$$

图 7.13 显示了直线形前锋裂纹的已有研究结果,这里用高次幂函数来拟合这些结果,拟合后的结果为:

$$Y\left(\frac{a}{D}\right) = 0.8108 + 3.4747\left(\frac{a}{D}\right) - 45.294\left(\frac{a}{D}\right)^2 + 255.748\left(\frac{a}{D}\right)^3 - 539.965\left(\frac{a}{D}\right)^4 + 410.28\left(\frac{a}{D}\right)^5 \quad (7.12)$$

用幂函数拟合上述两式之间的过渡段,如图 7.14 所示,就得到了与实际情况相符合的钢丝表面裂纹全过程的结果:

$$Y\left(\frac{a}{D}\right) = 0.7327 - 5.7231\left(\frac{a}{D}\right) - 50.2538\left(\frac{a}{D}\right)^2 \quad (7.13)$$

7.4.2 索的断裂安全评估方法

目前评估破损钢丝的抗拉能力是用从试验中获得的极限抗拉强度乘以最初的截面面积得到的。这种方法会高估了破损钢丝的抗拉能力。此外,钢丝的断裂参数没有被考虑。裂纹的存在使得主缆钢丝强度分析时须采用基于断裂力学的方法来研究有裂纹的材料在线弹性变形阶段发生裂纹失稳扩展的规律。在 LEFM 分析中,裂纹尖端的应力场的分布与大小通常与实际的名义应力、材料属性、荷载形式、裂纹的走向和形状有关。裂纹尖端应力场强度因子 K_I 超过表征材料特性的临界应力强度因子时,裂纹就发生扩展。反之,如果实际的钢丝应力场强度因子小于临界应力场强度因子,钢丝的裂纹就不会发生扩展。

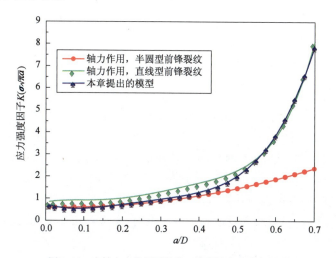

图 7.14　在轴向力作用下的统一的裂纹应力强度因子

断裂韧性是评估破损钢丝性能的一个非常重要的参数,一般可以采用钢丝的断裂韧性试验来获得。应力强度因子的计算表达式为:

$$K_I = Y(a)\sigma\sqrt{\pi a} \tag{7.14}$$

式中:σ——试件承受的应力;

　　a——表面裂纹深度;

　　$Y(a)$——几何修正系数。

在应用 LEFM 分析时,断裂韧性 K_C 是断裂应力与裂纹几何修正系数的函数。裂纹几何修正系数用上节所述公式来计算。可以看出应力强度因子随纹径比 a/D 的增大而增大。当材料一定时,断裂韧性 K_C 不随裂纹的尺寸和裂纹形状发生变化,是常数。

断裂韧性反映材料抵抗裂纹扩展的能力,所以用来测试这种性能的试件是带有裂纹的试件,要测出荷载和试件缺口(裂纹)张开位移之间的关系。

根据 $K_I = Y(a)\sigma\sqrt{\pi a} > K_{IC}$ 的临界判据可知,为使钢丝不发生裂缝,可以控制三个参数:名义工作应力 σ、材料的断裂韧度 K_{IC} 和钢丝内的裂纹长度 a。

将试验获得的断裂韧性 K_C 用于钢丝的应力评估中,极限应力 σ_C 通过下式计算。

$$\sigma_C = \frac{K_C}{Y\left(\dfrac{a}{D}\right)\sqrt{\pi a_c}} \tag{7.15}$$

式中:a_c——临界裂纹深度;

$Y\left(\dfrac{a}{D}\right)$——裂纹的几何修正系数。

净截面方法也是一种结构构件的强度评估的方法。该方法假定应力在净截面上均匀分布,忽视了应力集中处的应力峰值。

为保证主缆的安全运营,需要对主缆进行强度评估与安全评估。裂纹的存在很大程度上削减了钢丝的断裂强度,因此悬索桥主缆应尽量避免裂纹在主缆钢丝中出现。可用断裂韧性标准与净截面方法评价带裂纹的钢丝的断裂强度,一般来说,断裂韧性标准比净截面方法更接近实际的有裂纹的缆索钢丝强度。当裂纹深度达到一定深度时,主缆就可能会出现断丝。

7.5 主缆的防护体系

7.5.1 存在的问题

主缆防护体系采用密封包裹主缆的外层来防止水分侵入主缆内部,从而达到主缆防腐蚀的目的。传统的悬索桥主缆防护体系主要存在以下几个方面的问题:

(1)由于从主缆架设到主缆防护施工完成要间隔一年左右的时间,在此期间,由于主缆暴露于大气环境中,往往会有雨水渗入主缆内部。尽管部分积水可以从主缆跨中部位以及索夹的泄水孔流出,但由于主缆的孔隙率较小,水受到钢丝表面附着力的影响,运动速度缓慢,因此在主缆防护完成时,排出的积水仅仅是一小部分,仍会有剩余的积水残留在主缆内部,从而导致主缆钢丝的锈蚀。

(2)在防护材料的选择方面,可选择防护腻子、嵌缝材料和外涂装材料。

腻子用来填嵌缠绕钢丝表面及主缆钢丝表面的间隙,从而密封主缆。腻子的成分中含有金属粉末,如锌、铝等,能对钢丝提供阴极保护。缠丝表面油漆的老化开裂也会使腻子暴露于大气环境中,再由于主缆内部残存的水分,在外界空气和水的作用下,腻子的化学、物理性质发生改变,会出现氧化、粉化、开裂等现象,从而失去防护作用。

(3) 传统的缠丝一般采用直径4mm左右的圆形镀锌软钢丝。由于钢丝的尺寸误差,以及受施工方法和设备的限制,要想保证缠绕钢丝之间100%密贴是不可能的。此外,在荷载和温度作用下主缆的弹性伸长也会使缠绕钢丝之间产生微小的间隙,这些间隙都会导致外界水分进入主缆内部,从而使主缆不再是一个相对封闭、干燥环境。

7.5.2 钢丝的腐蚀机理

与桥梁钢丝腐蚀有关的腐蚀类型主要包括均匀腐蚀(或大气腐蚀)、坑蚀、缝隙腐蚀、应力腐蚀、氢脆和疲劳腐蚀,有时还会有电解质腐蚀。总的来说,这些腐蚀类型在钢丝腐蚀中都有出现,这些腐蚀结合在一起会导致脆断。

1) 化学腐蚀和电化学腐蚀

金属的化学腐蚀是指金属的直接氧化。"氧化"是广义的,"氧化"的反应物是金属氧化物,也可以是卤化物、硫化物、氢氧化物或其他化合物。化学腐蚀的氧化是金属腐蚀的一种形式,介质中还原的物质和金属之间电子得失是直接进行的,氧化和还原不可分割。腐蚀产物使得保护膜破裂和流失,使金属面不断暴露在氧化介质中,腐蚀的过程继续发生。氧化介质是外界空气,主要腐蚀成分是氧,温度升高使氧化加速。

电化学腐蚀是金属在电解质中的腐蚀过程,金属的氧化和介质中物质的还原过程则通过离子的运动在不同部位相对独立进行(电子的传递是间接的),在大气条件下电化学腐蚀会发生腐蚀的阳极过程和阴极过程。前者是金属原子失去电子成为金属离子转入金属表面溶液或以固态留在金属表面;后者是各种去极化剂的阴极还原过程,最常遇到的是氢离子和氧离子的阴极还原反应过程,即放氢腐蚀和吸氧腐蚀。随着大气中金属表面电解溶液层变薄,该阴极过程更易进行,相反阳极过程较为困难。海洋大气含有大量的氯化物微粒,吸湿后增加了液膜的导电性,同时氯离子本身具有强的侵蚀性,从而使腐蚀加剧。

2) 腐蚀的影响因素

(1) 湿度、结露和雨雪。金属表面水膜的存在易于形成电化学腐蚀的电解液,因此钢在大气中的腐蚀量多半由于雨雪作用;结露会有同样的效果。金属有一个腐蚀速度开始剧增的湿度范围,称之为临界湿度。钢的临界湿度约为50%~70%,取决于温度,低于该湿度腐蚀速度极慢或不发生。

(2) 温度。在湿度一定时随气温升高腐蚀加剧;气温剧烈变化也会加速金属的腐蚀,温度的剧烈变化会使膜或腐蚀产物层不断遭到破坏。

(3) 大气污染物质含量。大气中的气体和固体颗粒物质,如 SO_2、SO_3、CO、CO_2、NO、NO_2、NH_3、HNO_3、H_2S,海洋大气中的 $NaCl$、$MgCl$ 固体颗粒等统称大气污染物质。其中以燃烧的废气 SO_2 和 $NaCl$ 颗粒腐蚀性最强,因此地处海边的工业区的大气对金属的腐蚀最为严重。

3) 应力腐蚀及腐蚀疲劳

(1) 应力腐蚀

金属在应力和腐蚀介质共同作用下加速腐蚀;由于应力腐蚀引起断裂称为应力腐蚀断裂。应力腐蚀及断裂有以下特征:有拉应力存在,拉应力越大腐蚀越快;对某种金属而言,腐蚀介质是特定的,如低碳钢为 $Ca(NO_3)_2$、NH_4NO_3、$NaOH$,低合金钢为 $NaOH$,高强度钢为 $NaCl$、H_2S 等;腐蚀速度远大于无应力状态,断口为脆性断裂型。在腐蚀过程中,应力作用在于使金属变形或裂纹扩展,使钝化膜或腐蚀产物层不断破坏,从而促进局部腐蚀不断发生。

应力腐蚀断裂也可能发生氢脆断裂。它是一种氢致损伤和开裂,是氢引起的塑性降低、开裂。所谓"损伤"此处指的是力学性能等级的降低,破坏在一定时间后发生,称滞后断裂。氢的来源:一是制造工艺过程吸收的氢,如焊接、酸洗、电镀等;二是使用环境是致氢环境,在使用时吸收的氢,阴极过程析出的氢对氢脆断裂起决定性作用。

降低拉应力可降低应力腐蚀的敏感性,应力强度越高,局部富集氢的程度越大。这便是高强度螺栓为什么发生滞后断裂和牺牲一定强度争取韧性,可改善、避免或滞后断裂的道理。

(2) 腐蚀疲劳

金属构件在重复的交变应力与腐蚀介质共同作用下的断裂称为腐蚀疲劳断裂。应力腐蚀是普遍存在的,腐蚀疲劳可认为是其中一个特例。在反复变化的应力作用下,构件平均应力远低于屈服应力时所发生的破坏是疲劳破坏。在应力高峰及局部塑变区、缺陷和微裂处,腐蚀介质的存在加速裂纹的扩展,同时蚀坑等缺陷也是裂纹萌生的根源。因此在腐蚀疲劳断裂中重复应力和腐蚀相互促进,加速裂纹的扩展。对于低碳钢,当应力比为1时,在大气中的疲劳强度为240MPa,在浓度为3%的食盐溶液中疲劳强度只有55MPa,后者为前者的0.23倍。含碳量为0.5%的中碳钢空气中疲劳强度为370MPa,而在同样浓度的食盐溶液中,只有前者的0.11倍,即40MPa。可见随含碳量和强度的增高,腐蚀开裂的敏感性也越大。

7.5.3 钢丝锈蚀的影响因素

钢丝锈蚀的影响因素包括温度0℃以上、RH>80%的润湿时数、相对湿度、雨水pH值、温度、年日照时数、年凝露日、降尘、污染物等。对镀锌钢丝,表面润湿时间越长、相对湿度越大、日照时间越多、温度越高,腐蚀速度越快;降雨在金属腐蚀初期减缓腐蚀速度,在腐蚀后期加速腐蚀速度;降尘或污染物加速钢丝的腐蚀。镀锌钢丝的临界相对湿度为钢丝的65%、锌的70%。

Keita Suzumura等人对温度、相对湿度、腐蚀溶液的浓度、pH值、氯化物或硫酸盐等因素对钢丝锈蚀速度的影响进行了研究,温度对钢丝锈蚀速度有显著影响,钢丝的锈蚀速度随着温度的升高而加快。钢丝的锈蚀速度随RH的变化而同向变化,当RH<60%时钢丝的腐蚀速度很低,而当RH=100%时腐蚀速度达到最高。腐蚀溶液的浓度对钢丝的锈蚀速度也有较大影响。

7.6 主缆的检测、维修策略

相对于悬索桥的吊杆与斜拉索而言,吊杆与斜拉索是可更换构件,它们的使用寿命在20~30年之间,而悬索桥的主缆是不可更换的,因此需要采取慎重的维修策略,以保证主缆的使用安全与运营寿命。

主缆是悬索桥的生命线,是悬索桥的主要受力构件之一。大悬索桥的设计寿命是100年,主缆为不可更换构件,因此主缆的设计寿命也是100年。主缆的破坏会给悬索桥的运营带来致命影响,Lance Mitan Suspension Bridge的倒塌如图7.15所示。主缆的断裂会给导致悬索桥的整个倒塌。

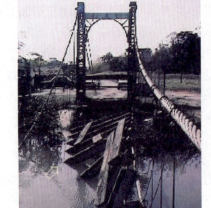

图 7.15 Lance Mitan Suspension Bridge 的倒塌图

7.6.1 主缆的状态监测

通过对悬索桥的状况进行监测可以确定大桥的健康状况,指导运营阶段的养护维修工作,及时发现桥梁病害,确保桥梁的运营安全。在运营过程中的数据采集系统是健康监测的基础。大跨度悬索桥的数据采集系统中一般均包括几何状态采集、应变采集、温度采集、动力采集、环境状况采集等。

1) 几何形态监测

几何形态监测的目的主要是获取已形成结构的实际几何形态,其内容包括跨径、高程、结构线形、结构的变形或位移等。

几何形态监测的手段较多,包括采用全站仪、GPS、经纬仪、精密水准仪、激光扫描仪、连通管、百分表、位移计等进行几何形态监测。

GPS、全站仪以及连通管等测量方式可以实现自动测试,便于远距离采集数据。全站仪精度优于 GPS,但是全站仪受外界环境影响较大,在大雾、风雨天使用时受到很大限制。

主缆线形受日照温度变化和季节变换影响,是可恢复的变化,一般可不作调整。

2) 应力应变监测

主缆的应力监测是运营监测的主要内容之一,它是安全预警系统的重要组成部分。某一时刻的应力值是否处于安全范围是运营者关心的问题,一旦发现异常,需要查找原因并及时进行处理,以免结构应力超出容许范围给结构造成危害。

应变采集:可以通过应变计或应变传感器来测量结构的应力应变。一般来说应变计有振弦式、电阻式以及光纤式应变计。

3) 温度采集

温度的影响总体上可分为两种,一是昼夜温差影响,二是季节温差影响。对于大跨度悬索桥,其温度效应是十分明显的。悬索桥主缆高程将随温度的改变而变化,索塔也可能因温度变化而变化。

温度数据由温度计进行测试,可以通过半导体温度计、光纤式温度计以及热敏元件进行测试。

4) 动力采集

在各种测试索力的方法中,动力采集方法是简单、快速的方法,在应用中通过采集索的振动频率就能计算索力,几乎能适用于各种索力测试。为识别悬索桥的刚度,通常也采用动力方法采集其振动频率与振型,识别其实际刚度。

结构动力特性采集设备由低频测振传感器、信号器、放大器等组成。

5) 环境状况采集

桥址处的环境因素对施工过程中的桥梁状态影响越来越明显。环境状况采集的内容主要包括桥址处的风力风向、大气温度场等。

风力风向一般由风速仪进行测试,风速仪包括超声风速仪和机械式风速仪。超声风速仪采样频率较高,可以测量三向风力、风速及声速,但测量范围比机械式风速仪小。

7.6.2 主缆的检查

1) 外观检查

(1) 目视检查缠丝外表面的油漆,若发现漆膜损坏(如开裂、破损、粉化、剥落等现象),应及时予以重新油漆。

(2) 检查跨中主缆油漆有无气泡、剥落,索夹滴水口、滴水槽有无渗水现象。

(3) 在外观检查时若发现缠绕钢丝已严重破坏,如锈蚀或断丝严重的部位,应打开缠丝,将主缆暴露出来,以进行更深入的检查,视主缆钢丝的腐蚀损伤程度进行处理,处理完毕后须重新缠绕新的钢丝,并在其外表面再行涂装,以保证主缆防护层完好,避免外部水分渗入。

(4)对锚室内的索股进行目视检查,看有无钢丝松弛、鼓丝和断丝现象。如发现有断丝现象,可将断口两边一定长度内的钢丝截去,接入一段新钢丝,原有钢丝张拉到一定拉力后,用套筒挤压接头与原有钢丝相连。接头的强度不得小于钢丝强度的90%。定期对锚板、锚头的涂装进行检查,及时修补损坏的保护涂层。

(5)对主索鞍与转索鞍的鞍罩内的主缆进行外观检查,检查主缆环形油漆标志,检查主缆索股的滑移情况,及时清理鞍罩内的主缆钢丝表面的杂物和灰尘。定期检查鞍罩内除湿机的运转情况,记录鞍罩内的温(湿)度值;检查鞍罩密封门的密封情况,鞍罩内湿度应控制在45%以内。

2)主缆索股锚固

(1)主缆索股端部拉力

主缆索股靠锚头将拉力传递给拉杆再传递到锚体,索股内力测定方法,一般有三种:

①用设在锚杆上的应力传感仪测定拉杆拉力;

②用环境随机振动方法测定索股自振频率,再换算索股拉力;

③用液压千斤顶测定拉杆拉力。

千斤顶需经准确标定,一边加载一边检查螺帽松动情况,当螺帽开始松动时,读取油表读数即为螺杆拉力。无论采用三种方法中哪一种方法检查索股拉力,都必须在一天中气温比较稳定时进行,检查得到的索股拉力必须进行温度修正。

(2)索股锚固端检查

索股锚固端包括锚头、锚板、螺帽、螺杆、连接器和预应力锚具。

锚固端的检查包括外观检查和受力检查:外观检查包括表面油漆是否脱落、锈蚀;受力检查则需检查螺帽是否松动,螺杆及索股内力是否改变等。

(3)索股端部内力和伸长量变化过大的处理

造成索股端部内力和伸长量异常的原因有索塔变位、锚碇沉降、鞍座滑动、索股断丝及锚固系统损坏等。前三者影响范围较大,后二者只会影响个别索股。一般可以根据出现的情况判断具体原因,再针对具体原因确定处理措施。

3)主缆缠绕钢丝的更换

主缆缠绕钢丝的更换方法有局部钢丝更换和大范围钢丝更换两种。可利用主缆检修车或在主缆下方吊挂临时挂篮进行局部钢丝的更换。在主缆下方重新吊挂猫道进行缠绕钢丝大范围更换。

4）主缆系统的检查和养护维修

检查缠绕钢丝的油漆，若发现漆膜损坏，如开裂、碎片或剥落，应予重新刷漆。若检查发现缠绕钢丝断裂，则应首先检查主缆有无锈蚀。如有锈蚀，则需要清洗除锈完毕后，再重新缠绕缠丝，且须在新的缠绕钢丝上再涂油漆，避免外界水分渗入。

悬索桥使用状况检查的主要内容：主缆线形，主缆、索股、锚头锚杆等的防护是否完好，缠绕钢丝的完整性，主鞍座和散索鞍的位置是否合理等。

7.6.3 主缆的钢丝检测

由于在使用过程中的疲劳、腐蚀等原因，导致主缆索股产生腐蚀或裂纹，甚至断丝。断丝发生在主缆外层则容易靠肉眼检测；断丝发生在主缆内部的钢丝则肉眼无法直接看到，可以借助电磁方法进行无损检验，利用传感器发出的电磁信号检测有无断丝或钢丝面积有无削弱。

主缆的有损检查步骤：打开主缆，将木楔工具插入，暴露主缆钢丝的深层，然后检查和记录损伤的钢丝束数和相应的腐蚀等级（Ⅰ~Ⅷ）。一般把钢丝的腐蚀等级分为8个等级，如表7.5所示。主缆的外层钢丝往往损伤严重，损伤钢丝数目多，主缆的钢丝越往里层损伤程度越轻。

钢丝锈蚀程度分级 表7.5

锈蚀等级	强度折减率(%)	表观形貌描述
Ⅰ	0	钢丝完好，没有任何形式的锈蚀
Ⅱ	0	钢丝表面出现由镀锌锈蚀产物构成的白粉，但没有钢丝基体的锈蚀产物
Ⅲ	10	钢丝表面出现黄色锈斑，但较稀疏
Ⅳ	20	钢丝表面出现黄色锈斑数量变多，但颜色较浅
Ⅴ	30	钢丝表面的黄色锈斑数量较多，颜色较深。扣除钢丝表面锈蚀产物后可见，钢丝表面有明显的蚀坑，最大深度 < 0.5mm
Ⅵ	50	钢丝表面出现密集的黄色锈斑，扣除钢丝表面锈蚀产物后，蚀坑占钢丝表面积80%以上，最大深度 <1.0mm
Ⅶ	75	镀锌耗尽，清除钢丝表面锈蚀产物后可见，钢丝存在明显截面损伤，或蚀坑深度 >1.0mm
Ⅷ	100	断丝

通过实际检查,确定主缆钢丝束实际的损伤数目和腐蚀等级(Ⅰ~Ⅷ),并绘制腐蚀分布云图。在所检测主缆的节段内,可以把观察结果推广到整个主缆截面。在给定主缆的固定位置所定义的损坏钢丝数目,用于计算主缆的残余强度。腐蚀和损伤的钢丝束往往是主缆破坏的前兆,为了表示主缆的破坏程度,采用下式来定义主缆的损伤指数(WDI):

$$WDI = N_8^t(\%) + 0.75N_7^t(\%) + 0.5N_6^t(\%) + 0.3N_5^t(\%) + 0.2N_4^t(\%) + 0.1N_3^t(\%) \qquad (7.16)$$

式中:$N_8^t(\%)$——腐蚀程度为等级8的钢丝占总数的百分比;

$N_7^t(\%)$——腐蚀程度为等级7的钢丝占总数的百分比;

$N_6^t(\%)$——腐蚀程度为等级6的钢丝占总数的百分比;

$N_5^t(\%)$——腐蚀程度为等级5的钢丝占总数的百分比;

$N_4^t(\%)$——腐蚀程度为等级4的钢丝占总数的百分比;

$N_3^t(\%)$——腐蚀程度为等级3的钢丝占总数的百分比。

7.6.4 主缆的检查周期

主缆检查分为一般性检查、定期检查和特殊检查,根据实际情况做出合适的检查安排。一般性检查,可以发现主缆有无锈蚀,主缆如有锈蚀,应及时进行主缆的除锈防锈工作。定期检查可以发现主缆系统有无严重锈蚀等影响悬索桥运营安全的问题。根据定期检查结果,决定是否需要更换主缆缠绕钢丝,是否对整个悬吊系统进行维修处理。主缆的重新缠丝都应事先制定相应工艺,更换完毕后需要对整个主缆系统再进行一次全面检查。主缆的检修内容、间隔与方法方式见表7.6。

主缆的检修内容、间隔与方法方式　　　　表7.6

检测与维修内容	检测间隔	检测方法	检测方式
主缆表面清洁	每年一次	乘专用检测车清洁	常规方法
主缆护筒表面检测	每年一次	专用检测车	目测
检查主缆缠丝油漆	每年一次	在桥面直接检测或专用检测车	目测
主缆护筒破损	每年一次	高空检测或桥面望远镜检测	目测
主缆钢丝锈蚀	每三年一次	高空检测,或漏磁探伤检测	目测和NDE(电磁方法)

续上表

检测与维修内容	检测间隔	检测方法	检测方式
主缆钢丝开裂	每三年一次	高空检测,仅能通过断口判断是否曾开裂	目测和NDE(电磁方法)
锚室内的温度和湿度检测	每月一次	锚室内检测	温度计和湿度计
索夹在主缆上滑移	每年一次	乘专用检测车检测	目测
高强度拉杆轴力变化的测量	每年一次	乘专用检测车检测	长效传感器法、声弹性方法
主缆渗水	每二年一次	乘专用检测车检测	目测
塔顶主鞍座清扫	每年一次	防止因尘土杂物甚至飞鸟误入筑巢和蓄水致锈	清扫
主缆与主鞍座相对位移	每年一次	在主鞍座处检测	目测或用游标卡尺测量
主缆线形的变化	每年一次	在桥面直接检测	全站仪
索股的断丝检验	每三年一次	乘专用检测车检测	NDE(电磁方法)
特殊检查	根据具体情况确定	台风、地震、超重车辆通过、船只等大型漂浮物撞击后的检查	根据具体情况确定

7.7 结语

(1) 主缆的长度与其截面尺寸在几何尺寸上相差很大,而主缆截面尺寸与发生损伤的局部细节(如疲劳裂纹与腐蚀凹坑是毫米尺寸)在分析尺度上也有较大差别,因此需要建立了主缆的三个分析尺度:主缆的尺度、索股的尺度、钢丝的尺度。单个尺度的主缆分析模型可用于定量分析不同水平的损伤,使考虑缆索的剩余强度与评估断丝风险成为可能。

(2) 考虑腐蚀因素后,主缆的截面面积是时变的。当考虑腐蚀因素后,主缆的可靠度随着使用年限的增长而降低很快,应对主缆的腐蚀予以高度重视。由于主缆是悬索桥的主要构件,主缆的失效会导致严重的后果,因此主缆的临界可靠度可以取 3.03,即失效概率为 0.1%。

(3) 主缆安全系数受汽车活载的影响较小,主要受悬索桥自身荷载的影响。由汽车活载产生的主缆拉力约为由悬索桥自身荷载产生的主缆拉力的8.3%。

(4)可以用断裂韧性标准与净截面方法评价带裂纹的钢丝的断裂强度,但断裂韧性标准比净截面方法更接近实际的有裂纹的缆索钢丝强度。当裂纹深度达到一定尺寸时,主缆就会出现断丝,加剧退化。

(5)本章分析了主缆防护体系存在的问题,悬索桥的主缆是不可更换构件,需采取更为慎重的维修策略,以保证主缆的使用寿命。

本章参考文献

[1] C Cremona. Probabilistic approach for cable residual strength assessment [J]. Engineering Structures, 2003(25):377-384.

[2] Raimondo Betti, Bojidar Yanev. Conditions of Suspension Bridge Cables New York City Case Study[J]. Transportation Research Record, 1654:105-111.

[3] 刘海燕,陈开利.日本来岛海峡大桥主缆防腐新方法[J].世界桥梁,2003(2):68-69.

[4] Matteo J, Deodatis G, Billington DP. Safety analysis of suspension-bridge cables: Williamsburg bridge [J]. ASCE J Struct Eng, 1994, 20(11): 3197-211.

[5] Faber M H, Engelund S, Rackwitz R. Aspects of parallel wire cable reliability[J]. Struct Safety, 2003, 25:201-25.

[6] Perry R. J. Estimating suspension cable strength[J]. ASCE Struc. Cong, 1999, 19(4):442-454.

[7] Betti R, Yanev B. Conditions of suspension bridge cables: The New York City case Study[A]. TRB Annual Meeting, 1999.

[8] 朱劲松,肖汝诚.大跨度斜拉桥拉索安全性分析方法研究[J].土木工程学报,2006,(9):74-79.

[9] 尚鑫,徐岳.基于灰色理论的斜拉桥拉索安全性评价[J].长安大学学报,2004,24(1):22-25.

[10] 赵玲,李爱群,缪长青,等.大跨斜拉桥的拉索损伤识别[J].桥梁建设,2004(5):19-22.

[11] 李兆霞,孙正华,郭力,等.结构损伤一致多尺度模拟和分析方法[J].

东南大学学报(自然科学版),2007,37(3):251-260.

[12] 丁幼亮,李爱群,缪长青,等. 大跨桥梁结构损伤诊断与安全评估的多尺度有限元模拟研究[J]. 地震工程与工程振动,2006,26(2):66-72.

[13] 郭健,孙炳楠. 多尺度结构动力方程及其在损伤识别中的应用[J]. 浙江大学学报(工学版),2006,40(4):652-657.

[14] Raoof M, Kraincanic I. Determination of wire recovery length in steel cables and its practical applications[J]. Comput Struct,1998,68:445–59.

[15] 陈艾荣. 基于全寿命成本的江阴大桥监测、维护与管理策略研究[D]. 上海:同济大学,2007.

[16] Sante Camo. Probabilistic Strength Estimates and Reliability of Damaged Parallel Wire Cables[J]. Journal of Bridge Engineering,2003,8(5).

[17] NCHRP Report 534. Guidelines for Inspection and Strength Evaluation of Suspension Bridge Parallel Wire Cables[R]. National Cooperative Highway Research Program,2004.

[18] The Society of Danish Engineers' Conference Centre. The 4th International Cable Supported Bridge Operators' Conference[C] // The Great Belt Link Oeresundsbron,2004.

[19] S M Elachachi, D Breysse, S Yotte and C Cremona. A probabilistic multi-scale time dependent model for corroded structural suspension cables. Probabilistic Engineering Mechanics[J]. 2006,21(3):235-245.

[20] Hopwood T, Haven J. Inspection, Prevention, and Remedy of Suspension Bridge Cable Corrosion Problems[R]. Kentucky Transportation Research Program Report UKTRP-84-15, May,1984.

[21] Raimondo Betti, Bojidar Yanev. Conditions of Suspension Bridge Cables New York City Case Study[J]. Transportation Research Record,1654:105-111.

[22] 曾勇,陈艾荣,马如进. 带裂纹的悬索桥主缆钢丝的断裂强度分析[J]. 同济大学学报(自然科学版),2009,37(8):1010-1013.

[23] 曾勇. 大跨度悬索桥设计寿命期内的监测、维护与管理策略研究[D]. 上海:同济大学,2009.

曾勇 教授

曾勇，男，1980年生，现为重庆交通大学土木工程学院教授、博士、硕士研究生导师；山区桥梁结构与材料教育部工程研究中心副主任；重庆市桥梁协会桥梁文化专委会委员、秘书长。2002年毕业于重庆交通大学桥梁与隧道工程专业，2005年获重庆交通大学桥梁与隧道工程硕士学位，2009年获同济大学桥梁与隧道工程博士学位。

参与了巫山长江大桥、合江长江大桥、青草背长江大桥、万州长江公路三桥、家沱长江大桥、重庆两江大桥、双碑嘉陵江大桥、江阴长江大桥等大桥的监控和科研工作；主持了灵仙河特大桥（主跨160m连续刚构）、贵州仁江河大桥（主跨120m连续刚构）、忠县龙潭渡改桥（主跨100m连续刚构）、桂林龙门大桥新建工程（主跨106m连续梁桥）、合阳嘉陵江大桥（主跨200m拱桥）等大桥的施工监控工作。

目前是国际学术团体（IABMAS）（International Association for Bridge Maintenance and Safety）与（IALCCE）（International Association for Life Cycle Civil Engineering）的会员。

第8章 钢箱梁关键细节疲劳应力特征与病害处治技术研究

李传习,陈卓异,柯璐

长沙理工大学土木工程学院,湖南长沙,410114

8.1 引言

虽然正交异性钢桥面板(本章均指带柔性桥面铺装的正交异性钢桥面板)的构造细节和制造技术不断得到改进,如:由"纵肋断开、横肋贯通(如Severn桥)"的构造形式逐渐改进为"纵肋贯通、横梁断开且带弧形切口"的构造形式[1,2];由"全焊连接"变更为部分"面板焊接、纵肋高强螺栓连接"(南京长江二桥)的构造形式[3];闭口纵肋与面板的焊接由"贴面焊接"逐渐改进为熔透深度达到纵肋壁厚的75%或80%的焊接;取消纵肋与面板连接焊缝通过横肋时的过焊孔;改进闭口纵肋连接嵌补段的钢衬垫板的平整契合度;取消纵隔板竖向加劲肋与桥面板的连接[4-7];柔性铺装的钢箱梁顶板厚度由12mm(如虎门大桥、江阴大桥、海沧大桥)逐渐增厚到14mm(如润扬大桥、西堠门大桥、南京长江二桥),再到16mm(如佛山平胜大桥、嘉绍大桥),甚至18mm(如郑州桃花峪黄河大桥、港珠澳大桥)[8-11]。但不少学者和工程界人员依然严重担忧正交异性钢桥面板的疲劳问题,甚至将其称为正交异性钢桥面板的"癌症",认为没有治愈或者预防的可能。

欧美、日本等钢桥应用先进国家逐渐形成了较成熟的正交异性钢桥面板抗疲劳设计规范[12-14]。在此过程中,正交异性桥面板钢桥第一条疲劳裂纹的出现时间,也由20世纪50年代修建桥梁通车后平均5~6年[15],到80年代修建桥梁通车后平均25~28年[16],再到21世纪初修建桥梁通车后的可能更长时间。这坚定了我国学者进行正交异性板抗疲劳研究和抗疲劳设计的信心。但由于我国的车辆状况、桥梁设计规范、施工工艺和管理水平等与国外的不同[17],8~10年前修建的正交异性桥面板钢桥不时出现疲劳病害,又加重了业界不少人士对正交异性钢桥面板的疲劳问题的担心,而近年改进设计和制造的正交异性桥面板钢桥经历的时间考验又不足。

众所周知,理论分析、试验研究和实桥应用检验等均是认知和掌握正交异性桥面板疲劳性能的有效途径,也是研发新型抗疲劳技术的重要手段。弧形切口处横隔板疲劳开裂是正交异性桥面板钢箱梁常见的疲劳病害[3,18-23]。一些学者采用足尺节段模型试验[17,24,25]、有限元分析[18,26]等方法对其疲劳原因或疲劳应力特征进行研究,得出了"弧形切口处横隔板承受的轮载应力为压应力,且大致垂直裂纹方向(另两个方向主应力可视为0)"的初步结论。另一类学者采用定性力学分析,并结合疲劳部位变形特征的方法等进行研究,认为该处疲劳主要由面外变形所致[3],不认可无拉应力幅(线弹性)的疲劳问题[27]。两类观点差异较大,甚至矛盾。由于足尺节段模型采用的梁高远小于实际梁高[18,24,25],有限元分析结果受边界条件、单元网格、几何尖点奇异等影响,而力学定性分析又可能忽略了某关键因素。两类观点,哪个更接近客观实际、更反映客观规律,尚未形成公认的认知。

丁楠等[20]与单成林[21]的研究表明,采用超高性能混凝土(UHPC)轻型组合桥面和钢-弹性体夹层桥面可有效降低桥面板和U肋的疲劳应力,避免其疲劳开裂风险,但无法解决横隔板弧形切口的疲劳问题。切口构造形式、横隔板间距及厚度是影响横隔板弧形切口疲劳性能的主要因素[18,22]。减小横隔板间距和增加横隔板厚度会增加结构自重,钢箱梁设计需考虑各因素综合影响,仅为改善切口处应力而更改其他组件的设计显然不是最佳方案。国内王春生等[19]、李立峰等[23]各自推荐了较优的横隔板弧形切口形式,但未考虑横隔板整体受力模式的影响,结果差异较大。

在日本、欧美等国,公路桥钢箱梁多采用桁架式横隔梁,其横隔梁弧形切口也针对这类较矮的柔性横隔梁而研发。宋广君等[9]、唐亮等[18]的研究表明,车轮荷载作用下柔性横隔梁弧形切口应力受"整体效应"影响较大,而我国常用的实腹式横隔梁(刚性,后文均称"横隔板")受力则以轮载"局部效应"为主,两者疲劳应力状况和疲劳机理存在很大差异,因此国外相关研究成果在我国不能直接应用。

针对上述问题,拟通过某运营九年悬索桥的钢箱梁构造细节尺寸、运营荷载、相关病害的信息汇集,考察并给出弧形切口处横隔板疲劳裂纹特征;针对无裂纹横隔板,通过有限元模拟和实桥测试,研究横隔板轮载应力特征及其随轮载纵横向位置变化的规律,为揭示弧形切口处横隔板疲劳机理奠定基础。阐述正交异性钢桥面板的疲劳问题并非不可克服,只要采用科学的设计方法、合理的构造细节和足够板厚,完全可避免设计寿命内的疲劳裂纹发生或确保其疲劳寿命超过设计使用年限等认知理念。

针对6种国内外常用典型弧形切口形式,对比其疲劳性能,并分析切口半径和板厚对疲劳应力的影响,研究结果可为国内钢箱梁构造细节的抗疲劳设计提供参考。最后,对超载及原设计不尽合理构造细节所致的疲劳病害,通过处治方案比较研究,提出可大幅延长其疲劳寿命、施工简单的维护方案与方法。

8.2 钢箱梁的病害特征及其分布

8.2.1 钢箱梁构造与车流量

某悬索桥主跨跨径350m,双幅10车道。顺桥向吊杆标准间距12m;主跨加劲梁为钢箱梁(图8.1),高3.5m,单幅宽20.468m(不含风嘴);标准断面的顶板厚16mm,底板厚14mm,边腹板厚16mm。正交异性桥面系的U形加劲肋厚10mm,上口宽300mm,下口宽170mm,肋高280mm,U肋中心距600mm。横隔板纵向标准间距3.0m;全桥无吊索处横隔板总数180道(单幅90道),每道厚10mm;吊点处横隔板54道,每道厚12mm。实腹式纵隔板厚16mm。横隔板与U肋交界处的弧形切口尺寸见图8.2。

该桥于2006年建成通车。通车后交通量大,双幅达9.18万辆/天(2013年8月6日~15日连续10天观测结果为样本);超载超限车辆相对较多,许多车单轴重超过25.5t,样本周期内右幅桥(北行方向)实测最大车重为

132.7t,各车道交通荷载最大车重和不同车重的频率见表8.1,车道位置见图8.3。重车道和快车道均存在着超载现象,其中重车道2超载现象最为明显,6.3%的车辆超载。

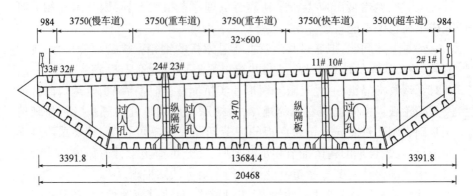

图8.1 钢箱梁标准横断面图(左幅)(尺寸单位:mm)

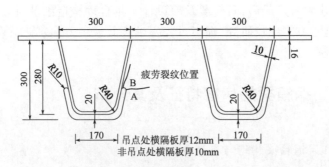

图8.2 横隔板弧形切口处构造细节及裂纹位置(尺寸单位:mm)

右幅桥钢箱梁2013年8月连续10天交通荷载统计表　　　表8.1

车道号	≤8t 概率	>8t 且 <55t 概率	≥55t 概率	最大车重(kN)
慢车道	95.2%	4.6%	0.2%	1003
重车道1	43.9%	51.1%	5.0%	1274
重车道2	37.2%	56.5%	6.3%	1327
快车道	66.7%	31.9%	1.4%	1321
超车道	99.9%	0.1%	0.0%	429

第 8 章 钢箱梁关键细节疲劳应力特征与病害处治技术研究

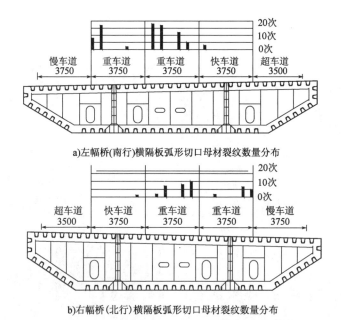

a)左幅桥(南行)横隔板弧形切口母材裂纹数量分布

b)右幅桥(北行)横隔板弧形切口母材裂纹数量分布

图 8.3 横隔板弧形切口母材裂纹分布

8.2.2 疲劳裂纹特征及分布

2013 年 9 月,管养单位在日常巡检中发现少量横隔板与 U 肋的连接部位弧形切口处产生了疲劳裂纹。2014 年 2 月、2014 年 7 月和 2015 年 11 月相关单位先后三次对该桥钢箱梁病害进行了详细检查,发现的病害可分 5 类。

1)横隔板弧形切口母材裂纹

全桥共发现该类裂纹 121 处。其中,左幅箱梁(南行方向)82 处,右幅箱梁(北行方向)39 处。其分布特点及产生原因分析如下:

裂纹主要集中在重车道轮迹线下方(中室 15 号、16 号、18 号、19 号、22 号及边室 25 号、26 号 U 型肋对应位置)(U 肋从超车道向慢车道依次编号,分别为 1 号、2 号、…、33 号,具体 U 肋编号见图 8.1),个别发生在快车道轮迹线下方(图 8.3)。慢车道及超车道范围内未见该类裂纹。说明该类裂纹与桥面荷载存在极强的相关性。

开裂情况如图 8.2 和图 8.4a)所示。左幅桥病害明显多于右幅桥,左、右幅箱梁的结构构造相同,弧形切口周边裂纹的病害数量却不同。交通量调查表明:左幅通行的重车数量多于右幅,说明该类裂纹与重车交通量有关。

a)横隔板弧形切口处母材开裂

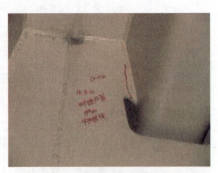
b)U肋与横隔板连接焊缝竖向裂纹

c)U肋与横隔板连接焊缝下端焊址处裂纹

d)纵隔板竖向加劲肋与桥面板焊缝处水平裂纹

e)横隔板与U肋间面板焊接缺陷

f)斜腹板上端U肋与腹板间的钢板锈蚀

图8.4 6类典型病害图片

该类裂纹主要分布在非吊点处横隔板(10mm 厚)。非吊点横隔板(10mm 厚)115 条,占总数 121 条的 95%;吊点处横隔板(12mm 厚)6 条,占

5%。在180道非吊点处横隔板中,39.5%存在该类病害,在54道吊索处横隔板中,7.7%存在该类病害。说明该类裂纹与横隔板厚度有关。

2) U肋与横隔板连接焊缝处开裂

U肋与横隔板连接焊缝竖向裂纹,全桥仅发现一处,即左幅99号横隔板19号U肋与横隔板连接内侧焊缝的竖向裂纹长度110mm,见图8.2和图8.4b)。U肋与横隔板连接焊缝下端围焊焊趾处开裂,全桥共发现4处。其中,左幅85号横隔板19号U肋外侧焊缝下端开裂,如图8.4c)所示。这类焊缝处裂纹数量少,发展慢,且与建造时的焊接质量有关,采取开坡口补焊(针对竖向裂纹)或者打磨重熔法(针对焊趾处开裂)处理即可。

3) 纵隔板竖向加劲肋与桥面板的水平焊缝处开裂

全桥共发现该类裂纹12处。其中,左幅101-102号横隔板间中室外侧纵隔板竖向加劲肋与面板连接处裂纹如图8.4d)所示。此类裂纹是由构造不合理造成,较合理的构造是将纵隔板竖向加劲肋上端切除(切除8cm长),使竖向加劲肋不与桥面板接触。

4) U肋间桥面板与横隔板焊接缺陷

全桥共发现该类裂纹3处。其中,右幅82号横隔板与其15号~16号U肋间面板的焊接缺陷如图8.4e)所示。这属于桥梁建造时的焊接缺陷,通过打磨重熔或者开坡口补焊即可解决。

5) 因积水、涂装脱落导致的钢板锈蚀

该类病害主要集中在箱室斜腹板最上端U肋与腹板间的钢板,全桥共锈蚀20余处。锈蚀情况如图8.4f)所示。主要是桥面路灯安装时,未做好防水处理,雨水通过路灯底座与桥面板的连接螺栓孔流入箱内所致。可采用环氧树脂封闭螺栓孔及电线孔,对锈蚀区除锈、涂装处理。如果附近焊缝开裂,则应在除锈后补焊,再涂装。

8.3 移动轮载下疲劳应力的有限元分析

8.3.1 计算基本假定

横隔板弧形切口未开裂的轮载应力计算采用如下假定:①结构构件均处于弹性范围,不考虑材料非线性和几何非线性;②吊索对钢箱梁的支承为刚性支承,不考虑主缆垂度、吊索弹性拉伸的影响。

横隔板弧形切口开裂或者加固后的轮载应力计算增加如下假定:①加强板与横隔板在高强螺栓作用下,接触良好且无滑移;②裂纹可受压,不能受拉;③加固钢板均采用12mm的厚度,并置于横隔板两侧。

8.3.2 分析模型

《公路钢结构桥梁设计规范》(JTG D64—2015)规定:桥面系构件采用疲劳荷载计算模型Ⅲ,即单车模型(4×120kN)进行验算。这与欧洲规范(BS EN1991-2:2003)对公路和城市桥梁给出了疲劳活载模式Ⅲ基本一致。考虑到该桥存在较严重的超载现象,原设计采用的《公路桥梁设计通用规范》(JTG D60—2004)中的车辆荷载总重为550kN,其中,后轴重140kN与新颁布实施的《公路钢结构桥梁设计规范》(JTG D64—2015)疲劳荷载计算模型Ⅲ相近,本文仍选用140kN的中、后轴重加载进行疲劳应力计算。

轮载作用面积按45°角扩散,根据桥面铺装厚度(5cm)和轮胎着地面积[0.2m(长)×0.6m(宽)],得到作用于钢桥面板的均布荷载面积为0.3m(长)×0.7m(宽)的矩形,均布荷载集度为0.33MPa。设关注横隔板为纵桥向两相邻吊索之间1/2处的横隔板,轮载作用在该横隔板对应的桥面上;考虑到其疲劳应力的车辆荷载影响范围有限[28],取包含该横隔板在内的纵桥向两相邻吊索之间钢箱梁(不含吊索及其对应的横隔板)为脱离体,边界条件近似取为:两端各节点竖向位移为0;两端各节点绕横桥向轴转动位移为0;某端一条边上的各节点顺桥向和横桥向水平位移为0,其他均自由。

采用通用软件ABAQUS(6.10)按上述条件建立板单元有限元模型,考虑到弧形切口区域应力梯度较大,且为疲劳敏感区,对此区域网格加密,如图8.5所示。当加密到0.2mm时,计算误差已小于0.2%,无需再分。网格加密后的模型共包含约64万个板单元(S4R)。

8.3.3 最不利加载位置及其单轮轮载应力结果分析

为了确定横隔板弧形切口区的最不利轮载应力,按以下方式确定工况:

(1)采用单轮进行布载,单轮着地面积和荷载集度如8.3.2节所述。
(2)轮载的初始位置位于横向1和纵向1,如图8.6所示。
(3)纵移加载方式:轮载横向位置分别为横向1、横向3,逐次纵移轮载,前8次每次纵移150mm,再3次每次纵移300mm,再4次每次分别纵移400mm、500mm、1000mm、1000mm,得到纵向1、纵向2、…、纵向16的轮载纵向位置,共32种加载工况。

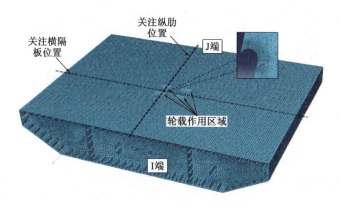

图8.5 钢箱梁有限元模型

(4)横移加载方式:轮载纵向位置分别为纵向1、纵向3,逐次横移轮载,前7次每次横移150mm,后4次每次横移300mm,得到横向0(图8.6中未示出)、横向1、…、横向11的轮载横向位置,共24个加载工况。

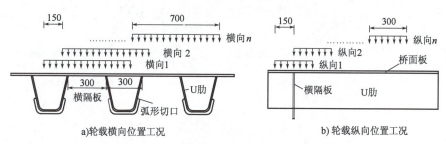

图8.6 轮载布置工况(尺寸单位:mm)

图8.6中分别示出了轮载纵移和横移4种加载方式,共56种加载工况的横隔板应力集中区域各自较大(简称应力热点)的两面Mises应力与轮载位置。图8.6a)和图8.6b)的横坐标分别以横向1、纵向1的轮载中心位置为横坐标零点。图8.6a)中的纵移1和纵移2的轮载横向位置是不变的,分别为横向1和横向3;图8.6b)中的横移1和横移2的轮载纵向位置是不变的,分别为纵向1和纵向3。图8.6a)、图8.6b)中,正面为横隔板靠近轮载中心的侧面,反面为横隔板远离轮载中心的另一侧面;A区为横隔板弧形切口附近两个应力集中区域的主压应力区,B区为主拉应力区,参见图8.2和图8.8。

纵移加载计算的结果图8.7a)表明：

(1)轮载位于关注横隔板的正上方(即纵向1)时,A区、B区均无面外弯曲应力,面内应力未达到最大值。此轮载纵向位置下,轮载横向不利位置的A区热点正、反两面应力均为79MPa,B区热点两面应力均为52MPa。

(2)轮载中心距关注横隔板300mm时,A区、B区的面内应力和面内外组合应力均达到最大,但面外弯曲应力占总应力的比例很小。此轮载纵向位置下,轮载横向不利位置的A区热点正面组合应力较反面大,其值为97MPa(纵移1),面内应力为93MPa,面层面外弯曲应力占总应力的比例为1.6%;B区热点反面的组合应力较正面大,其值为59MPa(纵移1),面内应力为56MPa,面层面外弯曲应力占总应力的比例为5.3%。

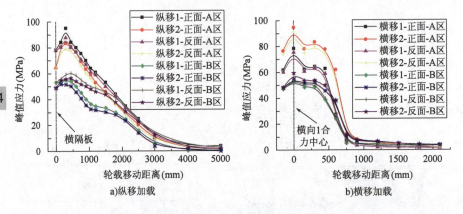

图8.7 热点Mises应力峰值与轮载位置关系

出现上述(1)、(2)结果的合适机理解释或许是:轮载作用在关注横隔板的正上方时,由于横隔板对轮载横向的扩散作用较大,横隔板弧形切口附近的面内应力相对较小,而轮载纵移距横隔板一定距离,由于U肋间的横向传力作用相对较弱(横向弯曲刚度低),轮载通过U肋传至横隔板,使得横隔板弧形切口附近区域受力更为集中,其面内应力较大。

(3)当轮载中心位于关注横隔板与相邻横隔板之间的跨中时,A区和B区的面外弯曲应力(或两面应力差)最大;且面外弯曲应力B区比A区大得多。虽然,此种情况面外弯曲变形较大,但组合应力(幅)最大值下降为最大时的55%(A区)和81%(B区),且面外弯曲应力仍不超过面内外组合应力的15%,所占比例较小,这与板厚相对其平面尺寸小很多有关。考虑到疲劳寿命除材性外，主要取决于应力幅，因而，面外弯曲应力对疲劳的影响极其有限。此轮载纵向位置下，轮载横向不利位置的 A 区热点两面应力分别为 50MPa（纵移 1-反面）、54MPa（纵移 1-正面），两面应力差为 4MPa，最大弯曲正应力与面内主应力之比约 3.8%；B 区热点两面应力分别为 34MPa（纵移 1-正面）、48MPa（纵移 1-反面），两面应力差为 14MPa，最大弯曲正应力与面内主应力之比约 17%。同前述 2）的结果比较，轮载此纵向位置下 A 区热点最大组合应力 54MPa 是轮载位于距离关注横隔板 300mm 时的同一点最大组合应力 97MPa 的 55%，B 区热点最大组合应力 48MPa 是轮载位于距离关注横隔板 300mm 时的同一点最大组合应力 59MPa 的 81%。

（4）轮载中心距关注横隔板 1.5 倍横隔板间距（4500mm）时，轮载应力可以忽略不计。如图 9a）所示，当轮载距关注横隔板 1.5 倍横隔板间距（4500mm）时，所产生的应力约为最不利位置时的 2%～4%。

横移加载的计算结果[图 8.7b)]表明：①当轮载合力中心位于横向 1（即关注弧形切口的紧相邻两 U 肋之间的顶板中心位置）时，应力最大。当轮载远离横向 1 的位置时，应力下降较快。②弧形切口关注应力点横桥向两侧各 1.5 倍 U 肋间距（1.5×600mm）的轮载影响较大，2.0 倍 U 肋间距（2×600mm）以外的轮载（大小相同）影响小于 3%（可以忽略）。图 8.7a）和 b）还表明：轮载中心位于横向 1 和纵向 3（轮载纵桥向中心距关注横隔板 300mm 的位置）时，弧形切口 A 区和 B 区面内应力和面内外组合应力均最大（面外弯曲应力的占比较小，最大约 5%）。

8.3.4　四轮载最不利位置的有限元计算结果

分析表明，可近似以后轴、左后轮（图 8.5）的最不利加载位置作为四后轮的最不利加载位置进行计算。下文的轮载结果均是《公路桥梁设计通用规范》（JTG D60—2004 或 JTG D60—2015）中的车辆荷载总重为 550kN 的后轴共四轮轮载共同作用下的结果。前、中轴因距离较远，其影响可忽略。

分析可知，面内应力和面内外组合应力均最大时的面外弯曲应力占比小。故，下文所列结果均只列出最不利工况面内外组合后的最大应力结果。

最不利工况弧形切口区域的应力云图见图 8.8。其中，等效应力峰值分别位于 A 区（主压应力区）和 B 区（主拉应力区）。A 区等效应力峰值为 154.2MPa，主压应力峰值 -156.9MPa；B 区（主拉应力区）等效应力峰值为

92.0MPa，主拉应力峰值94.6MPa；横隔梁与U肋交界位置等效应力峰值54.3MPa。

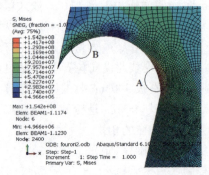

a) Mises等效应力（应力峰值为154.2MPa和92MPa）

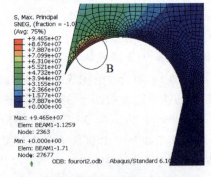

b) 主压应力（峰值-156.9MPa）

c) 主拉应力（峰值92.0MPa）

图8.8 计算轮载下加固前弧形切口周边应力云图

据《钢结构设计规范》(GB 50017—2017)，钢结构第3类别构件与连接细节200万次容许疲劳应力幅为112MPa，10^8次（无疲劳损伤）容许疲劳应力幅为46MPa；据《铁路桥梁钢结构设计规范》(TB 10091—2017)，钢结构类别15.5构件与连接构造细节200万次的容许疲劳应力幅为45MPa；《公路钢结构桥梁设计规范》(JTG D64—2015)附录C的正交异性桥面板闭口加劲肋细节类别70的200万次的容许疲劳应力幅为70MPa。计算轮载(4×70kN)作用下的弧形切口关注部位应力峰值已大于上述应力幅。因而，在实际更大的反复轮载作用下，弧形切口横隔板寿命有限，运行一定时间后必然开裂。

8.4 钢箱梁轮载应力的实桥测试

8.4.1 现场的应变测点布置

在未开裂的 96 号横隔板上,选择疲劳裂纹高风险区,即 18 号和 19 号 U 肋附近的横隔板区域作为测试关注区,如图 8.9 所示。选择 3 个弧形切口作为测试对象,分别记为关注 1、2 和 3,其中 19 号 U 肋附近的关注 1 为弧形切口应力重点关注对象。根据有限元计算结果、现有应变片可能长度和研究需要,针对关注对象,应变测点布设在三类部位(或表面),即弧形切口断面、弧形切口附近横隔板两表面、紧邻横隔板的 U 肋腹板,并选用长 2mm 的电阻应变片(包括应变花的应变片)。

8.4.1.1 弧形切口断面的测点布置

3 个关注弧形切口断面上(即厚度 10mm 的切口表面)均布置应变片,应变片方向均沿弧形切口切线方向。每个关注弧形切口的 A 区和 B 区分别布设 2 个应变片,切口斜直线 1/2 高度处、切口下圆弧中心位置、U 肋正下方横隔板切口上各布设 1 个应变片,各应变片的测点编号见图 8.9。

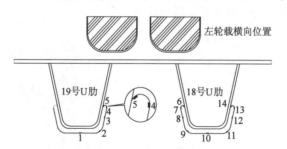

图 8.9 弧形切口断面的应变测点编号

8.4.1.2 弧形切口附近横隔板两表面的测点布置

弧形切口附近横隔板表面测点仅在重点关注位置即关注 1 的两表面(正面和反面)三条特征线(即起弧点水平线、下距起弧点 5mm 的 45°方向线、平行 U 肋腹板距离 10mm 的直线)上布置。如图 8.10 示出了任一表面三条特征线上各 2 个应变花和一个应变片的编号和具体位置。各特征线上的应变片方向与相应位置切面平行,且距相应切口边缘均为 4mm;各应变花距相应切口边缘均分别为 26mm、86mm(图中 45°方向、平行 U 肋腹板方向直线上的应变片间距未示出)。图 8.10 中:数字编号代表单向应变片,字母编号代表应变花,大写和小写字母分别为正面和反面的编号。

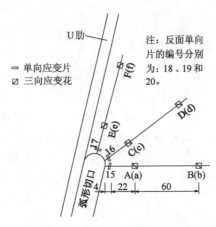

图 8.10 关注 1 的加载表面应变测点分布示意图(尺寸单位:mm)

8.4.1.3 紧邻横隔板的 U 肋腹板的测点布置

仅在横隔板正面侧的 19 号 U 肋腹板上,横向靠近关注 1 弧形切口位置并排布置 3 个三向应变花。3 个应变花均距横隔板 15mm,最低位置的应变花紧邻弧形切口上缘位置。其具体位置和编号见图 8.11。

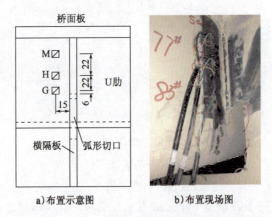

a)布置示意图　　b)布置现场图

图 8.11 U 肋应变测点布置方案(尺寸单位:mm)

8.4.2 试验结果分析

各测试工况(或计算工况)各类部位(或表面)各测点的理论应力值与实

测应力值吻合良好。限于篇幅,下面根据认知需要,按部位(或表面)类别,给出典型工况或者全部工况的实测结果和代表性工况的 FEA 计算结果,并揭示其规律。

8.4.2.1 弧形切口断面应力

1)典型纵移工况各测点测试值

图 8.12 给出了图 8.9 所示的弧形切口断面各测点在典型纵移工况下的应力测试值。显然,实测的应力值均为沿切线方向的主应力,另外与之垂直的两个方向应力基本上为 0。代表性工况——纵移 6 的实测应力与 FEA 计算应力(图 8.8)吻合良好(包括峰值),实测与有限元计算相互验证。

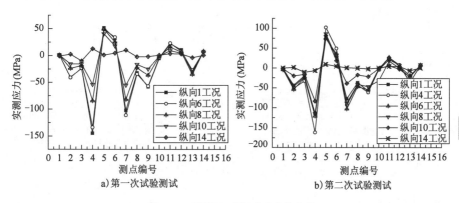

图 8.12 弧形切口周边应力分布曲线

由图 8.12 可见:

(1)各纵移工况下,A 区测点 4、测点 7 和测点 13 的实测应力均为压应力,且 A 区测点的应力绝对值在整个弧形切口区域最大,尤以测点 4 为甚。

(2)各纵移工况下,B 区测点 5、测点 6 和测点 14 的应力值均为拉应力,且拉应力值相对较大,尤以测点 5 为甚,但绝对值比 A 区的应力绝对值小得较多。

(3)弧形切口区域的下圆弧位置(测点 2、测点 9 和测点 11)的应力集中效应也较为明显。测点 2 和测点 9 处为压应力,但其绝对值远小于 A 区压应力;测点 11 处为拉应力,但拉应力值很小,且远小于 B 区拉应力。

(4)切口斜直线 1/2 高度处、切口下圆弧中心位置(测点 1、3、8、10、12)的应力实测值均很小。

上述应力分布特征与背景工程—各横隔板 A 区共发现 121 条裂纹,B 区共发现 5 条裂纹,弧形切口其他位置未出现裂纹,且出现裂纹的风险很小或者没有风险的现象相一致。

2)各纵移工况最不利测点的测试值与计算值

图 8.13 进一步给出了所有纵移工况该部位最不利测点(A 区测点 4 和 B 区测点 5)的 FEA 和两次试验所得的应力值。图 8.13 中,横坐标轴的 0 点是指后轴纵向中心与横隔板 A 的中面重合的位置,即图 8.6 中纵移 6 的位置。

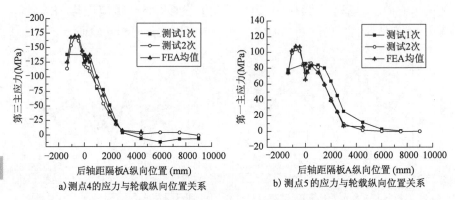

a) 测点4的应力与轮载纵向位置关系　　b) 测点5的应力与轮载纵向位置关系

图 8.13　弧形切口关键测点应力与轮载纵向位置关系

由图 8.13 可见:

(1)不同纵移工况下,测点 4 的应力均为压应力;测点 5 的应力为拉应力。

(2)第二次试验增加的 4 个纵向移动工况捕捉到了应力峰值。测点 4 的实测应力峰值为 -164.8MPa 的压应力,FEA 所得应力峰值为 -170.2MPa;测点 5 的实测应力峰值为 102.9 MPa 的拉应力,FEA 所得应力峰值为 103.8MPa。

(3)当后轴位于 -0.75 ~ -0.45m 之间时(工况纵移 3 和纵移 4),测点 4 和测点 5 的应力均达到最大值;当后轴位于横隔板正上方时,两测点应力曲线均出现波谷,这也说明弧形切口处横隔板应力大小与 U 肋传递到横隔板的剪应力密切相关。

(4)当轮载距考察横隔板间距为 3.0m(相邻横隔板间距)或者以上时,轮载对其应力贡献几乎为 0,可忽略不计。

3)各横移工况最不利测点的测试值与计算值

图 8.14 进一步给出了所有横移工况该部位最不利测点(A 区测点 4 和

B区测点5)的FEA和两次试验所得的应力值。图8.14中,横坐标轴的0点是指左后轮位于图8.6中横移5的位置。

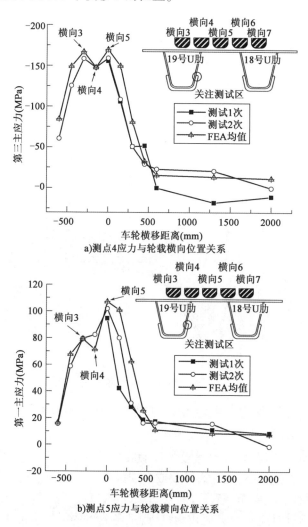

图8.14 弧形切口关键测点应力与轮载横向位置关系

由图8.14可见:

(1)不同横移工况下,测点4应力均为压应力;测点5应力均为拉应力。

(2)横移5为其不利横移工况。测点4的实测应力峰值为-163.3MPa,FEA应力峰值为-169.6MPa;测点5的实测应力峰值为104.3 MPa,FEA应力峰值为-107.0MPa。

(3)当轮载横向远离横移5时,关注点应力下降较快,轮载距离关注弧形切口位置2.5~3.0倍U肋间距[(2.5~3)×600mm]或者以上时,轮载对A、B区的应力影响小于其不利位置效应的3%(可以忽略)。

8.4.2.2 紧邻横隔板的U肋腹板测点应力

图8.15给出了各纵移工况下横隔板正面侧U肋腹板主应力的实测结果、代表性测点FEA计算结果。

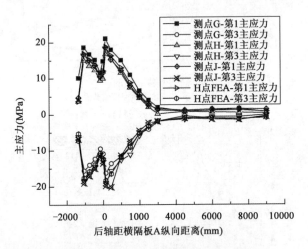

图8.15 横隔板正面侧的U肋腹板应力—荷载纵移位置曲线

由图8.15可见:

(1)各纵移工况,紧邻横隔板的U肋腹板所有测点主应力绝对值最大者约22MPa,应力幅较小,无开裂风险或开裂风险小。这与该桥各U肋腹板未发现一条裂纹的现象相一致。

(2)3测点对应主应力值较为接近,且各测点的第1主应力和第3主应力大小基本相等,符号相反,说明U肋腹板处于纯剪切状态,且受剪较为均匀。

(3)当后轴位于距横隔板约+15cm至+30cm位置时,该横隔板正面侧U肋腹板传递的剪应力较大;当轮载位于相邻横隔板及其以外时,轮载对该横隔板两侧U肋腹板的应力贡献量几乎为0。

8.4.2.3 弧形切口附近横隔板两表面的测点应力

图 8.16 给出了各纵移工况横隔板两表面关键测点(距离弧形切口均为 4mm)(A 区 15 号测点、B 区 17 号测点)的应力值。考虑到紧邻弧形切口边缘的横隔板应力梯度大,应变片粘贴位置及两表面测点对应位置的较小偏差将带来测试值及对应点测试差值的较大偏差,为便于分析,图 8.16 不仅给出存在位置偏差的测点 15、测点 17 的应力实测值,也给出不存在位置偏差的相应点 FEA 应力计算值。

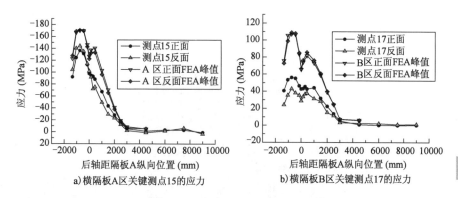

图 8.16 横隔板双面关键测点应力—轮载纵向位置曲线

图 8.17a)、b)、c)分别给出了所有纵移工况下三特征线上距离弧形切口稍远处(距离均分别为 26mm 和 86mm)两面应变花测点的应力实测值(第二特征线反面测点 d 的应力未采集到)。考虑到距离弧形切口稍远处应力梯度急剧下降,应变片粘贴位置及两面测点对应粘贴位置的偏差带来的测试值偏差及对应点测试差值有限,图 8.17 仅给出测点的应力实测值。

对各纵移工况,由图 8.16、图 8.17 均可见:

(1)紧邻弧形切口边缘区域应力梯度大,稍远处(如超过 26mm)应力梯度急剧下降,切口应力集中效应不再明显。例如,纵移 6 工况下,起弧点水平线上距离切口 4mm、26mm、86mm 的三个应变测点(测点 15、测点 A、测点 B)的第 3 主应力分别为 -98MPa、-32MPa、-17MPa。三者中,后两者距离大得多,而应力差小得多。

(2)三条特征线上,距弧形切口边缘越近,两面应力差越小,距离越远,应力差越大;即使差值较大者,平面外弯曲引起的应力也未超过膜应力的 20%,横隔板应力以膜应力为主。

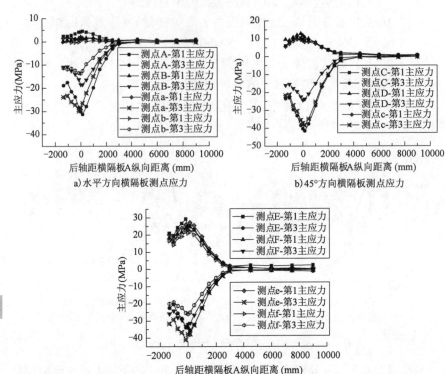

图 8.17 横隔板测点应力—纵向荷载位置关系曲线

(3) 水平和 45°的特征线上，距弧形切口边缘越近，主应力绝对值越大；水平特征线上，各测点主要为第 3 主应力（压应力），其测试所得峰值约 -137MPa。平行 U 肋的测试特征线上，除紧邻切口边缘很小区域外，各测点第 1、3 主应力绝对值接近相等，符号相反，且应力较为均匀，说明 U 肋传递剪力且较均匀。

(4) 紧邻弧形切口边缘测点应力峰值出现在纵移 3 或者纵移 4（后轴距考察横隔板 -0.75m 或 -0.45m，中轴距考察横隔板则为 0.6m 或者 0.9m），而距弧形切口稍远处（26mm、86mm）的测点应力峰值则出现在后轴纵向对称作用在考察横隔板上。这说明轮载下横隔板受力一方面通过相邻 U 肋之间的顶板直接传递，另一方面则通过 U 肋腹板传递，且 U 肋腹板传力对弧形切口边缘影响更大。

(5)当轮载位于相邻横隔板及其以外时,轮载对弧形切口附近横隔板两表面测点的应力贡献量几乎为0。

8.5 横隔板弧形切口部位加固方案研究

8.5.1 加固方案一

某设计单位2015年4月提出的重车道轮迹线处横隔板加固方案(简称:加固方案一)如下:先在裂纹扩展端头(距可见裂纹端头2~5mm处)钻制止裂孔,然后通过高强螺栓把两块补强板(厚均为12mm)增补在横隔板出现裂纹的区域或裂缝危险区域(裂缝危险区域是指可能会开裂的区域,如离横隔板弧形开口边缘20mm内),裂缝危险区域可不开止裂孔,加固方案如图8.18所示,螺栓孔具体布置与加强板高度可据裂纹长度进行适度调整。

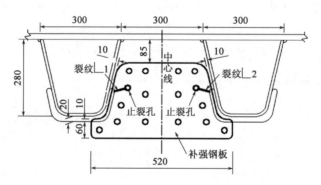

图8.18 横隔板弧形口处加固方案一示意图(尺寸单位:mm)

该方案有两个特点:①未改变弧形切口形状;②加固板边缘距离焊缝仅10mm,太近。该加固方案下最不利轮载工况A点Mises应力云图见图8.19。

采用该加固方案加固后,A区Mises应力峰值由154.2MPa降为78.1MPa,降幅超过50%;B区Mises应力峰值由原来的92.0MPa增加到117.2MPa(第2类病害的位置),且横隔板与U肋腹板连接处的应力幅增为原来的1.4倍左右(第2类病害的位置)。因此,对1类病害按原设计维修方案加固后,会导致第2类病害产生的风险增加。故不建议采用此方案。

图 8.19　横隔板弧形切口处 Mises 应力云图（加固方案一）

8.5.2　加固方案二

8.5.2.1　加固方案概况

咨询单位于 2015 年 5 月按裂纹长度不同给出了加固方案（加固方案二）。①长裂纹加固方法。当单侧或双侧裂纹长度大于 100~120mm 时，加固方案示意如图 8.20a）所示。②中等长度裂纹加固方法。当单侧或双侧裂纹长度小于 100~120mm 时，加固方案示意如图 8.20b）所示。③短小或无

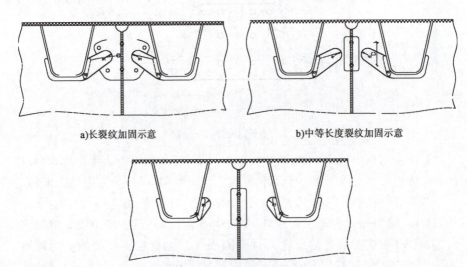

a）长裂纹加固示意　　　　　　　b）中等长度裂纹加固示意

c）短小及无裂纹加固示意

图 8.20　横隔板弧形口处加固方案二示意图

裂纹加固方法。当优化的弧形切口半径采用较大值(如30mm),所切割的部分能包住裂纹长度或者无裂纹时,加固方案如图8.20c)所示。该加固方案要求按裂纹不同长度和走向,通过有限元逐一分析和制定弧形切口修改形状和加强板形状。

8.5.2.2 四轮载最不利应力与方案分析

采用方案二加固后的横隔板弧形切口轮载计算 Mises 应力云图见图8.21。采用方案一及方案二加固后横隔板弧形切口 A 区、B 区的 Mises 应力峰值及改善情况见表8.2。计算表明:不同裂纹长度(0~230mm)、不同裂纹倾斜角度(0~45°)的相同加固方案所得的 A 区、B 区轮载应力峰值差别不大。

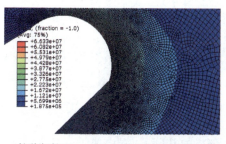

a)长裂纹(长130mm)加固后横隔板轮载应力云图

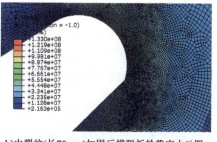

b)中裂纹(长70mm)加固后横隔板轮载应力云图

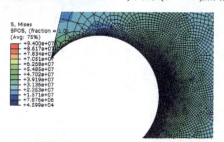

c)短裂纹或无裂纹加固后横隔板轮载应力云图

图8.21 横隔板弧形切口处 Mises 应力云图(加固方案二)

方案一与方案二加固效果对比　　　　　　表8.2

项　目	A 区		B 区	
	应力峰值(MPa)	降幅(%)	应力峰值(MPa)	降幅(%)
加固前	154.2	0	92.0	0
加固方案一	78.1	43	117.2	-27

续上表

项 目		A 区		B 区	
		应力峰值(MPa)	降幅(%)	应力峰值(MPa)	降幅(%)
加固方案二	长裂纹	66.3	57	65.2	29
	中等裂纹	133.1	14	43.2	53
	短裂纹或无裂纹	94.0	39	48.2	48

由表8.2可见,长裂纹加固方案处治后 A 区 Mises 应力峰值降幅超过50%;B 区 Mises 应力峰值降幅约30%。计算还表明,长裂纹加固方案的应力降幅主要是板厚增加所致。中等裂纹长度加固方案 A 区 Mises 应力峰值降幅约10%,降幅有限。中、长裂纹加固方案有以下几个不足:①横隔板刚度削弱明显;②针对不同裂纹长度逐一分析和制订方案,工作量较大;③长裂纹加固方案轮载应力降幅主要是板厚增加所致,未发挥优化弧形切口的作用。分析还表明,中、短裂纹加固方案中的补强矩形钢板对热点应力区(A 区和 B 区)轮载应力改善程度不大。

8.5.3 加固方案三

在8.5.1节、8.5.2节两方案及其分析的基础上,提出加固方案三,并给出分析结果。

8.5.3.1 加固方案概况

(1)短小裂纹(裂纹包含在弧形切口优化方案的切除部分):采用弧形切口优化方法。用切割法结合修磨法改变弧形切口形状,其半径为35mm(也可用30mm)的圆弧切口,与圆弧切口相切的直线段长为84mm,直线段的另一侧也与圆弧倒角相切,见图8.22a)。

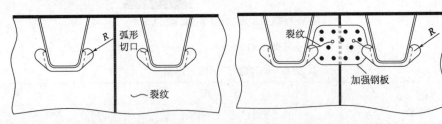

a)短小或无裂纹弧形切口优化方法　　b)长裂纹"弧形切口优化+补强钢板"方法

图8.22　横隔板弧形口处加固方案三示意图

(2)较长裂纹(裂纹超出弧形切口优化方案的切除部分):在短小裂纹弧形切口优化方法的基础上,在裂纹前端5~10mm处增加半径8mm的止裂孔,并通过高强螺栓在横隔板两面增加补强钢板,螺栓孔(含止裂孔)应根据裂纹长度和走向进行布置,并满足如图8.22b)所示。

8.5.3.2 四轮载的最不利应力与方案分析

采用方案三加固后的轮载应力云图见图8.23,横隔板A区和B区的应力峰值及改善程度见表8.3。

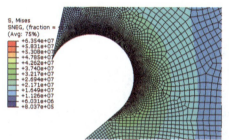
a)短小或无裂纹弧形切口优化后应力云图

b)长裂纹(长100mm)局部加固后应力云图

图8.23 横隔板弧形切口处Mises应力云图(加固方案三)

方案三加固效果 表8.3

项 目	A 区		B 区	
	应力峰值(MPa)	降幅(%)	应力峰值(MPa)	降幅(%)
加固前	154.2	0	92.0	0
优化弧形切口	63.6	58.7	31.9	65.3
优化弧形切口+补强钢板	21.8	85.9	48.7	54.6

表8.3说明:

(1)采用方案三加固后,A区和B区的应力峰值降幅约为54.6%,按疲劳寿命与应力幅的3次方成反比的近似关系,疲劳寿命则至少增加10.7倍。长裂纹所采用的加强板形状一致,方便施工。

(2)原设计如将横隔板弧形切口半径由10mm改为35mm,则应力峰值至多为原值的0.41倍,改进后的疲劳寿命则为原设计的14.3倍,接近或超过桥梁100年的设计寿命(原桥现已通车9年)。

8.6 结语

（1）柔性铺装正交异性桥面板采用合理的结构形式与构造细节，在通常运营荷载下，可确保其疲劳寿命大于设计使用年限，甚至可避免在设计寿命内的疲劳裂纹发生。背景工程钢箱梁构造细节和尺寸设计基本合理，但弧形切口的半径（10mm）偏小，如半径增大到35mm，则同样运营荷载下的横隔板疲劳寿命将增加约14.3倍，接近或超过桥梁设计寿命。

（2）轮载作用下，弧形切口区域应力幅最大的加载位置为纵向距横隔板300mm，横向位于横隔板关注锯齿块正上方。轮载对弧形切口处应力幅的影响范围为：纵向两端各1.5倍横隔板的间距，横向两侧各2.0倍U肋间距。这为模型试验和有限元分析确定模型范围提供了参考依据，有利于提高计算效率，节约模型成本。

（3）当轮载纵向位于相邻横隔板及其以外，或者横向位位于距考察位置2.5~3倍U肋间距及其以外，轮载对横隔板及其附近考察位置的应力贡献量几乎为0。弧形切口周边轮载应力的最不利纵向加载位置为纵向距该横隔板约1倍的U肋间距；稍远处轮载应力的最不利纵向加载位置为其正上方。

（4）"横隔板弧形切口区域疲劳开裂的主要原因为面外变形"的传统结论值得商榷。远离U肋的上起弧点附近的横隔板轮载应力始终为压应力（轮载有影响时，下同，略），且应力绝对值最大；与U肋交界附近的横隔板轮载应力始终为拉应力，应力值次之。横隔板平面外弯曲变形引起的应力相对其膜应力很小，特别是弧形切口周边的潜在起裂处，两表面的应力差几乎为0。

（5）横隔板母材开裂常出现于远离U肋的上起弧点附近；为正交异性桥面板钢箱梁常见的疲劳病害，尤其厚度不超过10mm、弧形切口形状不甚合理的横隔板；开裂后，裂纹两侧的横隔板常常有平面外的错动。弧形切口处横隔板母材风险起裂处的压应力方向（即自由边方向）与裂纹方向几乎垂直。

（6）在顶板厚16mm、U肋厚10mm的背景工程一中，紧邻横隔板的U肋轮载应力不超过22MPa，应力幅较小，几乎无开裂风险。

（7）弧形切口构造形式对其A~C区的疲劳应力与寿命影响显著。7种典型切口形式中,背景工程—弧形切口形式疲劳寿命最低,圆弧+直线孔型为国内刚性横隔板弧形切口的较优设计。将孔型4切口半径扩大至55mm有利于提高其压应力区疲劳寿命,对其他部位应力影响较小,适当增加横隔板板厚也有利于提高疲劳寿命,但增加切口半径较增加板厚对于提高该部位疲劳寿命效果更好。

(8) 背景工程—横隔板疲劳裂纹处治的较优方案是:对短小裂纹和无裂纹为"优化弧形切口"方法,对较长裂纹为"优化弧形切口+双面补强钢板"方法,且弧形切口优化形状和补强钢板形状可全桥统一,无须随裂纹长度和走向变化,这大大方便了施工,有利于确保加固施工的质量。

本章参考文献

[1] Wolchuk R. Steel orthotropic decks: developments in the 1990s[J]. Transportation Research Record, 1999(1688): 30-37.

[2] Connor R J, Fisher J W. Consistent approach to calculating stresses for fatigue design of welded rib-to-web connections in steel orthotropic bridge decks[J]. Journal of Bridge Engineering, 2006, 11(5): 517-525.

[3] 曾志斌. 正交异性钢桥面板典型疲劳裂纹分类及其原因分析[J]. 钢结构, 2011(02): 9-15.

[4] Xiao Z, Yamada K, Ya S, et al. Stress analyses and fatigue evaluation of rib-to-deck joints in steel orthotropic decks[J]. International Journal of Fatigue, 2008, 30(8): 1387-1397.

[5] Tsakopoulos P A, Fisher J W. Full-scale fatigue tests of steel orthotropic decks for the williamsburg bridge[J]. Journal of Bridge Engineering, 2003, 8(5): 323-333.

[6] Ya S, Yamada K, Ishikawa T. Fatigue evaluation of rib-to-deck welded joints of orthotropic steel bridge deck[J]. Journal of Bridge Engineering, 2011, 16(4): 492-499.

[7] Aygül M, Al-Emrani M, Urushadze S. Modelling and fatigue life assessment of orthotropic bridge deck details using FEM[J]. International Journal of Fatigue, 2012, 40: 129-142.

[8] 赵欣欣,刘晓光,潘永杰,等. 正交异性钢桥面板纵肋腹板与面板连接构

造的疲劳试验研究[J]. 中国铁道科学,2013(02):41-45.

[9] 宋广君,华龙海. 某斜拉桥钢箱梁横隔板裂缝分析与加固方法研究[J]. 桥梁建设,2014(04):107-111.

[10] 宋永生,丁幼亮,王高新,等. 正交异性钢桥面板疲劳性能的局部构造效应[J]. 东南大学学报(自然科学版),2013(02):403-408.

[11] 王春生,付炳宁,张芹,等. 正交异性钢桥面板足尺疲劳试验[J]. 中国公路学报,2013(02):69-76.

[12] Sim H, Uang C, Sikorsky C. Effects of fabrication procedures on fatigue resistance of welded joints in steel orthotropic decks[J]. Journal of Bridge Engineering,2009,14(5):366-373.

[13] EN 1993-1-9 Eurocode 3 Design of Steel Structures Part 1-9 Fatigue[S].

[14] AASHTO LRFD 2007, Bridge design specifications[S].

[15] 朱劲松,郭耀华. 正交异性钢桥面板疲劳裂纹扩展机理及数值模拟研究[J]. 振动与冲击,2014(14):40-47.

[16] 顾萍,颜兆福,盛博,等. 正交异性钢桥面板栓焊接头疲劳性能[J]. 同济大学学报(自然科学版),2013(06):821-825.

[17] 张清华,崔闯,卜一之,等. 港珠澳大桥正交异性钢桥面板疲劳特性研究[J]. 土木工程学报,2014(09):110-119.

[18] 唐亮,黄李骥,刘高,等. 正交异性钢桥面板足尺模型疲劳试验[J]. 土木工程学报,2014(03):112-122.

[19] 王春生,付炳宁,张芹,等. 正交异性钢桥面板横隔板挖孔型式[J]. 长安大学学报(自然科学版),2012(02):58-64.

[20] 丁楠,邵旭东. 轻型组合桥面板的疲劳性能研究[J]. 土木工程学报,2015(01):74-81.

[21] 单成林. 钢-弹性体夹层正交异性桥面板受力性能分析[J]. 湖南大学学报(自然科学版),2010(12):18-23.

[22] 唐亮,黄李骥,刘高. 正交异性钢桥面板横梁弧形切口周边应力分析[J]. 公路交通科技,2011(06):83-90.

[23] 李立峰,张东波,袁卓亚,等. 正交异性钢桥面板中弧形缺口的受力分析[J]. 公路交通科技,2012(04):55-61.

[24] 王春生,付炳宁,张芹,等. 正交异性钢桥面板足尺疲劳试验[J]. 中国公路学报,2013(02):69-76.

[25] 张清华,崔闯,卜一之,等.正交异性钢桥面板足尺节段疲劳模型试验研究[J].土木工程学报,2015(04):72-83.

[26] 吉伯海,田圆,傅中秋,等.正交异性钢桥面板横隔板切口疲劳应力幅分析[J].工业建筑,2014(05):128-131.

[27] 中华人民共和国行业标准.TB10002.2 铁路桥梁钢结构设计规范[S].北京:中国铁道出版社,2005.

[28] 邓扬,刘扬,李爱群.局部构造对钢箱梁关键焊缝疲劳性能的影响分析[J].桥梁建设,2014(02):43-49.

李传习　教授

博士、博士生导师,1984本科毕业于湖南大学路桥专业,1987年硕士毕业于西安公路学院桥梁与隧道专业,2006年博士毕业于湖南大学桥梁与隧道工程专业。先后担任长沙交通学院桥梁实验室主任、桥梁工程系系主任、长沙理工大学土木与建筑学院副院长、院长,师资处处长(教师学院院长)、土木工程学院院长等。现为长沙理工大学桥梁结构理论与新技术新工艺方向的学术带头人,国家级"新世纪百千万人才工程"人选,全国交通青年科技英才,湖南省"121人才工程"第一层次人选,享受国务院"政府特殊津贴"。

主持国家自然科学基金面上项目4项,为科学技术部"973"项目主要研究人员;主持完成了佛山平胜大桥、杭州江东大桥、张花高速澧水大桥、郑州桃花峪黄河公路大桥、岳阳洞庭湖大桥、株洲建宁大桥、南宁永和大桥、张花高速猛洞河大桥、汝郴高速三店江大桥等悬索桥、斜拉桥、拱桥、梁桥等各种桥型40余座特大型桥梁的施工控制和研究工作。目前,正在进行正交异性桥面板疲劳机理及其基于CFRP的加固技术、UHPC桥梁理论与技术、其他新材料在桥梁中应用技术等的研究。

获国家科技进步二等奖2项、省部级科技进步一等奖4项,出版专著3本,发表论文200余篇,获发明专利10余项、软件著作权3个。

第9章 钢箱梁疲劳裂纹维修对策研究

吉伯海,袁周致远,傅中秋,王秋东
河海大学科技处,江苏 南京,210098

9.1 引言

钢桥因其自重轻、材质均匀、质量稳定、易于工厂化制造、装配化施工等特点,目前在国内外大跨和特大跨径桥梁中得到了广泛应用。进入21世纪,随着我国社会经济的不断发展,我国钢桥的建设体量和规模不断扩大,大量世界级斜拉桥、悬索桥等特大跨径桥梁在我国相继建成。截至目前,世界跨径排名前十的已建成的悬索桥和斜拉桥中,我国占近半席,成为了对外宣传交流的"新名片"。在这些世界级大跨钢结构桥梁中,钢箱梁因其卓越的受力性能成为了大跨径钢结构桥梁主梁的主要截面形式之一。正交异性钢桥面板作为目前钢箱梁直接承受车轮荷载的主要构造,其结构体系经历了长期的发展、完善与优化,但是正交异性钢桥面板结构体系的特殊性也决定了其受力的复杂性,即在车辆荷载的反复作用下,应力影响线较短,局部应力循环次数多,应力集中现象明显,从而导致正交异性钢桥面板的疲劳损伤问题较为突出[1-3],成为了目前国内外共同关注的焦点之一。

20世纪60年代,英国、德国建造的钢桥在80年代就出现了不同程度的疲劳开裂。在荷兰，De Jong、Kolstein 等[4-7]对荷兰的多座钢桥进行了调查，发现这些钢桥在使用 20~30 年后钢桥面板均出现了不同类型的疲劳裂纹。国内的桥梁虽然建设较晚，但随着服役年限的不断增加也不同程度地出现了疲劳开裂问题，如广东虎门大桥[8]，厦门海沧大桥[9]等。疲劳开裂过程是微观到宏观的一种过程，因此在其开裂初期由于裂纹较小，一般很难发现，而一旦肉眼可见后，往往已经形成了一定的长度，并且在车辆荷载反复作用下，裂纹发展迅速。裂纹的萌生与扩展不仅会降低构件的局部受力性能，同时还会导致雨水渗漏、钢板腐蚀等次生病害[10-12]。疲劳开裂严重时，可能会导致桥梁垮塌，存在极大的安全隐患。随着大跨径钢桥服役年限的增长及交通量的快速增加，我国大跨径钢箱梁正交异性钢桥面板的疲劳损伤问题日趋严重。

针对钢箱梁正交异性钢桥面板的疲劳开裂问题，开展针对性的维修和加固是提升钢桥面板耐久性能，提高抗疲劳性能的主要途径之一，也是目前应对疲劳裂纹的主要手段。但是钢箱梁疲劳裂纹的产生与扩展同机械、船舶和航空等领域的疲劳裂纹相比存在较大差异，另外钢箱梁特殊的现场环境以及复杂的构造细节使得钢箱梁疲劳裂纹维修工作也具有一定的特殊性和局限性，主要体现在：

（1）体量大。钢箱梁的主体结构由横向以及纵向构件通过焊接手段组合而成，对于千米级大跨桥梁而言，其整体的焊缝数量众多，焊缝总长度可以达到十几万米，现场维修工作量巨大。

（2）构造复杂。为了保证钢箱梁的整体受力性能，在其局部的构造中均设置了不同的加劲肋，使得原有的受力结构更为复杂，病害的成因和发展更难预测。

（3）可操作空间小。钢箱梁自身的结构体系庞大，内部空间宽敞，但由于局部构造众多且复杂，实际的可操作空间仍比较小，大型养护设备及专业养护技术难以适应狭小的操作空间，制约了先进技术手段的应用。

（4）交通量大。大跨径桥梁往往处于交通咽喉地段，交通量巨大，无特殊或重大情况一般不采取中断交通进行维修养护，这也进一步制约了大型的、先进的技术装备在现场的应用。

因此，钢箱梁疲劳裂纹的维修必须充分考虑钢箱梁疲劳裂纹的萌生位置、扩展规律及承载性能，针对不同的部位采取不同的维修对策，开展针对性的养护技术研究。

9.2 钢箱梁疲劳开裂特征及损伤发展规律

钢箱梁的桥面板由于直接承受车轮荷载作用,在轮载作用下顶板与U肋局部范围内存在较大应力集中现象(图9.1),并且产生了显著的面外变形,而这个面外变形会在焊缝的两侧形成更高的拉压应力场,在这个高应力场的反复作用下,在焊缝的焊趾或焊跟部位容易产生疲劳裂纹。

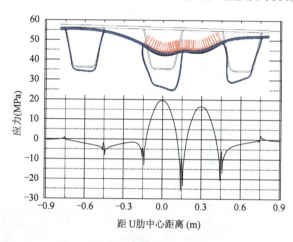

图9.1 钢桥面板顶板局部应力场及变形

虽然钢箱梁正交异性钢桥面板的焊缝数量众多,受力复杂,但在车辆荷载作用下焊缝疲劳裂纹产生部位仍呈现出一定的规律,主要集中分布在顶板与U肋焊缝、过焊孔部位横隔板与U肋焊缝、横隔板弧形缺口焊缝裂纹、U肋对接焊缝等,见表9.1。

钢箱梁正交异性钢桥面板典型疲劳开裂细节　　　　表9.1

序号	裂纹位置	实桥检测图	示意图
1	顶板与U肋焊缝裂纹		

续上表

序号	裂纹位置	实桥检测图	示意图
2	过焊孔处横隔板与U肋焊缝裂纹		
3	U肋对接焊缝裂纹		
4	横隔板弧形缺口焊缝裂纹		

表9.1中所列的为目前钢箱梁正交异性钢桥面板典型疲劳开裂细节的统计,但是对于某一具体桥型而言,上述不同疲劳裂纹的数量和分布也存在较大差异。以国内某双塔悬索桥为例,顶板与U肋焊缝裂纹最多,占了大桥裂纹总数的90%以上,其次是过焊孔处横隔板与U肋焊缝裂纹,约占裂纹总数的5%,其他裂纹占比相对较少。从纵桥向来看,在上述裂纹中顶板与U肋焊缝裂纹沿全桥均有一定程度的分布,但是对于横隔板弧形缺口焊缝裂纹而言,其主要集中分布在主塔附近的横隔板部位,有显著的分布特点,这与该悬索桥在两端设置了阻尼器有关。因为阻尼器的设置,有效减小了整个主梁的纵向位移,但也增大了主梁部位附近横隔板的面外变形应力,导致

了该局部分为内此类裂纹分布的显著性。从横桥向看可以发现(图9.2),焊缝的疲劳损伤主要集中在第三车道(重车道),以及第二车道(变换车道)上,其中第三车道的裂纹数量最多,约占总数的86%,第二车道约占总数的12%。这是由于重车道车辆荷载大,在相同情况下引起的疲劳损伤增加,更加容易导致疲劳裂纹产生。

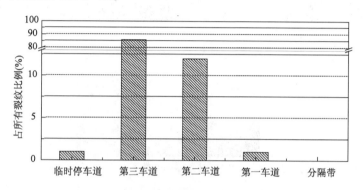

图9.2 疲劳损伤在不同车道的分布情况

而对于斜拉桥或中小型钢结构桥梁而言,疲劳裂纹则往往更加容易在主梁腹板位置产生,包括主梁腹板位置加劲肋焊缝、钢箱梁纵向斜撑焊缝(斜拉桥钢箱梁用此构造较多)。顶板与U肋焊缝裂纹数量占比相比于悬索桥有较大程度的降低。产生这方面的原因主要是不同桥型结构体系下,钢箱梁正交异性钢桥面板的受力特征不同,对于悬索桥而言,沿桥纵向几乎没有任何轴向力的作用,而对于斜拉桥而言,由于其存在较大的轴向力,使得钢箱梁横隔板弧形缺口焊缝裂纹相比于悬索桥更加容易产生。

疲劳裂纹产生之后,在复杂环境场和受力特征的作用下,裂纹的扩展方向和路径也会产生一定的变化,顶板与U肋焊缝裂纹的扩展规律更加复杂,难以预测和判断,如图9.3所示。该裂纹在扩展初期紧贴着顶板焊缝部位近似呈水平扩展,但当裂纹长度达到一定范围时,呈现出了向下扩展的趋势,但是此时裂纹仍维护焊缝高度内,然而随着裂纹的进一步扩展则呈现出明显的沿U肋腹板斜向下扩展趋势。通过对此类裂纹向下扩展时拐点水平位置的统计,发现裂纹拐弯点的水平位置分布在15~160mm,范围较大,难以预测合理拐弯点,使得此类裂纹的维修难度相对较大。在今后的工作中,仍需要进一步开展相关研究分析工作。

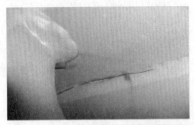
a) 裂纹较短

b) 有一定扩展

c) 延伸到U肋腹板

图 9.3　顶板与 U 肋焊接疲劳裂纹扩展

9.3　典型疲劳裂纹维修方法及特点

1) 止裂孔技术

钻孔止裂通常是在裂纹尖端钻一确定直径的光滑圆孔以消除裂纹尖端的应力集中,阻止裂纹的继续扩展,延长钢结构构件的疲劳寿命。止裂孔能够提高焊接构件的疲劳寿命,是利用了裂纹尖端塑性区,去掉这一塑性区,可以控制裂纹的扩展,使弹性区得以恢复,也就相当于改变了构件的几何形状,变成开口构件,其寿命相当于钻孔前构件的寿命与开口构件寿命之和。

钻孔止裂法通常作为钢箱梁疲劳裂纹修复的一种临时措施加以使用,当发现钢箱梁中萌生了疲劳裂纹时,如果无法立即更换受损构件或更换受损构件费用过高,可以采用钻孔止裂技术,在裂纹尖端钻孔消除裂纹尖端的应力集中,从而延长该构件的疲劳寿命[13]。

2) 裂纹焊合技术

裂纹焊合法是一种常规的疲劳裂纹修复方法,一般可采用碳弧气刨、风铲等将裂纹边缘加工出坡口直至裂纹尖端,然后用焊缝焊合。焊合方法包括热焊及冷焊法。热焊法采用同质焊接材料,如 R207、R307、R317、R337 等焊条。从冶金角度和热力学角度看,该方法是理想的。但从焊接工艺以及预热和热处理等条件考虑,该方法有很不利的因素,即工件的变形难以控制,且劳动条件差,现场不宜采用。冷焊法主要采用铁基奥氏体焊条和镍基焊条,其优点是工艺简单,工作量小,成本低,并且不需热处理,工件不会产生大的变形。其原理是:焊缝为奥氏体组织,它在焊接的热循环过程中不发生相变,因此从理论上讲奥氏体焊缝不要求预热和焊后热处理,这样可以简化工艺,减小热作用范围,减小工作的变形量和残余应力,同时,奥氏体组织塑性高,对氢的溶解度也较大,从而有很好的抗裂性能[14]。

3) 钢板补强技术

钢板补强法是另一种常用的疲劳裂纹止裂手段,补强钢板通过焊接或螺栓连接覆盖在开裂板材开裂区域之上。疲劳荷载通过补强钢板传递,大大减小了原有疲劳裂纹尖端的循环应力,从而达到止裂的目的。传统的钢板加固存在使结构重量增加,钢板不易制作成各种复杂形状,运输和安装也不方便等问题,且钢板易锈蚀,影响黏结强度,维护费用高。同时,使用钢板补强加固后,新的疲劳裂纹可能在连接焊缝焊趾或螺栓孔孔壁等应力集中部位萌生并扩展,因此为达到更好的止裂效果,应保证焊接质量,减少焊接缺陷,保证螺栓孔钻孔质量,进行冷扩孔以提高孔边疲劳裂纹寿命。补强钢板应尽量在开裂钢板的两侧对称设置,如果只能在开裂板件一侧设置补强钢板,由于荷载偏心而产生的平面外弯矩将恶化上述部位的应力集中情况,严重影响疲劳裂纹止裂的效果[15]。

4) 碳纤维补强技术

碳纤维用于钢结构疲劳裂纹的止裂和修复与钢板补强法机理相似,只是用碳纤维板代替补强钢板,粘贴于开裂板件之上[16]。碳纤维粘贴加固钢结构的主要有以下几个特点:比强度和比刚度高,加固后基本不增加原结构的自重和原构件的尺寸;碳纤维板刚度大,有效地减小了疲劳裂纹尖端的循环应力幅值;碳纤维板用胶粘贴于开裂板件之上,可以避免由于焊接或钻孔带来的应力集中及新疲劳裂纹的萌生。由于碳纤维板抗拉强度高,采用碳纤维板补强法时,可以通过对碳纤维板进行预张拉在板件开裂区域引入预压力,进一步改善碳纤维板补强法对疲劳裂纹的止裂和修复效果。

5) TIG 重熔修复技术

TIG 重熔修复技术是利用钨极氩弧焊钨极与工件间产生的电弧热量为热源,将焊趾重新熔化,使可能存在的咬边、小夹渣等缺陷被清除,同时形成了过渡均匀的重熔区,使焊缝横截面形状显著改善,减小应力集中,改善焊接接头疲劳强度。对已经焊接完成的焊缝来说,均有已先生成的缺陷,它或呈微观咬边,或呈微观焊渣侵入,或两种形态兼呈,这是现有焊接技术任何情况下都难以避免的[17]。一般的检验方法检测不到这些缺陷,用 TIG 焊接方法对焊缝进行重熔修整,可以重建裂纹起裂前的状态,从而延长了疲劳寿命。同时效果良好的焊缝横断面形状减小了因几何形状变化而产生的应力集中,因而可以提高整个焊接接头疲劳裂纹的抗力,修整焊趾部延长疲劳寿命,具有效果良好、质量易于检查和控制、操作灵活方便、没有噪声等优点,适用于焊趾裂纹修复。当裂纹表面长度为 40~45mm,裂纹深度小于 6mm 时,可采用 TIG 重熔法进行修补。

6) 气动冲击维修技术

气动冲击维修技术是目前较为新颖的一种疲劳裂纹维修方法[18],它通过对裂纹开口表面进行高速冲击,使裂纹开口产生闭合,改变疲劳裂纹尖端应力场,降低裂纹尖端应力强度因子,如图 9.4 所示。既有的试验结果表明,气动冲击维修技术对于延缓疲劳裂纹扩展,提高疲劳裂纹剩余寿命具有显著效果。同时,该技术操作门槛低、设备便携、实施快速,相比于常规维修手段,不仅实现了对原有结构损伤的最小化,而且具有显著的修复效果,技术潜在竞争力强。

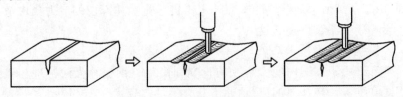

图 9.4 气动冲击维修技术实施过程

9.4 疲劳裂纹维修加固试验研究

9.4.1 试件情况

以钢箱梁正交异性钢桥面板的典型构造细节为研究对象,分别针对顶板与竖向加劲肋连接焊缝细节、顶板与 U 肋连接焊缝细节、横隔板弧形缺口细节开展疲劳试验,并实施裂纹维修,通过对比维修前后裂纹的萌生寿命和扩展寿命对维修技术的效果进行评估。

依据实桥构造尺寸设计以上三种构造细节试件,试件所用钢材为 Q345qD,力学性能满足《桥梁用结构钢》(GB/T 714—2015)的基本要求。试件的具体尺寸如图 9.5 所示,其中试件板厚均为 12mm,采用 CO_2 气体保护焊进行全熔透焊接,焊脚尺寸为 6mm。

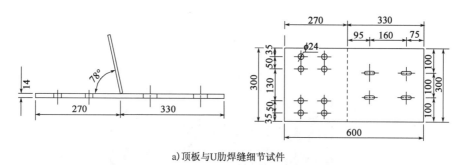

a) 顶板与U肋焊缝细节试件

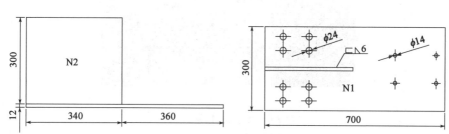

b) 顶板与竖向加劲肋试件

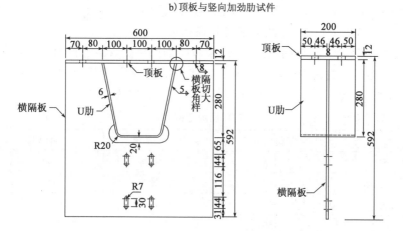

c) 横隔板弧形缺口连接细节试件

图 9.5 试件尺寸(尺寸单位:mm)

9.4.2 加载情况

首先采用振动型疲劳试验机对三种类型的试件施加弯曲疲劳荷载(图9.6),从而制备一定长度的疲劳裂纹,并记录不同长度下对应的循环次数。试验加载的应力幅选取3个级别,分别为80MPa、100MPa和120MPa,加载应力比 $R = -1$。

图9.6 疲劳试验加载(示例)

然后分别采用钻孔法、气动冲击法、补焊法和补强法对上述三种类型的构造细节实施止裂和维修(图9.7),并在相同荷载条件下继续开展疲劳试验,观察疲劳裂纹二次扩展规律,并记录对应的循环次数。通过对比维修前后疲劳裂纹的扩展速率,对不同维修方法的效果进行评估分析。表9.2、表9.3和表9.4给出了不同类型试件的维修工况和加载工况。

顶板与 U 肋焊缝试件　　　　　　　　　　　　　　表9.2

试件编号	纹长度(mm)	处理措施	应力幅(MPa)
SJ1	118	气动冲击	100
SJ2	104	气动冲击	80
SJ3	95	气动冲击	80
A2-1	150	补焊	120
A2-4	104	补焊	120
A3-1	114	钢板补强	100

a) 钻孔法

表面裂纹开口闭合

b) 气动冲击法

c) 补焊法

d) 补强法

图 9.7 疲劳裂纹维修方法

顶板与竖向加劲肋焊缝　　　　　　　　　　　表 9.3

试 件 编 号	裂纹长度(mm)	处 理 措 施	应力幅(MPa)
SJ-OP-1	—	对比组	120
SJ-OP-2	140	气动冲击修复	120
B1-1	30	补焊	100
B2-1	30	碳纤维	100
B3-1	30	对比组	120
B3-2	30	4mm 止裂孔	120
B3-3	30	6mm 止裂孔	120
B3-4	30	8mm 止裂孔	120

横隔板竖向焊缝试验分组 表9.4

试 件 编 号	裂纹长度(mm)	处 理 措 施	应力幅(MPa)
C2-1	90	补焊打磨	120
C3-1	90	碳纤维	120

9.5 维修效果对比分析

9.5.1 钻孔止裂

表9.5列出了B3-2至B3-4各试件中从新裂纹在止裂孔边萌生到新裂纹扩展至5mm长所需的循环次数。从表中可以看出，对于不同孔径的止裂孔，一旦疲劳裂纹在止裂孔边再次萌生，新裂纹的扩展速率基本一致，三个试件中新裂纹扩展5mm长时经历的荷载循环次数相差不到7%。这说明，当疲劳裂纹再次萌生之后，止裂孔孔径的不同对于新疲劳裂纹的扩展几乎没有影响。

打孔后新萌生的裂纹扩展5mm对应的循环次数 表9.5

试件	B3-2	B3-3	B3-4
循环次数(万次)	18.92	17.69	18.68

B3-1中的疲劳裂纹未经过任何止裂处理，一旦开始加载，疲劳裂纹立即开始扩展。通过肉眼观察可以发现，纵肋两侧的裂纹扩展速率基本一致，当一侧裂纹达到45mm时，另一侧裂纹长度为43mm。在所有的5个试件中，B3-1上的疲劳裂纹总最先在一侧达到45mm的总长度，这说明对于B3-2至B3-4采取的止裂处理起到了效果，证明了在裂纹尖端打止裂孔可以延长结构的疲劳寿命。

B3-2至B3-4分别在裂纹尖端打了直径4mm、6mm、8mm的止裂孔，对于这三个试件，无论是新的疲劳裂纹在孔边萌生、新疲劳裂纹扩展至5mm长还是一侧裂纹总长扩展至45mm，在相同的加载幅度与频率下，这三个试件所需的循环次数均满足B3-4＞B3-3＞B3-2。这说明止裂孔孔径越大，止裂孔阻止裂纹扩展、提高结构疲劳寿命的效果越显著。

9.5.2 气动冲击维修

9.5.2.1 顶板与U肋试件

SJ1、SJ2气动冲击修复后的疲劳试验采用的加载应力幅均为80MPa,而在修复前的疲劳试验中SJ1、SJ2的加载应力幅分别为100MPa和80MPa。为进行修复前后疲劳裂纹扩展速率的对比,将SJ1修复前的加载循环次数N替换为等效循环次数N_{eq}。SJ1、SJ2修复前原裂纹扩展情况见表9.6所示。

修复前原裂纹扩展情况　　　　　　　　　　表9.6

试件名称	裂纹长度a(mm)	循环次数N、N_{eq}($\times 10^2$)
SJ1	5	28472
	64	58193
	118	86232
SJ2	33	40601
	45	48026
	51	57435
	63	62058
	95	72232
	104	74826

分别绘出SJ1、SJ2修复前后原裂纹及修复后新裂纹的a-N曲线如图9.8所示。可知两试件原裂纹扩展曲线存在一明显的转折点,修复后原裂纹的

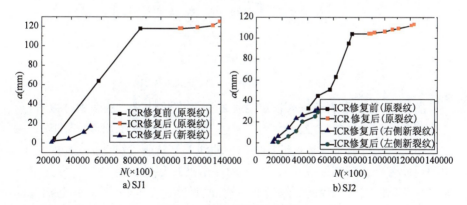

图9.8　$a \sim N$曲线及拟合直线

扩展速率远小于修复前的扩展速率,说明气动冲击处理具有较好的修复效果,可以显著减缓原裂纹的扩展速率。由表5,新萌生裂纹的扩展速率约为修复前原裂纹的扩展速率的38.8%,初步分析是因为气动冲击处理引入的残余压应力有效减缓了新裂纹的扩展。

9.5.2.2 顶板与竖向加劲肋试件

以循环次数 N 为横坐标,疲劳裂纹水平长度 a 为纵坐标,绘制 SJ-OP 试件疲劳开裂后疲劳裂纹扩展速率 a-N 曲线,如图9.9所示。从图中可以看出,未经过 ICR 处理的 SJ-OP-1 试件疲劳裂纹扩展速率在整个疲劳试验过程中基本保持不变;而经过 ICR 处理的 SJ-OP-2 试件疲劳裂纹扩展速率曲线在循环次数约为250000次时有个明显的转折点 A。把 A 点之前的记为疲劳裂纹扩展前期,A 点之后的记为疲劳裂纹扩展后期,因此从图中来看 SJ-OP-2 试件疲劳裂纹扩展前期位于气动冲击处理区域内,说明气动冲击处理能够显著降低一定区域内疲劳裂纹的扩展速率,从而提高了疲劳开裂的剩余寿命。

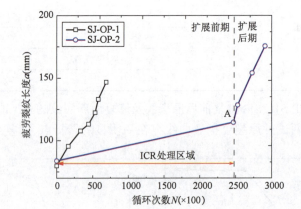

图9.9 SJ-OP 试件疲劳开裂后扩展速率对比

图9.10给出了裂纹进入扩展后期的速率变化情况。从图中可以看出,在疲劳裂纹扩展后期阶段,速率变化曲线接近为一条直线,即匀速扩展。采用最小二乘法计算了疲劳裂纹扩展速率曲线的平均斜率,即 da/dN 的大小,得到当疲劳裂纹每侧继续扩展后,气动冲击处理后的疲劳裂纹扩展速率与未进行气动冲击处理后的裂纹近似一致,说明当 SJ-OP-2 裂纹扩展超出气动冲击处理范围后,其扩展速率恢复到原先的大小。

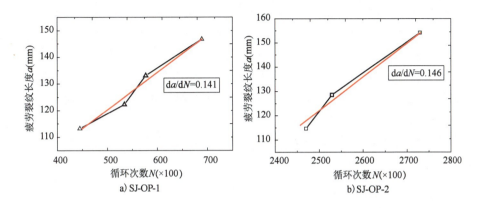

图 9.10 SJ-OP 试件疲劳裂纹扩展后期速率曲线

9.5.3 裂纹补焊

钢桥面板横隔板与 U 肋交叉接头细节试件 C2-2，预制裂纹为 U 肋左侧、右侧横隔板裂纹，其中 U 肋左侧横隔板裂纹长度 90mm，对用 U 肋右侧裂纹长度为 52mm。采用裂纹焊合方法对已开裂试件 C2-2 进行疲劳裂纹修复处理。裂纹修复后对试件进行再次加载，加载频率 11.5Hz，加载应力幅 120MPa，其裂纹扩展规律如图 9.11 所示。

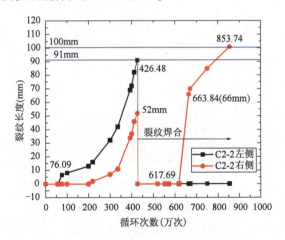

图 9.11 C2-2 裂纹扩展规律

试件 C2-2,在循环次数达到 426.48 万次时,U 肋左侧预制疲劳裂纹为 90mm,对试件进行裂纹焊合修复,修复后疲劳裂纹完全焊合。重焊后对试件进行循环加载,当循环次数达到 191.48 万次时,U 肋右侧首次出现焊合后再开裂裂纹,此时 U 肋左侧没有开裂现象。随后裂纹长度随着循环次数的增加急剧上升,当循环次数达到 237.36 万次时,U 肋右侧裂纹长度达到 66mm,裂纹扩展速率为 1.439mm/万次。随后裂纹扩展速率下降并趋于稳定。在循环次数达到 427.26 万次时,U 肋右侧裂纹长度达到 100mm,后期疲劳裂纹扩展速率为 0.179mm/万次。

9.5.4 加固补强

9.5.4.1 碳纤维布补强

顶板与竖向加劲肋焊接接头疲劳试件 B2-1,开裂位置位于围焊端部及两侧位置,预制裂纹长度为围焊端部两侧各 30mm 左右,端部左侧裂长 30mm,右侧裂长 38mm。采用碳纤维补强方法对原裂纹进行补强,补强宽度为竖向加劲肋两侧各 50mm[19-20]。采用小型机械疲劳试验机进行加载,加载频率为 11.2Hz,名义应力幅 100MPa。试件加载后裂纹在围焊端部两侧沿元裂纹继续扩展,裂纹长度及对应循环次数如图 9.12 所示。

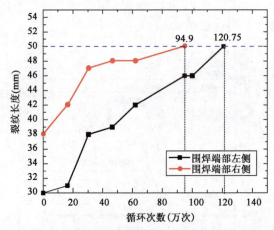

图 9.12 试件 B2-1 裂纹扩展规律

可以看出,在对试件 B2-1 裂纹表面粘贴碳纤维后,试件沿原裂纹开裂方向继续向两侧扩展。裂纹初始扩展速度较快,在循环次数达到 30.26 万次时,围焊端部左右两侧裂纹分别扩展 8mm 和 9mm。之后裂纹扩展速度逐渐下降并趋于平缓。在循环次数达到 94.9 万次时,围焊端部右侧裂纹首先达到 50mm,相比预制裂纹长度共扩展了 12mm。其中,在循环次数为 30.26 万次~94.9 万次之间,围焊端部右侧裂纹共扩展 3mm,裂纹扩展速度大幅下降。在循环次数达到 120.75 万次时,围焊端部左侧裂纹扩展至 50mm,相比预制裂纹长度共扩展了 20mm。其中,在循环次数为 30.26 万次~100 万次之间,裂纹长度共扩展 8mm,裂纹扩展速度相比初始扩展速度有了较大幅度的下降。

横隔板与 U 肋交叉接头细节试件 C3-1,预制疲劳裂纹为 U 肋左侧横隔板裂纹,裂纹长度为 90mm,通过表面粘贴碳纤维方法对已开裂横隔板与 U 肋交叉接头细节试件 C3-1 进行止裂操作,碳纤维完全覆盖裂纹表面及裂纹尖端。补强后对试件 C3-1 进行修复后循环加载,加载频率为 11.5Hz,加载应力幅为 120MPa,碳纤维补强后试件 C3-1 裂纹扩展规律如图 9.13 所示。

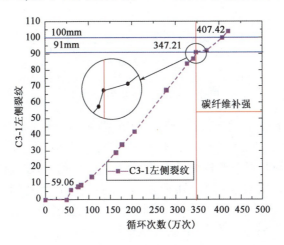

图 9.13 C3-1 碳纤维补强试件裂纹扩展规律

可以看出,试件 C3-1 在循环次数达到 347.21 万次时,预制疲劳裂纹长度达到 91mm,对应裂纹瞬时扩展速率为 0.657mm/万次,此时对疲劳裂纹进行表面粘贴碳纤维补强,补强后对疲劳试件再次进行修复后循环加载,裂纹扩展速率大幅下降,在循环次数达到 60.21 万次时,裂纹长度达到 100mm,试件 C3-1 剩余疲劳寿命 N90-100 为 60.21 万次。修复后裂纹扩展速率为 0.149mm/万次,碳纤维修复后裂纹瞬时扩展速率下降 77.3%,碳纤维补强后裂纹扩展速率随循环次数的增加而缓慢上升。碳纤维补强对横隔板与 U

肋交叉接头细节试件疲劳裂纹扩展具有显著的延缓作用。

9.5.4.2 钢板补强

钢箱梁顶板与U肋焊接接头试件A3-1,疲劳裂纹位于焊根中部,预制裂纹沿焊根纵向分布,裂纹长度114mm,用角钢对顶板与U肋焊接接头细节进行补强,加载频率16.5Hz,应力幅100MPa。试验结果见图9.14所示。

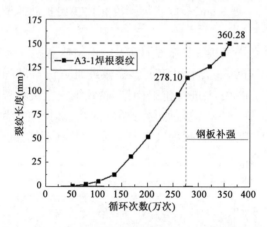

图9.14 试件A3-1裂纹扩展速率

钢箱梁顶板与U肋焊接接头疲劳细节试件A3-1在预制疲劳裂纹阶段,当循环次数达到79.28万次时,焊根位置首次发现疲劳裂纹,裂纹长度2mm。初始裂纹扩展速率较为缓慢,随着循环次数的增加,裂纹扩展速率逐渐上升。当循环次数达到278.1万次时,疲劳裂纹长度达到114mm。在循环次数自259.35万次至278.1万次时,裂纹扩展长度为18mm,顺势裂纹扩展速率达到0.96mm/万次。随后,在钢桥面板顶板与U肋焊接接头焊趾位置,通过栓接钢板对疲劳细节进行补强。可以看出,钢板补强之后瞬时裂纹扩展速率出现大幅下降,随后裂纹扩展速率缓慢上升,在循环次数达到360.28万次时,裂纹长度达到150mm。在循环次数自278.1万次至321.45万次时,裂纹扩展长度为12mm,瞬时裂纹扩展速率为0.28mm/万次,瞬时裂纹扩展速率下降70.8%,钢板补强对钢桥面板顶板与U肋焊接接头细节焊根裂纹具有显著止裂效果。综上所述,钢板补强对钢箱梁顶板与U肋焊接接头疲劳细节焊根裂纹扩展速率具有明显的止裂效果,瞬时裂纹扩展速率下降达到70.8%。

9.6 疲劳裂纹的现场维修及效果评价

9.6.1 现场维修情况

服役阶段大跨钢箱梁桥的疲劳损伤过程的影响因素复杂,室内疲劳试验难以准确反映现场复杂环境,对于技术实施效果的评价相对单一。因此结合现场开展裂纹维修后扩展规律的长期跟踪工作,评价维修技术的现场实用性和效果有着一定的积极意义。因此,在室内试验研究基础上,结合国内某悬索桥开展了现场的试验和长期的观测评估工作[21]。考虑到现场操作环境的特点和部分技术实施门槛较高的温度,选择了钻孔止裂和气动冲击两种方法对实桥疲劳裂纹进行维修。

在钻孔止裂维修方法中,结合相关疲劳试验,并考虑现场裂纹尖端难以准确判断的客观因素,在实际的维修中根据裂纹长度有选择性地采用了10mm 或 12mm 的孔径。采用手持式钻机进行现场打孔的维修作业,如图 9.15a)所示。

在气动冲击维修方法中,为了确保样本数量的代表性,在沿桥纵向的北塔、1/4 跨、1/2 跨、3/4 跨、南塔附近分别选择了一定数量的裂纹样本进行气动冲击维修[图 9.15b)]。裂纹样本的总数量为 123 条。现场维修中所携带的设备包括空气压缩机、气动冲击、冲击头,主要设备参数见表 9.7。

a)维修小组

b)维修中

图 9.15 现场维修照片

气动冲击设备主要参数　　　　　表9.7

设 备 名 称	主 要 参 数
空压机	使用压力:0.7MPa,排气量:0.125m^3/min
气动工具	频率:90Hz,有效冲程:6mm,耗气量:0.14m^3/min
冲击头	端部尺寸:4mm×5mm,倒角:1mm

9.6.2 现场维修效果评价

针对现场实施维修的疲劳裂纹,开展了不间断的跟踪观测工作,通过不间断观测维修后疲劳裂纹的扩展情况和扩展时间作为评价维修技术效果的重要依据。疲劳裂纹的跟踪频率约为1次/(1~2月),具体跟踪时间和次数根据天气情况会适当地调整。采用人工目视法对维修后的疲劳裂纹进行跟踪观测,并粘贴含裂纹信息的标签,拍照记录,建立跟踪档案。

通过现场跟踪不断积累数据,并对每次跟踪的结果进行分类和分析。截至目前,在疲劳裂纹钻孔止裂方面,总共维修了275条裂纹,钻孔456个,发生明显扩展的有29条裂纹,跟踪情况显示钻孔止裂维修效果较好,但仍存在止裂孔再次开裂的情况。通过现场反馈与分析认为因操作失误或尖端定位不准确导致的孔位设置不当是目前导致裂纹扩展的主要原因。在气动冲击维修方面,共维修了139条疲劳裂纹,其中14条发生进一步扩展(有8条因裂纹尖端判断失误导致),90%左右裂纹均保持良好的修复效果。

基于上述的跟踪结果可以发现,钻孔止裂和气动冲击维修技术对于实际工程结构的疲劳裂纹均有良好的止裂或维修效果,但在这些裂纹中也产生了部分的扩展,对扩展原因的分析有助于进一步完善维修技术。另外,疲劳裂纹的扩展是一个时间不断累积的过程,目前仅开展了为期近2年的跟踪观测,阶段性的结果表明了上述两种维修技术的效果,但是对于技术的全面应用仍需要更长的时间来进行观测和评估。

9.7 结语

本章针对钢箱梁正交异性钢桥面板典型构造细节疲劳裂纹开展了维修技术方面的研究,得到以下主要结论:

(1)钢箱梁正交异性钢桥面板疲劳裂纹开裂特征复杂,主要集中分布在顶板与 U 肋焊缝、过焊孔部位横隔板与 U 肋焊缝、横隔板弧形缺口焊缝裂纹、U 肋对接焊缝等，各个构造细节疲劳裂纹产生的数量根据桥型的不同也有较大差异。

(2)焊缝疲劳裂纹维修方法主要有钻孔止裂法、补焊法、补强法(钢板补强和碳纤维补强)、TIG 法以及气动冲击维修方法，各个维修方法均有其自身的特点和局限性。在实际工程结构疲劳裂纹维修中，应综合考虑实桥钢箱梁构造及环境特点，选择合理的维修方法。

(3)开展了疲劳裂纹维修技术的相关试验研究工作，对比了不同技术维修后疲劳裂纹的扩展规律，结果表明，钻孔止裂技术、气动冲击维修技术、补焊技术和补强技术均能够有效阻止或延缓裂纹扩展，其中气动冲击维修技术的修复效果相对更加显著。

(4)针对钻孔止裂和气动冲击维修技术，开展了现场的维修工作和不间断的跟踪观测，近 2 年的观测结果表明钻孔止裂和气动冲击维修技术均能够满足现场疲劳裂纹的维修需求，约 90% 左右的疲劳裂纹在维修后尚未发生继续扩展，修复效果显著。而在扩展的裂纹中，因裂纹尖端判断错误导致的扩展是主要的原因，因此在疲劳裂纹维修中今后必要针对裂纹的尖端开展专门检测。

本章参考文献

[1] 吉伯海. 我国缆索支承桥梁钢箱梁疲劳损伤研究现状[J]. 河海大学学报(自然科学版), 2014, 42(5): 410-415.

[2] 钱冬生. 关于正交异性钢桥面板的疲劳[J]. 桥梁建设, 1996, (2): 8-13.

[3] 吴冲, 刘海燕, 张胜利, 等. 桥面铺装对钢桥面板疲劳应力幅的影响[J]. 中国工程科学, 2010, 12(7): 39-42.

[4] De Jong F B P. Overview Fatigue Phenomenon In Orthotropic Bridge Decks In The Netherlands[C]. 2004 Orthotropic Bridge Conference, Sacramento, California, USA. August 25-27, 2004.

[5] Boersma P D, De Jong F B P. Techniques and solutions for rehabilitation of orthotropic steel bridge decks in the Netherlands[C]. Conference Proceedings 10th International conference on Structural Faults and Repair on steel

structures, London. 2003.

[6] Kolstein M H, Wardenier J, Cuninghame J R, et al. Fatigue strength of welded joints in orthotropic steel bridge decks[J]. Welding in the World/Le Soudage dans le Monde, 1996, 38: 175-194.

[7] Leendertz J S, Kolstein M H. The behaviour of trough stiffener to crossbeam connections in orthotropic steel bridge decks[J]. HERON, 1995, 40(3): 217-259.

[8] 徐伟, 张肖宁, 涂常卫. 虎门大桥钢桥面铺装维修方案研究与工程实施[J]. 公路, 2010, (5): 67-71.

[9] 梁肇伟. 厦门海沧大桥钢箱梁的装配焊接[J]. 钢结构, 2001, 16(3): 3-6.

[10] 钱冬生. 谈谈钢桥的疲劳和断裂[J]. 桥梁建设, 2009, (3): 12-21.

[11] De Jong F B P, Boersma P D. Maintenance Philosophy and Systematic Lifetime Assessment for Decks Suffering from Fatigue[C]. 2004 Orthotropic Bridge Conference, California, USA, 2004, 359-375.

[12] Fisher J W, Roy S. Fatigue of steel bridge infrastructure[J]. Structure & Infrastructure Engineering, 2011, 7(7-8): 457-475.

[13] Song P S, Shieh Y L. Stop drilling procedure for fatigue life improvement[J]. International journal of fatigue, 2004, 26(12): 1333-1339.

[14] 段亚芳, 高永琴, 吴新华. 裂纹分段补焊法在铸钢件上的应用[J]. 哈尔滨轴承, 2009, 30(1): 53-54.

[15] 王春生, 翟慕赛, 唐友明. 正交异性钢桥面板冷维护技术及评价方法[J]. 中国公路学报, 2016, 29(8): 50-58.

[16] 郑云, 叶列平, 岳清瑞. CFRP板加固含裂纹受拉钢板的疲劳性能研究[J]. 工程力学, 2007, 24(6): 91-97.

[17] 王东坡, 霍立兴, 张玉凤, TIG熔修法改善含咬边缺陷焊接接头疲劳性能[J], 天津大学学报, 2004, 37(7): 570~574.

[18] Zhiyuan Y Z, Bohai J, Zhongqiu F, et al. Retarding effects on crack propagation by closing crack surface using ICR treatment[J]. Journal of Constructional Steel Research, 2018, 143: 11-17.

[19] 叶士昭, 高翠枝, 李维明, 等. 粘贴钢板加固桥梁分阶段受力抗弯承载力极限状态分析[J]. 中国水运:理论版, 2007, 5(3):94-95.

[20] 邓军，黄培彦. FRP加固钢桥的设计方法[C]. 中国公路学会桥梁和结构工程分会2006年全国桥梁学术会议2006.

[21] 饶建辉,吉伯海. 江阴长江公路大桥钢箱梁养护报告(1999年-2017年)[M]. 北京:人民交通出版社股份有限公司，2018.

吉伯海　教授

吉伯海，男，工学博士，教授，博士生导师，河海大学科技处处长、桥梁工程研究所所长（兼）。2002年获得博士学位（日本爱知工业大学），并进入河海大学任教，长期致力于钢桥疲劳与维护方面的研究。

已主持国家自然科学基金面上项目3项，其他省部级交通科技计划项目30余项。以第一作者或通信作者在国内外学术期刊中发表钢桥维护方面相关论文150余篇，其中SCI检索论文30余篇。获国际授权发明专利2项（日本、美国、澳大利亚、欧洲），获国家授权发明专利29项、新型实用专利32项。主持编写并出版译著、教材和研究专著各1部，作为第二著作者编写了我国首部钢箱梁养护蓝皮书《江阴长江公路大桥钢箱梁养护报告（1999年—2017年）》，获教育部技术发明奖等省部级科技成果奖6项。主持获参与了4部规范或规程的编写。

现任国际桥梁维护与安全协会（IABMAS）中国团组理事会理事，江苏省综合交通运输学会常务理事、专家咨询委员会委员，中国水利学会副秘书长。

第10章 大跨度悬索桥主梁涡激振动动态监控

田浩[1,2]，张勇[1,2]，曹素功[1,2]，胡皓[1,2]，畅卫杰[3]
1. 浙江省交通运输科学研究院，浙江 杭州，311305；
2. 浙江省道桥检测与养护技术研究重点实验室，浙江 杭州，311305；
3. 浙江省舟山跨海大桥有限公司，浙江 舟山，316031

10.1 引言

进入21世纪，我国现代桥梁正向着大跨度及超大跨度发展，伴随着桥梁跨度的增加，桥梁长、细、轻、柔与低阻尼的特点愈加突出，其风振问题也日益凸显，涡激振动便是其中之一[1,2]。涡激振动是大跨度桥梁在低风速下出现的一种复杂的风致振动，其发生频次较高，严重时可能引起构件裂纹或结构疲劳损伤，影响行车的舒适性和安全性[3,4]。因此，不论是在施工阶段还是成桥阶段，避免发生涡振或者将其振幅限制在可接受的范围之内都具有十分重要的意义。

一直以来，对于大跨径桥梁抗风研究主要集中在颤振和抖振，对涡振的研究相对较少。所以,在大跨径桥梁抗风稳定性能得以保证的今天,涡振问题得到越来越多的关注并进行了一系列的研究。多年以来,众多的研究人员采用多种不同的方法对桥梁结构涡激振动进行了深入的探索和研究,取得了大量的研究成果,有效地解决了一些工程实践问题,并为工程实践提供技术指导。大跨度桥梁涡激振动的研究方法主要有四种:理论分析、风洞试验、现场实测和数值风洞分析[5]。现场实测是利用风速仪、加速度计等传感器在现场对实际风环境及风振响应进行测量,是研究风荷载和风振响应问题最直接和最可靠的手段,也是对桥梁风致振动研究的一项非常重要的基础性工作。这种方法被认为是最理想的试验方法,因为它能够真实反映桥梁在实际风环境下的风振现象。然而现场实测仍然存在不足之处,主要表现在:①获得详细的测量数据比较困难;②投入成本比较大;③实测数据往往不够理想,分析处理数据量大,过程复杂。目前国内外许多大跨桥梁均安装了包括风速仪和振动传感器在内的结构健康监测系统(SHMS),为大跨桥梁的风振响应实测研究提供了良好的条件,但这方面的研究工作还很不够。研究分析处理这些实测数据的方法,是桥梁风工程领域具有非常重要意义的课题。

目前国内外对于涡激振动的研究主要以涡激振动影响因素、发生机理以及控制措施为主[10,11],主要应用于桥梁前期的设计工作(事前)和桥梁后期的状态评估工作(事后),并且体现着"静态"的特点,而对于桥梁正在发生或即将发生的涡振事件(事中)的研究较少。Shanwu Li 等[6,7]人采用长期监测系统采集的风和振动数据进行聚类分析,发现顺风向风速非均匀性对涡激振动模式有显著影响,风速、风向和非均匀性是涡激振动整个过程和响应幅度的关键参数。Hui Li 等[8,9]人分析了桥梁顺风向的基本风场特性,发现全尺寸桥梁模型的垂直涡激振动振幅比现场监测结果小得多,涡激振动更可能发生在低风速范围内,风向几乎与桥线垂直,湍流强度较低。上述研究成果分析了涡激振动中风和振动监测数据一些特异性表征规律,但进一步对基于这些规律的涡激振动综合性判定方法、发生发展趋势分析以及预警机制等方面还缺乏深入研究。

10.2 监测系统概况

西堠门大桥主桥为两跨连续全漂浮体系钢箱梁悬索桥,主跨1650m,加劲梁采用扁平流线形分离式双箱断面形式。大桥建成时安装了较为完整的结构监测系统,包括环境、荷载以及结构响应监测等。其中,在主跨 1/4 断面、1/2 断面和 3/4 断面分别布置了 8 个超声风速仪,每个断面左右幅各布置 1 个,用以监测来流自由风场风速;在主跨 1/4 断面、1/2 断面和 3/4 断面以及边跨 1/2 断面布置了 12 个单向加速度传感器,每个断面布置 3 个(2 个竖向,1 个横向),用以监测桥梁的振动信息,具体安装位置如图 10.1 所示。

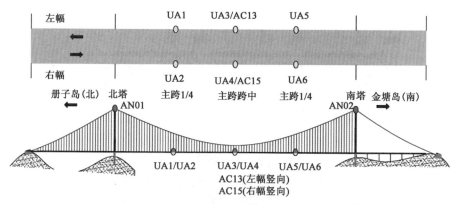

图 10.1 跨海大桥传感器布置

10.3 涡激振动影响因素分析

为从监测大数据中研究影响桥梁涡激振动的因素,以西堠门大桥为背景,对该桥 2013~2015 年的涡激振动监测数据进行梳理,分析平均风速、风向角、风攻角、湍流度和阵风因子等风参数以及能量集中系数、加速度均方根值等结构振动响应因素在涡激振动中的特异性,获取涡激振动中的特征监测参数及其数值分布规律。

10.3.1 风参数分析

(1)平均风速。分析左幅跨中位置涡激振动发生时和桥梁正常振动时的顺风向及竖向平均风速,结果如图 10.2 所示。由图 10.2 可知:①涡激振动发生时,风场参数中顺风向风速主要集中在 4~13m/s。不同传感器的顺风向平均风速具有特异性,顺风向平均风速可以作为涡激振动预警分析的特征参数。②涡振发生时竖向平均风速分布范围与正常振动下重叠,两者并没有明显的区别。因此,竖向平均风速不宜作为涡激振动预测分析的特征参数。

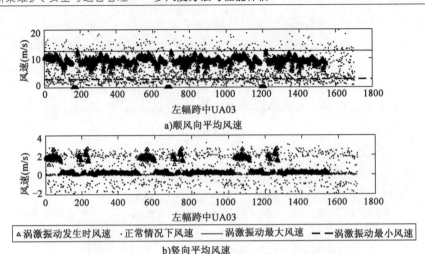

图 10.2　左幅跨中涡激振动与正常振动时的平均风速

（2）风向角。对跨海大桥主跨跨中涡振发生时段内的风向角与风速关系进行分析，结果如图 10.3 所示，其中 45°～225°黑色直线为跨海大桥方位。由图 10.3 可知，涡激振动发生时，风向角主要分布在 300°～330°与 120°～150°，且风向角方向基本上与桥梁位置垂直。涡激振动的风向角具有特异性，即只有风向角在一定范围时才可能发生涡激振动，能作为涡激振动预警分析的特征参数。

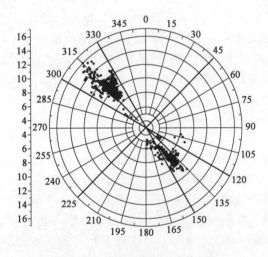

图 10.3　涡激振动风速风向散点图

(3)风攻角、湍流度、阵风因子。对跨海大桥左幅涡激振动与正常振动时的风攻角、湍流度及阵风因子进行对比分析,结果如图10.4所示。由图10.4可知:①主桥全年风攻角分布范围在 $-10°\sim 20°$,发生涡激振动时风攻角的分布范围主要集中在 $0°$ 附近和 $10°\sim 15°$。风攻角虽有特异性,但是部分数据明显已经超出合理范围 $15°$ 以上,说明桥梁开始振动后,风攻角数据会被极大影响,不利于数据分析。因此,风攻角参数不宜作为涡激振动预警分析的参数。②桥梁在正常振动和涡激振动时的湍流度和阵风因子参数基本重叠,很难从湍流度和阵风因子角度来区分是否涡激振动,因此,湍流度和阵风因子均不宜作为涡激振动预警分析的特征参数。

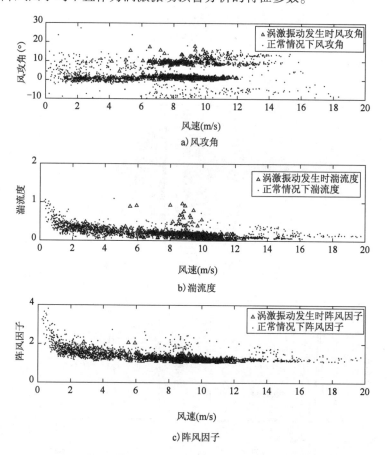

图10.4 左幅跨中涡激振动与正常振动风场参数特性

10.3.2 结构振动响应分析

1)能量集中系数

选取某次涡激振动样本为分析对象,分别提取涡激振动前主梁正常振动的加速度时程(如图10.5红色曲线所示)和发生涡激振动是主梁加速度时程(如图10.5黄色曲线所示),对其进行频谱分析,识别主桥的振动模态,分析结果如图10.6所示。桥梁在正常振动下为多种模态混合作用,频谱分析结果显示主要有4阶主要振动模态,对应的振动频率分别是0.1221Hz、0.2319Hz、0.3296Hz、0.4333Hz;当涡激振动发生时,桥梁的某阶频率和气流涡旋的脱落频率一致,导致桥梁和气流的共振,因此频谱分析显示主梁仅有一阶模态占主导,为0.3235Hz,并以这阶模态的振动一致持续至涡激振动结束。根据以上分析可知,在桥梁正常振动向涡激振动发生的过程中,是一个由多模态振动转变为单模态振动的变化过程。

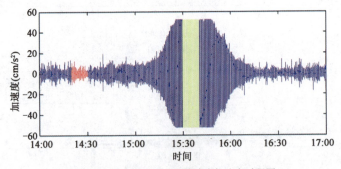

图10.5 某次涡激振动主跨跨中加速度时程图

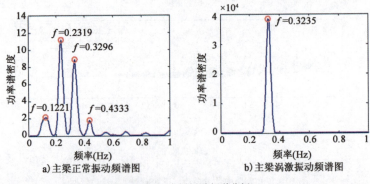

图10.6 主梁振动频谱分析

通过定义能量集中系数(功率谱密度之比)来体现结构振动模态的变化情况。当涡激振动发生时,频谱分析显示主梁由多种振动模态共存逐渐变化为仅有一阶模态占主导,并以这阶模态的振动一致持续至涡激振动结束。为表征涡激振动过程中振动模态的变化,记某段时间范围内主梁加速度数据频谱分析中峰值最大的功率谱密度记为 W_{P1},峰值第二大的功率谱密度记为 W_{P2},能量集中系数为功率谱密度之比 W_{P2}/W_{P1}。提取 2013～2015 年内发生的 100 次涡激振动事件和部分桥梁结构正常振动的 W_{P2}/W_{P1} 值,两者对比结果如图 10.7 所示。

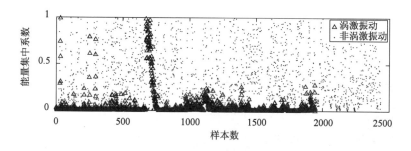

图 10.7　涡激振动与非涡激振动能量集中系数 W_{P2}/W_{P1} 对比

由图 10.7 可知:正常振动过程中 W_{P2}/W_{P1} 值绝大多数为 0.1～1,涡激振动发生过程中 W_{P2}/W_{P1} 值基本为 0～0.1。因为振动采集问题、外界荷载的随机性、掺杂的噪声等问题,使该时段的结构振动成分复杂,包含多个频率成分在内。因此,W_{P2}/W_{P1} 值在涡激振动发生过程中也可能存在少数情况下多种模态共存的情况。

2)加速度均方根值(RMS)

提取 2013～2015 年所有涡激振动样本与相应的桥梁正常振动过程中 RMS 值,两者的对比如图 10.8 所示。由图 10.8 可知:涡激振动发生过程中,主桥振动 RMS 几乎都在 $5cm/s^2$ 以上;对于正常振动的 RMS 而言,变化范围为 0～$10cm/s^2$,绝大部分 RMS 值在 $5cm/s^2$ 以下。因此,RMS 值可以作为涡激振动预警的一个反映振动幅度的重要参数。当 RMS 值达到 $5cm/s^2$ 以上并且在一段时间内 RMS 值呈现不断增加的趋势时,可以初步判断为涡激振动的起振阶段,结合风速、风向角、能量集中系数等参数可以确定涡激振动是否发生。

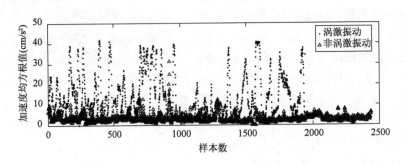

图 10.8 涡激振动与非涡激振动加速度 RMS 对比

10.4 涡激振动动态监控模型

10.4.1 综合判定方法

涡激振动综合判定方法主要分为两大部分,一是风速分析模块,该部分是基于风速实时监测数据的初步判断,以顺风向平均风速和风向角两个参数为判断依据;二是加速度分析模块,该部分是基于加速度实时监测数据的二次判断,以加速度 RMS 和能量集中系数 W_{P1}/W_{P2} 两个参数为判断依据。

1) 风速分析模块

根据跨海大桥原有监测系统数据的分析可知,涡激振动发生时顺风向风速主要集中在 4～13m/s。风向角主要分布在于桥址垂直的方向,在 300°～330°与 120°～150°之间。当桥址处自然风满足这两个条件时,发生涡激振动的可能性最大。桥梁规范中对风参数进行分析时通常取 10min 为分析周期。当顺风向平均风速和风向角两者计算结果满足上述涡激振动发生条件时,则进入加速度分析模块进行进一步分析,如果不满足则继续对后 10min 风速数据进行动态监测。

假定风速传感器布设有 m 个,在涡激振动风速数据中评价指标为平均风速与风向角,令 $\alpha_i, \beta_i (i=1,2,\cdots,m)$ 分别表示第 i 号传感器平均风速和风向角是否满足涡激振动的条件参数,当条件满足时其值为 1,否则为

0，即

$$\alpha_i = 1/\beta_i = 1, 风速/风向角满足涡激振动发生条件$$
$$\alpha_i = 0/\beta_i = 0, 风速/风向角不满足涡激振动发生条件$$

所有传感器满足涡激振动发生的风速与风向角的条件参数个数为 $2 \times m$ 个。而涡激振动发生过程中同时满足所有条件的可能性较小，而且往往涡激振动只满足几个条件，初步选取风参数分析阈值为 m，即满足下式则认定为发生涡激振动。

$$\sum_{i=1}^{m}\alpha_i + \sum_{i=1}^{m}\beta_i \geq m \quad (i=1,2,\cdots,m) \tag{10.1}$$

2）加速度分析模块

加速度分析模块中主要有两个参数，一是能量集中系数 W_{p1}/W_{p2}，其定义为主梁振动频谱图中能量第二与第一的模态所对应的功率谱密度比值，表征了桥梁是否为单模态振动，W_{p1}/W_{p2} 等于或接近于 0 表示桥梁振动中仅仅包含一种模态，即共振状态（涡激振动）。初定 $W_{p1}/W_{p2} < 0.1$ 为涡激振动发生的判断依据；第二个参数为加速度 RMS，其表征为某段时间内桥梁振动幅度波动的大小，以加速度 RMS 达到 5cm/s^2 作为判断涡激振动发生与否的条件。为满足预警需要，加速度分析采取 2min 为分析时距。假定加速度传感器布设有 n 个，同理令 $\mu_j, \nu_j (j=1,2,\cdots,n)$ 分别表示第 j 号传感器能量集中系数与加速度 RMS 是否满足涡激振动的条件参数，当条件满足时其值为 1，否则为 0。所有加速度传感器满足涡激振动发生的振动特性条件参数个数为 $2 \times n$ 个。初步选取振动特性条件参数分析阈值为 n，即满足下式则认定为发生涡激振动。

$$\sum_{j=1}^{n}\mu_j + \sum_{j=1}^{n}\nu_j \geq n \quad (j=1,2,\cdots,n) \tag{10.2}$$

自 2013~2015 年根据大桥监测数据显示以及现场管理人员记录，大桥共发生涡激振动 100 次，其中剔除数据缺失的事件，完整记录涡激振动事件 75 次，采用涡激振动综合判定方法对该 75 次事件进行模拟判定分析，共识别出其中涡激振动事件 54 次，未识别出 21 次，识别正确率 72%，具体识别情况如图 10.9 所示。

10.4.2 RMS 趋势分析方法

通过对实测数据的实时处理分析，发现涡激振动综合判定方法是对当前分析时间段是否发生涡激振动进行判断,即在涡激振动开始后的较短时间内实现了其预警,但是一个完整的涡激振动事件而言,该方法对于其中每个分析时段(十分钟)均属于独立的涡激振动事件判定,且并未对下一步发展变化趋势(持续振动或结束)进行判断,进而实现涡激振动全过程的动态监控。因此,有必要对动态监控模型进行进一步补充完善。

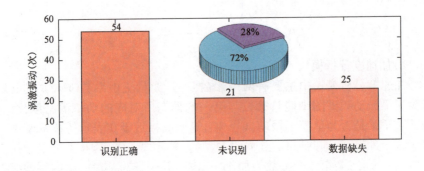

图 10.9　历史涡激振动事件识别结果

涡激振动发生过程中,主桥振动 RMS 几乎都在 $5cm/s^2$ 以上;对于非涡激振动的 RMS 而言,变化范围在 $0\sim10cm/s^2$ 之间,绝大部分 RMS 值在 $5cm/s^2$ 以下,涡激振动发生过程中 RMS 值呈现先增大后减小的趋势,呈现明显的波峰,这是加速度 RMS 值成为涡激振动分析参数的重要原因。利用加速度 RMS 的这一变化特性,对其进行拟合,可以反映出涡激振动随时间的变化趋势,趋势分析并非精确的拟合,而是判断参数未来的变化走向。因此,选择加速度 RMS 作为涡激振动发展变化趋势分析的特征参数。图 10.10 为某次涡激振动各分析时距实测加速度 RMS 及其拟合曲线,涡激振动从 18:16 开始至 19:26 结束,总共持续约 70min,起振点为实测加速度标准差曲线与加速度标准差阈值的交点,以 10min 为分析时距,共计 7 个分析时段,每个分析时段对当前分析时段及之前一段时间内的加速度标准差数据进行拟合,从而获得下个分析时段加速度标准差的拟合值,若其拟合值超过 RMS 条件参数阈值,则预测下一个分析时段将会发生涡激振动,反之则不发生涡激振动,并依此类推直至本次涡激振动结束。图中拟合曲线 1 代表分析时段 18:16~18:26 的拟合预测结果,其拟合值超过了加速度 RMS 条件参数阈值,说明下一个分析时段 18:26~18:36 将会发生涡激振动。拟合曲线 7 代表 19:16~19:26 分析时段的拟合预测结果,其拟合值未超过加速度 RMS 条件参数阈值,说明下一个分析时段 19:26~19:36 将不会发生涡激振动,也即本次涡激振动结束。从起振开始的拟合曲线 1 到涡激振动结束的拟合曲线 7,较好地反映了涡激振动过程中加速度 RMS 随着时间推移的发展变化趋势。因此,加速度 RMS 值可作为涡激振动发展变化趋势的特征参数。

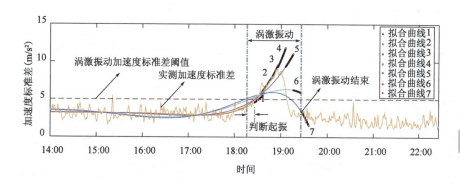

图 10.10　实测加速度 RMS 及其拟合曲线

10.4.3　动态监控模型框架

在涡激振动综合判定方法两大分析模块的基础上,结合趋势分析模块,当程序通过风速和加速度分析模块判断当前时段内发生涡激振动时,在涡激振动预警的同时进入趋势分析模块。在第一个分析时段起振后保存其一段时间内的加速度 RMS 数据(RMS 求解时距可以是 1min、2min,保证合理的拟合数据点数量),假设涡激振动的分析时距是 10min,则一个分析时距内有 10 个或 5 个加速度 RMS 数据,通过拟合当前数据曲线,分析加速度 RMS 变化趋势,预测下个涡激振动分析时距的 RMS 值,若拟合的 RMS 值达到涡激振动发生的条件参数阈值,则可认为下个分析时距将发生涡激振动,如此循环,直到本次涡激振动结束。涡激振动动态监控模型框架如图 10.11 所示,分析程序采用 MATLAB 编写实现。

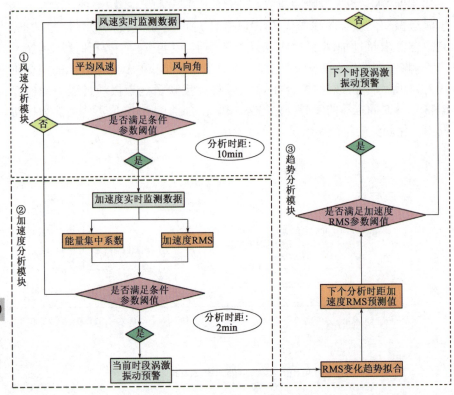

图 10.11 涡激振动动态监控模型框架

10.5 涡激振动预警分级

10.5.1 行人舒适度

目前在国内外的桥梁设计规范中只有文献[10](简称《中国规范》)、文献[11](简称《日本指南》)以及文献[12](简称《英国法则》)对主梁涡振限值做了直接规定。此外,Irwin[13]在 RWDI 公司的技术报告中介绍了在北美和英国通常采用的主梁涡振限值。《中国规范》采用和《日本指南》相同的涡振限值,其规定主梁涡振容许振幅为:

$$h_a = \frac{0.04}{f_b} \tag{10.3}$$

式中：h_a——主梁涡振容许振幅；

f_b——主梁涡振频率。

因为桥梁涡振一般表现为单一模态的简谐振动，所以竖向涡振位移响应可以用正弦函数或余弦函数近似表示，相应的加速度幅值容许值则可由位移幅值容许值乘以涡振圆频率的平方得到，即：

$$A_a = \frac{0.04}{f_b}\omega_b^2 = \frac{0.04}{f_b}(4\pi^2 f_b^2) = 1.58 f_b \tag{10.4}$$

式中：A_a——主梁涡振容许加速度幅值；

ω_b——主梁涡振圆频率。

英国《桥梁空气动力学设计法则》（BD 49/01 Design Rules for Aerodynamic Effects on Bridges)》用动力敏感参数 K_D 来评价桥梁涡振的荷载效应和对行人舒适度的影响：

$$K_D = y_m f_b^2 \tag{10.5}$$

式中：y_m——涡振振幅。

换算主梁振动加速度幅值：

$$A_D = y_m \omega_b^2 = y_m f_b^2 4\pi^2 = 4\pi^2 K_D \tag{10.6}$$

式中：A_D——主梁振动加速度幅值。

其中，K_D 与行人舒适度等级之间的对应关系以及与主梁振动加速度幅值换算关系如表 10.1 所示，当 $K_D > 30 \text{mm/s}^2$ 时就可能导致行人不舒适。西堠门大桥悬索桥涡振共振频率主要发生在第 6 阶，对应的涡激振动频率 f_b 为 0.325Hz，表中补充给出了对应的主梁振动振幅。

K_D 与行人舒适度等级关系　　　　表 10.1

动力敏感参数 K_D （mm/s²）	加速度幅值 A_D （m/s²）	人体表征	振幅 y_m(m) $f_b = 0.325$Hz	备注
1	0.04	稍微有感觉	0.009	
2	0.08	可接受	0.019	
3	0.12	可忍受	0.028	
5	0.20		0.047	

续上表

动力敏感参数 K_D (mm/s^2)	加速度幅值 A_D (m/s^2)	人体表征	振幅 y_m(m) $f_b=0.325 Hz$	备注
10	0.39		0.095	
13	**0.51**	使人感到不愉悦	**0.123**	中国规范涡振振幅限值
20	0.78		0.189	
30	1.18		0.284	
50	1.95	可能存在不舒适	0.473	
100	3.90		0.947	

10.5.2 行车舒适性

目前，国际上广泛用于行车舒适性评价的标准为 ISO2631。此标准对于评价长时间作用的随机振动和多输入点多轴向振动环境对人体的影响时，能与主观感觉更好地符合。许多国家都参照它进行汽车行车舒适性的评价，汽车的行车舒适性主要是汽车在行驶过程中产生的振动和冲击环境对乘员舒适性的影响，因此行车舒适性主要根据乘员主观感觉的舒适性来评价。ISO-2631-3-1985 给出了可能导致运动病的人体振动加速度均方根限值，称为"极度不舒适限定值"（图 10.12），其与人体承受振动的时间及振动频率有关。承受振动的时间分为 3 个等级，分别为 30min、2h 及 8h。因为实际情况中车辆在桥上可能停留的时间通常要小于 30min，因此可以保守地选择"30min 运动病限值"作为考虑车辆乘员舒适性影响的桥梁涡振限值。

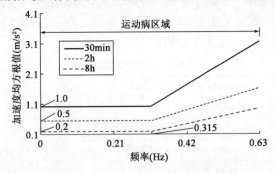

图 10.12　ISO-2631-3-1985 极度不舒适限值

桥梁涡振一般表现为单一模态的简谐振动，加速度均方根值与加速度幅值之间存在简单的换算关系：

$$A_{\text{rms}} = \frac{A}{\sqrt{2}} \quad (10.7)$$

式中：A——加速度幅值；
A_{rms}——加速度均方根值。

对比中国规范主梁涡振容许加速度幅值、英国法则考虑行人舒适性换算的容许加速度幅值以及"30min 运动病限值"对应的换算加速度幅值限值，如图 10.13 所示，从图上可以发现：中国规范与英国法则中的涡振限值均比"30min 运动病限值"严格，同时根据《日本指南》的规定，上式主要用于跨度不大于 200m 的桥梁，对跨径更大的大跨度桥梁是偏于严格的。

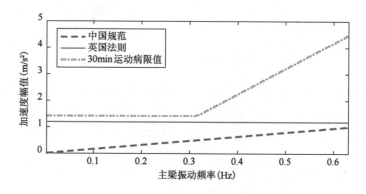

图 10.13　不同规范的涡振限值比较

10.5.3　行车安全性

假定桥梁竖向涡激振动的振型为简谐波形式，计算模型考虑涡振对于行车视线影响的最不利情况，即行驶车辆位于振型曲线的波谷处，此时无论涡振振型包含几个半波，视线被干扰最严重的位置均位于行驶方向上邻近波峰的前方一个半波范围内，由此可以建立行车视线最不利情况的几何模型，如图 10.14 所示。图中 h_a 为竖向涡振振幅，h_1 为驾驶员的视线高度，L_1 为单个半波的长度，从图中可以看出，在车辆行驶方向上邻近波峰前方的一个半波范围内存在一个视觉盲区,即切线 A_1T_1 与振型曲线构成的封闭区域,假设驻点 B_2 位置处的盲区高度 B_1B_2 为 h_3,盲区内最大不可见高度为 h_2,两者存在几何关系:$h_2 = 2h_3$。根据图 10.14 可以近似计算满足桥梁涡振时视觉盲区最大不可见高度大于一定高度的涡振振幅限值 h_a。

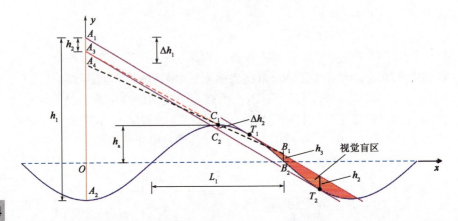

图 10.14　桥梁竖向涡振条件下的驾驶人视距

取驾驶人的目高 $h_1 = 1.2$m,障碍物高 $h_2 = 0.1$m,$\Delta h \approx 0$,由此可得 $h_a \approx 0.275$m。因为 h_a 总是要大于满足上述行车视线要求的涡振限值 h_a,所以可以把 0.275m 看作是 h_a 的一个上限值,由表 10.2 可知其对应的 $K_D < 30$mm/s^2。

10.5.4　涡激振动预警机制

综合以上分析,对大跨度悬索桥涡激振动预警机制的建立选择参照英国《桥梁空气动力学设计法则》。根据指标动力敏感参数 K_D 制定相应的预警机制,如表 10.2 所示。大跨缆索承重桥梁涡激振动预警级别设置为五个级别,分别对应于不同的动力敏感参数指标。对于指标 $K_D < 5$ 的涡振,振动幅度小,对行车行人影响较小;指标 K_D 在 5~10 之间的涡振,建议密切关注跨中振幅。对于三级及以及涡振预警,系统设置自动、及时上报桥梁管养部门的预警机制,当安装在桥梁上的涡激振动动态监控模型预测到涡振发生时,软件会立即生成预警日志发送至管养部门,当指标 K_D 在 10~15 之间时,发布预警信息,建议车辆减速慢行;当指标 K_D 在 15~30 之间时,建议管

养部门在桥跨中间显示屏上提醒车辆减速慢行,保持车距,停止桥上人员作业;当指标 $K_D \geqslant 30$ 时,建议管养部门短时间中断交通,禁止车辆行人通过以保证人员安全。

大跨缆索承重桥梁涡激振动预警级别　　　　　表 10.2

指标 K_D	预警级别	预 警 描 述
<5	五级	振动幅度小,不预警
5~10	四级	建议密切关注跨中振幅
10~15	三级	发布预警信息,建议车辆减速慢行
15~30	二级	上报桥梁管养部门,显示屏提醒车辆减速慢行,保持车距,停止桥上人员作业
≥30	一级	振幅较大,建议中断交通,禁止车辆行人通过

对于行车安全性指标涡振振幅限值 h_a,换算动力敏感参数 K_D 对应为涡激振动二级预警,不再单列。

10.6　工程应用

10.6.1　涡激振动动态监控系统

通过对日常观测的大量资料进行处理分析,在研究产生涡激振动主要因素的基础上,建立了基于综合判定方法与趋势分析的大跨度缆索承重桥梁涡激振动动态监控模型。但是,由于风速和加速度传数据的存储频率较低以及部分数据存在"截断"现象等问题,原有大桥结构监测系统已经无法满足涡激振动预警时效性、测量量程等方面的需求。为了及时准确地掌握涡激振动相关数据,并对数据进行分析和实时预警,建立了一套独立的涡激振动动态监控系统。此外,新的动态监控系统还对振动加速度测点位置进行了优化。由于桥梁振动特性测量时加速度传感器一般按照结构振型布置在变位较大的部位,即布置在结构振型的峰值点或峰谷点,且应避开各阶振型的节点。考虑到主梁涡激振动绝大部分为主桥第 6 阶振动模态(3.5 个波,如图 10.15 所示),因此在加速度监测点合理的位置应该选择主跨 $3L/8$、$L/2$ 和 $5L/8$。

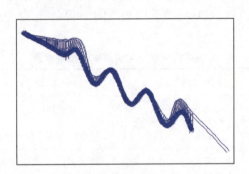

图 10.15　第 6 阶主梁、主缆竖向弯曲(3.5 个波, $f=0.327$Hz)

为便于安装与维护,在横桥方向上,整个系统均安装在由南往北方向的检修通道区域。沿纵桥梁向,在主跨跨中位置安装监测机柜(内置 1 台 4G 通信模块、1 台工控机和 1 台采集仪)、1 个风速仪和 1 个加速度计,在主跨跨中附近的 2 个八分点位置各安装 1 个加速度计。所有监测设备通过夹具与栏杆立柱进行栓接固定。系统安装位置及现场安装情况如图 10.16、图 10.17 所示。

10.6.2　系统数据有效性

为了验证涡激振动动态监控系统数据的有效性,对比了其与原桥梁健康监测系统某次涡激振动(15∶10~16∶40)事件的风速、风向与加速度数据,如图 10.18 所示。从图中可以看出,两者在数据变化规律、数值大小上都较为接近。因此,涡激振动动态监控系统监测数据适用于涡激振动动态监控模型。

10.6.3　实测涡激振动参数分析

选取 2017 年某次典型涡激振动事件,分别计算其风速、风向角、加速度 RMS 以及能量集中系数,如图 10.19 所示。涡激振动事件风速风别在 7~9m/s 范围内,风向角基本在 105°~135°与 285°~330°之间,除涡激振动即将结束的时段,其他时段加速度 RMS 基本在 5m/s^2 以上,能量集中系数均在 0.1 以下,与 2013~2015 年数据统计分析规律相符。

第 10 章 大跨度悬索桥主梁涡激振动动态监控

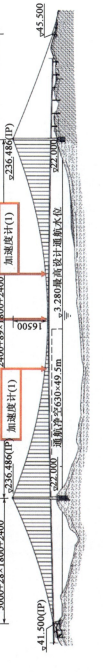

图10.16 系统安装位置

图 10.17 系统设备现场安装

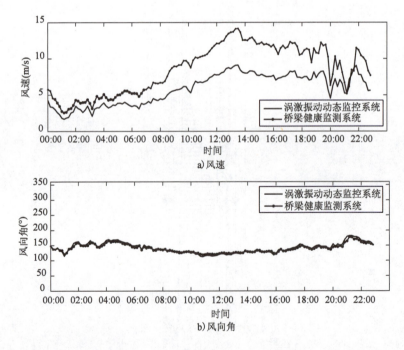

a) 风速

b) 风向角

图 10.18

第10章 大跨度悬索桥主梁涡激振动动态监控

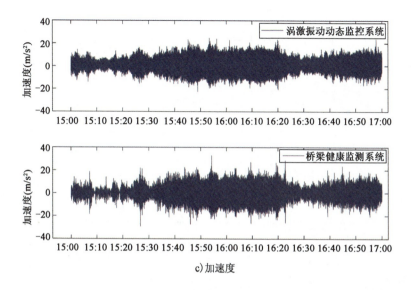

c) 加速度

图 10.18 数据有效性对比

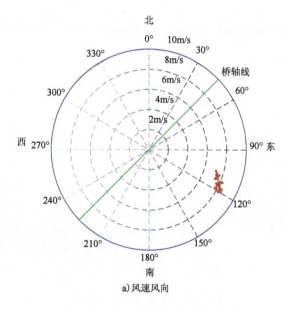

a) 风速风向

图 10.19

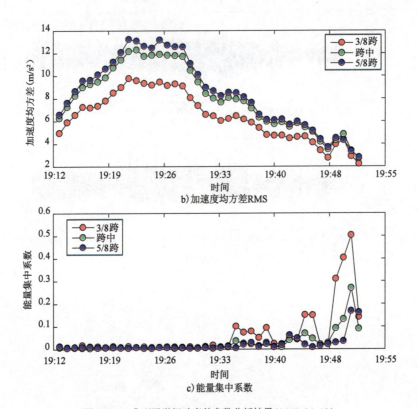

图 10.19 典型涡激振动事件参数分析结果(2017.04.13)

10.6.4 模型运行效果分析

涡激振动动态监控系统安装 1 个风速风向传感器和 3 个振动加速度传感器,涡激振动风速数据中评价指标为平均风速与风向角,加速度数据中评价指标为能量集中系数与加速度 RMS,因此风速数据的条件参数共 $1 \times 2 = 2$ 个,加速度数据的条件参数共 $3 \times 2 = 6$ 个,经过现场实测数据的反复测试,模型选取了风速与风向数据满足 1 个条件参数,能量集中系数与加速度 RMS 数据各满足 2 个条件参数,即:

$$\sum_{i=1}^{1}\alpha_i + \sum_{i=1}^{1}\beta_i \geqslant 1 \quad (i=1) \qquad (10.8)$$

$$\sum_{j=1}^{3}u_j + \sum_{j=1}^{3}v_j \geqslant 4 \quad (j=1,2,3) \qquad (10.9)$$

1) 涡激振动识别结果

根据2017年舟山跨海大桥结构监测系统数据分析报告显示,2017年跨海大桥共计发生25次涡激振动,识别结果如表10.3所示。从表中可知:2017年涡激振动预警级别在五级~三级之间,其中三级预警3次,说明大桥涡激振动振幅在一定的容许范围内;以10min分析时据识别涡激振动22次,识别准确率为88%。对于少数持续时间较短的涡激振动,可能需要调整分析时距以提高准确率。

大跨缆索承重桥梁涡激振动预警级别　　　表10.3

序号	2017年监测数据分析报告		持续时间(min)	10min分析时距		
	开始时间	结束时间		识别持续时间(min)	是否识别	预警级别
1	2017-01-22 01:10	2017-01-22 01:30	20	20	是	五级
2	2017-01-22 02:00	2017-01-22 02:40	40	40	是	五级
3	2017-02-15 13:30	2017-02-15 13:40	10	10	是	五级
4	2017-02-15 14:30	2017-02-15 14:40	10	10	是	五级
5	2017-03-03 13:30	2017-03-03 13:50	20	20	是	五级
6	2017-03-03 18:00	2017-03-03 19:00	60	50	是	五级
7	2017-04-13 19:00	2017-04-13 19:40	40	30	是	五级
8	2017-05-19 17:30	2017-05-19 17:50	20	20	是	五级
9	2017-05-19 18:20	2017-05-19 20:10	110	110	是	五级
10	2017-05-20 16:00	2017-05-20 16:50	50	50	是	五级
11	2017-05-20 21:10	2017-05-20 21:20	10	—	否	—
12	**2017-05-30 11:10**	**2017-05-30 14:00**	**170**	**180**	**是**	**三级**
13	2017-07-15 14:50	2017-07-15 15:50	60	30	是	四级
14	**2017-07-15 16:50**	**2017-07-15 18:10**	**80**	**120**	**是**	**三级**
15	2017-07-16 13:30	2017-07-16 14:10	40	50	是	五级
16	2017-07-16 16:30	2017-07-16 16:50	20	—	否	—
17	2017-07-18 01:50	2017-07-18 02:30	40	50	是	五级
18	2017-08-03 15:00	2017-08-03 16:00	60	60	是	五级
19	2017-09-05 19:00	2017-09-05 21:10	130	100	是	四级
20	2017-09-17 02:00	2017-09-17 02:30	30	30	是	五级
21	2017-09-17 07:00	2017-09-17 10:30	210	210	是	四级

续上表

序号	2017年监测数据分析报告		持续时间（min）	10min 分析时距		
	开始时间	结束时间		识别持续时间（min）	是否识别	预警级别
22	2017-09-19 06:20	2017-09-19 07:00	40	40	是	五级
23	2017-09-19 17:50	2017-09-19 18:10	20	—	否	—
24	**2017-09-19 19:10**	**2017-09-19 22:00**	**170**	**170**	**是**	**三级**
25	2017-09-27 13:00	2017-09-27 14:30	90	80	是	五级
识别准确率				88.00%		

2) 趋势性分析结果

趋势分析准确率表示涡激振动趋势分析与判定结果的一致性程度，其计算表达式为：

$$P = \frac{N_e}{N} \times 100\% \qquad (10.10)$$

式中：P——趋势分析准确率；

N_e——涡激振动中趋势分析与判断一致的次数；

N——涡激振动的总趋势分析次数。

系统经过2017年1月~2018年9月一年多时间在跨海大桥上的实际运行，实时监测到的涡激振动事件共有32起，其实测分析结果如图10.20所示。涡激振动动态监控模型预测性分析结果与判定性分析结果相一致的准确率达到了85%以上。从测试结果来看，动态监控模型可以较好地反映下个分析时段内涡激振动发展趋势，可用于对涡激振动全过程进行动态监控。

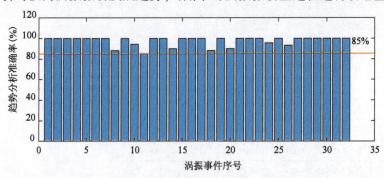

图10.20 趋势性分析准确率统计结果

10.7 结语

本章从结构长期健康监测数据出发，对涡激振动风场参数和振动特性进行了深度挖掘，提取涡激振动中的特征监测参数及其数值分布规律，依此建立了综合判定方法与趋势分析相结合的涡激振动动态监控模型，并从行人舒适度、行车舒适性以及行车安全性角度考虑分析，建立了大跨度桥梁涡激振动预警机制。主要内容与结论如下：

(1) 通过对风场参数顺风向平均风速、竖向平均风速、风向角、风攻角、湍流度、阵风因子以及振动响应参数能量集中系数 W_{P2}/W_{P1}、加速度 RMS 的长期监测数据进行分析可知：

① 涡激振动发生时顺风向平均风速主要集中在 $4 \sim 13 \text{m/s}$，风向角主要分布在 $300° \sim 330°$ 与 $120° \sim 150°$ 之间，且风向基本上与桥梁位置垂直；

② 涡激振动发生时能量集中系数 W_{P2}/W_{P1} 基本上小于 0.1 且接近于 0；

③ 发生涡激振动时加速度均方根值基本上大于 5cm/s^2，且呈现出明显的波峰。因此，顺风向平均风速、风向角、能量集中系数以及加速度 RMS 可作为涡激振动分析判定的特征参数。

(2) 根据特征参数提出了分风速数据分析模块与加速度数据分析模块两步的涡激振动综合判定方法，并以 RMS 作为趋势分析的特征参数，建立了涡激振动动态监控模型。

(3) 分别从行人舒适度、行车舒适性以及行车安全性角度考虑分析，提出了以动力敏感参数 K_D 评估涡激振动对行车行人舒适度影响程度的方法，并制定了相应的涡激振动预警机制以及对应交通管理建议。

(4) 通过建立独立的涡激振动动态监控系统，并依托大桥近一年半时间的实际运行取得较好的应用效果，实测涡激振动特征参数结果与分析规律相符，2017 年涡激振动动态监控系统实际监测到发生涡激振动 22 次，除数据缺失以外未识别的涡激振动 3 次，涡振事件识别准确率达 88%，涡振趋势性分析的准确率达 85% 以上。

本章参考文献

[1] Svend Ole Hansen, Robin George Srouji, Bjorn Isaksen, Kristian Berntsen. Vortex-induced vibrations of streamlined single box girder bridge decks. 14th International Conference on Wind Engineering, 2015.

[2] 葛耀君,陈政清,李惠,等. 大跨桥梁的风致灾变[M]. 北京:科学出版社,2016.

[3] Q. Zhu, Y. L. Xu, L. D. Zhu, H. Li, Vortex-induced vibration analysis of long-span bridges with twin-box decks under non-uniformly distributed turbulent winds. Journal of Wind Engineering and Industrial Aerodynamics, Volume 172, 2018, 31-41.

[4] 李惠,鲍跃全,李顺龙,等. 结构健康监测数据科学与工程[M]. 北京:科学出版社,2016.

[5] 许福友,丁威,姜峰,等. 大跨度桥梁涡激振动研究进展与展望[J]. 振动与冲击,2010,29(10):40-49.

[6] Shanwu Li, Shujin Laima, Hui Li. Cluster analysis of winds and wind-induced vibrations on a long-span bridge based on long-term field monitoring data[J]. Engineering Structures,2017(138):245-259.

[7] Shanwu Li, Shujin Laima, Hui Li. Data-driven modeling of vortex-induced vibration of a long-span suspension bridge using decision tree learning and support vector regression[J]. Journal of Wind Engineering & Industrial Aerodynamics, 2017.

[8] Hui Li, Shujin Laima, Qiangqiang Zhang, et al. Field monitoring and validation of vortex-induced vibrations of a long-span suspension bridge. J. Wind Eng. Ind. Aerodyn. 124 (2014) 54-67.

[9] Hui Li, Shujin Laima, Jinping Ou, et al. Investigation of vortex-induced vibration of a suspension bridge with two separated steel box girders based on field measurements [J]. Engineering Structures, 2011, 33 (6): 1894-1907.

[10] 中华人民共和国行业标准. JTG/T D60-01—2004 公路桥梁抗风设计规范[S]. 北京:人民交通出版社,2004.

[11] SATO H. Wind Resistant Design Manual for Highway Bridges in Japan [J]. Journal of Wind Engineering and Industrial Areodynamics, 2003, 91 (12): 1499-1509.

[12] BD 49/01, Design Rules for Aerodynamic Effects on Bridges [S].

[13] IRWIN P A. Motion Criteria [R]. Ontario: Technical Notes of the Rowan Williams Davices & Irwin inc., 1999.

田浩 博士

博士，高级工程师。2000～2009年就读于同济大学桥梁与隧道工程系，2009年获得同济大学工学博士学位，2010～2011年于美国里海大学ATLSS国家级工程技术研究中心从事博士后研究，2011年至今于浙江省交通运输科学研究院工作，现为浙江省交通运输科学研究院桥隧工程研究所所长、工程试验检测中心主任、浙江省道桥检测与养护技术重点实验室副主任。

主要从事大跨桥梁结构健康监测数据分析与安全评估、跨海大桥运营和维护关键技术、结构加固和性能优化等方面的研究。攻博及在美国做博士后期间，作为主要成员先后参与了国家自然科学基金项目——"混凝土桥梁构件耐久性数值模拟"、863计划重大交通基础设施核心技术项目——"基于全寿命周期的混凝土桥梁耐久性能设计方法和过程"、西部交通建设科技项目——"混凝土桥梁耐久性设计方法和设计参数研究"等多项国家级、省部级科研项目。科研项目中已完成鉴定项目5项（成果水平1项国际先进，2项国内领先，2项国内先进），已完成验收项目7项，在研课题10余项。以第一作者完成著作1部（近30万字），参编著作3部。已发表学术论文近40篇，其中SCI收录5篇、EI收录15篇、ISTP收录8篇。获授权发明专利2项、实用新型专利4项、软件著作权9项。

入选交通运输部青年科技英才，浙江省151人才第三层次培养人员，杭州市下城区258人才第一层次培养人员，杭州市临安区812人才第一层次培养人员。获浙江省科技进步三等奖1项、中国公路学会科技进步三等奖1项、浙江省建设科学技术奖二等奖1项、浙江省公路学会科技进步二等奖1项和中国计量测试学会科学技术进步三等奖1项，获2016年度"最美浙江人——青春领袖"提名奖、浙江省交通运输厅"优秀共产党员"、杭州市交通运输协会首届"优秀科技工作者"等荣誉称号。目前为国际桥梁加固与安全协会（IABMAS）会员、国际全寿命土木工程协会（IALCCE）会员、国际桥梁维护与安全协会中国团组理事、浙江省公路学会会员、杭州市交通运输协会专家。

第 11 章 "移动式桥梁综合医院"应用初探

冯良平,李陆蔚,胡斌
中交公路规划设计院有限公司,北京,
100088

11.1 引言

  及时发现桥梁损伤是桥梁管养的核心目标之一。传统的桥梁损伤检测方式以人工巡检为主,这种方式主要适用于小跨径的钢筋混凝土梁桥,而在大跨径的复杂结构桥梁检测中则面临数据获取能力不足的困境,主要表现为人工活动区域限制造成检查盲区、人工巡检周期长的问题从而导致检查频率较低、人工感知手段限制带来的检查数据类型有限,以及突发事件应急检查影响速度不够等。

  相比人工巡检,桥梁健康监测系统利用传感技术,实现了多种类参数定量化实时监测,对桥梁管养提供了强力的技术支撑从而得到了广泛的应用。但同时现阶段的桥梁健康监测系统也存在一定局限性,主要表现为仅能够完成对部分基本项目的稀疏性监测与预警,还具有系统复杂、维护困难等问题。针对于此,短期监测技术可以成为传统的人工巡检和健康监测系统的有力补充,丰富桥梁运维数据的获取途径。

作为运维过程中的个体对象,桥梁结构具有空间固定的特点。相比于人类体检与医病,桥梁健康监测系统可类比为桥梁实时随身佩戴的"健康监测设备",更为适用于老桥或"三特"桥梁,其对关键参数的监控可保证桥梁的基本健康运营。对于一般人来说每年前往医院进行全面体检的需求更大,定期对健康状况进行全面检查就能一定程度保证身体的健康,桥梁同样如此。

若想对桥梁各个细部的健康状况信息做到全面掌握,则更需要建立一家"移动式桥梁综合医院",利用更大量、更先进、更全面的仪器设备,基于快速部署的短期监测技术挖掘更深层次的数据,结合共享理念以轻资产短期租赁使用的经济方式为众多桥梁提供定期、多方位、定制化、短时快捷的综合体检诊治工作,与现有各种数据获取手段形成良性互补,达到更好的桥梁管养运维效果。

一家为人看病的综合医院,有很多的需求,比如检查、诊断、处置、药房、住院等等,而对一家"移动式桥梁综合医院",也将拥有上述功能。本章将集中讨论"移动检查"的问题,即如何将一些有效的装备灵活部署到大桥上,通过一段时间的采集,获取一批有价值的数据来评估在役桥梁的安全运营状况,也即是下文集中探讨的"短期监测"的问题。至于"移动诊断""移动维修""移动处治"等问题,将在今后逐步开展讨论。

11.2 短期监测应用探索

11.2.1 桥梁监测技术发展与应用现状

桥梁结构的使用期限通常长达几十年乃至上百年,在其使用过程中,由于超常荷载、材料老化、构件缺陷等因素的作用,结构将逐渐产生累积损伤,从而使结构的承载能力降低,抵抗自然灾害的能力下降。如遇灾难性荷载作用时,就可能遭受极为严重的破坏,带来重大损失。因此,如能对结构的运行状况进行实时监测,并基于此对结构的工作状态和健康状况做出诊断、识别和预测,将对及时发现结构损伤,预测可能出现的灾害,进而对结构的安全性、可靠性、耐久性和适用性做出评估,具有重要的意义[1]。因此,自20世纪后期以来,国际上出现了针对重要的工程结构的长期健康监测系统。

结构健康监测系统(SHM)是一种持久性安装在结构上的传感和数据采

集、传输、管理、分析等软硬件系统,它综合利用了传感、通信、信息、信号处理、数据管理和系统识别等领域的技术。它以结构的荷载、环境、响应等为监测对象,以及时地掌握和评价结构的健康状态为目标,为认识结构的运营环境和工作机理,识别结构的健康状态,评估结构的性能,指导结构的维护与管理提供了丰富的资料和技术手段。

国际上结构健康监测的研究,大约开始于 20 世纪 50 年代的航空航天和机械领域,至 70 年代末,开始土木工程领域的相关研究。目前,相关领域的新技术在健康监测系统中都得到广泛应用,这些技术的应用使结构健康监测技术得到空前发展,进一步提升了系统的性能,拓宽了系统的应用领域,实现了系统的远程访问和数据共享,为不同用户的需求提供更便捷的服务。自 20 世纪 90 年代以来,结构健康监测已经广泛地应用于大型桥梁,典型的工程案例包括:丹麦 Great Belt Bridge、加拿大 Confederation Bridge、美国 New Benicia Martinez Bridge[2]、日本 Akashi Kaikyo Bridge[3]等。

我国自 20 世纪 90 年代末以来,新建成了一大批大规模桥梁。与此同时,桥梁健康监测系统也随之迅速应用和不断发展[4]。如东海大桥、苏通大桥、上海长江大桥、胶州湾大桥、西堠门大桥、港珠澳大桥等。这些大桥的健康监测系统无论在系统规模,还是在技术水平上都有了空前的发展。

综合来看,主要监测与评估内容包括:①桥梁工作环境的监测——桥址处风速和风向、桥址处环境温度和结构上温度分布状况、交通荷载及其分布状况、地震荷载等;②桥梁整体性能的监测——大桥结构的动力特性,大桥主梁各控制部位的应力和位移状况,如大桥索力;③结构评估——评估大桥即时的结构可靠度。

国内外已建成的桥梁健康监测系统,仍存在少数的缺陷之处,主要集中在以下几个方面:①系统规模上存在可靠性与数据基本需求的矛盾;②传感器方面存在耐久性、稳定性问题;③数据采集与传输方面存在成本与数据可靠性的矛盾;④数据处理方面面临拥有大量数据却难以提取有效信息的困境;⑤结构健康状况评估方面有无法囊括局部缺损评估的难处;⑥存在众多桥梁管理系统难以有机结合的问题等。

11.2.2 短期监测理念及实现

现阶段将短期监测概念应用在桥梁结构性能数据获取与评定上的相关研究仍然较少,短期监测概念早期应用在食品与医疗卫生领域,在交通工程与土木工程领域中,交通流预测方面的应用较为成熟。

对交通流量的特征分析有助于理解区域交通模式,因此,很多国家在如何有效收集交通流量相关数据上下了很大力气,以美国为典型代表[5]。美国交通监测系统包括两个子系统:一个是全国层面上的 HPMS,另一个是各州层面上的 TMS,以此来全面了解交通特征。对交通数据采集方式分为两种:可移动的短期采集(portable short duration counts)和永久的连续采集(permanent continuous counts)。可移动的短期采集是指在较短的时段内利用便携的采集设备采集交通数据,其应确保地理的多样性和覆盖度。连续采集是利用永久安装的采集设备进行连续数据采集,其有助于理解时变、周变、季节性交通模式,并对将短期采集数据合理转换为年度数据估计至关重要。美国交通领域可移动的短期采集是有周期性的全面的覆盖过程,覆盖计划包括在较短的 3 年周期里对全国层面的抽样(sample)和通用(universe)路段进行采集,以满足美国交通监测系统的要求。正是通过这种长短时间、稀疏与密集型数据的互补特性,较为全面地获取了交通流量特征数据,如图 11.1 所示。

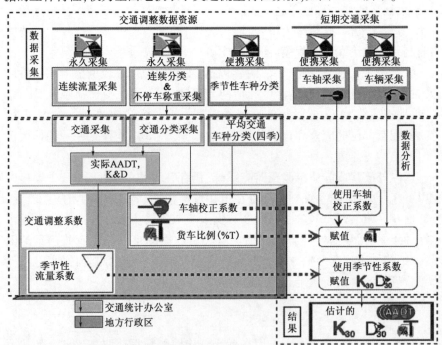

图 11.1　美国交通监测数据通过长短时监测结合获取

他山之石,可以攻玉。在桥梁监测与检测的工作中,同样可以引入短期监测的概念,从数据获取方面与长期健康监测系统形成优势互补,从而完善桥梁健康运维所需要的关键信息。

总体来看,桥梁结构短期监测实施所必需的条件包含以下几个方面:

(1)快速部署、便捷式安装与拆卸能力:短期监测硬件方面的核心竞争力在于模块化,做到小而快。通过事先将仪器的传感器、采集仪以及通信接头模块化,使加工简易的工装将众多离散的功能部署集成,节省大量时间人力物力成本。部署所费时间需要控制在监测时长的1.5%左右(被证实可以实现),否则丧失了短期监测的意义与竞争力。

(2)结构化数据、无线化传输:无论是从现场的可实施性要求还是从今后传感技术的发展方向上,实现采集数据结构化与无线传感都是不可或缺的。实现短期监测的单个无线传感器节点主要需要包含传感器模块、处理器模块、无线通信模块和能量供应模块。数据传输模块采用无线传输系统,可以通过无线方式灵活组建网络,将现场采集到的数据汇集到中继节点或网关,再通过运营商网络(2G/3G/4G/5G)将数据上传至在线监测云平台,实现数据的实时传输。

(3)结合实际工程特点,有针对性设计短期监测方案:现阶段健康监测系统已经逐步完备,其全寿命周期数据具有重要工程意义。短期监测则要根据实际的工程特点,结合运营过程中发现的具体问题,对关键病害形成重点突击,与SHM信息有效互补,发现和解决实际的工程问题,这才是短期监测的意义所在。

综上所述,结合桥梁管养过程中工程信息的各种获取手段,可以初步总结将短期监测技术应用到桥梁管养中,其核心优势(或者说与其他几种信息获取方式的互补之处)在于:

(1)桥梁病害运营过程中暴露,短期监测针对性信息捕捉。

例如对混凝土关键裂缝、钢板疲劳裂缝、梁端偏位、合龙段、单板受力、支反力异常、混凝土牛腿受力裂缝等,建设期全覆盖式监测显然是一种资源浪费,短期监测对关键病害信息的针对性信息捕捉可以成为一种高效且经济的方法。

(2)密集式的传感器布设可以达到更优的评估效果。

健康监测系统获取的数据具有空间稀疏性与时间冗余性的矛盾,且造价过高,传感器耐久性也时常得不到保证。采用大量有效传感器快速密集式部署,短时空间密集型数据有时更能反映出实际工程问题。

(3)监测对象是特定的易损构件,短期监测就能判断性能状况。

特定的易损构件工作性能只需要短期、有针对性、但多方面的系统监测与分析就能够满足实际需求,例如对伸缩缝、支座、斜拉索阻尼器、塔梁阻尼器、除湿机等。

(4)目的是预防性养护,短时间监测就能够发现机理规律。

例如对钢结构温度、车辆荷载、索力荷载、行车安全性与舒适性、关键位置的变形与受力状态以及各数据之间的特征值相关性。

(5)特殊工程事件,需要有针对性的应急短期监测。

例如施工过程中、船撞后、火灾后桥梁结构安全性的应急短期监测等。

11.3 整体结构宏观受力短期监测与分析

11.3.1 研究问题概述

对于桥梁结构工程师而言,评判已投入使用多年的桥梁结构整体受力性能的好坏,最直接的方法是获取桥梁结构在荷载作用下各控制截面的应力及变形,从而确定桥梁结构实际工作状态与设计期望值是否相符。现阶段常见的对于能反映桥梁结构宏观受力性能的数据获取方式主要有以下几种:

(1)荷载试验;

(2)动力特性测试;

(3)基于健康监测数据;

(4)跑车获得影响线数据;

(5)自由流下的桥梁结构弹性体验证。

现阶段前四种方法的应用更为成熟,例如荷载试验与对桥梁结构影响线测定均能取得很好的数据信息,有效地支撑桥梁结构宏观受力的评定,但在"三特"桥梁上开展荷载试验存在直接成本与间接成本较高昂的问题。动力特性测试与基于健康监测数据的桥梁刚度判定,是基于某单一数据,并不提供结构工程师最直观的"受力—变形—应力"的数据结构,在可使用程度上存在一定欠缺。

针对此种情况,探索是否可以在不中断交通的前提条件下(即自由流),

利用短期监测技术获取桥梁结构的宏观"受力-变形-应力"数据,基于统计学原理,对桥梁结构的弹性体系受力效果进行验证,从而达到确定桥梁结构实际工作状态与设计期望值是否相符的最终目的,对桥梁结构宏观受力性能进行评定。

具体而言,主要关注自由流下桥梁结构宏观受力两方面特征信息:
(1) 桥梁结构响应是否超过了设计包络的上限或下限;
(2) 桥梁结构弹性受力情况是否符合设计预期。

11.3.2 短期监测实施原理与方法

从 20 世纪 90 年代开始,我国就开始了光纤传感技术的应用研究。FBG 光纤传感器、法布里-珀罗光纤传感器、Michelson 光纤传感器等已先后应用于桥梁检测中。但这些光纤均不属于真正意义上的分布式传感器。BOTDR (Brillouin Optical Time Domain Reflectometer) 光纤应变监测技术,是国际上近几年研发成熟的一项分布式光纤无损传感监测技术。该技术特别适合于对大型基础工程设施进行远程分布式应变检测和监控,日本、加拿大、瑞士等国已将其应用于桩基、隧道、堤岸等工程的应变检测和监控中,并已证明了这一技术的有效性和优越性[6,7]。我国自 2001 年从日本引进这一技术后开展了一系列的实验研究,验证了该技术应用于桥梁监测的可行性。

分布式光纤应变监测是一种新型光纤传感方法,可用来对结构体表面的应变量进行监测,一般由解调仪和传感光纤(光缆)两部分组成,如图 11.2 所示。解调仪发出泵浦光和探测光(斯托克斯光)两路光,分别从光纤的两端注入传感光纤中。当两路光的频率差落在布里渊光谱内时,光纤中产生

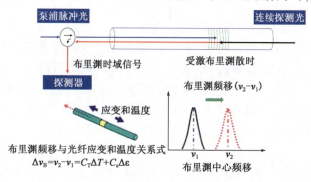

图 11.2 分布式光纤应变监测原理

受激布里渊效应,能量从泵浦光向探测光发生转移,使探测光受到增益,背向散射的探测光的时域分布反映出光纤各位置点所受布里渊增益的情况,测得光纤各点的布里渊频移值,即可测得光纤各点所受应变。

以某跨江大桥为背景工程,采用了一款基于布里渊散射和光时域散射原理而研发的分布式监测 YS-BA 型主机,对大桥开展长距离的分布式应变与温度的实时在线监测。分布式光纤应变监测系统参数见表 11.1

分布式光纤应变监测系统参数　　　　表 11.1

名　称		布里渊传感信号分析仪	
型号		YS-BA	
封装外形		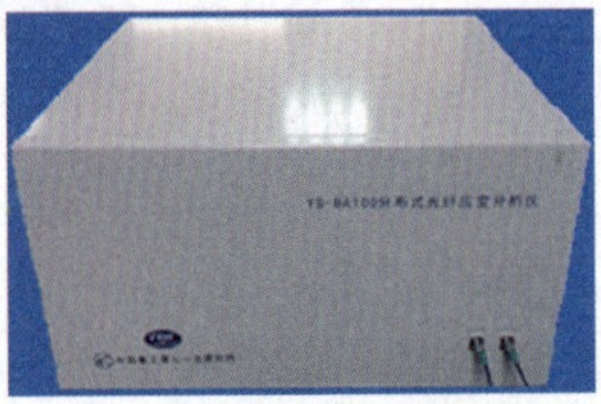	
通道数	2(可定制)	应变量程	±30000με(取决于光缆)
测量范围	60km(往返)	应变精度	±5με
空间分辨率	0.1~50m	扫描频率	1~100Hz (最高 1000Hz,可定制)
测量时间	20s~3min	连接形式	FC/PC 或其他可选
测温范围	−270~1600℃ (取决于光缆)	工作环境	温度:−10~+50℃; 湿度:0%~80%,无凝结

为了掌握自由流下关键部位的应变信息,对背景工程主跨和边跨在钢箱梁梁底铺设分布式传感光缆,如图 11.3 所示。光缆沿梁底设有 2 根纵向光缆(另有 2 根等长度温度补偿光纤),纵向光缆铺设时沿加劲肋和横隔板之间的过焊孔穿出。此外,考虑到温度对分布式光纤传感监测系统的影响,在应变光缆附近加入没有感受应力变化的测温光缆,以确保应变数据的准确性,温度传感光缆和应变传感光缆通过串联形成回路,以 2 根引线的形式引出。

将传感光缆从钢箱梁内引出然后与输出光缆相连接,传感光缆与传输光缆之间通过特种铠装光缆和缓冲保护基材进行保护,并引入接线盒中进行保护。然后沿桥梁中间的线槽引至桥头,再将分布式光纤解调仪泵浦光、探测光接头分别接入传感光缆的两端。分布式光纤现场采集实时数据如图11.4所示。

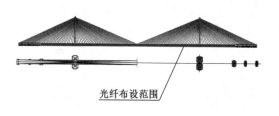

图11.3 分布式光纤布设

图11.4 分布式光纤现场采集实时数据

桥梁变形信息获取方面,桥梁挠度测量的方法主要有精密水准仪法、全站仪法、百分表法等人工测量方法和倾角仪法、激光光斑法、光电成像法、GPS、惯性测量法等自动测量方法。但这些技术都存在着各自的局限性。近年来,有研究者提出基于连通管原理测量桥梁挠度[8],采用压差式静力水准仪传感器,配合微电子机械系统的单轴倾角传感器测试水位,结合智能芯片技术制造,具有高灵敏度、高精度、高稳定性的优点。RS-485通信技术和计算机技术集合成的桥梁挠度自动监测系统能够对桥梁挠度进行长期、在线、远程、自动监测,且开发难度小,成本低,易于推广应用。

连通管法测量桥梁挠度的原理是在被测点和基准点间安装连通管,将两点间竖直方向上的相对位置变化转换成连通管内液面的变化,利用连通管原理由测得的液面变化反算出被测点相对于基准点竖直方向的位置变化。压差式静力水准仪现场布置如图 11.5 所示。

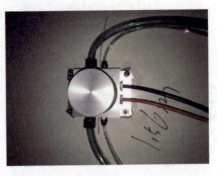

图 11.5 压差式静力水准仪现场布设

基于上述方法与原理，依托于实际工程，获取自由流下桥梁宏观受力中的"荷载—应变—变形"数据，开展短期监测。

11.3.3 评估分析

采用压差式静力水准仪短期监测大桥主梁在自由流下的变形情况，分别在主梁内部上游线、下游线各布置一条测线，相互校验。短期监测周期为半个月。受限于压差式静力水准仪的自身特性，由于流液速度同一时间点下各测点数值并不能反映出精确的各点相对高差，即同一时刻下沿纵桥向监测得到的相对位移为式(11.1)：

$$\chi = [\chi_{ti}, \chi_{tj}, \cdots, \chi_{tn}] \tag{11.1}$$

同样，由于采集频率较低，同一测点相邻两个时间点的测量值并不能认为是近似的时程曲线。但是，如果将各个时间、各个测点的数据离散考虑，其统计规律是有重要意义的，真实精确地反映了在总采集时间内，抽样数量固定的随机抽样值。这些数据所形成的分布概率模型、模型中包含的典型特征信息可以用来评估自由流状态下桥梁的变形能力。

自由流下的结构线形短期监测工作可以有效地评估结构在活载作用下的变形能力，如图 11.6、图 11.7 所示：实测的自由流下的结构各点位移均在理论计算所允许的变形包络范围之内。以跨中点的变形为例，实测的位移变形值最大值为 50cm，占理论允许限值的 29.20%。

如图 11.8 所示，对跨中点挠度建立数值模型，得到对应的 95% 分位值为 −40.25cm，此数值用于结构整体弹性体系验证。

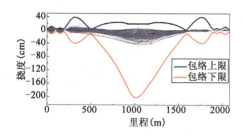

图 11.6 短期监测上游线位移实测包络与理论包络

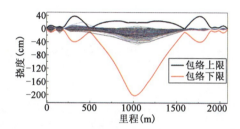

图 11.7 短期监测下游线位移实测包络与理论包络

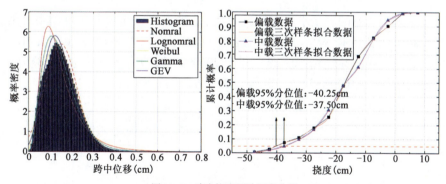

图 11.8 跨中挠度累计概率分析

全桥应变方面,通过对桥梁进行长期应变监测,获得自由流荷载信息对桥梁应变的影响情况,了解结构真实受力状态。自由流监测的时间为 2018 年 2 月 28 日 5:00 至 2018 年 3 月 15 日 12:05,期间对大桥分布式光纤进行连续不间断采集,采样时间间隔为 30min,总共完成 720 次数据采样,采集到的数据为主梁钢箱梁梁底的应变分布。

按规范计算公路 I 级跨中下缘应变包络,图 11.9 所示为中侧与边侧光缆短期监测应变变化曲线,显示出长时间自由车流下,全桥各截面的应变状态与车道荷载包络情况对应良好。

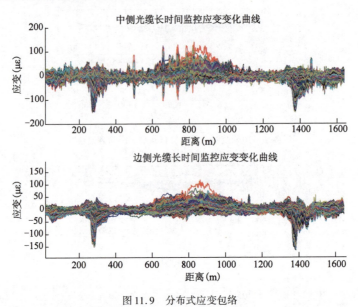

图 11.9　分布式应变包络

对跨中区域的应变水平做统计分析，结果表明威布尔分布可以很好地拟合跨中应变的概率密度函数。如图 11.10 所示，95% 应变分位值对应 67.225 微应变，按照钢结构弹性模量取 206000MPa，折算拉应力为 13.8MPa，占理论包络应力的 24.21%。就关注的两方面问题而言：

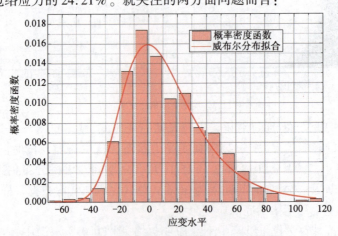

图 11.10　短期监测期间跨中应变概率分布拟合

（1）结构整体实测应力包络曲线与理论计算基本相符，自由流作用下95%分位值得等效应力约占理论允许包络值的24.21%。

（2）由图11.11可知，通过对荷载端的随机车流模拟结果和测算出95%分位值应变值理论对应下挠量为41.40cm，与压差式位移计实测得的位移值95%分位统计值40.25cm弹性对应良好，等效荷载校验系数为0.97，从统计学角度验证了桥梁整体弹性受力与设计预期吻合度较高，桥梁整体力学性能良好。

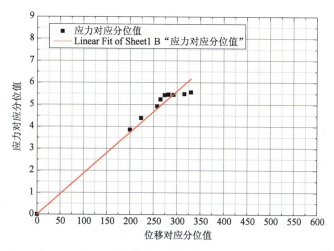

图11.11　位移—应变分位对应关系

（3）图11.9中，可以看出无论是偏载还是中载测线，均有两处压应力尖峰（应力集中），是超出了设计预期的，后经检测验证，是阻尼器转轴限位导致了对主梁底提供了多余的支反力，如图11.12所示，通过短期监测弥补了检测盲区。

图11.12　阻尼器提供了额外支反力

上述数据结果与荷载试验所得到结果相互验证，证明了结论真实可靠。

综上所述，基于短期监测获得的数据结果，采用统计学分析方法对自由流下主桥结构的弹性变形验证是一种全新的思维，拥有巨大的潜力价值，对结构受力的整体与局部问题都有较好的验证与说明，有望在未来成为与荷载试验相辅相成的结构受力性能验证方式。

11.4 混凝土结构关键裂缝短期监测与分析

11.4.1 研究问题概述

混凝土作为目前桥梁工程用量最大的建筑材料，其最大的缺点就是易产生裂缝[9]。目前混凝土结构裂缝问题，是混凝土工程建设普遍的技术问题，而混凝土结构的破坏和桥梁的承载能力极限的到达，也都是从结构裂缝的扩展开始而引起的。关于混凝土工作的研究及大量的工程实践证明，混凝土裂缝是不可避免的，开裂是可以接受的一种材料特性，关键是如何使有害程度控制在某一有效范围内[10]。

在混凝土桥梁结构中，最为关心的是关键受力部位的混凝土开裂，一些桥梁关键受力部位由于设计构造自身的复杂性，一旦发现存在混凝土开裂情况，如何分辨是结构性裂缝还是非结构性裂缝成为桥梁管养的重点问题[11]。从混凝土结构裂缝信息的获取角度，常规做法多采用人工巡检获取：采用桥检车或脚手架达到待检测部位，人工观察发现是否有裂缝的产生；若存在裂缝再采用裂缝显微镜等进行宽度测量，利用超声波、电磁波等技术进行深度测量。在对裂缝的预防性长期监测中，工程师想要达到开裂报警的效果。近年来开展了大量分布式传感技术的研究，目前常用的桥梁开裂报警监测方法有导电涂膜裂缝监测法、分布式裂缝光纤监测法、机敏网格裂缝检测法和声波裂缝检测法等，但由于技术仍有较大潜力可挖掘，现阶段仍存在一定的相对欠缺之处，见表11.2。

分布式裂缝监测方法对比 表11.2

类　型	优　点	缺　点	适用范围
导电涂料	灵敏度高、适应性好、成本低	工艺复杂、抗腐蚀弱	大范围预测裂缝
分布式光纤	抗腐蚀、抗干扰	成本高、光损大	大范围预测裂缝

续上表

类 型	优 点	缺 点	适 用 范 围
机敏网格	灵敏度高、成本低	电磁干扰、工艺复杂	大范围预测裂缝
声波	抗腐蚀、耐久性好	成本高、抗干扰弱	局部测量裂缝

然而在实际工程中,往往问题并没有预想的复杂。健康监测系统中的混凝土裂缝预警技术的瓶颈在于裂缝出现的位置具有一定的不确定性,即使能预先了解可能出现的大概位置也很难达到精确定位。因此,如果预防性的采用传统点式局部传感器,则需要非常多的传感器数量才可能实现对可能开裂区的全覆盖,这在实际工程中是不可能达到的。对于已运营多年的桥梁结构,结合工程知识与经验以及现场人工检测的数据结果,关注的关键裂缝是可以被点式传感器所覆盖的。只要做到点式传感器的快速便携部署,数据的短期监测获取,高密度的大数据分析,就可以对关注问题获取数据支撑,达到混凝土结构关键裂缝病害诊断的效果。

11.4.2 短期监测实施原理与方法

依托于某大桥背景工程,采用振弦式应变计+智能采集器传输的无线传感短期监测方法,对混凝土关键裂缝进行短期监测以获取关键数据。短期监测开展的成功与否,关键在于快速部署、无线监测、云端查看以及数据的深化分析。针对上述的几个方面,传感器与采集仪相关参数见表 11.3 与表 11.4,并根据其轻质的特点开发了便携工装保证测点快速部署,采用无线传感技术结合 4G 云平台达到无线监测如图 11.13 所示。云端平台实现了几大主要功能包括[12]:云采集,在云端汇聚各种传感数据,突破传感器及其硬件限制;云图表,在云端提供各种实时图表,快速掌握监测动态;云预警,在云端设置各种多级预警值,实现实时多级报警;云分析,在云端自动进行多种专业分析,自动形成报表;云配置,在云端可实现传感器、网关状态及配置。在数据的深化分析方面,结合具体的实际工程需求,针对特定问题,以满足实际工程需要为大前提,进行有针对性的评估分析工作。

本次开展的短期监测工作,对某混凝土关键受力 A 区与 B 区均布置了一定数量的测点,现场实施如图 11.14 所示。根据各测点温度数据提取与分析结果表明,在短期监测的 2018.04.14 至 2018.05.03 期间内,整体的大气环境温度从 17℃左右上升到 21℃左右。明确本次监测工作的核心问题是这些受监测裂缝是结构性裂缝还是非结构性裂缝,具体体现在裂缝宽度的几何变化指标与受力、环境参数的关联性上。进而的问题是一旦是结构性裂缝应该采取哪些针对性措施,为此,开展混凝土结构关键裂缝短期监测与分析工作。

振弦式应变计参数　　　　　　　　　表 11.3

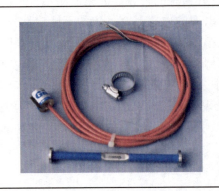

标准量程(με)	3000
非线性度	直线:≤0.1% FS 非线性:≤0.5% FS
灵敏度(με)	1
温度范围(℃)	−20 ~ +80
标距(mm)	153
安装方式	表面安装

HFS500-A0 无线智能振弦采集仪(单通道)　　表 11.4

参数	条件	最小	典型	最大
频率量程(Hz)		400	—	3000
频率精度(Hz)	1000Hz	—	0.1	—
温度量程(℃)	温漂修正	−50		150
温度精度(℃)	温漂修正		±0.5	
通道数量(个)			1	
电池类型	3.6V/17AH 锂亚电池			
功耗(mW)	待机/采样	0.36	47	47
工作温度(℃)		−40	25	80
存储温度(℃)		−40	25	30
湿度(RH)	无凝结	5	—	95
防护等级	IP67			
外形(mm)	90 × 105 × 45 ($L \times W \times H$,裸机)			

第 11 章 "移动式桥梁综合医院"应用初探

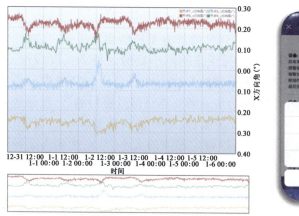

图 11.13 在线短期监测系统(云服务)

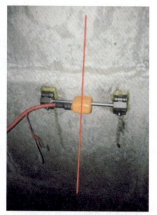

图 11.14 混凝土关键裂缝短期监测现场实施

11.4.3 评估分析

噪声的干扰将会严重影响信号的质量,致使造成后续处理的困难,噪声的干扰会引起处理结果的偏差甚至错误。由于小波变换独特的优点,使它成为信号去噪的有力工具[13]。在数学上,小波去噪问题的本质是一个函数逼近的问题,即如何在由小波母函数伸缩和平移版本所展开的函数空间中,根据提出的衡量准则,寻找对原信号的最佳逼近,以完成原信号和噪声信号的区分。

信号和噪声的小波系数在不同尺度下有不同的变化规律,且在同一尺度上有不同的特点,小波分层去噪正是利用小波的这种多尺度特性,基于Mallat小波分解与重构算法,在不同的尺度上选择合适的阈值进行小波变换,其实质就是用不同中心频率的带通滤波器对信号进行滤波,把那些主要反映噪声频率的尺度小的小波变换去掉,即可得到质量较好的有用信号。同时,根据被滤除的噪声信号,可以评定噪声的大小,从而达到去除噪声的目的。实验表明,该方法自适应性能力强,对信号先验知识依赖少,且能够完全进行信号重构(存在逆变换),有效地提高了信号的信噪比和信号的分辨率,而且很好地保留了信号的细节信息,可以有效地运用于实测信号的去噪。

首先对实测数据采用Mallat算法对含噪信号进行多尺度分解:选择合适的小波,确定相应的分解滤波器h、g和分解层数J。将信号S进行小波分解至J层,得到每层的小波分解系数。由于实测数据一般信噪比不能事先知道,所以一般只能估计,可以通过逐渐增加层数,然后看均方根误差(RMSE)值的变化是否趋于稳定来确定分解层数,原始信号与去噪后的估计信号之间的均方误差(RMSE)定义为:

$$\text{RMSE} = \sqrt{\frac{1}{n}\sum_n [f(n) - \hat{f}(n)]^2} \quad (11.2)$$

当分解层数分别取 k 为1,2,3…时分别得到:

$$\text{RMSE}(k) = \sqrt{\frac{1}{n}\sum_n [f(n) - \hat{f}(n)]^2} \quad (11.3)$$

由以上两式得到:

$$r_{k+1} = \frac{\text{RMSE}(k+1)}{\text{RMSE}(k)}, k=1,2,3,4\cdots \quad (11.4)$$

总有 $r>1$,当 r 接近于1时,一般可认为当 $r \leq 1.1$ 时,则认为噪声已基本上去除。

其次,完成高频系数的阈值选择与量化:对于从第一层到第J层的每一层,选择一个阈值,并且对高频系数用阈值收缩处理。这种方法的原则是将受噪声污染的小波变化系数尽量压缩至零,同时兼顾细节。

最后,采用 Mallat 重构算法进行小波逆变换:在每一尺度上都完成高频系数的阈值选择与量化的处理后,对信号按 Mallat 合成算法进行重构。选择分解时使用的小波函数,确定相应的重构滤波器 h1、g1 和重构层次 J。读入小波变换后的估计系数。最后一次重构后即得到要恢复的信号,即去噪后的信号。

根据以上理论对短期监测数据进行去噪处理后,得到裂缝宽度方向上的应变时程曲线如图 11.15、图 11.16 所示。可以发现裂缝宽度方向上的应变有明显的周期性。在频域上分析结果表明,整体均呈现 24h 一个周期,考虑到各种影响因素的特征,认为裂缝宽度与温度相关性较大,如图 11.17 所示。

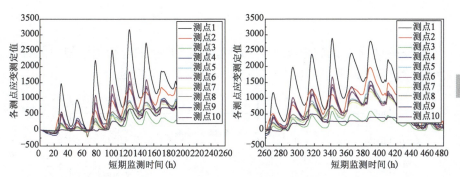

图 11.15　A 区间裂缝短期监测应变时程

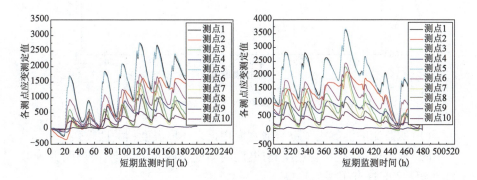

图 11.16　B 区间裂缝短期监测应变时程

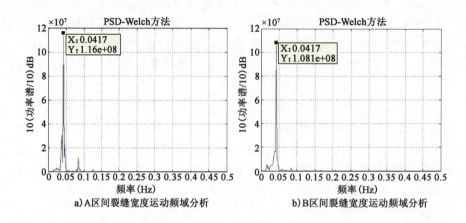

图 11.17 裂缝宽度变化频域分析

进一步对采集到的环境温度与裂缝宽度方向上的应变水平相关性做一分析,分析结果如图 11.18 所示。可以得到以下结论与建议:

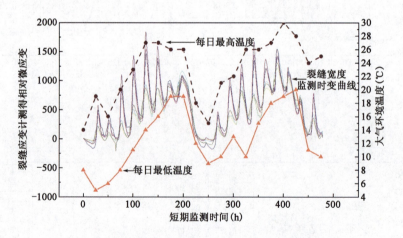

图 11.18 短期监测下裂缝宽度与大气温度相关性监测分析

(1) 所监测的混凝土关键裂缝宽度变化与环境温度相关性较强。

(2) 混凝土关键裂缝宽度随着温度的周期呈同趋势周期性变化,并未监测到裂缝宽度具有扩展的趋势。

(3) 建议对此混凝土关键裂缝宽度加强观测监测工作。

综上所述,通过对混凝土结构关键裂缝的短期监测获取到的有效数据进行深入分析,揭示了其非结构裂缝的本质,消除了桥梁管养者的担忧,更避免了对裂缝进行盲目封闭修补导致的经济上的浪费。

11.5 钢结构耐久性短期监测与分析

11.5.1 研究问题概述

桥梁结构长期在自然环境(腐蚀性介质、温度、湿度变化)和使用环境的作用下,结构会逐渐产生损伤、功能退化现象,这是一个不可逆的过程。通常而言,现今部分大跨径钢结构桥梁多采用"防腐涂装+除湿系统"的复合防腐方法[19],如图11.19所示。大量的工程实例表明,防腐涂装会在桥梁运营一定年限后集中发生大面积的劣化现象,无法对桥梁运营全寿命周期进行有效的覆盖防护。因此,对于一些特大跨径钢结构桥梁,多结合使用除湿系统控制例如主缆、主梁、钢索塔等关键部件的相对湿度低于40%,认为在低相对湿度的环境下即使涂装发生破坏,钢结构母材依旧不会发生腐蚀。

图11.19 某大跨径斜拉桥钢结构主梁内除湿系统

故而对钢结构耐久性问题,核心是做好预防性养护工作,具体做法是确保除湿系统的工作性能良好如图11.20所示。除湿系统是一个采用特殊工艺及技术的系统,系统的运行及养护需要专业的技术支持。结合对实际工程案例除湿系统的检查工作,达到以下目的:发现除湿设备是否正常运行,对不正常运行设备的故障原因进行初步判断,采取何种措施可恢复,可使桥梁维护计划更具针对性;检查除湿系统的运行控制逻辑,是否存在控制缺陷,判断是否可以进行能耗优化升级,降低维护成本;依据桥梁除湿防腐设计指标、检查检测结果,分析原因,判断是否需要进行全面专项处理。

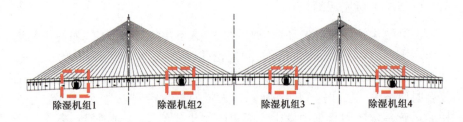

图 11.20　钢箱梁除湿机组分布

依托于实际工程,发现单方面对机电的运行性能检查并不能直观的判定其工作性能有效性。因此,尝试利用短期监测技术,对各个梁段的相对湿度进行短期监测,直观地说明工程实际问题。

由图 11.20 可知,在钢箱梁主梁内,全桥共计 4 组除湿机组,是本次短期监测的重点对象。

11.5.2　短期监测实施原理与方法

本次对钢箱梁耐久性(环境相对湿度)的短期监测采用了通用仪表测量、固定设备监测、设备自显示数据检测为主,并与健康监测系统数据稀疏性数据验证校准为辅的检测方法。

对主桥全每个梁段均布设了温湿度传感器,进行 72d 的持续监测,具体的工作步骤如下:

(1)采用经过严格校准的便携固定温湿度记录仪,温湿度性能指标见表 11.5,在钢箱梁密集布设,读取并记录温湿度数据;

(2)每一测点的测量时间间隔是 15min,持续测量 3 个月;

(3)测量点的分布如图 11.21 所示。

温湿度传感器性能指标 表11.5

测量范围:温度: -40~120 ℃ ;湿度:0%~100%无结露
精度等级:温度:0.3℃、湿度:2.0%
供电方式:内置 3.6V 锂电池 2000mA·h
待机功耗:小于 0.02mA
电池寿命:3 年(数据采样间隔 60 秒 GFSK 模式 25℃测试)
工作环境:温度 -30~80℃ 湿度<90%无结露
安装方式:壁挂安装,磁铁吸装
尺寸:90mm×60mm×20mm
质量:小于 90g

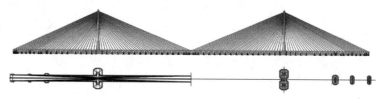

图 11.21 钢箱梁传感器布设分布(图中绿色梁段表示至少布设一个温湿度传感器)

11.5.3 评估分析

对主桥全桥每个梁段均布设了温湿度传感器,进行了 72d 的持续监测,首先对数据进行了预处理,选取晴天与阴雨天各两天,选择钢箱梁主梁几处典型断面位置的环境相对湿度分布规律进行评估。如图 11.22 与图 11.23

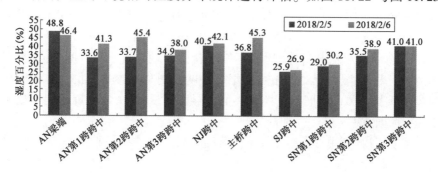

图 11.22 选取的晴天相对湿度监测数据

所示,数据结果可以清楚表明,在晴天钢箱梁的箱内环境相对湿度均维持在较低水平(50%以下),尤其是跨中偏南区段的相对湿度维持在低水平区间(30%以下)。但在阴雨天气中除了跨中偏南区段主梁段的相对湿度仍维持在限值之内,其余梁段内的相对湿度均上升到了较高水平。

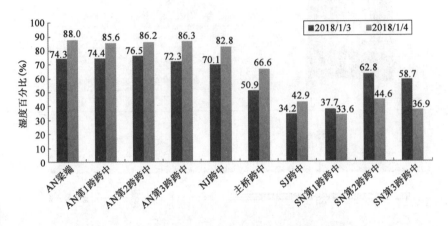

图 11.23 选取的阴雨天相对湿度监测数据

为了校验数据的有效性,排除钢箱梁段相对湿度上升超限是由于特殊事件导致的可能性(例如碰巧数据预处理中选取的日期钢箱梁除湿系统停电了)。对短期监测期内 72d 内的获取数据进行分析处理,结果如图 11.24 所示,两张图的内容是一致的。现有研究表明,当空气中相对湿度小于 40% 时,钢结构母材发生锈蚀的可能性极低。因此,除湿系统通常以控制箱梁内空气湿度 40% 以下为合理工作区间。数据表述了全桥各个区段的相对湿度随时间的变化规律,可以发现,由于 72d 监测期内,第 3~25d 时均处于阴雨天气,导致了主桥的北边跨侧、北主跨侧、南边跨端头这三个区间范围内,当阴雨天气时,除湿系统对钢箱梁的相对湿度控制是基本失效的。将低于相对湿度低于 40% 的区间颜色换成灰色,彩色部分是为更清晰展示湿度控制不达标区间。

综上所述,利用短期监测技术对钢结构耐久性进行了监测评估工作,得到了以下结论和建议:

(1)除湿机 1 仍处于有效工作中,但由于南边跨端头存在密封不足导致的泄露,应采取构造措施弥补。

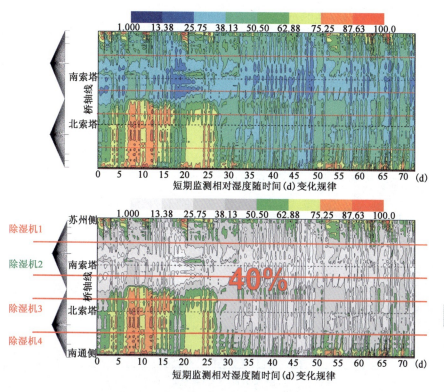

图 11.24　钢箱梁相对湿度短期监测数据结果

（2）除湿机 3 与除湿机 4 的工作性能基本失效，此外北边跨端头也同样存在密封不足导致的泄露，应尽快维护此两处除湿系统并增加构造措施。

（3）除湿机 2 工作性能较好，使钢结构耐久性能得到了保证。

在本小节的案例中，通过对环境相对湿度数据的空间密集性采集，发现了实际的工程隐患，为预防性养护工作提供指导，体现了短期监测的短时空间密集型获取的数据的价值。

11.6　斜拉索异常振动短期监测与分析

11.6.1　研究问题概述

大跨度斜拉桥斜拉索振动问题在工程实践中的经常发生，且部分拉索的振动问题较为严重仍然是学术上的前沿问题[20]。在对某大跨径斜拉桥的检测过程中,发现运营期内,记录了斜拉索发生了多次较为明显的异常振动,主要特征表现为:①斜拉索的振动与风速、风向有关,且存在相应的风速区间,当风速进一步增大时振动减小;②个别斜拉索出现过蛇形振动现象;③拉索在面内、面外均有明显的振动现象;④斜拉索存在高阶振动现象。

针对这种特殊复杂的事件,受限于拉索振动出现的不确定性与振动拉索的随机性,采用了结合基于摄像视频的短期监测工作,捕捉到了拉索异常振动的信息,利用图像识别技术提取出拉索异常振动的特征信息,判断成因,为后续管养工作提供一定指导作用。

11.6.2 短期监测实施原理与方法

图像是由一系列像素点组成,在视频的"镜头"上建立坐标平面,跟踪目标像素点的位置坐标,将可以达到测试应变和位移的目的。定义一个目标像素点其作用相当于一个位移传感器,定义两个目标像素点相当于一个应变传感器。

视频中对应的拉索为主跨南侧 29 号索,具体参数见表 11.6。

监测对象拉索参数　　　　表 11.6

编号	规格	直径 d(m)	索长 L(m)	L/d	索力 T(t)
J29	PES7-283	0.152	504	3318	535

面积 A(m^2)	质量(t)	单位索重(kg/m)	应变 ε	f(Hz)	
0.010220	46.40	91.998	0.002633	0.2368	

11.6.3 评估分析

在拉索上选择某识别度较高的黑色点为目标像素点 1,附近地面上某黑点为目标点 2;在"镜头"平面上建立坐标面,以目标点 2 的初始位置为原点(Oringin),如图 11.25 所示。定义拉索直径为 152mm 作为参照物,读取 1、2 处坐标值随时间的变化。该视频每秒 25 帧,故采样频率为 25Hz。如图 11.26 所示分别给出了目标点 1(拉索)、目标点 2(地面)的竖坐标时程及对应的频谱曲线。

第 11 章 "移动式桥梁综合医院"应用初探

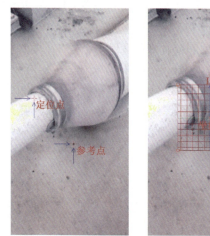

图 11.25 基于视频的拉索异常振动信息短期监测捕捉

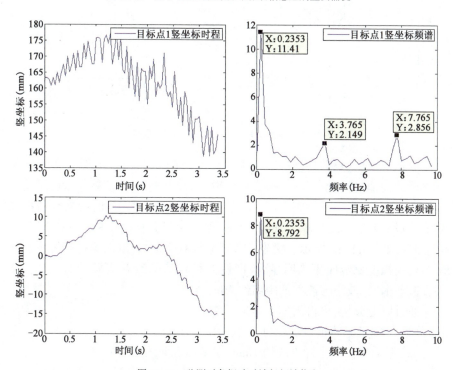

图 11.26 监测对象振动时域与频域信息

从目标点1的竖坐标频谱图来看,振动成分主要有0.235Hz、3.765Hz、7.765Hz。

经过比较地面上的目标点2频谱图同样存在0.235Hz振动,再结合时程曲线的走势与视频的仔细比对发现:0.235Hz振动可能并不存在,其产生的原因是视频拍摄时镜头的固定晃动频率导致。仔细观察视频目标点的位置变化,发现其运动轨迹与时程曲线正好吻合。为了减小视频晃动的影响,图11.27给出了拉索上目标点1相对地面目标点2的竖坐标时程与频谱曲线。

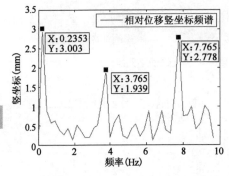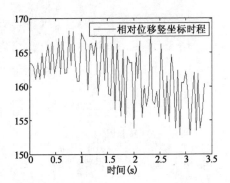

图11.27 点1相对点2的时程与频率曲线

取相对值后,视频晃动的影响明显减小,但由于图像识别是在平面坐标下进行的,所取坐标值实际是投影后的取值,故相对值仍然受摄像机晃动的影响产生变化,影响不能完全消除。忽略视频晃动的影响,时程曲线看振动幅值,波峰与波谷的距离约7mm。目标点1相对目标点2的横坐标时程与频谱曲线如图11.28所示。横坐标与竖坐标频率成分相同,但视频镜头在横向的晃动幅度比竖向更为明显,故即使取相对值仍然有明显影响。时程曲线看振动幅值,波峰与波谷的距离约2mm。

通过以上分析,可得出如下结论:
(1)该拉索振动频率主要为:3.765Hz、7.765Hz;
(2)振动幅值竖坐标方向约7mm,横坐标方向约2mm;
(3)画面中的坐标方向与现实不完全重合,会产生互相投影的影响,但可以看出拉索主要振动方向为竖向。

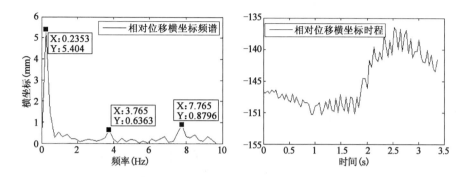

图 11.28 点 1 相对点 2 的横坐标时程与频谱曲线

综上所述,通过对短时监测捕捉到的拉索异常振动的视频信号进行分析处理,得到了拉索振动的关键特征,后期与其他项监测指标结合快速判断出了异常振动的成因,开展相关科研工作抑制异常振动,体现了短期监测对特殊应急事件信息获取的适应性。

11.7 结语

综上所述,短期监测系统作为"移动桥梁综合医院"的重要组成部分,是现有人工巡检和健康监测系统的有力补充。它以短期、强针对性、高密度、快速部署安装为特点,通常基于无线传输进行系统搭建,在特大型桥梁的监测和评估中得到了成功的探索性应用。在今后,短期监测系统的主要发展方向如下:

(1)进一步拓展研究短期空间高密度数据更深层次的分析评估方法。

(2)关注于同一短期时段内的桥梁结构内部子系统之间的相关性、子系统与整体之间的相关性,桥梁系统与外界环境的相互作用等整体关联性关系的统一展示。

(3)做好特大型桥梁综合评估的顶层设计,将电子化人工巡检、健康监测系统和短期监测系统的数据进行综合分析和应用。

(4)将短期监测技术,连同现有的人工巡检和健康监测系统一起纳入到新建桥梁的养护设计中。

本章参考文献

[1] 陈一飞,孙宗光. 桥梁结构健康监测分析与评估[M]. 北京:中国建筑工业出版社,2017.

[2] Murugesh G. Health monitoring of the new Benicia Martinez bridge:International Symposium on Nde for Health Monitoring & Diagnostics,2001.

[3] Sumitoro S, Matsui Y, Kono M, et al. Long span bridge health monitoring system in Japan[J]. Proceedings of SPIE - The International Society for Optical Engineering,2001,4337:517-524.

[4] 李惠,周文松,欧进萍,等. 大型桥梁结构智能健康监测系统集成技术研究[J]. 土木工程学报,2006,39(2):46-52.

[5] Luo Z, Ming Z. Annual average daily traffic estimation from short traffic counts:International Conference on Transportation Information & Safety,2015.

[6] Naruse H, Uchiyama T, Kurashima T, et al. River Levee Strain Measurement Using Fiber Optic Distributed Strain Sensor[J]. Proc Ofs,1999,3746:65.

[7] Watkins S E. Smart bridges with fiber-optic sensors[J]. IEEE Instrumentation & Measurement Magazine,2003,6(2):25-30.

[8] 先才,章鹏,苻欲梅,等. 光电液位传感器及其在桥梁挠度自动测量中的应用[J]. 地震工程与工程振动,2006,26(4):260-264.

[9] Izguierdo J M, Barnett B. American Concrete Institute.:Computing in Civil Engineering,2010.

[10] 鞠丽艳. 混凝土裂缝抑制措施的研究进展[J]. 混凝土,2002(5):11-14.

[11] 胡斌. 对桥梁结构中裂缝病害原因分析及加固处理方案的探索[J]. 中国科技纵横,2010(11):166.

[12] 杨青. 源清慧虹无线多功能智能传感器成功应用于2015年交通运输部国家重点桥梁监测工作[J]. 中国公路,2015(15):34.

[13] Ching P C, So H C, Wu S Q. "On Wavelet Denoising and Its Application to Time Delay Estimation,"[J]. IEEE Transactions on Signal Processing,

1999,47(10):2879-2882.
[14] Theodore Hopwood I I, Havens J H. Inspection, Prevention, and Remedy of Suspension Bridge Cable Corrosion Problems[J]. Inspection, 1984.
[15] 刘志文,杨阳,陈政清,等. 桥梁结构抗风设计中的涡激振动问题[C]//2008年全国桥梁学术会议论文集. 北京:人民交通出版社,2008.

冯良平　教授级高级工程师

冯良平,教授级高级工程师,1994年毕业于同济大学桥梁工程系,中交公路长大桥建设国家工程研究中心有限公司副总经理兼总工程师。主要从事桥梁设计、桥梁监测、检测、桥梁加固设计、桥梁风险评估与科研试验等。

他作为主要设计人员完成了虎门大桥(部分)、南京二桥、三桥、青岛海湾大桥(部分)等大桥设计项目,作为项目负责人完成了铜陵长江大桥检测、加固设计、运营期结构安全监测与养护管理系统实施等项目,作为项目负责人完成了交通运输部2011、2012年度国家干线公路长大桥梁检测项目。现作为项目负责人正在进行港珠澳运营期结构监测与养护管理系统项目的实施。获得交通运输部优秀设计奖、国家优质工程设计金奖、中国公路学会科技进步奖、中交集团科技进步奖等多项奖项。

多年来冯良平发表论文10余篇,参与或参与完成了国家高技术研究发展计划(863计划)、国家科技支撑计划、交通运输部西部科技项目、交通运输部规范项目、中交集团科技项目等国家和省部级项目近十余项,获得多项专利和软件著作权。

第 12 章 基于大数据的混凝土梁桥长期性能损伤分析

陈策

江苏高速公路工程养护技术有限公司,江苏 南京,210000

12.1 引言

如何对在役桥梁进行有效的管理,及时发现安全隐患杜绝桥梁安全事故,保障人民生命财产的安全,是桥梁管理者面临的巨大挑战。2013 年交通运输部印发《关于进一步加强公路桥梁养护管理的若干意见》,要求"利用现代信息技术,建立符合自身特点的养护管理系统和监控监测系统"。桥梁每年都会进行定期检测,检测数据呈现出数量大、更新快、类型多、价值密度低的特性,如何对其进行有效的挖掘和利用,是摆在桥梁工程技术人员面前的一项新课题。在传统的桥梁长期性能分析中,主要借助力学分析、数值模拟、室内以及现场试验实现。上述众多方法一般针对单一或有限要素进行分析,由于桥梁服役系统的复杂性,总结出的规律其适用范围往往有其局限性。大数据的应用,使得人们对问题发现和分析的方式改变,工程师可以借助数据相关性、回归性分析发现大系统的问题和相应的规律,从而实现因果分析关系的改变,更加注重实用性、发展性、相关性,从而可以形成更具有针对性的应对策略。本章内容以江苏省高速公路的混凝土梁桥为例,尝试建立一种通过分析历年的检测数据,发现桥梁长期性能损伤的发展规律以及各损伤之间相关性的方法,最终提高桥梁的安全性、使用寿命和可靠性。

12.2 江苏省混凝土梁桥分类及损伤概况

本研究选取江苏省历年全省高速公路桥梁的检测报告中的数据进行分析。截至 2017 年底,数据样本中有公路桥梁 5754 座,共计 75.1 万延米。调查数据中混凝土梁桥类型包括先张空心板梁桥、预应力混凝土等截面箱梁桥、钢筋混凝土空心板梁桥等,主要桥梁结构形式及相关数据如图 12.1 所示。现役桥梁中空心板梁桥、连续箱梁桥、组合箱梁桥数量远超其他类型桥梁。

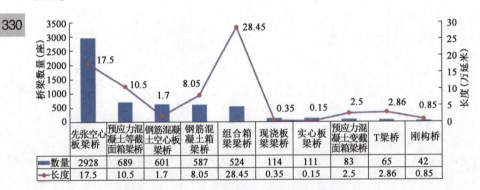

图 12.1 数据样本中的主要桥梁类型

桥梁技术状况整体良好,其中,一类桥梁数量占桥梁总数的 64%,二类桥梁占 36%,三类桥梁占 0.1%。其中特大桥 113 座,大桥 1531 座,中桥 2200 座,小桥 1583 座,中小桥占比达 70%。

空心板梁桥中主要包含先张空心板梁桥、后张空心板梁桥、钢筋混凝土空心板梁桥,其中底板纵向裂缝、支座局部脱空、铰缝渗水这三种损伤出现概率较高如图 12.2 所示。

组合箱梁桥最常见的损伤类型是横隔梁裂缝,占该类型桥梁总数的 89.8%,其次是纵向湿接缝裂缝损伤,占该类型桥梁总数的 47.1%。组合箱梁桥梁横向联系构件比其他构件出现损伤的概率高如图 12.3 所示。

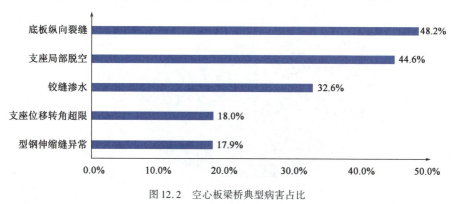

图 12.2 空心板梁桥典型病害占比

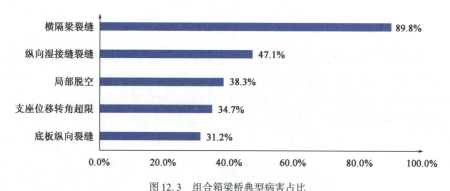

图 12.3 组合箱梁桥典型病害占比

下面主要以空心板梁桥和组合箱梁桥为例，分析混凝土梁桥损伤数据之间的相关性。

12.3 空心板梁桥损伤数据分析

12.3.1 损伤特征数据

板梁桥主要构件包括梁体底板、墩支座、台支座、台身、铰缝、梁体翼板、盖梁、台帽、梁体腹板、墩帽、伸缩缝、排水设施、挡块、立柱、栏杆护栏、桥台基础、防撞墙、桥面铺装。坡面铺砌、墩身、背墙、耳墙、桥墩基础、标志、翼墙、桥头与路堤连接部等。不同构件损伤数量占比如图 12.4 所示。其中梁体底板和墩支座占比较大，分别为 43.4%、15.3%。

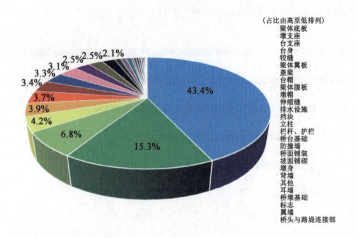

图 12.4　不同构件的病害分布

读取江苏省高速公路桥梁管理系统数据库,进行损伤特征归类及统计分析。数据库中板梁桥损伤数目共 233879 条,其中梁体损伤占 67%,支座损伤占 16%。裂缝损伤数量最多,共有 158803 条,占损伤的 52%,支座脱空和钢筋锈蚀次之如图 12.5 所示。

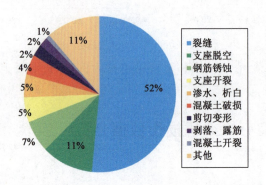

图 12.5　不同类型的病害比例分布

板梁主要损伤包括裂缝、钢筋锈蚀及混凝土破损。底板损伤数量占 86%,腹板损伤数量占 6%,翼板损伤数量占 8%。其中底板裂缝损伤数量较多,为 112797 条。如图 12.6 所示。

第 12 章 基于大数据的混凝土梁桥长期性能损伤分析

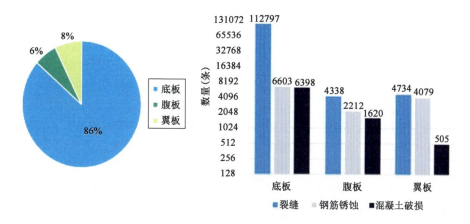

图 12.6 梁体的主要损伤分布

铰缝主要损伤包括渗水、析白、梁底勾缝脱落、铰缝漏水等,其中渗水、析白损伤数量 8264,铰缝渗水、析白为主要损伤。支座主要损伤包括脱空、剪切变形、支座开裂、支座裂纹等,支座脱空损伤数量占比最大。墩台损伤中,台身、台帽以及墩帽构件损伤较多,裂缝损伤占比较大。其中台身占比 42.1%,台帽和墩帽分别占比 29.5% 和 24.8%。空心板桥梁主要分为钢筋混凝土桥梁和预应力桥梁。在钢筋混凝土桥梁中,端部处梁体底板横向裂缝占比较大,超过了 60%。在预应力桥梁中,跨中、$L_1/4$ 处占比较多,其次为端部如图 12.7 所示。

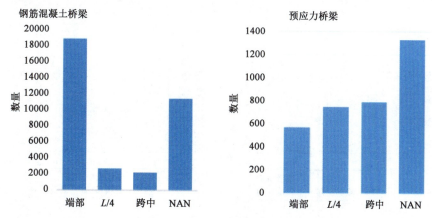

图 12.7 板梁底板横向裂缝位置特征

底板纵向裂缝的位置特征为：在钢筋混凝土桥梁中，端部处梁体底板纵向裂缝占比较大，超过了40%。在预应力桥梁中，端部处梁体底板纵向裂缝占比最大，超过了60%。梁体底板纵向裂缝在空心板梁桥中，不论是钢筋混凝土桥梁还是预应力桥梁，端部处最容易发生裂缝，为主要损伤位置。板梁腹板竖向裂缝位置特征为：钢筋混凝土桥梁，1/4L处梁体腹板竖向裂缝占比较大，其次为跨中及端部。在预应力桥梁中，端部处梁体底板纵向裂缝占比最大，超过了40%，为裂缝产生主要位置。板梁翼板横向裂缝位置特征为：钢筋混凝土桥梁，L/4处板梁翼板横向裂缝占比较大，其次为跨中以及端部。在预应力桥梁中，端部处板梁翼板横向裂缝占比最大，其次为1/4L以及跨中处。

板梁底板横向裂缝长度特征为：在钢筋混凝土桥梁中，板梁底板横向裂缝长度主要集中在1~2m的范围内，数量最多为20972条，其次裂缝长度为0.5~1m范围内，数量为12314条，裂缝长度超过2m的数量较少。在预应力桥梁中，板梁底板横向裂缝长度主要集中在0.5~1m范围内。

板梁底板横向裂缝宽度特征为：在钢筋混凝土桥梁中，板梁底板横向裂缝宽度主要集中在0.05~0.1mm的范围内。在预应力桥梁中，板梁底板横向裂缝宽度主要集中在0.05~0.1mm范围内。

12.3.2 损伤相关性分析

非预应力桥梁底板横向裂缝平均数量明显大于预应力板梁桥，且随跨径递增。预应力板梁桥底板纵向裂缝平均数量明显多于其他裂缝，且呈递增趋势如图12.8所示。

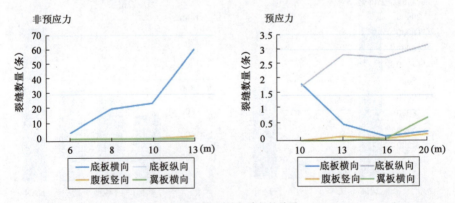

图12.8 板梁裂缝与跨径的关系

在钢筋混凝土桥梁中,不同跨径对于混凝土破损平均数量影响不是很大,同样在预应力桥梁中也是如此,但对于钢筋锈蚀,预应力梁桥随着跨径增加,钢筋锈蚀呈现先平稳后快速增加的趋势如图12.9所示。

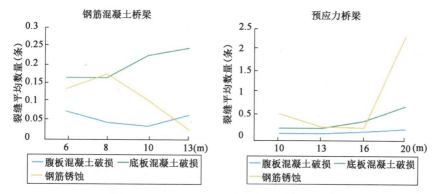

图12.9 板梁混凝土破损及钢筋锈蚀与跨径的关系

在钢筋混凝土桥梁以及预应力桥梁中墩台发生的钢筋锈蚀以及混凝土破损等损伤平均数量与跨径基本没有相关性,但其产生的裂缝平均数量与跨径关系较大。在预应力桥梁中,随着跨径增大,裂缝的平均数量是先变小再趋于不变如图12.10所示。

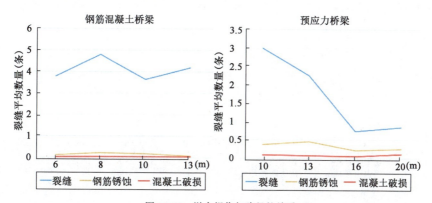

图12.10 墩台损伤与跨径的关系

在钢筋混凝土桥梁中,支座剪切变形和开裂平均数量与跨径关系很小,而产生的支座脱空损伤平均数量随跨径增加波动不大。在预应力桥梁中,支座脱空损伤平均数量随跨径的增加处于先增加再降低趋于平稳的状态如图12.11所示。

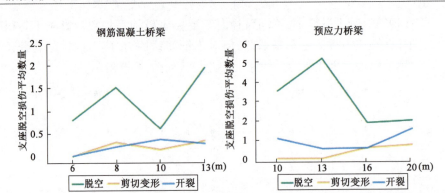

图 12.11 支座损伤与跨径的关系

钢筋混凝土桥梁底板横向裂缝平均数量明显大于预应力桥梁,在钢筋混凝土桥梁与预应力桥梁中,跨径 8、10、13m 桥梁产生的裂缝平均数量在前 8 年内逐步增加,之后趋于平稳;跨径 6m 桥梁在前 8 年快速减少,之后也趋于平稳。在预应力桥梁中,不同跨径桥梁产生损伤平均数量在前 10 年都是处于逐步增加的状态,之后趋于稳定如图 12.12 所示。

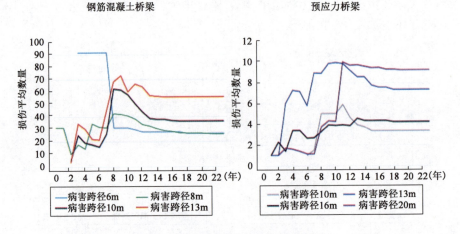

图 12.12 底板横向裂缝与运营时间的关系

在钢筋混凝土桥梁中,跨径 8m 桥梁产生的损伤平均数量在运营 3~8 年内处于先快速增加后快速减少的状态,之后趋于平稳。在预应力桥梁中,跨径 20m 的桥梁产生的损伤平均数量随运营时间处于慢慢递增的状态如图 12.13 所示。

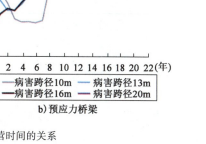

图 12.13 底板纵向裂缝与运营时间的关系

在钢筋混凝土桥梁中,跨径 13m 产生的裂缝平均数量在运营 7~11 年内迅速增长,之后趋于平稳。在预应力桥梁中,跨径 20m 产生的裂缝平均数量在 3~8 年内处于递增状态,之后趋于平稳。

12.4 组合箱梁桥损伤数据分析

12.4.1 损伤特征数据

箱梁桥主要构件包括梁体、支座、墩台、伸缩缝等,不同构架损伤数量占比如图 12.14 所示。其中梁体和支座占比较大,分别为 78.42% 和 14.4%。读取江苏省高速公路桥梁管理系统数据库,数据库中箱梁桥损伤数目共 498869 条,裂缝损伤数量最多,共有 373453 条,占损伤的 74.98%,支座开裂及剪切变形次之。

梁体主要损伤包括底板、腹板、翼板、顶板等损伤。腹板损伤数量占 41%,底板损伤数量占 33%,翼板损伤数量占 19%,顶板损伤数量占 4%。其中腹板裂缝损伤数量较多为 51347,腹板主要损伤包括裂缝、混凝土破损、钢筋锈蚀、剥落露筋等,其中裂缝损伤数量 46309,占比 90.19%,为最主要损伤。底板主要损伤包括裂缝、混凝土破损、钢筋锈蚀、剥落露筋等,其中裂缝损伤数量 32633,占比 78.88%,为最主要损伤。翼板主要损伤包括裂缝、钢筋锈蚀、混凝土破损、剥落露筋等,其中裂缝损伤数量 17074,占比 72.47%,为最主要损伤。

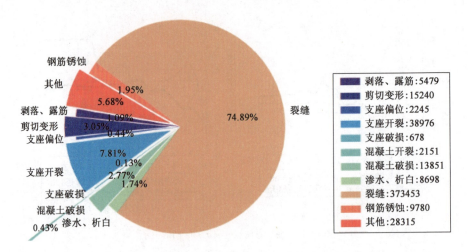

图 12.14　不同类型病害比例

墩支座主要损伤包括支座变形、支座开裂、支座脱空等，其中支座变形损伤数量支座开裂数量分别为 1893 和 1510，占比 44.04% 和 35.13%，为主要损伤。台支座主要损伤包括支座开裂、支座变形、支座脱空等，其中支座开裂损伤数量 37466，占比 55.48%，为主要损伤。

墩台损伤中，墩帽、墩身、台帽及台身构件损伤较多，裂缝损伤占比较大。其中墩帽占比 50.51%，墩身和台帽分别占比 34.06% 和 11.12%。

组合箱梁桥的梁体腹板竖向裂缝相对位置有梁端、1/4 跨、跨中等。其中：梁端占比最多，为 30633；1/4 跨次之；跨中腹板几乎没有竖向裂缝。底板横向裂缝相对位置有梁端、1/4 跨、跨中等。其中：梁端占比最多，为 18739；1/4 跨次之；跨中底板几乎没有横向裂缝。底板纵向裂缝相对位置有梁端、1/4 跨、跨中等。其中：梁端占比最多，为 6308；1/4 跨次之；跨中底板纵向裂缝最少。横向裂缝相对位置有梁端、1/4 跨、跨中等。其中：梁端占比最多，为 10649；1/4 跨次之；跨中翼板横向裂缝最少。组合箱梁桥中：梁体腹板竖向裂缝长度主要集中在 1~2m 的范围内，数量最多为 24225 条；其次裂缝长度在 0.5~1m 范围内，数量为 9405 条；裂缝长度超过 2m 和低于 0.5m 的数量较少。梁体腹板竖向裂缝宽度主要集中在 0.1~0.15mm 的范围内，数量最多为 26295 条；其次裂缝宽度在 0.15~0.2mm 范围内，数量为 5413 条。可以判断裂缝宽度一般范围在 0.1~0.15mm 内。

梁体底板横向裂缝长度主要集中在 1~2m 的范围内，数量最多为 8651

条;其次裂缝长度在 2~5m 范围内,数量为 4993 条;但底板横向裂缝长度超过 5m 和低于 0.5m 的数量也较多。梁体底板横向裂缝宽度主要集中在 0.1~0.15mm 的范围内,数量最多为 16379 条;其次裂缝宽度在 0.05~0.1mm 范围内,数量为 1811 条。可以判断裂缝宽度一般范围在 0.1~0.15mm 内。

梁体底板纵向裂缝长度在 10m 以上的范围内,数量最多为 2560 条;其次裂缝长度在 2~5m 及 1~2m 范围内,数量为 1950 条和 1843 条;但其他裂缝长度范围内,数量也较多,即底板纵向裂缝长度整体比较明显。在组合箱梁桥中,梁体底板纵向裂缝宽度主要集中在 0.1~0.15mm 的范围内,数量最多为 7294 条;其次裂缝宽度在 0.15~0.2mm 范围内,数量为 637 条。

在组合箱梁桥中:梁体翼板横向裂缝长度在 2~5m 的范围内,数量最多为 7171 条;其次裂缝长度在 1~2m 范围内,数量为 4724 条;但在其他裂缝长度范围内,超过 5m 的基本没有,基本在 1m 以内。在组合箱梁桥中:梁体翼板横向裂缝宽度主要集中在 0.1~0.15mm 的范围内,数量最多为 7999 条;其次裂缝宽度在 0.15~0.2mm 范围内,数量为 3799 条。

12.4.2 损伤相关性分析

在组合箱梁桥中,如图 12.15 所示底板横向、底板纵向、腹板竖向、翼板横向、腹板斜向和腹板纵向裂缝走势图来看,除了腹板斜向和腹板纵向变化幅度很小之外,其他四类都是随跨径增加裂缝先减少后增加再减小的趋势。

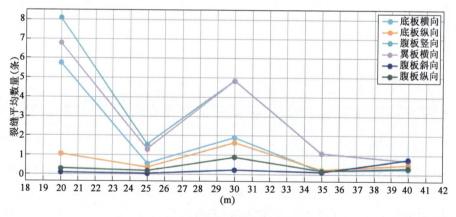

图 12.15 梁体裂缝和跨径的关系

在组合箱梁桥中,如图 12.16 所示底板混凝土破损、腹板混凝土破损和钢筋锈蚀基本随跨径的增加而影响几乎没有。

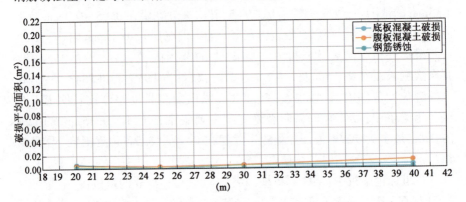

图 12.16　梁体混凝土破损及钢筋锈蚀和跨径的关系

在组合箱梁桥中,如图 12.17 所示剪切变形和脱空变化趋势基本一致,随跨径增加先减少后增加再减少至基本不变;而支座开裂处于先增加后减少再直线增加变化幅度较大的趋势。

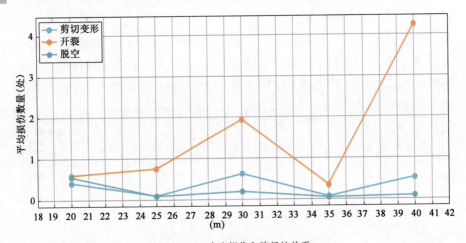

图 12.17　支座损伤和跨径的关系

在组合箱梁桥中,如图 12.18 所示随跨径增加,梁体底板横向裂缝跨径 25m、30m、35m、40m 损伤数量变化幅度较小,而裂缝损伤跨径 20m 波动较大,随跨径增加,处于波浪形缓慢增加的趋势。

如图 12.19 所示随跨径增加,梁体底板纵向裂缝跨径 25m、30m、35m、

40m 以及 20m 损伤数量随跨径增加,处于波浪形缓慢增加的趋势,虽然大跨径变化幅度较小,但损伤还是慢慢增加的趋势。

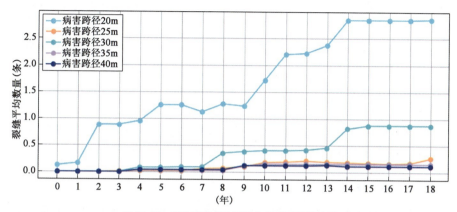

图 12.18 梁体底板横向裂缝与运营时间的关系

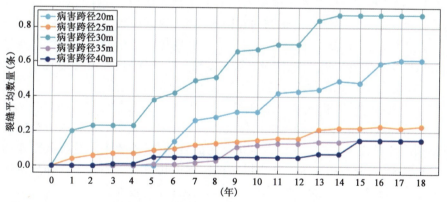

图 12.19 梁体底板纵向裂缝与运营时间的关系

12.5 基于数据分析的混凝土梁桥性能退化模型

12.5.1 混凝土桥梁性能退化指标选取策略

混凝土桥梁性能退化的指标主要有耐久性、承载能力、可靠度、技术状况等。如果从桥梁性能退化的机理方面入手,上述指标建立退化模型都要以混凝土碳化或钢筋锈蚀等材料性能劣化为基础,这些退化模型基本具备普适性和实用性;从概率统计的角度出发,建立的桥梁退化模型,考虑建立基于统计数据的退化模型。根据相关规范规定,桥梁每隔几年就要进行定期检查,从而确定桥梁技术状况。选取桥梁技术状况作为性能退化指标,有很好的数据基础。

桥梁技术状况指标有连续的技术状况评分和离散的技术状况等级两类。桥梁技术状况退化是一个时变连续过程,如果采用技术状况评分作为性能退化指标,虽然可以预测单座桥梁的技术状况评分,但不便于描述整个路网内的桥梁技术状况分布情况。如果采用技术状况等级作为性能退化指标,既可预测单座桥梁的技术状况等级,又能预测路网中各等级桥梁所占比例。因此,将技术状况等级作为桥梁退化模型的性能指标。

12.5.2 基于数据分析的混凝土桥梁性能退化模型建立

混凝土桥梁退化预测模型的研究主要有两大类:一类是基于机理的退化预测模型,另一类是基于统计规律的退化预测模型。基于机理的退化预测模型从影响桥梁结构退化的内在因素出发,建立桥梁结构或构件随时间的退化模型,来预测未来的状况。基于统计规律的桥梁退化预测模型通过分析桥梁退化的历史数据,定量建模和定性分析来预测桥梁未来状况。

确定性模型采用数学或统计公式描述影响桥梁退化的因素与桥梁状况之间的关系,在预测时忽略了桥梁退化过程中的随机误差,并且在对路网级桥梁群体进行预测时不能考虑项目级桥梁当前和历史的状况。人工智能模型利用计算机技术来实现桥梁退化预测的自动化,需要大量精确数据作为分析基础,目前应用较少。随机模型把桥梁退化过程的不确定性和随机性用一个或多个随机变量模拟,国外 BMS 中应用最多的是基于马尔可夫过程的随机退化预测模型,其中,又以马尔可夫链法应用最为广泛。该方法既可对项目级桥梁的状态进行预测,也可对路网级桥梁的状态进行预测。

基于马尔可夫链的桥梁技术状况退化模型一般过程:

(1)定义桥梁状态空间

《公路桥涵养护规范》(JTG H11—2004)和《公路桥梁技术状况评定标准》(JTG/T H21—2011)将桥梁技术状况等级均划分成 5 个等级,桥梁技术状况退化模型的状态空间可取状态集 $S = \{1,2,3,4,5\}$,分别表示技术状况等级为一类、二类、三类、四类、五类。

对于项目级桥梁而言,例如单座桥的技术状况等级为2,那么其状态向

量 $\pi(0) = \{0,1,0,0,0\}$；对路网级桥梁而言，当前状态向量描述的是在整个路网中各等级桥梁所占比例，其状态向量 $\pi(0) = \left\{\dfrac{n_1}{n}, \dfrac{n_2}{n}, \dfrac{n_3}{n}, \dfrac{n_4}{n}, \dfrac{n_5}{n}\right\}$，其中 n_1 表示技术状况等级为 i 的桥梁数目；n 表示路网中所有同类型桥梁数目总和。

（2）确定退化时间周期

桥梁技术状况等级是桥梁定期检查的评定结果。一般而言，定期检查周期最长不超过 3 年，在其他特殊情况，定期检查周期可以为 1 年或 2 年。

兼顾到不同周期的定期检查，桥梁技术状况退化模型的时间周期确定为 1 年，即认为在这 1 年中，桥梁的技术状况等级维持不变。

（3）划分退化阶段

公路桥涵主体结构的设计使用年限一般是 100 年、50 年、30 年不等。在这个漫长的服役年限内，桥梁在不采取维修加固等措施的正常养护前提下，桥梁技术状况是不断退化的，且实际退化速率不同。为此，需要将桥梁整个服役时间划分成若干个阶段，在每个阶段内，可认为其技术状况退化速率相同，即状态转移概率矩阵相同。桥梁退化模型选择 10 年为一个退化阶段。对于不同的退化阶段，预测过程中分别计算出相应的转移概率矩阵。

（4）计算状态转移概率矩阵

桥梁技术状况等级在 1 年内不会发生较大变化，可以假定，在单个退化周期内，桥梁技术状况只能下降一个等级，并且 5 类桥梁不会转化为其他状态的桥梁，即 $p_{55}=1$。如果有足够的桥梁历史评定数据，也不必拘泥于该假定，可按实际的状态转移概率。桥梁技术状况等级的一步状态转移概率矩阵：

$$p = \begin{Bmatrix} p_{11} & p_{12} & 0 & 0 & 0 \\ 0 & p_{22} & p_{23} & 0 & 0 \\ 0 & 0 & p_{33} & p_{34} & 0 \\ 0 & 0 & 0 & p_{44} & p_{45} \\ 0 & 0 & 0 & 0 & 1 \end{Bmatrix} \qquad (12.1)$$

由计算定义可知，桥梁技术状况等级的一步转移概率：

$$p_{ij}(\omega) = \dfrac{n_{ij}(\omega)}{n_i(\omega)} \qquad (12.2)$$

式中：$n_{ij}(\omega)$——在 ω 退化阶段内，桥梁技术状况等级由 i 转移到 j 的次数；

$n_i(\omega)$——在 ω 退化阶段内，桥梁技术状况等级为 i 的总次数。

上述转移概率矩阵的建立是在桥梁正常养护前提下假定的；统计桥梁技术状况等级转移次数时，不应计入因维修加固或其他意外事故造成桥梁技术状况突变的情况。

(5) 预测桥梁技术状况

已知当前桥梁的技术状况等级，根据桥梁服役年限可确定桥梁所属退化阶段，可计算出 m 年后的桥梁技术状况的概率分布：

$$\pi(m) = \pi(0) p(\omega_i)^\alpha p(\omega_j)^\beta \qquad (12.3)$$

其中，$m = \alpha + \beta$，$p(\omega_i)$ 表示第 i 个退化阶段的转移概率矩阵，如果所预测年限超过一个退化阶段，需要采用另一个退化阶段的转移概率矩阵 $p(\omega_j)$。

计算出未来桥梁技术状况的概率分布，得到桥梁未来技术状况等级的状态期望值：

$$N(m) = \pi(m)\pi(S)^T \qquad (12.4)$$

式中：$N(m)$——m 年后桥梁技术状况等级的期望值；

$\pi(S)$——桥梁的状态空间。

通过上述方程建立基于马尔可夫链的桥梁技术状况退化模型，预测桥梁技术状况如图 12.20 所示。

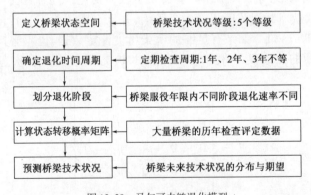

图 12.20 马尔可夫链退化模型

12.5.3 桥梁技术状况分析

根据历年桥梁检测资料，技术状况等级分布见表 12.1，对未来 15 年内的技术状况等级进行预测。

桥梁技术状况历史　　　　　　　表 12.1

桥梁(年)	1	2	3	4	5	6	7	8	9	10	11	12	13	14	15
桥梁1	1	1	1	2	2	2	1	2	2	2	3	4	3	3	
桥梁2	1	1	1	2	2	1	2	2	3	2	2	2	2	3	
桥梁3	1	1	1	1	1	2	1	2	2	2	2	2	3	2	
桥梁4	1	1	1	1	2	2	2	2	2	3	3	1	2		

以 5 年作为一个稳定的时间阶段,统计计算各阶段桥梁状态转化概率,统计时若出现桥梁技术状况等级由差向好的变化则该状态不予考虑。

第一个退化阶段:

$$p_{11}(1) = \frac{n_{11}(1)}{n_1(1)} \tag{12.5}$$

其中,n_{11} 为 1~5 年间,桥梁技术状况由 1 级转移到 1 级的次数,总和为 16;

n_1 为 1~5 年间,桥梁技术状况为 1 级的总次数,为 1 级转移到 1 级的次数、1 级转移到 2 级的次数(即第一次从 1 级转移到 2 级时,2 级桥梁的数量也计入其中)之和,总和为 19。

计算得

$$p_{11}(1) = \frac{n_{11}(1)}{n_1(1)} \approx 0.8421 \tag{12.6}$$

$$p_{12}(1) = 1 - p_{11}(1) \approx 0.1579 \tag{12.7}$$

而第一个退化阶段中,桥梁技术状况由 2 级转移到 2 级的次数为 1,为 2 级的总次数为 1,故

$$p_{22}(1) = \frac{n_{22}(1)}{n_2(1)} = 1 \tag{12.8}$$

该退化阶段中没有出现第 3、4、5 类桥梁,故 $p_{33}(1)$、$p_{44}(1)$、$p_{55}(1)$ 取 1。

可得出第一个退化阶段的转移矩阵为:

$$p(1) = \begin{Bmatrix} 0.8421 & 0.1579 & 0 & 0 & 0 \\ 0 & 1 & 0 & 0 & 0 \\ 0 & 0 & 1 & 0 & 0 \\ 0 & 0 & 0 & 1 & 0 \\ 0 & 0 & 0 & 0 & 1 \end{Bmatrix} \tag{12.9}$$

以此类推,第二个退化阶段的转移矩阵:

$$p(2) = \begin{Bmatrix} 0.5 & 0.5 & 0 & 0 & 0 \\ 0 & 0.8824 & 0.1176 & 0 & 0 \\ 0 & 0 & 1 & 0 & 0 \\ 0 & 0 & 0 & 1 & 0 \\ 0 & 0 & 0 & 0 & 1 \end{Bmatrix} \qquad (12.10)$$

第三个退化阶段的转移矩阵:

$$p(3) = \begin{Bmatrix} 0.5 & 0.5 & 0 & 0 & 0 \\ 0 & 0.75 & 0.25 & 0 & 0 \\ 0 & 0 & 0.8571 & 0.1429 & 0 \\ 0 & 0 & 0 & 1 & 0 \\ 0 & 0 & 0 & 0 & 1 \end{Bmatrix} \qquad (12.11)$$

需要注意第二、第三退化阶段中,桥梁技术状况等级由差向好的变化则该状态不予考虑。

对于新建桥梁而言,其状态向量 $\pi(0) = \{1,0,0,0,0\}$。

根据公式:

$$\pi(m) = \pi(0)p(\omega_i)^\alpha p(\omega_j)^\beta \qquad (12.12)$$

可以计算出该新建中、小跨径混凝土梁桥在 2023 年、2028 年和 2033 年(分别对应:$m = 5,10,15$)的技术状况分布向量。

计算得到桥梁未来技术状况等级的状态期望值:

$$N(5) = \pi(5)\pi(S)^T = 1.5756 \qquad (12.13)$$

$$N(10) = \pi(10)\pi(S)^T = 2.386 \qquad (12.14)$$

$$N(15) = \pi(15)\pi(S)^T = 3.2097 \qquad (12.15)$$

12.6 结语

随着人工智能以及计算机分析能力的发展,大数据化时代的到来给很多领域带来本质的改变。在各类复杂系统及环境下,利用大数据去解决某些问题和积累知识或许是更加高效、便捷的方式。大数据的目的并不是追求数据量大,而更应该是通过特定的现有知识体系,首先确定需要收集数据的类型,从而针对该类数据进行"靶向"数据的精准收集,在此基础上,对这些数据进行分析,实现数据利用价值的最大化。数据分析的本质,是根据过去预测未来，数据不会直接创造价值，而通过数据分析后得到的趋势才是创造价值的源泉。

江苏高速公路工程养护技术有限公司联合南京智行信息科技有限公司共同开展了"混凝土梁桥长期性能监测方法研究"。该项研究期望根据历年的桥梁检测数据的分析，发现桥梁长期性能演变的规律。本章内容为其中的部分研究成果，以江苏省高速公路的混凝土梁桥为例，分析了历年的空心板梁及组合箱梁的损伤数据，简要研究了这些数据之间以及数据与结构性能之间的关系，尝试建立一种通过分析历年数据，发现桥梁长期性能损伤的发展规律，以及各损伤之间的相关性的方法，并提出了一种基于数据分析的混凝土梁桥退化指标的选取策略及模型。后续还有大量的数据需要进一步分析，文中的许多方法也还不够成熟，主要是抛砖引玉，为专家学者提供一种新的思路和方法，不当之处，还请大家多批评指正。

本章参考文献

[1] 中华人民共和国行业标准.JT/T 1037—2016 公路桥梁结构安全监测系统技术规程[S].北京:人民交通出版社,2016.

[2] 中华人民共和国国家标准.GB 50982—2014 建筑与桥梁结构监测技术规范[S].北京:中国建筑工业出版社,2014.

[3] 中华人民共和国行业标准.JTG H11—2004 公路桥涵养护规范[S].北京:人民交通出版社,2004.

[4] 中华人民共和国行业推荐性标准.JTG/T H21—2011 公路桥梁技术状况评定标准[S].北京:人民交通出版社,2011.

[5] 中华人民共和国行业推荐性标准.JTG/T J21—2011 公路桥梁承载能力检测评定规程[S].北京:人民交通出版社,2011.

[6] 中华人民共和国行业标准.JTG D60—2015 公路桥涵设计通用规范[S].北京:人民交通出版社,2015.

[7] 中华人民共和国行业标准.JTG 3362—2018 公路钢筋混凝土及预应力混凝土桥涵设计规范[S].北京:人民交通出版社股份有限公司,2018.

[8] 袁万诚,崔飞,张启伟.桥梁健康监测与状态评估的研究现状与发展[J].同济大学学报,1999.

[9] 高怀志,王君杰.桥梁检测和状态评估研究与应用[J].世界地震工

程,2000.

[10] 秦权.桥梁结构的健康监测[J].中国公路学报 2000.

[11] 张启伟.大型桥梁健康监测概念与监测系统设计[J].同济大学学报,2001.

[12] 何伟.浅谈大跨桥梁健康监测系统的应用及发展[J].路桥建设,2008.

[13] 高怀志,王君杰.桥梁检测和状态评估研究与应用[J].世界地震工程,2000.

[14] 邬晓光,徐祖恩.大型桥梁健康监测动态及发展趋势[J].长安大学学报,2003.

[15] 韩大建,谢峻.大跨度桥梁健康监测技术的近期研究进展[J].桥梁建设,2002.

[16] 欧进萍.土木工程智能健康监测与诊断系统[J].传感器技术,2001(11):1-4.

[17] 张宇峰.苏通大桥结构健康监测及安全评价系统的研究与设计[J].市政技术,2005.

[18] 丁幼亮,李爱群.润扬长江大桥结构损伤预警系统的设计与实现[J].东南大学学报,2008.

[19] 王晖,项贻强.文晖斜拉桥健康监测评估系统软件功能设计研究[A].国际会议论文,2005.

[20] 王有志,徐鸿儒,孙大海.已建桥梁主梁在复合受力状态下的评估指标计算[J].华东公路,2001.

[21] Ko J M,Ni Y Q. Technology developments in structural health monitoring of large scale bridges[J]. Engineering Structures,2005.

[22] 周畅.在役桥梁状态评估和养护管理方法的研究[D].杭州:浙江大学,2008.

[23] 吴健.松岗高架桥病害分析及维修加固[J].山西建筑,2007.

[24] 苏成,廖威,陈冉.我国桥梁健康监测系统工程应用存在的问题及对策[C].//第24届全国结构工程学术会议论文集.工程力学,2015.

[25] 韩大建,杨炳尧,颜全胜.用人工神经网络方法评估桥梁损伤状况[J].华南理工大学学报(自然科学版),2004,32(09):72-75.

[26] 杨炳尧.关联规则发现在桥梁管理系统中的应用[C].//第十七届全国桥梁学术会议论文集.北京:人民交通出版社,2006.

[27] Chase S B, Small E P, NutakorC. An in-depth analysis of the national bridge inventory database utilizing data mining, GIS and advanced statistical methods[J]. Transportation Research Circular, 1999, 498: 1-17.

[28] Creary P A, Fang F C. The data mining approach for analyzing infrastructure operating conditions[J]. Procedia-Social and Behavioral Sciences, 2013, 96: 2835-2845.

[29] 杨炳尧,韩大建,颜全胜. 使用神经网络方法进行桥梁损伤状况评估[C]//第十六届全国桥梁学术会议论文集. 北京: 人民交通出版社, 2004.

[30] 张鹏. 基于神经网络的桥梁监测数据挖掘[D]. 重庆: 重庆大学, 2007.

[31] 杨建喜. 基于非线性混沌动力学理论的在役桥梁状态分析研究[D]. 重庆: 重庆大学, 2011.

[32] 董辉. 桥梁健康监测数据的数据挖掘模型[D]. 重庆: 重庆大学, 2006.

[33] 刘锋. 基于数据挖掘的桥梁监测数据分析[D]. 长沙: 长沙理工大学, 2012.

[34] 陈夏春,陈德伟. 多元线性回归在桥梁应变监测温度效应分析中的应用[J]. 结构工程师, 2011(02).

[35] Moyo P, Brown J M W. Detection of anomalous structural behavior using wavelet analysis[J]. Mechanical Systems&Signal processing, 2002, 116 (2-3): 429-445.

[36] Tang L, Liu Z, Jiang B, etal. Features of long-term health monitored strains of a bridge with wavelet analysis[J]. Theoretical and Applied Mechanics-Letters, 2011, (5): 27-30.

陈策　博士

陈策,博士,江苏高速公路工程养护技术有限公司研究员级高级工程师,江苏省333第二层次培养对象,研究方向为:大跨径桥梁养护技术。近年来,获省部级科技进步奖8项,国家发明专利16项,发表SCI、EI以及核心期刊论文60余篇。

第 13 章 空心板梁桥退化规律与预防性养护时机

张启伟[1],王晓佳[2]
1. 同济大学桥梁工程系,上海,200092;
2. 上海市市政公路工程检测有限公司,上海,200031

13.1 引言

根据交通运输部历年的交通运输行业发展统计公报,在现役桥梁中,约 27 万座是 1998 年以前建成、桥龄 20 年以上的结构。进入 21 世纪以来,由于持续、高速的桥梁建设,我国公路运营桥梁总数已于 2008 年和 2017 年末分别达到 59.5 万座和 83.3 万座。这两个数字也基本上表示十年和二十年以后我国公路路网上桥龄 20 年以上的桥梁数量,相比目前分别增长约 120% 和 210%。从桥梁技术状况等级统计结果看,按照传统的养护方式,桥梁在服役 20 年后退化为四类、五类桥梁的比例明显增加。因此,我国目前数量庞大的较新桥梁将会在未来的 10~20 年间出现明显退化,届时,桥梁的养护维修需求将会和近年来桥梁建造数量一样呈现出急剧增加的趋势。为了避免将来必然出现的大批量桥梁损坏和有限的管养费用之间的矛盾,需要采用全新高效的养护策略。

　　桥梁结构预防性养护是定期的强制性保养、维修措施,是在桥梁尚未发生明显结构性病害之前就进行的养护,以将病害处理在萌芽状态,防止或延缓病害的发生,达到增强桥梁结构耐久性和延长使用寿命的目的。

　　预防性养护的概念诞生于20世纪80年代的美国,最初在道路路面养护领域提出。预防性养护的理念可以归纳为两点:①以不增加结构承载能力的方式改善结构的服务能力,让状态良好的结构能够保持更长时间,从而有效延缓结构的老化进程。②采用最合理的方式,在最合适的时间,处理适宜的结构。预防性养护的概念提出后,各国已开始在道路路面维护上的尝试并取得良好效果。受道路预防性养护的启示,人们也开始关注桥梁的预防性养护。桥梁预防性养护是一种复杂的、系统性的养护策略,其主要研究内容包括桥梁技术状况评价、桥梁技术状况退化规律、预防性养护时机选择、预防性养护效果评价及寿命预测等。

　　本文以上海市公路与城市道路中占比最大的预应力混凝土和钢筋混凝土梁桥为对象,根据调查统计资料分析空心板梁桥技术状况退化规律,并结合病害机理提出针对各类病害的预防性养护时机选择。

13.2　空心板梁桥技术状况退化规律

13.2.1　桥梁技术状况统计分析

　　截至2014年,上海市公路与市政道路上中小桥梁占93.1%如图13.1所示,而这些中小桥梁中绝大部分为预应力或普通钢筋混凝土空心板梁桥。对上海市城市道路和部分公路的3311座空心板梁桥进行历年资料统计分析,归纳后发现空心板梁桥最主要同时也是最常见的病害包括:①主梁混凝土碳化、钢筋锈蚀;②主梁混凝土裂缝;③铰缝损伤;④支座病害;⑤伸缩缝损坏、墩台顶渗水;⑥混凝土表层缺陷。

13.2.1.1　主梁混凝土碳化、钢筋锈蚀

　　空心板内钢筋锈蚀主要表现为混凝土表面有锈迹、构件钢筋锈蚀引起混凝土剥落、钢筋裸露,严重时表面膨胀性锈层显著。普通钢筋混凝土板梁在退化严重时甚至会出现大量钢筋锈蚀引起部分钢筋锈断、混凝土表面严

重开裂。主梁混凝土碳化表现为局部或大量区域混凝土碳化深度大于保护层厚度、混凝土表面胶凝料少量或大量松散粉化。钢筋锈蚀常常伴随混凝土的碳化和钢筋保护层厚度不足,后两者也是钢筋锈蚀的主要成因之一。引起混凝土内钢筋锈蚀的另一个因素是氯离子侵蚀。但对于上海市的绝大部分桥梁,氯离子侵蚀不严重。

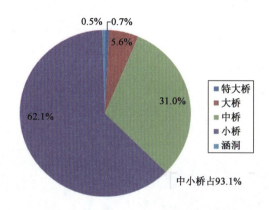

图 13.1　上海市公路与市政道路桥梁占比

13.2.1.2　主梁混凝土裂缝

空心板梁混凝土裂缝主要表现为局部或大面积网状裂纹、横向裂缝、顺主筋方向纵向裂缝如图 13.2 所示。顺主筋方向纵向开裂严重时伴有钢筋锈蚀、甚至裂缝处渗水。

裂缝成因是比较复杂的。空心板梁底的横向裂缝和纵向裂缝发展到一定长度会严重破坏结构的整体性和防渗性;梁底横向裂缝也可能因丧失底缘混凝土本身的抗拉强度而导致梁体挠曲和抗裂性能下降;网状裂缝则主要影响结构耐久性。

13.2.1.3　铰缝损坏

空心板铰缝损坏主要表现为铰缝填充物脱落、铰缝渗水,严重时空心板间铰接构造失效形成单板受力、从而引起各板不均匀挠曲、单板下挠。铰缝渗水是装配式空心板梁桥较为常见的病害,也是铰缝病害的外在表征。渗水导致空心板局部长期处于湿润或者半湿润环境,促使连接构件钢筋锈蚀速度加快,导致铰缝性能进一步退化,最终连接构件功能失效,板梁间横向不能传力,破坏结构整体受力性能如图 13.3 所示。

a) 横向裂缝　　　　　　　　b) 纵向裂缝

c) 网状裂缝　　　　　　　　d) 裂缝渗水

图 13.2　空心板主梁混凝土裂缝表现形式

图 13.3　空心板主梁差异下挠、板间铰缝渗水

铰缝渗水是装配式空心板梁桥较为常见的病害，也是铰缝病害的外在表征。渗水导致空心板局部长期处于湿润或者半湿润环境，促使连接构件钢筋锈蚀速度加快，导致铰缝性能进一步退化，最终连接构件功能失效，板梁间横向不能传力，破坏结构整体受力性能。

13.2.1.4 支座病害

空心板梁桥一般采用板式橡胶支座，常见病害主要表现为橡胶表面形成龟裂裂纹、橡胶老化破裂、支座内钢板裸露或锈蚀、橡胶不均匀鼓凸、支座剪切超限、部分或完全脱空、位置串如图13.4所示。

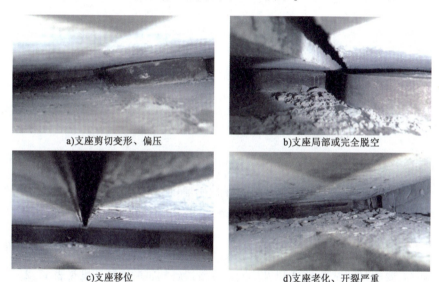

a) 支座剪切变形、偏压   b) 支座局部或完全脱空
c) 支座移位   d) 支座老化、开裂严重

图13.4 空心板梁桥板式橡胶支座病害

支座发生损坏将使得支座受力不均匀、梁体产生过大的冲击力，尤其是支座脱空将导致板梁除受弯外还受到扭矩的作用，也可能引起梁板之间铰缝的损坏。因此支座病害不仅影响支座的耐久性，对桥梁结构也产生不利的影响。

13.2.1.5 伸缩缝损坏、墩台顶渗水

空心板梁桥梁端伸缩装置常见的病害主要包括锚固区混凝土开裂破损、橡胶条老化或断裂剥离、止水带脱落或破损。伸缩缝止水带脱落破损常伴随桥墩或桥台表面存在渗水痕迹。墩台顶渗水的其他原因主要是桥面铺装防水层开裂或破损，导致防水层失效，桥面积水下渗至桥墩、桥台顶部。

伸缩缝损坏和墩台顶渗水很强的伴生性。墩台顶渗水不仅影响美观,更是导致混凝土盖梁和墩台耐久性问题的主要原因。

13.2.1.6　混凝土表层缺陷

空心板梁桥混凝土表层缺陷主要包括蜂窝麻面、剥落掉角等病害如图13.5所示。特别是位于桥梁两侧的边板,由于雨水侵蚀、撞击、风化等原因,这些部位的混凝土表层缺陷更为普遍、严重。

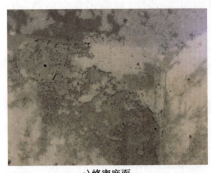
a) 蜂蜜麻面

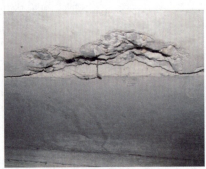
b) 剥落掉角

图 13.5　板梁混凝土表层缺陷

混凝土表层缺陷会减少混凝土保护层厚度,增大了混凝土的空隙,导致有害的化学物质更轻易入侵,致使混凝土碳化、钢筋锈蚀,对桥梁耐久性产生较大影响。

另外,根据调查数据,还总结了各种主要病害在统计的桥梁中出现不同比例时需要的时间见表13.1以及不同桥龄阶段各病害的发展速度见表13.2。

病害在统计的桥梁中出现不同比例时需要的时间(年)　　表13.1

病　　害		出现20%	出现40%	出现60%
支座病害		3.1	5.3	7.8
铰缝渗水		6.0	9.2	12.2
桥墩台处渗水		2.5	5.5	9.3
梁底裂缝	预应力	6.8	11.2	14.4
	普通钢筋	2.6	4.7	6.0
锈蚀、露筋	预应力	10.5	15.8	22.0
	普通钢筋	4.5	12.0	17.1
单梁下挠		8.9	13.5	14.6

不同桥龄阶段各病害的发展速度　　　　　表13.2

病　　害		3年	5年	10年	15年
支座病害		19.3%	37.3%	72.1%	90.0%
铰缝渗水		11.0%	17.5%	42.5%	78.0%
桥墩台处渗水		23.1%	38.7%	62.2%	85.2%
梁底裂缝	预应力	4.4%	13.8%	30.8%	62.8%
	普通钢筋	22.3%	45.1%	78.2%	95.4%
锈蚀、露筋	预应力	0.0%	4.2%	19.0%	38.7%
	普通钢筋	4.8%	23.0%	34.9%	49.4%
单梁下挠		0.0%	4.5%	28.4%	62.4%

注1. 根据调研资料数据得到。
　　2. 表中百分比指出现该种病害的桥梁占全部统计桥梁的比例。

13.2.2　空心板梁桥技术状况退化规律

13.2.2.1　桥梁性能与状况的指标选择

面向预防性养护的使用性能评价指标应该能够表征桥梁的现有状况，评价指标的标准必须明确、直观、可靠，可以用时间曲线描绘。目前桥梁状态评价主要有基于可靠度理论、层次分析法、模糊理论、神经网络及专家系统的方法等。我国现行规范《公路桥梁技术状况评定标准》(JTG/T H21—2011)和《城市桥梁养护技术标准》(CJJ 99—2017)规定通过现场检查对桥梁总体、上部结构、下部结构及桥面系三大部位以及主梁、支座等部件分别进行打分评定，而对具体病害则是以检测指标的"标度"值进行评定，然后采用分层综合评定与单项指标控制相结合的评定方法，分别以"技术状况评分" Dr 和"技术状况指数" BCI 来描述桥梁技术状况。例如，公路桥梁总体技术状况评分 Dr 按下式：

$$D_r = BDCI \times W_D + SPCI \times W_{SP} + SBCI \times W_{SB} \quad (13.1)$$

式中：BDCI、SPCI、SBCI——桥面系、上部结构和下部结构的技术状况评分；
　　　W_D、W_{SP}、W_{SB}——桥面系、上部结构和下部结构在全桥中的权重。

现行规范采用的分层综合评定法条例分明，对桥梁不同部件的各类病害都有明确的评分法则，可以跟踪各类病害在不同时间的严重程度；由于评价体系各项规定具体、严格，检测人员主观因素对评定结果的影响较小。另外,我国所有公路、城市道路的桥梁均采用规范方法进行技术状况评定,因此这里采用现行规范中的桥梁技术状况指标 Dr 或 BCI 作为桥梁使用性能和技术状况评价的指标(为简化见,后面将 Dr 和 BCI 统一称为 BCI)。

13.2.2.2 总体技术状况退化规律

桥梁技术状况退化规律主要有两种模型:基于机理的退化模型与基于统计数据的退化模型。基于机理的退化模型从影响桥梁结构退化各种因素的时变规律出发,预测结构的退化。现阶段主要的研究成果集中于混凝土碳化预测、钢筋的锈蚀预测两个方面。但是,影响桥梁退化的因素较多,而且各种因素之间往往共同影响结构性能,模型很难量化各因素之间的相互关系。而且,目前针对桥梁支座、铰缝等病害的基于机理的退化模型研究还很欠缺。因此基于机理的退化模型在桥梁预防性养护的实际应用中还存在一些困难。

基于统计数据的退化模型是通过统计历史数据来归纳出桥梁退化规律,从而根据桥梁历史和当前的状态,预测桥梁未来的状态。其基本思路是在统计数据上的定量建模和概率分析。目前主要的建模预测方法有:①确定性曲线模型:曲线拟合法、回归模型法;②随机模型:马尔可夫链法、基于可靠度理论的方法等;③人工智能模型。

根据上海地区空心板梁桥状况退化的特点,参考国内外已有的退化曲线方程,选取应用较为广泛的、由威布尔分布累计失效概率函数演变而来退化曲线进行分析。威布尔分布能充分反映结构或材料缺陷对桥梁使用寿命的影响,而且具有递增的失效率,这一特性符合桥梁技术状况退化的情形。

若随机变量 T 服从威布尔分布,其概率密度函数为:

$$f(t) = \frac{\beta}{\eta}\left(\frac{t}{\eta}\right)\exp\left[-\left(\frac{t}{\eta}\right)^{\beta}\right] \tag{13.2}$$

累计失效概率函数:

$$F(t) = P(T \leq t) = 1 - \exp[-(t/\alpha)^{\beta}] \tag{13.3}$$

由此可知累计的未失效概率函数可以表达为 $1 - F(t)$,以此种思路可以构建退化方程的基本形式:

$$BCI = BCI_0 \times \exp[-(t/\alpha)^{\beta}] \tag{13.4}$$

式中:BCI——时刻 t 的桥梁技术状况评分;

BCI_0——初始桥梁技术状况评分;

t——使用年数;

α、β——回归系数。

此方程式满足桥梁使用性能方程的取用原则,即当 α、$\beta \geq 0$ 时,方程式单调减小;当 $t \to 0$ 时,$BCI \to BCI_0$,当 $t \to \infty$ 时,$BCI \to 0$。

参数 α、β 的数值可以由观测数值回归得到。曲线的形状主要由 β 值的变化控制。β 值由小变大时曲线由凹形变坦经直线变为凸形,当 β 值太小时曲线在早期下降的非常快,反映桥梁早期损坏相当严重,而当 β 值较大时,桥梁早期性能退化得非常缓慢。

对于上述退化曲线方程,采用单线性回归最小二乘法对其参数进行估计。

为了得到预应力混凝土空心板梁桥、钢筋混凝土空心板梁桥的总得分(BCI)与时间的对应关系,需对调研数据进行处理,得到预应力混凝土空心板梁桥观察数据集合 $T_1 = \{(x_1, y_1), (x_2, y_2), \cdots, (x_n, y_n)\}$ 和钢筋混凝土空心板桥数据集合 $T_2 = \{(x_1, y_1), (x_2, y_2), \cdots, (x_n, y_n)\}$。然后利用 matlab 软件对桥梁数据集合进行拟合,拟合结果见表13.3。

空心板梁桥技术状况退化曲线参数估计结果　　　表13.3

桥梁类型	α	β	退化曲线表达式
预应力混凝土空心板(T_1)	58.2	1.38	$BCI = 100 \times \exp[-(t/58.2)^{1.38}]$
钢筋混凝土空心板(T_2)	48.9	1.31	$BCI = 100 \times \exp[-(t/48.9)^{1.31}]$

如图13.6所示给出了预应力混凝土空心板梁桥和钢筋混凝土空心板梁桥的退化曲线。需要指出的是,由于调研获得的数据中完整有效的数据较少,而且桥龄25年以上的桥梁有很多已经经过维修加固而提升了状态等级,因此上面得到的空心板梁桥退化曲线在时间轴后半段(大致相当于桥龄25年后)并不能真实反映桥梁自然退化后的技术状况。

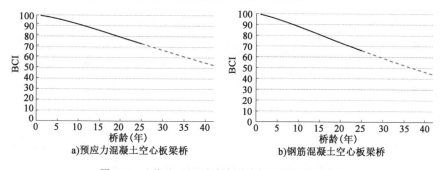

图13.6　上海地区空心板梁桥技术状况(BCI)退化曲线

13.2.2.3 病害退化规律

上述获得的BCI退化曲线反映的是桥梁整体技术状况的退化规律,不能反映桥梁不同部件、不同病害的演变时程。而同一座桥梁不同部件、构件或不同病害的退化程度和速度不尽相同,所以获得不同病害的退化规律更有助于预防性养护策略的建立。

利用调研资料中各病害的统计数据,采用类似桥梁总体评定的方式分析主梁混凝土碳化和钢筋锈蚀、主梁混凝土裂缝、铰缝损伤、支座病害以及伸缩缝损坏与墩台顶渗水等五大病害的演变规律。每类病害分别对应一个或多个检测指标,而根据规范每个检测指标的扣分值与该指标所能达到的最高等级类别有关,病害的评分值又与相关的构件数有关。以主梁混凝土裂缝病害为例说明病害评分过程如下。

假定某桥梁共有N片空心板,每片空心板混凝土裂缝评定标度值分别为$x_i(i=1\sim N)$。根据规范,"混凝土裂缝"这一指标能达到的最高等级类别为5类,由规范可以查得每片板混凝土裂缝标度所对应的扣分值DP_i,然后仿照桥梁部件技术状况评分算式可以计算该病害的评分值V:

$$V = M_{DP} - (100 - M_{min})/t \tag{13.5}$$

式中:M_{DP}——N片板裂缝评分平均值,即$M_{DP} = 100 - \sum_{i=1}^{N} DP_i$;

M_{min}——N片板中分值最低的板的得分值,$M_{min} = 100 - \max(DP_i)$;

t——规范中的与N有关的系数。

对于像支座综合病害这样的对应多个检测指标的病害,其评分值V的计算过程与上面相似,只是在计算M_{DP}时对多个指标扣分值进行平均。

主梁混凝土碳化和钢筋锈蚀等五大病害的演变曲线如图13.7~图13.11所示。

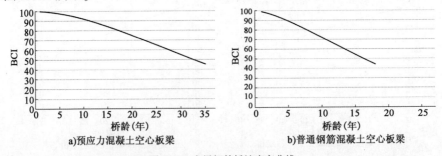

a) 预应力混凝土空心板梁　　b) 普通钢筋混凝土空心板梁

图13.7　主梁钢筋锈蚀病害曲线

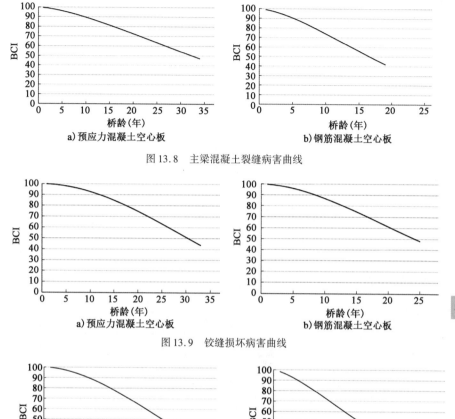

a) 预应力混凝土空心板　　　　b) 钢筋混凝土空心板

图 13.8　主梁混凝土裂缝病害曲线

a) 预应力混凝土空心板　　　　b) 钢筋混凝土空心板

图 13.9　铰缝损坏病害曲线

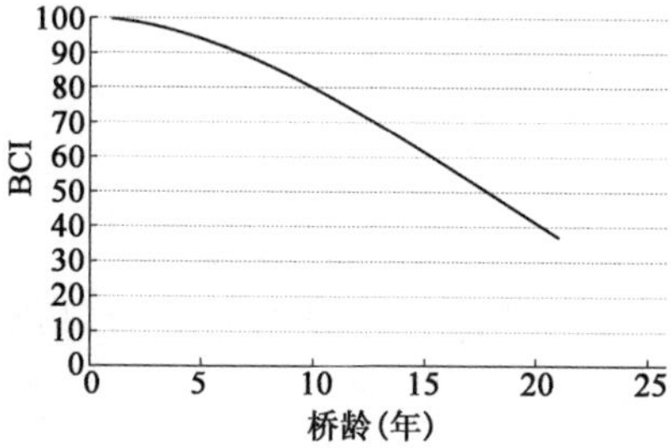

图 13.10　支座综合病害曲线(不含脱空、移位) 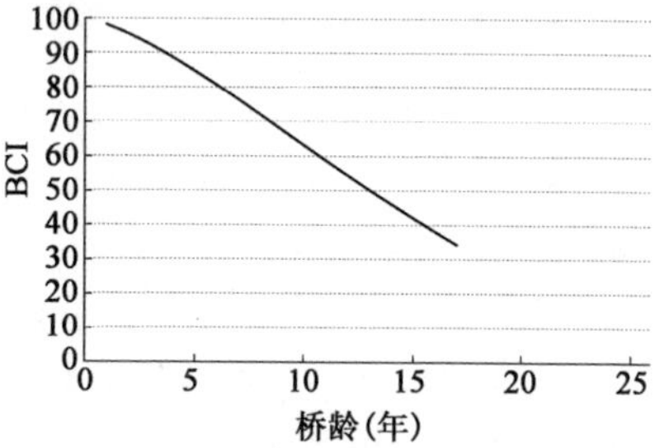　　图 13.11　伸缩缝损坏、墩台顶渗水病害曲线

13.3　不同路网等级的桥梁退化

影响混凝土桥梁结构退化的因素主要包括三个方面：①设计无法满足实际需要，或建筑材料选取不恰当；②施工和养护有缺陷；③外部环境的影响，如超载、车辆冲击、车辆荷载造成的疲劳损伤、冻融破坏、氯离子侵蚀等

有害化学物质侵蚀。当然地域环境、设计理念、施工方法、路段交通的不同，决定桥梁结构退化的主导因素也各不一样。对于上海地区既有桥梁，为便于运用易于收集并可保证较高真实性的数据资料，这里将影响桥梁技术状况退化的因素分为桥梁内部和外部因素。其中主要的外部因素为桥梁所在路段的车重、交通量和道路等级，主要的内部因素为桥梁结构自身的应力度，即预应力混凝土桥梁与普通钢筋混凝土桥梁之分。利用2015年度上海市道路年报的数据，分析确定面向桥梁预防性养护的路网等级，包括重车/轻车路段划分、重交通/轻交通路段划分以及高等级/低等级路段划分。

由于预防性养护主要针对处于1、2、3类或A、B、C级的桥梁，为了更细微地处理这些类别的桥梁数据，这里将桥梁技术状况等级分为七个类别，与规范评定分级对应关系见表13.4。

桥梁退化等级和规范中的对应关系　　　　　　表13.4

退化等级	技术状况评分	对应公路标准	对应城市标准
7	[95,100]	1	A
6	[90,95)	2	A
5	[80,90)	2	B
4	[70,80)	3	C
3	[60,70)	3	C、D
2	[40,60)	4	D、E
1	[0,40)	5	E

空心板梁桥预防性养护需要掌握桥梁自然退化状况下的实际退化进程。所谓自然退化，是指桥梁在没有大、中修的情况下，只在自然养护下的退化。由于实际工程中，桥梁的维修养护是根据桥梁的状况不断发生的，所以能够获得的自然退化的桥梁数据是较少的。为此，这里首先对桥梁技术状况数据进行处理，剔除维修工作引起的桥梁状况改善的数据，以获得较多的信息来进行退化进程的拟合。这一过程简单说明如下。

(1) 数据选择和剔除

选择和保留自然日常养护状况下桥梁的退化数据，剔除因维修而提升了技术状况等级的数据。当桥梁在某一阶段技术状况等级突然明显提高，则可认为在该时段桥梁经历了大中修，这一时段的数据需要剔除掉。

(2) 数据移动

桥梁即使进行了大中修后,其技术状况仍然会逐渐退化。把大中修桥龄段数据剔除后的自然退化数据移动到大中修之前的数据后,拼接成近似自然退化的数据链。移动处理遵循以下两个考虑:

①将大中修之后的数据段移动至大中修之前的数据段,并将该段数据的起点放在前段数据中状况等级相近的桥龄时间点。

②由于大中修之后的数据段前移后,其桥龄被人为减小了,而实际上桥梁材料老化状况在不同的桥龄是不同的。为此,在移动前需首先对这部分状况数据进行折减。为简化分析,这里把预应力混凝土桥和普通钢筋混凝土桥的技术状况分数分别降低($40n/40$)和($40n/25$),其中 n 为数据移动后桥龄的减小数。这一过程隐含的假定是,预应力混凝土和普通钢筋混凝土空心板梁桥分别在运营 40 年和 25 年后的技术状况指标降低为 60 分。

为了模型建立的简洁,这里采用一次线性分段函数和二次多项式函数来拟合退化模型。一次线性分段函数拟合不同退化阶段桥梁的技术状态变化情况,并通过分段点反应主要的变化特性,这是一次线性多段函数模型的优势。二次多项式函数模型可以更为平滑的拟合原始数据,并且避免选取分段点的人为主观干扰。

13.3.1 重车/轻车路段

根据上海市干线公路车辆轴载调查数据,以大货车、特大货车、铰接及拖挂车的年平均日流量(分别记为 N1、N2 和 N3)的平均值来划分重车、轻车路段。由于各路段上大货车、特大货车、铰接及拖挂车的数量分布情况不同,这里采用两种"平均值"来计算:

算术平均　　　　　　(N1 + N2 + N3)/3　　　　　　(13.6)

加权平均　　　　　　0.2N1 + 0.4N2 + 0.4N3　　　　(13.7)

根据调查得到的各路段大货车、特大货车、铰接及拖挂车的年平均日流量计算出两种平均值并由大到小排列,结果显示重车日流量的算术平均值和加权平均值的排列差异很小。为方便见,这里以"大货车、特大货车、铰接及拖挂车的年平均日流量总和占全部机动车年平均日流量总和的比"为指标来划分重车、轻车路段。

重车路段:大货车、特大货车、铰接及拖挂车的年平均日流量总和与机动车年平均日流量总和之比≥25%;

轻车路段:大货车、特大货车、铰接及拖挂车的年平均日流量总和与机动车年平均日流量总和之比≤10%。

其余路段为介于重车和轻车之间的路段。

需要说明的是,以上对重车、轻车路段的划分"标准"是个经验性的大致划定,随着路网交通的变化,上述划分标准及划定的路段类型可做适当调整。

考虑到不同路网中桥梁上部结构、下部结构及桥面系受各种因素的影响可能不尽相同,所以这里将对桥梁上部结构、下部结构及桥面系的退化曲线分别进行分析。

采用一次线性函数和二次多项式对这些数据拟合,结果见表13.5。由于有效的分析数据主要分布在桥龄为1~10年的区段内,所以表中的拟合结果的有效性也主要体现在1~10内。上述两种退化模型的拟合曲线如图13.12所示。

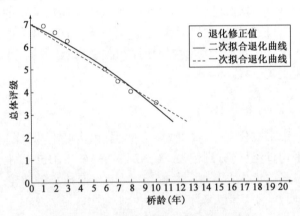

图13.12 重车路段板梁桥上部结构退化曲线

重车路段板梁桥上部结构退化拟合模型　　　　　　　表13.5

模　型	拟　合　结　果	拟合效果(R^2)
一次分段线性函数	$y = -0.347 \times t + 7$	0.97
二次多项式	$y = -0.011 \times t^2 - 0.258 \times t + 7$	0.98

经同样过程的处理,可以获得轻车路段板梁桥上部结构退化曲线如表13.6和图13.13所示。

轻车路段板梁桥上部结构退化规律拟合模型　　　表13.6

模　型	拟　合　结　果	拟合效果(R^2)
一次分段线性函数	$y = \begin{cases} -0.091 \times t + 7 & 0 < t < 11 \\ -0.469 \times (t-11) + 5.999 & t \geq 12 \end{cases}$	$\begin{cases} 0.96 \\ 0.50 \end{cases}$
二次多项式	$y = -0.013 \times t^2 - 0.005 \times t + 7$	0.86

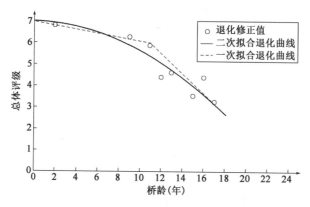

图13.13　轻车路段板梁桥上部结构退化曲线

如图13.14所示为轻、重车路段板梁桥上部结构二次拟合退化曲线对比图。经同样过程的处理，可以获得轻、重车路段板梁桥桥面系退化曲线如图13.15所示。

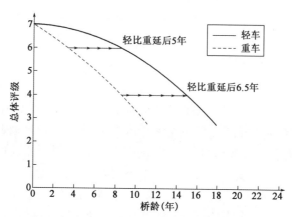

图13.14　轻、重车路段板梁桥上部结构退化曲线对比

从上面的退化曲线对比图中可以看出：

（1）重型车辆对板梁桥上部结构和桥面系的技术状况退化影响非常明显，重车路段结构的退化进程明显早于轻车路段。

（2）轻车路段的板梁桥上部结构在 8.5 年退化至二类，而重车路段的板梁桥上部结构则在 3.5 年退化至二类；轻车路段的板梁桥桥面系约 6 年退化至二类，而重车路段桥面系运营不到 4 年即可能退化至二类。

（3）轻车路段的板梁桥上部结构在 15 年退化至三类，而重车路段的梁桥则在 8.5 年退化至三类；

（4）轻车路段的板梁桥在起初 10 年的上部结构退化速率明显缓慢与重车路段，但大概 12 年后开始退化速度相对加快，与重车路段的退化速率接近。

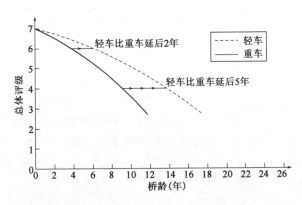

图 13.15　轻、重车路段板梁桥桥面系退化曲线对比

13.3.2　重交通/轻交通路段

拥挤度为公路网所有路段平均日交通量与路段适应交通量比值的年平均值。对于路段，其拥挤度就是其日交通量与适应交通量的比值，用 A、B、C、D、E、F 表示，依次表明公路网交通总体状况为畅通、较畅通、适应、基本适应、拥挤、拥堵。根据 2015 年度上海市道路年报，这里粗略地以拥挤度为 A 和 B 为轻交通，拥挤度为 E 和 F 为重交通，其余为中交通。

与重车路段处理过程类似，通过对重、轻交通量路段板梁桥的原始技术状况资料预处理，并剔除桥梁养护工作干扰的数据区段后进行退化曲线拟合，结果如图 13.16、图 13.17 所示。

从图中可以看出：

(1) 重交通路段板梁桥上部结构和桥面系的技术状况退化速率快于轻交通路段。

(2) 重交通和轻交通路段的梁桥上部结构均在 5.5 年左右退化至二类，但重交通路段梁桥上部结构约 11 年退化至三类，而轻交通路段的梁桥在 14.5 年退化至三类。

(3) 重交通和轻交通路段的梁桥桥面系分别在 5 年和 7 年左右退化至二类。

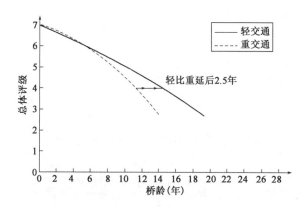

图 13.16　重交通、轻交通路段桥梁上部结构退化规律比较

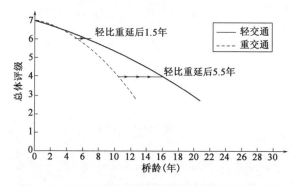

图 13.17　重交通、轻交通路段板梁桥桥面系退化规律比较

13.3.3　高等级/低等级路段

这里粗略地将高速公路划为相对的高等级公路，把二级公路划为相对的低等级公路。

与前面的处理过程类似，通过高、低等级路段板梁桥的原始技术状况资料预处理，并剔除桥梁养护工作干扰的数据区段后进行退化曲线拟合，结果如图13.18~图13.20所示。

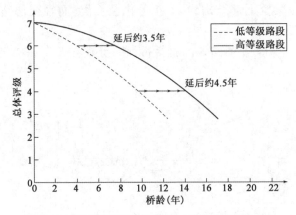

图13.18　高、低等级路段板梁桥上部结构退化曲线对比

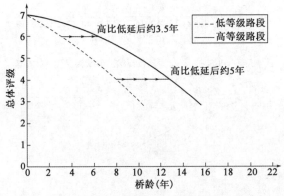

图13.19　高、低等级路段板梁桥桥面系退化曲线对比

13.3.4　应力度的影响

通过对预应力空心板梁桥和普通钢筋混凝土空心板梁桥的原始技术状况资料预处理，并剔除桥梁养护工作干扰的数据区段后进行退化曲线拟合，结果如图13.21所示。可见，预应力空心板梁桥上部结构可能在运营6年、14.5年后退化至二类、三类，而普通钢筋混凝土空心板梁桥上部结构则可能在3年、9.5年后退化至二类、三类。

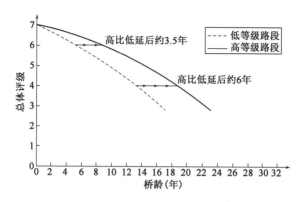

图 13.20 高、低等级路段板梁桥下部结构退化曲线对比

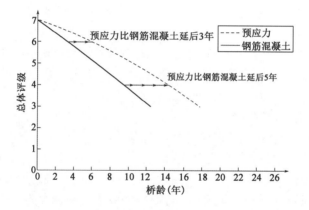

图 13.21 预应力和钢筋混凝土梁桥上部结构退化曲线对比

13.4 空心板梁桥结构预防性养护的时机选择

13.4.1 桥梁设计使用年限

桥梁结构的设计使用年限对结构的管理及维护成本都有很大影响,同样一座桥使用年限为 50 年或是 100 年,其管养策略会有很大不同。上海市少数县道上的中小桥梁的设计年限使用 50 年,其余的设计年限普遍采用 100 年。因此。这里除特别说明外,对桥梁的使用年限均按 100 年考虑。

13.4.2 预防性养护的目标

在确定了结构的使用年限以后,结构可接受的最低极限状态水平将影响预防性养护的最终实施。通常一座桥梁的预防性养护目标分如下 2 种情形:

(1)在预期使用寿命内,保持分数不低于最低控制分数条件下,总体维护费用最少,即求最小费用问题;

(2)总体维护费用有限(假设为某一固定值),保持分数不低于最低控制分数条件下,结构实际可达到的最长寿命,即有限资金条件下,求最大使用年限问题。

此外,对于区域(或路网)内的多座桥而言,当维护费用有限时,还需要考虑每座桥在路网中的重要性。根据上海市桥梁管理的特点,这里主要针对上述第一种情况开展。另外,预防性养护中的桥梁最低控制分数,是影响养护效果及总体费用的重要因素之一,对预防性养护开展时机的影响也非常明显。预防性养护的效果与采取预防性养护措施时桥梁结构状态有关,因此需要解决以下两个问题,即

①桥梁最低控制分数;

②预防性养护初次开展时间的合理范围。

根据《公路桥梁技术状况评定标准》(JTG/T H21—2011)的桥梁技术状况分类,认为将预防性养护中桥梁的最低控制分数定为 60 是合理的,即桥梁结构的总体状态控制为不低于 3 类桥,避免桥梁出现过大的结构病害;结构的预防性养护的初次开展时间控制在 80 分左右是合适的,即结构尚处在 2 类桥时就可根据病害特点开展预防性养护工作,这使得结构的维护费用较少,比较经济。

以上结论是从桥梁技术状况角度分析得出的,可以作为全路网的桥梁总体预防性养护开展时机的参考,而具体到某一座桥梁,则需要考虑不同病害的成因、对结构的影响及所采用的预防性养护方法等方面,综合确定预防性养护的开展时机。

13.4.3 预防性养护对结构状态的影响

如前文所述,上海市空心板梁桥最主要的几类病害中,主梁剥落掉角、蜂窝麻面多为施工不当引起,通过一次性维修即可修复。预防性养护更多

是针对桥梁运营后逐渐形成、发展并持续影响结构性能的病害,归纳如下:

(1) 主梁混凝土碳化、钢筋锈蚀(混凝土碳化、保护层不足、钢筋锈蚀);

(2) 主梁混凝土裂缝(网状裂缝、顺筋纵缝、受拉区裂缝);

(3) 横向联系削弱(铰缝损坏、桥面铺装纵向开裂);

(4) 支座病害(开裂、移位或脱空、剪切超限);

(5) 墩台处渗水(伸缩缝止水带损坏或桥面连续处横向开裂导致防水失效)。

针对以上病害,所能采取的预防性养护的措施包括:①防渗防漏整治;②钢筋防腐;③裂缝修补;④混凝土修补;⑤混凝土防腐;⑥混凝土防水;⑦结构加固;⑧表面涂装等。

预防性养护方法实施后对结构的影响可分三种情况:

(1) 不提高桥梁技术状况分数,延迟分数降低的时间,该时段内不再继续退化;

(2) 不提高桥梁技术状况分数,降低结构退化率,在固定时间内,退化率小于正常退化时结构的退化率;

(3) 提高桥梁技术状况分数,退化率保持不变,仍按原退化规律发展。

例如:混凝土表面涂刷防腐涂装,使二氧化碳无法进入混凝土内部,不考虑其他因素影响时混凝土碳化进程中断,混凝土碳化对结构的影响在防腐涂装失效前不再发生变化,因此这种预防性养护的效果可视为上述情况1;而对锈蚀钢筋进行防腐维修处理后,若未进行植筋补强处理,则维修实施后结构性能不会提升,但钢筋的锈蚀速度会变慢,也就是说其退化率降低了,因此其效果符合情况2;当对板梁损伤铰缝进行维修后,主梁之间横向联系得以恢复,上部结构的整体性能得到提升,其实施效果符合情况3。

还有些预防性养护措施可能同时达到两种或更多的效果,比如既延迟退化时间又降低退化率,或既提升结构分数又降低结构退化率等。这就增加了问题的复杂性,因此当出现这种情况时,将不同效果加以比较,取主导作用的一种按上述原则进行归类,不考虑其余部分对结构的有利作用,这样做对结构也是有利的。

此外,还需要掌握实施预防性养护后结构状态变化及后期的演化规律,针对上述3种情况具体来说包括以下3方面内容:

(1) 确定延迟分数降低的时间(如:防腐涂装失效时间);

(2) 确定结构退化率的变化(如:钢筋锈蚀维修后实际锈蚀速度);

(3) 确定结构分数的提高值(如:铰缝维修后结构分数提高多少)。

需将上述问题解决才能进行成本—效益分析和确定预防性养护开展的时机。

13.4.4 初次预防性养护时间

不同病害的成因和对结构的影响不同,所采取的预防性养护方式也不同,一般桥梁预防性养护实施有两种方式:

方式1:根据桥梁的总体技术状况,在同一时间对桥梁不同病害实施预防性养护处理。

方式2:对不同的病害选择不同的预防性养护时机并分别实施。

方式2弥补了方式1的不足,使得预防性养护工作有的放矢;此外由于不同病害的预防性养护开展时间不同,可将预防性实施过程分散在桥梁的日常性养护工作的中。以下针对空心板梁结构的5种主要病害,逐一分析预防性养护的初次时间。

13.4.4.1 主梁混凝土碳化、钢筋锈蚀

上海地区桥梁主要处于一般环境(指无冻融、氯化物和其他化学腐蚀物质作用)下,环境对钢筋和混凝土材料的腐蚀机理是保护层混凝土碳化引起钢筋锈蚀。根据调查,上海地区跨径大于13m的空心板梁桥通常采用C40预应力钢筋混凝土结构,少数跨径超过20m的板梁也有采用C50混凝土的;而跨径在13m以下的板梁多为钢筋混凝土结构,混凝土一般采用C30混凝土,也有少数采用C25混凝土的。研究和调查结果表明,混凝土强度对混凝土碳化影响很大,相同条件下,混凝土强度等级越高,其抵抗碳化的能力也越强,因此,相同运营时间的预应力钢筋混凝土板梁比钢筋混凝土板梁的碳化深度更小,钢筋锈蚀出现的更晚,而混凝土碳化进程与其所处的交通状况(重载路段、轻载路段等)并无明显的相关性。因此对混凝土碳化、钢筋锈蚀这种病害,仅考虑材料不同的影响,即预应力钢筋混凝土和非预应力钢筋混凝土两种情况。

从混凝土碳化和钢筋锈蚀机理来看,碳化是混凝土中的碱与环境中的二氧化碳发生化学反应生成碳酸钙的过程,它使混凝土的碱性降低,从而失去对钢筋的保护作用,引起钢筋锈蚀。虽然关于混凝土碳化速率的研究已提出数十种模型,但这些模型与调查统计数据一样都具有非常大的差异和离散性、不确定性。

混凝土中的钢筋锈蚀属于电化学腐蚀,腐蚀的发生通常需要具备钢筋表面存在电位差、钢筋表面钝化膜遭到破坏、钢筋表面有腐蚀反应所需的水和溶解氧三个条件。钢筋表面存在电位差、水和氧的条件总是存在的,因此钢筋表面钝化膜的破坏常常控制电化学腐蚀反应的发生。一般钢筋钝化膜的破坏源自氯离子侵蚀和混凝土碳化,对于上海地区的桥梁,主要因素是后者。混凝土中钢筋开始锈蚀时间常被定义为碳化深度达到钢筋表面所需时间,然而大量工程实践调查和试验结果表明,并不是碳化深度达到钢筋表面钢材才开始锈蚀,当钢筋位于混凝土部分碳化区时,就可能发生锈蚀。由于钢筋锈蚀是一个复杂的过程,目前的理论研究均无法给出关于钢筋锈蚀时间的较为一致性的预测。

可见,从混凝土碳化和钢筋锈蚀机理出发尚无法得出其初次养护时机。这里按前文拟合的混凝土碳化和钢筋锈蚀病害退化曲线来确定初养护时间。

根据表13.7,将80分作为混凝土碳化、钢筋锈蚀这种病害的分数控制限值(对其余病害同样可控制其分数不低于80分,这样可保证总体分数不低于80分),并考虑统计数据的离散性及结构性能的可靠性,将板梁混凝土碳化、钢筋锈蚀的预防性养护初次时间提前2年左右,结果如表13.8所示,即针对混凝土碳化和钢筋锈蚀的初次预养护时机分别为:预应力钢筋混凝土板梁桥15年桥龄时,钢筋混凝土板梁桥龄6年桥龄时。

板梁碳化、钢筋锈蚀退化   表13.7

退化后分值	预应力钢筋混凝土板梁(年)		钢筋混凝土板梁(年)	
	混凝土碳化、钢筋锈蚀病害退化	桥梁总体技术状况退化	混凝土碳化、钢筋锈蚀病害退化	桥梁总体技术状况退化
80分	17	20	8	15
60分	27	—	12	—

混凝土碳化、钢筋锈蚀病害预防性养护初次时间   表13.8

名称	预防性养护初次时间(年)	控制分数
预应力钢筋混凝土板梁	15	80
钢筋混凝土板梁	6	80

需要说明的是,少数板梁结构局部较早出现锈蚀、露筋现象,病害出现时间远早于15年的预防性养护开始时间,尤其是边梁的外侧腹部及悬臂部位、板梁端部墩台处漏水部位、板梁底角处铰缝渗水部位等。因此,对以上部位可考虑更早的实施预防性养护工作。

13.4.4.2 主梁裂缝

如前文所述,板梁的裂缝存在以下几种形式:①网状裂缝;②顺主筋方向的纵向裂缝;③受拉区裂缝。

网状裂缝主要发生在施工过程中,原因主要有两种:①刚浇筑完成的混凝土表面水分蒸发过快使表面产生裂缝;②混凝土在硬化时,因混凝土内部与外界温差过大而产生裂缝。网状裂缝属于静止裂缝,通常对结构的安全性没有影响,且网状裂缝形成后不再发展,如混凝土表面的蜂窝、麻面病害一样,对其进行一次性处理后,通常可以达到较好的效果。对混凝土的网状裂缝,可在结构运营后较早发现并及时加以处理,因此不是预防性养护关注的对象。

顺主筋方向的纵向裂缝有下列几种情况:①因钢筋锈蚀产生的沿钢筋方向的纵向开裂,这种情况属于混凝土碳化、钢筋锈蚀的情况,对混凝土碳化进行有效控制后,可尽量避免出现这种情况,且其产生的机理不同而不作为裂缝病害研究;②板梁制作时气囊上浮或下移导致顶、底板混凝土局部偏薄,板梁在纵向变形后截面产生畸变变形,导致顶、底板较薄处受拉开裂,若开裂贯通则会显著降低结构的抗扭性能,导致板梁的整体性下降,另外顶板过薄时在重车车轮作用下会产生局部受压破坏,需要采取换梁或其他加固手段才能使结构恢复到较好的状态,这也不是预防性养护所关注的;③预应力钢筋混凝土板梁由于局部张拉力过大或保护层偏薄导致横向拉应力过大,产生顺主筋方向的纵向裂缝,这种病害通常也发生在结构运营的早期,需对其及早处理避免裂缝存在引起预应力钢筋锈蚀。

受拉区裂缝,主要表现为板梁跨中梁底区域正弯矩引起的横向裂缝,还有少数板梁支点附近主拉应力较大的区域腹板斜向裂缝,对于预应力钢筋混凝土结构,倘若腹板斜向裂缝宽度超过限值,则表明其承载能力存在明显不足,需进行加固处。

根据以上几种裂缝的特点,这里重点针对运营阶段荷载引起的受拉区裂缝,裂缝的特点是不影响安全性但对耐久性有影响。统计显示,钢筋混凝土板梁和预应力钢筋混凝土板梁的裂缝病害发展不尽相同,且道路状况(重车路段、一般路段、轻车路段)对混凝土板梁跨中底面的横向裂缝发展影响非常明显。钢筋混凝土板梁和预应力钢筋混凝土板梁的病害发展规律如表 13.9 所示。

板梁裂缝退化　　　　　　　　　　　表 13.9

退化后分值	预应力混凝土板梁(年)		钢筋混凝土板梁(年)	
	主梁裂缝病害退化	桥梁总体技术状况退化	主梁裂缝病害退化	桥梁总体技术状况退化
80 分	16	20	8	15
60 分	27	—	14	—

按预防性养护的要求控制其分数不低于 80 分,与混凝土碳化、钢筋锈蚀病害基于相同的考虑,将主梁裂缝的预防性养护初次时间提前 1 年左右。

另外,鉴于混凝土裂缝病害受外荷载影响较大,根据前文不同路网、交通条件对结构技术状况退化的影响,考虑进行如下调整:

(1)考虑重车、一般路段、轻车路段:重车路段提前 3 年,轻车路段延迟 3 年;

(2)重交通、一般交通、轻交通:重交通提前 2 年,轻交通延迟 2 年;

(3)高等级、一般等级、低等级:高等级提前 2 年,低等级延迟 2 年。

表 13.10 ~ 表 13.12 给出了各种路段针对主梁裂缝病害的预防性养护初次时间。当某座桥同时符合表 13.10 ~ 表 13.12 中的两个或两个以上条件时,可按时间最早取用。

轻、重车路段主梁裂缝预防性养护初次时间　　　　表 13.10

名　称	预防性养护初次时间(年)	道路状况
预应力钢筋混凝土板梁	12	重车路段
	15	一般路段
	18	轻车路段
钢筋混凝土板梁	4	重车路段
	7	一般路段
	10	轻车路段

轻、重交通路段主梁裂缝预防性养护初次时间 表 13.11

名　　称	预防性养护初次时间(年)	道 路 状 况
预应力钢筋混凝土板梁	13	重交通路段
	15	一般交通路段
	17	轻交通路段
钢筋混凝土板梁	5	重交通路段
	7	一般交通路段
	9	轻交通路段

不同等级路段主梁裂缝预防性养护初次时间 表 13.12

名　　称	预防性养护初次时间(年)	道 路 状 况
预应力钢筋混凝土板梁	13	高等级路段
	15	一般等级路段
	17	低等级路段
钢筋混凝土板梁	5	高等级路段
	7	一般等级路段
	9	低等级路段

13.4.4.3 铰缝损坏

板梁铰缝是确保板梁横向联系的构造。上海地区目前采用的板梁结构的铰缝是所谓的"小铰缝"构造，需要桥面铺装共同受力来提高结构的整体性能。

引起铰缝损坏的原因主要是设计的理想铰缝与实际铰缝构造不同；其次是施工质量及运营阶段的工作条件，如运营阶段的超载运输，行车轨迹的相对固定等。铰缝损坏最直观的表现是桥面铺装沿铰缝位置出现纵向裂缝，板梁底面对应铰缝部位出现局部或通长渗水，病害严重时在汽车荷载（尤其是重车荷载）作用下相邻主梁之间产生明显的不协调变形。铰缝损坏导致桥梁结构的整体性能降低，板梁的横向分布系数增大，使得结构的承载能力降低。调查显示，板梁铰缝损坏与车载情况具有很大的相关性，重车路段、轻车路段差别很大，铰缝病害的总体退化时间见表 13.13。

按预防性养护的要求控制其分数不低于 80 分，与前述病害基于相同的考虑，将铰缝损坏的预防性养护初次时间提前 1 年左右。

板梁铰缝损伤退化时间   表 13.13

退化后分值	预应力钢筋混凝土板梁(年)		钢筋混凝土板梁(年)	
	铰缝损伤退化	桥梁总体技术状况退化	铰缝损伤退化	桥梁总体技术状况退化
80 分	17	20	13	15
60 分	26	—	20	—

同样,鉴于混凝土铰缝损伤病害受外荷载影响较大,与裂缝病害的考虑相同,根据第 3 章不同网络对结构技术状况退化的影响,预防性养护时间进行如下调整:

(1)考虑重车、一般路段、轻车路段:重车路段提前 3 年,轻车路段延迟 3 年;

(2)重交通、一般交通、轻交通:重交通提前 2 年,轻交通延迟 2 年;

(3)高等级、一般等级、低等级:高等级提前 2 年,低等级延迟 2 年。

表 13.14～表 13.16 给出了各种路段针对板梁铰缝病害的预防性养护初次时间。

轻、重车路段板梁铰缝病害预防性养护初次时间   表 13.14

名 称	预防性养护初次时间(年)	道路状况
预应力钢筋混凝土板梁	13	重车路段
	16	一般路段
	19	轻车路段
钢筋混凝土板梁	9	重车路段
	12	一般路段
	15	轻车路段

轻、重交通路段板梁铰缝病害预防性养护初次时间   表 13.15

名 称	预防性养护初次时间(年)	道路状况
预应力钢筋混凝土板梁	14	重交通路段
	16	一般交通路段
	18	轻交通路段

续上表

名　称	预防性养护初次时间(年)	道路状况
钢筋混凝土板梁	10	重交通路段
	12	一般交通路段
	14	轻交通路段

各等级路段板梁铰缝病害预防性养护初次时间　　　表13.16

名　称	预防性养护初次时间(年)	道路状况
预应力钢筋混凝土板梁	14	高等级路段
	16	一般等级路段
	18	低等级路段
钢筋混凝土板梁	10	高等级路段
	12	一般等级路段
	14	低等级路段

13.4.4.4　支座病害

如前文阐述,板梁板式橡胶支座的主要病害包括:开裂、钢板外露、外鼓、脱空、串动、剪切超限。其中,支座脱空及串动主要是施工质量不佳引起的,往往在桥梁建成后的早期就能通过检查发现;也存在少数支座设置不当,存在局部脱空、偏心受压的现象,在主梁的反复作用下产生移位或局部橡胶外鼓、开裂。支座病害中的橡胶开裂、橡胶外鼓、甚至钢板外露三种情况的发生,除支座本身质量及施工不当外,主要是橡胶随时间老化的结果;支座剪切过大,有自身的质量问题,有自然老化问题,也有主梁坡度或限位装置设置不当的问题,也存长期超载的问题。因此需要根据现场情况加以判断,大量的检测结果表明占主导作用的是支座自身质量及施工问题。资料统计得到的支座病害发展的过程见表13.17。鉴于支座脱空及移位串动多源自施工不当,且经过合理矫正处理后即可恢复正常使用,因此不作为预防性养护主要关注的内容,病害曲线中也未包含脱空、串动及移位的因素。

支座病害演化　　　表13.17

退化后分值	支座病害演化(年)	桥梁总体技术状况退化(年)
80分	10	20
60分	15	—

目前对板式橡胶支座尚无较好的预防性养护措施,且鉴于支座数量较多,病害影响因素也较多(制作原因、施工原因、运营维护等),病害发生的时间也差异很大,因此支座病害不做预防性养护初次时间的规定,预防性养护以加强日常巡检及定期检查为主。

13.4.4.5 伸缩缝损坏、墩台处渗水

中小跨径桥梁桥面系在墩(台)处通常设置型钢伸缩缝或采用桥面铺装连续铺设的方式,伸缩缝多采用伸缩量80mm以下的型钢伸缩缝,约3~5跨设置一道伸缩缝装置,中间段桥面铺装为连续构造。伸缩缝一般由异形钢加密封橡胶条组成,由于施工不当、运营维护不足及材料自身老化原因,伸缩缝封闭橡胶条较容易出现开裂、孔洞、断裂、脱落等病害。使得伸缩缝的防水功能丧失,引起伸缩缝下方墩(台)出现漏水现象,导致墩(台)及板梁端部遭受水的侵蚀,进而导致梁端及墩(台)的较早出现钢筋锈蚀现象,尤其是台帽及盖梁直接受水侵蚀部位。此外,板梁内积水现象也有很多是因为伸缩缝漏水,水沿板梁开裂的封头板进入梁内形成,可以说伸缩缝橡胶条损坏、漏水是下部结构墩(台)耐久性降低的主要因素之一。此外,当墩(台)顶处采用桥面连续缝构造时,研究表明在车辆荷载作用下墩顶混凝土铺装负弯矩很容易超过其开裂弯矩出现横桥向裂缝。桥面铺装横向开裂导致铺装防水失效,也会引起墩顶处渗漏水。

总之,伸缩缝止水带损坏及墩顶桥面铺装横向开裂是墩台处渗水的主要原因,伸缩缝损坏和墩台处渗水往往交替出现。统计得到的墩台渗水病害的演化进程见表13.18。相比前4种病害,其评定分数降低的速度更快,也反映出受车轮冲击的影响,伸缩缝及铺装的易损性较其他构件更大,为了避免其损坏对其他构件的影响,需要更早的开展预防性养护工作。

墩台渗水病害演化　　表13.18

退化后分值	墩台渗水演化(年)	桥梁总体技术状况退化(年)
80分	6	20
60分	11	—

按预防性养护的要求,病害控制其分数不低于80分,可将板梁该病害的预防性养护的初次时间定为6年。然而从日常检查、养护的角度考虑,桥面铺装横向裂缝、伸缩缝止水带损坏等是比较常见的病害,属于易损部位病害,日常的管养中比较容易发现,因此更合理的预防性养护策略是不作预防

性养护初次时间规定,而是在日常养护、巡检中制定相关规定,如规定一定的时间检查一次墩台处渗水情况,每次伸缩缝内清理时也检查橡胶条的完好状况,及时发现及早维修效果会更好。

13.5 结语

以上海市公路与城市道路中占比最大的空心板梁桥为背景,以2010年至2015年桥梁检测数据为样本,总结归纳了空心板梁桥的总体状况与常见病害特点。统计分析了主梁混凝土碳化和钢筋锈蚀等空心板梁桥五大病害的时变进程。同时,统计分析了重车/轻车路段、重交通/轻交通路段、高等级/低等级路段以及预应力/普通钢筋混凝土梁对桥梁上部结构、桥面系及下部结构技术状况影响的差异。

根据结构总体技术状况控制为不低于3类(C级)、预防性养护初次开展时间控制在BCI为80分的原则,结合病害机理及其发展进程曲线,提出了对不同病害的初次养护时间,并针对性地考虑了重车/轻车路段、重交通/轻交通路段和高等级/低等级路段上桥梁差别化的初次养护时间。

从目前来看,开展桥梁预防性养护研究的困难主要在于桥梁历史数据的质量不高和数量不足、养护后桥梁的持续观测数据缺乏、实施养护技术对桥梁状况改善难以量化、影响养护成本的因素复杂等,今后在这些方面可进一步开展工作。

本章参考文献

[1] 中华人民共和国交通运输部. 2017年交通运输行业发展统计公报,2018.

[2] 中华人民共和国行业标准. JTG H21—2004 公路桥涵养护规范[S]. 北京:人民交通出版社,2004.

[3] 中华人民共和国行业标准. CJJ 99—2003 城市桥梁养护技术规范. 北京:中国建筑工业出版社,2003.

[4] 中华人民共和国行业标准. JTG/T H21—2011 公路桥梁技术状况评定标准[S]. 北京:人民交通出版社,2011.

[5] 中华人民共和国行业标准. JTG/T J21—2011 公路桥梁承载能力检测

评定规程[S].北京:人民交通出版社,2011.

[6] 王晓佳.钢筋混凝土梁桥的退化模型与预测[D].上海:同济大学硕士学位论文,2006.

[7] 袁迎曙.锈蚀钢筋混凝土梁的结构性能退化模型[J].土木工程学报,2001,34(3):47-52.

[8] 张誉.混凝土结构耐久性概论[M].上海:上海科学技术出版社,2003.

[9] Bazant Z P et al. A galvanostatic pulse technique for investigation of steel corrosion in concrete[J]. Corrosion Science, 1988, 28.

[10] 刘西拉.混凝土结构中的钢筋腐蚀及其耐久性计算[J].土木工程学报,1990.

[11] 赵品,叶见曙,荣学亮.基于既有检测评定数据的混凝土桥面板性能退化规律及养护策略[J].公路交通科技,2012,5.

[12] 张劲泉,王文涛,等.桥梁检测与加固手册[M].北京:人民交通出版社,2007.

[13] Agrawal A K, Kawaguchi A, Chen Z. Deterioration rates of typical bridge elements in New York[J]. Journal of Bridge Engineering, 2010, 15: 419-429.

[14] Sobanjo J O. State transition probabilities in bridge deterioration based on Weibull sojourn times[J]. Structure and Infrastructure Engineering, 2011, 7(10): 747-764.

[15] 金伟良.混凝土结构耐久性研究的回顾与展望[J].浙江大学学报:工学版,2002,36(4):371-380.

张启伟　教授

博士,博士生导师。1988年毕业于同济大学桥梁与隧道工程专业,1991～1998年在同济大学桥梁工程系任助教、讲师;1998～1999年为香港科技大学访问学者,1999年获得同济大学工学博士学位,2004年起任同济大学桥梁工程系教授,桥梁试验室主任。

主要研究领域主要为桥梁健康监测与状态评估、桥梁检测技术与安全鉴定。1995年起率先在国内开展桥梁健康监测方面的研究工作,2000年入选上海市教育发展基金会曙光计划。主持"斜拉桥健康监测中的损伤敏感特征与损伤识别"、"拱桥吊杆力学行为及损伤演化研究"等国家自然科学基金项目。主持完成包括苏通大桥主桥斜拉桥、西堠门大桥等在内的数十座桥梁的试验与检测项目。多年来培养硕士、博士研究生四十余人,发表论文六十余篇。

第 14 章 预应力混凝土空心板梁的火损试验、评估与加固方法研究

罗文林[1],刘其伟[2],王成明[1],张文浩[3],童浩[3]
1. 南京博瑞吉工程技术有限公司,江苏南京,210009;
2. 东南大学交通学院,江苏南京,211189;
3. 江苏宁沪高速公路股份有限公司,江苏南京,210049

14.1 引言

14.1.1 研究背景及意义

桥梁火灾往往带来巨大的经济损失,不仅是由于结构自身的损坏,更在于桥梁在公路交通线网中的重要节点作用。若桥梁无法通行,必然导致相关交通线路的瘫痪,造成严重经济损失和社会影响。火灾产生的高温是导致桥梁结构损伤的主要原因,高温造成材料(如混凝土、钢绞线、钢筋、钢材等)的力学性能严重劣化,从而导致结构的强度、刚度降低。

火灾后,若桥梁结构损伤轻微,可进行带载维修加固,不影响正常通行;若损伤较重,则需要中断交通或进行交通管制与限行,然后进行维修加固;

若损伤严重到一定程度,即使进行维修加固后也难以保证通行的安全,则需要进行拆除重建。因此,针对火灾后的桥梁,需要首先确认其损伤程度才能确定合适的处治方案,以保证结构安全,并尽量减小对交通的影响。确认火灾后桥梁结构的损伤程度需要对其进行科学的评估,即通过现场检测、理论计算分析及必要的试验,对火灾后桥梁的损伤程度与结构现状做出定性判断并给出定量的指标。

经调研发现,目前针对桥梁结构的火损研究并不多。当运营中的桥梁发生火灾后,损伤评估方法各异,工程人员甚至直接套用工民建结构抗火等级(或耐火极限)的评定方法。这与我们评价桥梁结构在火灾后其强度、刚度的评估思路有所不同。因此,对火灾后桥梁构件进行分析与评估时,需要结合桥梁结构自身特点,在现有研究成果的基础上进行更深入、更有针对性的研究。本文选择预应力混凝土空心板简支梁作为研究对象,主要是考虑到中小跨径桥梁数量较多,其在中小跨径桥梁中占比较高,具有足够的普遍性和针对性;同时,中小跨径桥梁桥下净空较低,更容易遭受火灾的损伤。本书通过跨径13m的预应力混凝土空心板梁足尺梁火灾模拟试验,探索该类桥梁在火灾高温作用后的特性规律,以期从中提炼出一套科学合理的检测、评估和维修处治方法。

14.1.2 国内外研究现状

国内外对混凝土结构抗火方面的研究集中在工民建领域,主要包括针对火场温度的研究、材料高温下及高温后力学性能的研究以及构件、结构抗火性能的研究几个方面。

14.1.2.1 火场温度的研究

研究火灾中温度发展的规律主要有试验研究和计算机数值模拟两种方法[1]。试验研究是一种较为直接、可靠的途径,但是试验研究成本很高,无法大量进行,因此随着计算机和数值技术的发展,数值模拟成为大多数学者研究火灾温度发展时采用的方法。数值模拟主要有场模拟和区域模拟两种方法。然而无论是场模拟还是区域模拟,由于其分析过程的复杂性都使其难以在实际工程中得到应用。为了工程应用的方便,一些国家的研究机构以试验和实际火灾中的资料为基础,制定了标准的火灾温度—时间曲线,以便对建筑结构抗火提出统一的标准,比如美国和加拿大采用的ASTM-E119升温曲线,国际化标准组织给出的ISO834曲线[2],欧洲规范给出的烃类燃烧物的升温曲线等。这其中 ISO834 曲线应用最为广泛，我国的建筑结构抗火设计[3]也采用该升温曲线作为依据。

14.1.2.2　材料的高温力学性能

火灾产生的高温是导致桥梁结构损伤的主要原因，高温造成材料的力学性能指标劣化，从而导致结构或构件的承载能力降低。国外在这方面的研究开展较早，欧洲、美国等均将材料的高温力学性能写入了规范。我国对火灾研究起步较晚，从 20 世纪 70 年代才开始逐步开展了这方面的研究工作。目前国内在材料高温力学性能方面已经有较多的研究单位进行了试验研究，成果丰硕，而且根据试验结果拟合出了具体的计算公式。因此在进行结构构件的高温力学性能研究时，可以直接引用现有的材料高温力学性能的研究成果。

同济大学的朱伯龙[4]等人进行了高温下及高温后混凝土的抗压试验，研究了混凝土在高温下及高温后的抗压强度、弹性模量、应力—应变关系等；清华大学的过镇海[5]等人对高温下及高温后的混凝土进行了试验，研究了混凝土的高温强度及高温变形性能，并考虑了温度—应力途径对混凝土本构关系的影响；哈尔滨工业大学的吴波[1]研究了高温后混凝土的强度、弹模和应力应变关系，并研究了高温后混凝土力学性能长期的自然恢复；上海建科院的王孔藩[7]研究了高温下及高温后的混凝土抗压强度的折减，并考虑了自然冷却和浇水冷却两种冷却方式的影响；江苏省建科院的闵明宝[8]等人研究了不同养护及冷却方式对高温后混凝土强度的影响；李固华[9]对高温后影响混凝土力学性能的原因进行了研究。

清华大学的过镇海[5]等人对Ⅰ~Ⅳ级钢筋进行了高温下的拉伸试验，同济大学的朱伯龙[4]等人对热轧螺纹钢筋进行了高温下的拉伸试验，研究了高温下钢筋的屈服强度、极限抗拉强度和弹性模量，拟合了高温下的应力应变曲线；清华大学的吕彤光、时旭东、过镇海[10]对高温下钢筋的强度和变形进行了研究；上海建科院的王孔藩[7]对光圆筋和螺纹筋进行了高温下及高温后的拉伸试验，测试了高温下钢筋的强度、弹模、延伸率，并研究了高温冷却后性能的变化；哈尔滨工业大学的吴波[1]对高温后的Ⅰ级钢筋的强度、弹模、应力—应变曲线进行了试验和测试；四川省建科院的沈蓉[11]对高温后钢筋的力学性能进行了研究。

东南大学的范进，吕志涛[12,13]等人对 1570 级、1670 级钢绞线及 1860 级预应力钢绞线进行了高温下和高温后的拉伸试验，研究了钢绞线、钢绞线在高温下或高温后的条件屈服强度、极限强度、弹性模量和延伸率;同济大学的华毅杰、蔡跃[14,15]对1570级钢绞线高温下的力学性能进行了试验研究,总结了钢绞线在高温下强度退化的规律,研究了钢绞线高温下的应力—应变曲线方程,以及钢绞线在高温下的蠕变和热膨胀系数;哈尔滨工业大学的郑文忠、侯晓萌[16],公安部天津消防科学研究所的经建生[6]等对预应力钢绞线进行了高温下和高温后的力学性能试验,对高温下或高温后钢绞线的强度、弹性模量、应力应变关系进行了研究,同时还研究了高温下钢绞线自由膨胀、蠕变、应力松弛的性能。

同济大学的朱伯龙[4]、上海建筑科学研究院的王孔藩[18]针对钢筋混凝土试件进行了高温下及冷却后的拔出试验,考虑了光圆钢筋与螺纹钢筋两种情况,研究了高温下及冷却后的混凝土与钢筋之间的黏结强度和极限滑移量。

14.1.2.3 混凝土的高温爆裂

爆裂是高强度混凝土在遭受火灾时存在的一种随机现象,发生爆裂后,一方面构件的截面被削弱了,另一方面减少甚至完全消除了钢筋、钢绞线的混凝土保护层,使得火灾中钢筋、钢绞线的温度显著升高。目前混凝土高温爆裂的机理还未形成定论,但主流的解释是"蒸汽压理论"和"热应力理论"。吴波[1]通过整理分析国内外相关试验研究结果,对爆裂的规律进行了总结:爆裂的临界温度为350~500℃;爆裂初始时间为8~23min,平均约为15min;爆裂持续时间为10~25min,平均约为20min。

14.1.2.4 火灾后桥梁结构的检测、评估和加固

在针对火损结构构件的检测评估方面,目前没有完善、统一的评判体系和参考标准。现场检测方法各异,检测数据不能标准化;火损后结构的评估多依据工程经验和简化计算,评估多偏保守;耐久性方面多被忽略,或是笼统地定性判断;加固对策也都是以经验为主,对加固后结构的力学性能的改善以及耐久性问题研究甚少。对于桥梁构件火灾后的检测评估与加固也亟需标准化、规范化。

14.2 火灾模拟试验

实际火灾时,若是桥面失火,由于热量主要是向上散发,且还存在桥面铺装层和调平层的隔热作用,桥梁主梁受到的影响很小,因此本次试验不考

虑桥面失火,仅模拟桥下失火的情况,对于空心板梁来说即为底板单面受火。

14.2.1 试验模型的设计

14.2.1.1 试验梁的设计

本次试验共预制 10 片空心板梁,其中 1 号梁为对照梁,不进行火灾试验,仅做静力加载试验;其余 9 片梁先进行火灾试验,之后再进行静力加载试验和维修加固试验。试验对象为跨径 13m 的足尺预应力混凝土空心板。混凝土等级为 C50,底板配置了单排共 10 根 1860 级的 ϕ^s 15.2 钢绞线,其形心位置距底板边缘 4.5cm,控制张拉应力为 1237MPa。顶板配置了 4 根 ϕ12 钢筋,箍筋采用 ϕ12 钢筋,跨中区域箍筋间距为 20cm,支点附近箍筋间距为 10cm。空心板梁的截面形式及钢绞线的布置如图 14.1 所示。

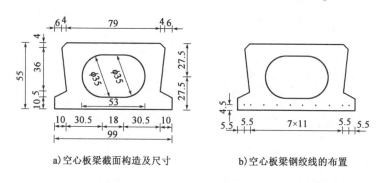

a) 空心板梁截面构造及尺寸　　b) 空心板梁钢绞线的布置

图 14.1　空心板梁的截面形式及钢绞线的布置(尺寸单位:cm)

14.2.1.2 温度传感器的布置

热电偶的具体布置形式及编号如图 14.2 所示。Ⅰ形截面位于跨中,其中 G1～G5 紧贴钢绞线布置以测量钢绞线的温度;B1～B5、B6～B10 于腹板两侧混凝土内竖向排列,距底板下表面分别为 2cm、4cm、6cm、8cm、10cm;其余热电偶(D1～D3、N1～N3、F1、F2)距底板较远,用于测量截面低温区域的温度分布。为确保 B1～B5、B6～B10 测点间的相对位置准确,本次提前将热电偶预埋于混凝土板内,然后将此板固定在空心板梁腹板钢筋骨架上,最后浇筑于板梁内部。Ⅱ形、Ⅲ形截面,仅在与Ⅰ形截面对应的钢绞线表面布置了热电偶 G6～G15。

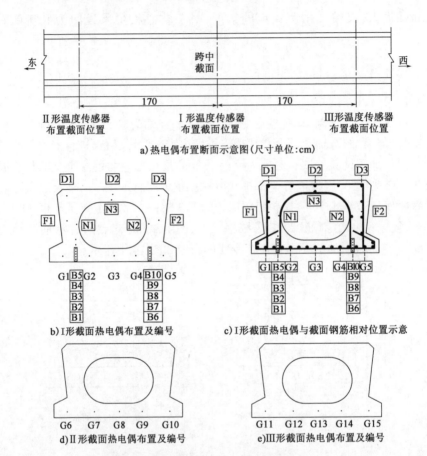

图14.2 热电偶的布置及编号示意图

14.2.1.3 应变传感器的布置

应变计布置在跨中Ⅰ形截面,沿空心板的两侧腹板竖向分布,布置时避开了中心轴位置,此外温度高于100℃后应变计会损坏,而火损试验时空心板的底板处于高温区域,因此每侧沿竖向仅布置3个应变计,最低的应变计距离底板下缘约15cm。应变计的布置及编号如图14.3所示。

14.2.1.4 试验梁

所有空心板梁在空心板梁预制厂进行预制,普通钢筋的力学性能如表14.1所示,钢绞线的力学性能如表14.2所示。经计算试验时空心板梁内钢绞线的有效预应力为988.2MPa。

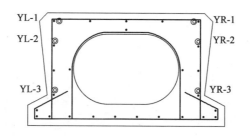

图 14.3 应变计的布置及编号

普通钢筋力学性能 表 14.1

钢筋牌号:HRB335			试验测试值				
级别	直径 (mm)	面积 (mm²)	屈服强度 (MPa)	屈服拉力 (kN)	极限强度 (MPa)	极限拉力 (kN)	延伸率 (%)
Ⅱ	12	113.1	412	46.6	558	63.2	21.5
	12	113.1	435	49.2	582	65.9	19.5
	12	113.1	433	49.0	577	65.3	19.5
	平均值	113.1	426	48.2	573	64.8	20.2

钢绞线力学性能 表 14.2

类型	编号	公称直径 (mm)	公称面积 (mm²)	屈服强度 (MPa)	抗拉强度 (MPa)	弹性模量 (GPa)	延伸率 (%)
$\phi^j 15.2$	1-1	15.20	140	1720	1890	197.5	4.9
	1-2	15.20	140	1740	1890	197.8	4.2
	1-3	15.20	140	1740	1890	197.2	4.3
	平均值	15.20	140	1733	1890	197.5	4.5

14.2.2 试验设备

本次火灾试验采用的加火设备为课题组联合相关企业共同研发、自行设计,以天然气为燃料进行明火加热,加热炉的外观照片见图 14.4 ~ 图 14.6。

图 14.4　加热炉正面照

图 14.5　加热炉炉膛内部构造

图 14.6　火灾试验现场

14.2.3　试验方案

(1) 试验布置

本次火灾试验 9 片空心板梁的受火面均为跨中 5m 范围的底板。炉内火场的升温曲线均采用 ISO834 标准曲线。桥梁火灾中经历的实际高温一般不超过 1000℃，为确保火损试验安全、顺利实施，本次试验中将实际最高温度控制在 1000℃以内。各试验梁体火灾试验板梁的布置如图 14.7 所示，加

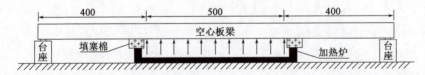

图 14.7　试验梁底板受火区域示意图(尺寸单位:cm)

热炉内平均温度如图 14.8 所示。

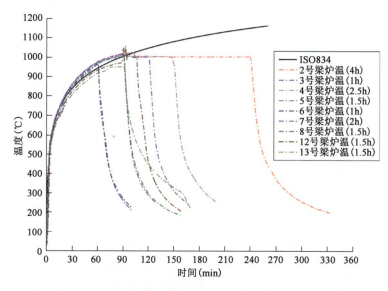

图 14.8 火灾试验炉温(括弧中数值为火灾持续时间)

(2)试验工况

火灾试验过程中,按照前文既定的升温曲线进行加火试验,虑到桥梁火灾可能的实际持续时间,同时为确保试验安全进行,结合试验过程中出现的爆裂损伤、钢绞线最高温度、梁体下挠数据等参数来调整最终的火灾模拟时间,如图 14.8 所示。

(3)测试内容

火损试验中的测试内容包括:炉膛温度,板梁内部梯度温度,板梁背火面环境温度,板梁内部的应变,板梁跨中竖向挠度等内容。

14.3 预应力混凝土空心板梁火灾性状研究

14.3.1 空心板梁火灾模拟试验现象

本次针对 9 片空心板梁进行了火灾模拟试验,除了混凝土爆裂具有随机性外,其他火灾现象在各片梁体上表现趋于一致:从点火加热开始,空心板梁腹板外表面混凝土开始有水气冒出(冒水部位存在竖向裂缝);随着时间推移,腹板水迹(裂缝)从腹板中下部逐渐往腹板上方延伸;点火至15min左右,个别板梁受火面开始出现混凝土爆裂,爆裂严重的部位会导致钢筋、钢绞线暴露出来,爆裂集中持续时间大约10min,在随后的火灾过程中偶尔也还会有零星的微弱爆裂;随着加热时间的增长,除了腹板侧面冒水之外,板梁腔内、钢绞线端部等都会冒水,特别是腔内会持续冒出烟雾状水蒸气;此外,随着加火时间的持续,梁体逐渐下挠,熄火后梁体下挠逐渐恢复,直到最后反拱至稳定值。以5号梁(加火90min)为例,典型的火灾过程如表14.3所示。

预应力空心板梁典型的火灾过程(现象)　　　　　　表14.3

时间(min)	现象描述
0	工业炉开始点火
2	腹板侧面有水蒸气冒出
4	腹板侧面有青烟冒出
8	轻微爆裂声响
9~18	跨中受火区域底板持续严重爆裂
19	梁端钢绞线内有水析出(持续冒泡)
20	腹板底部侧面有水渗出,冒气泡
22	爆裂声响
23	内腔开始有少量水蒸气"飘出"
25	轻微爆裂声
27	底板横向中间出现纵缝,有水渗出
29	内腔有大量水蒸气"飘出"
44	间断性听见板梁内部混凝土"噼啪"声响
76	内腔基本停止"飘出"水蒸气
90	工业炉熄火
99	移开两侧隔热棉,发现剥落掉的混凝土呈现洋红色
150	炉膛冷却至200℃左右,关闭鼓风机,切断电源

14.3.1.1　火灾过程中的现象

本次9片空心板梁火灾模拟试验,除了火损时间长短不同外,其他试验条件基本相同,因此其试验现象也十分相似。各片梁的试验现象不再分别描述,总结如下:

(1) 混凝土中的水分气化为水蒸气并发生迁移现象

板梁受火不到1min时,有大量水蒸气从板梁与炉腔之间的缝隙中溢出,持续数分钟后逐渐消失,这是底板表层混凝土中的水分受热气化直接溢出形成的。受火约15min,板梁梁端的钢绞线端部开始冒水(图14.9)。随着时间推移,板梁腹板侧面也逐渐出现水渍(图14.10),而且,腹板水迹(腹板竖向裂缝)从腹板中下部逐渐往腹板上方延伸。受火约25min时,板梁内腔中开始有水蒸气持续不断的从梁端冒出(图14.11),这是水蒸气逐渐迁移最终从内壁溢出形成。钢绞线渗水和内腔冒水蒸气的现象基本持续至试验结束,再观察板梁的内腔,其中有大面积的水渍存在(图14.12)。

图14.9 钢绞线端部渗水

图14.10 板梁侧面水渍

图14.11 内腔冒出水蒸气

图14.12 内腔中水渍

(2) 受火面混凝土的爆裂

加火开始约8min时,开始出现混凝土的爆裂声,8~15min为爆裂声最密集的时间段,15min后爆裂声逐渐变得稀疏,至20min爆裂声基本消失。从加热炉上的观察孔可以看到板梁底板混凝土爆裂后露出骨料的情况,如图14.13所示(图中圆棒为距离梁底5cm处、用于测试炉温的热电偶)。部分梁在火损试验中发生了爆裂,但爆裂的剧烈程度有明显的差异。根据试验时的声音,5 号、12 号梁爆裂声大而密集,2 号、4 号、6 号、7 号、13 号梁爆裂声较稀疏,个别爆裂声较大,而 3 号、8 号梁只出现了几次轻微的爆裂声。而根据试验后的检查,5 号板梁受火面全部爆裂严重,2 号、13 号板梁局部爆裂严重,而 3 号板梁几乎没有发生爆裂。9 片梁在同一预制厂浇筑成型,试验条件也几乎完全相同,这一现象印证了混凝土高温爆裂的不确定性。

图 14.13　混凝土爆裂后露出骨料

(3) 板梁腹板开裂现象

点火约 15min 时,板梁受火区域腹板的中下部开始有竖向裂缝出现。这些裂缝之所以能够被观察到,是由于梁体内的水蒸气从裂缝处溢出形成水渍,如图 14.14 所示。至 30min 时加火区域内的腹板都出现了这样的竖向裂缝,沿纵向分布较均匀,间距约 20cm。随着时间的推移这些裂缝逐渐向上发

a) 加火后腹板出现水迹(竖缝)

b) 腹板水迹(竖缝)上移

图 14.14　梁体腹板出现竖向裂缝并渗水

展,最终发展至约 2/3 梁高处。试验结束后一天再次观测,这些裂缝基本闭合,难以被辨认。

(4) 梁体的下挠现象

火灾模拟过程中可观察到梁体不断下挠,前 30min 内下挠速度较快,之后速度减缓,各片梁的最大下挠值在 2~6cm 之间。熄火约 1d 后再次观测,梁体的下挠不仅完全恢复,而且发生了向上的反拱。随后几天多次观测表明,反拱数值保持稳定不变,具体见表 14.4。

梁体在高温下的变形　　　　　　　表 14.4

梁号	火损持续时间	火灾温度(℃)		变形(cm)		
		范围	平均	下挠值(相对原点)	反拱值(相对原点)	累计反弹(相对最低点)
2 号	4h	380~544	467	-6.1	1.1	7.2
3 号	1h	179~245	185	-2.4	1.3	3.7
4 号	2.5h	338~446	390	-4.6	0.6	5.2
5 号	1.5h	280~769	384	-1.9(有干扰)	2	3.9
6 号	1h	199~323	252	-2.8	1.4	4.2
7 号	2h	243~355	293	-3.6	1.8	5.4
8 号	1.5h	199~305	254	-3	1.6	4.6
12 号	1.5h	265~453	335	-3.8	1.2	5.0
13 号	1.5h	234~306	263	-2.6	1.3	3.9

14.3.1.2 火灾过后的现象

试验完成后对梁体的受火面损伤情况进行了检查,发现各片试验梁的受火面损伤情况有较大的差别。为便于说明,将底板 5m 的受火区域分为 20 个 50cm×50cm 的测区,如图 14.15 所示,检查每个测区的爆裂深度、爆裂位置与钢绞线的对应关系、钢绞线保护层厚度等参数。

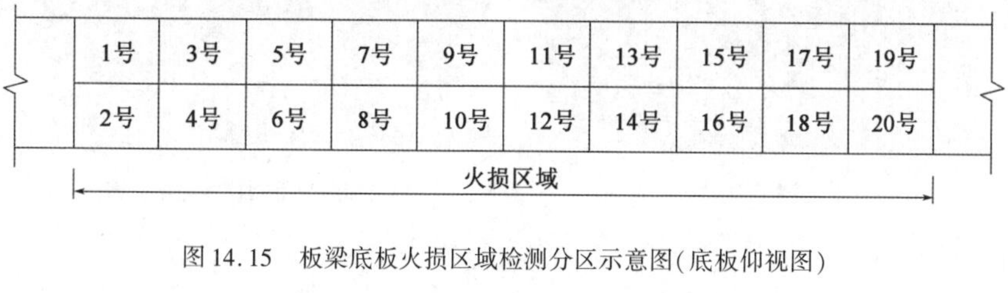

1号	3号	5号	7号	9号	11号	13号	15号	17号	19号
2号	4号	6号	8号	10号	12号	14号	16号	18号	20号

火损区域

图 14.15　板梁底板火损区域检测分区示意图(底板仰视图)

(1) 火损后混凝土的表观情况

试验梁底板受火区的混凝土烧损明显。对于未爆裂的混凝土,其表层砂浆明显脱皮(比如3号梁);而混凝土的爆裂则导致内部骨料大面积外露。所有外露的骨料呈现灰白色,砂浆呈土黄色,混凝土表皮未剥落的部分呈黄褐色。火灾后迎火面典型的病害如图14.16~图14.24所示。用小锤敲击混凝土的受火区域,表层质地疏松,敲击后表层松散砂浆会掉落,锤击发出的声音沉闷且伴有空声。根据锤击法的经验[24]判断可知底板表面受火温度大于800℃,这与火灾试验时测试的数据基本相符合。表面烧疏层平均约1cm厚。凿除烧疏层后,内部的骨料呈青色,质地坚硬,砂浆呈灰色,且未碳化。因篇幅限制,仅罗列部分板梁火损后混凝土表观分区损伤检测结果,如表14.5~表14.7所示。因受火时间长短不同,以及爆裂的随机性,导致火灾后梁底表观存在较大的差异。

图14.16　3号(火灾1h)

图14.17　6号(火灾1h)

a)表层脱落

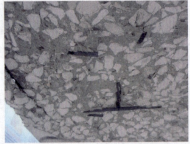
b)局部爆裂至钢绞线完全暴露

图14.18　5号(火灾1.5h)

a) 受火区表皮全部脱落　　　　b) 表皮脱落局部图

图 14.19　8 号（火灾 1.5h）

a) 混凝土表层大面积脱落　　　b) 局部爆裂、箍筋暴露，钢绞线保护层脱落严重

图 14.20　12 号（火灾 1.5h）

 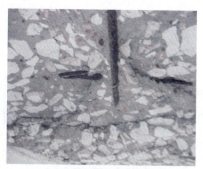

a) 部分区域表层脱落　　　　b) 局部爆裂、露筋

图 14.21　13 号（火灾 1.5h）

图14.22　7号(火灾2h)大面积脱落

图14.23　4号(火灾2.5h)大面积脱落

a) 受火区混凝土表层100%脱落

b) 局部露筋

图14.24　2号(火灾4h)大面积脱落

2号梁底板受火面损伤状况　　　　　　　　　　　表14.5

检测区域编号	混凝土表观							
	表层颜色		锤击		剥落面积(%)	剥落最大深度(cm)	裂缝	
	骨料	砂浆	声音	疏松程度			纵缝	其他
1	灰白	黄	发闷/空声	严重	100	1.6	1区和2区非受火与受火交界处5条纵缝,板中部一条长24cm,宽0.1mm;	无
2	灰白	黄	发闷/空声	严重	90	2.1		无
3	灰白	黄	发闷/空声	严重	100	2.6		无
4	灰白	黄	发闷/空声	严重	100	2.3		无
5	灰白	黄	发闷/空声	严重	100	1.6		无
6	灰白	黄	发闷/空声	严重	100	2		无
7	灰白	黄	发闷/空声	严重	100	2.4		无
8	灰白	黄	发闷/空声	严重	100	2.1		无
9	灰白	黄	发闷/空声	严重	100	3.1		无

续上表

检测区域编号	混凝土表观						裂缝	
	表层颜色		锤击		剥落面积（%）	剥落最大深度(cm)		
	骨料	砂浆	声音	疏松程度			纵缝	其他
10	灰白	黄	发闷/空声	严重	100	3.1	19区和20区非受火与受火交界处5条纵缝，板中部一条长达129cm，宽0.2mm	无
11	灰白	黄	发闷/空声	严重	100	1.9		无
12	灰白	黄	发闷/空声	严重	100	2.1		无
13	灰白	黄	发闷/空声	严重	100	3.8		无
14	灰白	黄	发闷/空声	严重	100	2		无
15	灰白	黄	发闷/空声	严重	100	3.6		无
16	灰白	黄	发闷/空声	严重	100	2.5		无
17	灰白	黄	发闷/空声	严重	100	4.3		无
18	灰白	黄	发闷/空声	严重	100	2		无
19	灰白	黄	发闷/空声	严重	50	4.4		无
20	灰白	黄	发闷/空声	严重	90	1.8		无
平均	—	—	—	—	96.5	2.565	—	—

3号梁底板受火面损伤状况　　　　　　表14.6

检测区域编号	混凝土				裂缝	边角缺省
	表层颜色	疏松情况	脱落面积（%）	最大/平均剥落深度(cm)		
1	灰白	一般	90	4.3/2.5	无	无
2	灰白	一般	75	4/2	无	无
3	浅黄	轻微	0	0	无	无
4	浅黄	轻微	0	0	无	无
5	灰白	一般	30	2.5/1	无	无
6	浅黄	轻微	0	0	无	无
7	浅黄	轻微	0	0	无	无
8	浅黄	轻微	0	0	无	无
9	浅黄	轻微	0	0	无	无
10	浅黄	轻微	0	0	无	无

续上表

检测区域编号	混凝土				裂缝	边角缺省
	表层颜色	疏松情况	脱落面积（%）	最大/平均剥落深度(cm)		
11	浅黄	轻微	0	0	无	无
12	浅黄	轻微	0	0	无	无
13	浅黄	轻微	0	0	无	无
14	浅黄	轻微	0	0	无	无
15	浅黄	轻微	0	0	无	无
16	浅黄	轻微	0	0	无	无
17	灰白	一般	40	3/1	无	无
18	浅黄	轻微	0	0	无	无
19	灰白	一般	90	5/2.5	无	无
20	灰白	一般	90	5.2/2.5	无	无
平均	—	—	20.75	1.2	—	—

5号梁底板受火面损伤状况　　表14.7

检测区域编号	混凝土				裂缝	边角缺省
	表层颜色	疏松情况	脱落面积（%）	最大/平均剥落深度(cm)		
1	灰白	严重	100	6/4	无	无
2	灰白	严重	100	5/3	无	无
3	灰白	严重	100	2.5/1	无	无
4	灰白	严重	100	2.5/2	无	无
5	灰白	严重	100	1.2/1	无	无
6	灰白	严重	100	3/1.5	无	无
7	灰白	严重	100	1.5/1	无	无
8	灰白	严重	100	0.5/0.5	无	无
9	灰白	严重	100	2/1.5	无	无
10	灰白	严重	100	0.5/1.5	无	无
11	灰白	严重	100	2.3/1	无	无
12	灰白	严重	100	0.6/0.5	无	无

续上表

检测区域编号	混凝土				裂缝	边角缺省
	表层颜色	疏松情况	脱落面积（%）	最大/平均剥落深度（cm）		
13	灰白	严重	100	3/1.5	无	无
14	灰白	严重	100	0.5/0.5	无	无
15	灰白	严重	100	2/1	无	无
16	灰白	严重	100	0.5/0.5	无	无
17	灰白	严重	100	3.8/2	无	无
18	灰白	严重	100	2.8/1.5	无	无
19	灰白	严重	100	4.5/2	无	无
20	灰白	严重	100	4.5/2	无	无
平均	—	—	100	2.46	—	—

（2）受火面混凝土爆裂

各试验梁的爆裂情况有较大的差别。个别板梁底板跨中无爆裂,但也存在部分板梁底板爆裂导致多处钢筋、箍筋裸露,甚至个别板梁钢绞线外露。爆裂较轻的梁平均爆裂深度为1~2cm,最深处为3cm左右;爆裂严重的梁平均爆裂深度为2~3cm,最深处超过5cm。各片梁的爆裂程度具有明显的随机性,与受火时间没有必然联系。爆裂削弱了保护层厚度,使钢筋钢绞线裸露(图14.25),对于结构性能影响较大。实际的爆裂情况对于火损梁的后期评估至关重要。表14.8和表14.9列出了受火时长同为1.5h的5号和13号梁部分区域的爆裂深度检测结果,两片梁的爆裂程度差异明显,可知在工程实际中检测梁体的实际爆裂程度尤为重要。

5号梁(1.5h)底板混凝土爆裂检测结果　　　　表14.8

区域编号	爆裂面积（%）	平均/最大爆裂深度（cm）	区域编号	爆裂面积（%）	平均/最大爆裂深度（cm）
1号	100	4.0/6.0	5号	100	1.0/1.2
2号	100	3.0/5.0	6号	100	1.5/3.0
3号	100	1.0/2.5	7号	100	1.0/1.5
4号	100	2.0/2.5	8号	100	0.5/0.5

区域编号	爆裂面积（%）	平均/最大爆裂深度(cm)	区域编号	爆裂面积（%）	平均/最大爆裂深度(cm)
9号	100	1.5/2.1	15号	100	1.0/2.0
10号	100	0.5/0.5	16号	100	0.5/0.5
11号	100	1.0/2.0	17号	100	2.0/3.8
12号	100	0.5/0.6	18号	100	1.5/2.8
13号	100	1.5/2.0	19号	100	2.0/4.5
14号	100	0.5/0.5	20号	100	2.0/4.5

13号梁(1.5h)底板混凝土爆裂检测结果　　表14.9

区域编号	爆裂面积（%）	平均/最大爆裂深度(cm)	区域编号	爆裂面积（%）	平均/最大爆裂深度(cm)
1号	95	3.0/6.3	11号	0	—
2号	95	2.0/3.3	12号	0	—
3号	75	1.5/2.5	13号	0	—
4号	75	1.5/3.0	14号	0	—
5号	30	0.5/2.0	15号	0	—
6号	40	0.5/0.5	16号	0	—
7号	0	—	17号	0	—
8号	0	—	18号	15	0.5/1.5
9号	0	—	19号	0	—
10号	0	—	20号	0	—

值得注意的是，火损后的桥梁应当及时进行爆裂深度的检测，否则久置后受火面的混凝土还会继续剥落。高温作用时，混凝土中的 $CaCO_3$ 分解生成 CaO，冷却后又会重新吸水生成 $Ca(OH)_2$，导致混凝土脱落。因而以久置后检测的剥落深度作为火损时的爆裂深度则会产生偏差。9片梁火灾试验后爆裂的总体情况统计如表14.10所示。

试验梁火损后底板爆裂程度统计　　　　表14.10

试验梁编号	爆裂面积(%)	爆裂平均深度(cm)	爆裂最大深度(cm)
2号(4h)	100	1.8	4.4
3号(1h)	27	0.9	5
4号(2.5h)	100	2.4	5.2
5号(1.5h)	100	2.5	6
6号(1h)	55	2.7	5.2
7号(2h)	100	1.5	5.5
8号(1.5h)	100	1.5	5.5
12号(1.5h)	100	2.7	5
13号(1.5h)	83	1.3	6.3

(3)混凝土露筋

由于混凝土的爆裂,部分箍筋甚至钢绞线失去了混凝土的保护而直接暴露在火场中。比如,9片梁中3号梁、6号梁与8号梁未检测到露筋,其余6片梁的露筋情况见表14.11。图14.25为典型的露筋照片。由图可见,经过高温烘烤后钢绞线、钢筋表面存在类似碳化的痕迹,裸露的钢绞线颜色发黑,表面密布环状裂纹,且局部有掉皮的现象,但未发现紧缩现象;锈蚀严重的钢绞线呈现密布的红褐色锈斑。图14.25d)为13号梁进行静载试验时断裂的裸露钢绞线,断裂位置处于烧损严重的部位。

火损梁露筋情况统计表　　　　表14.11

梁号	火损时长	分区编号	露筋情况(普通纵筋/箍筋/钢绞线)		
			数量	描述	照片
2号	4h	15	2根箍筋	局部发黑	
		17	3根箍筋	全部发黑	
		19	1根箍筋	局部锈蚀,有锈斑	
4号	2.5h	1	2根箍筋	局部发黑	图14.25a)
		3	2根箍筋	局部发黑	
		5	1根箍筋	局部发黑	
		17	2根箍筋	局部发黑	
5号	1.5h	1	1根箍筋,1根钢绞线	局部掉皮,密布环状裂纹	图14.25b)
		2	1根箍筋	局部发黑	

续上表

梁号	火损时长	分区编号	露筋情况(普通纵筋/箍筋/钢绞线)		照片
			数量	描述	
7号	2h	1	1根纵筋,2根箍筋,1根钢绞线	轻微裸露	
12号	1.5h	1	1根箍筋	锈蚀严重、密布红褐色锈斑	图14.25c)
13号	1.5h	1	1根箍筋,1根钢绞线	加载试验时裸露钢绞线断裂	图14.25d)

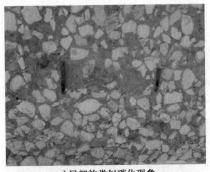

a) 局部的类似碳化现象

b) 局部掉皮、密布环状裂纹

c) 烧蚀严重、密布红褐锈斑

d) 裸露钢绞线在加载试验时断裂

图14.25 板梁受火区露筋照片

(4)钢绞线保护层厚度削弱

板梁预制时由于施工等原因,钢绞线的实际位置往往与设计位置存在偏差,本次局部有损检测主要集中在热电偶所在的截面。钢绞线保护层厚度的设计值为4.5cm,实测结果表明,几乎所有的钢绞线保护层都偏离设计值,最厚的保护层达到了9.3cm,最薄的不低于设计值。

14.3.2 火损试验梁体温度场及应变规律

因数据量较大,本文仅罗列部分典型的温度场试验数据。

(1) 炉温

实测数据表明炉膛内温度的均匀性较好,以加热炉膛内 6 个热电偶实测数据的平均值作为平均炉温,与 ISO834 曲线进行对比,吻合度较好,具体如图 14.26 所示。由于本次控制了燃烧炉内最高温度,所以达到一定时间后炉温为恒温状态:1000℃。

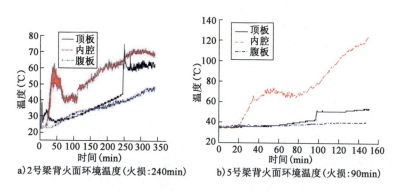

a) 2号梁背火面环境温度(火损:240min)　　b) 5号梁背火面环境温度(火损:90min)

图 14.26　火灾试验梁背火面环境温度

(2) 背火面环境温度

背火面环境温度由固定在顶板、腹板外表面及内腔中的热电偶测得,由图中数据可看到,由于炉体的隔热性较好,腹板与顶板的背火面环境温度几乎没有受到炉内高温的影响。而内腔中由于水蒸气的溢出,造成了一定的温度升高。内腔温度有一定的波动和无规律,这与水蒸气溢出的不稳定以及空气的对流有关。但是总体来看,火灾试验过程中,板梁背火面环境温度最高不超过 120℃,远低于火源温度。

(3) 空心板梁钢绞线及混凝土温度数据

底板区域的热电偶包括固定于钢绞线上横向排列的热电偶 G1 ~ G15、沿两侧腹板竖向排列的热电偶 B1 ~ B10,具体温度数据如图 14.27 ~ 图 14.29 所示。其中 2 号梁中的钢绞线温度测点 G8 和 G13 因为混凝土保护层爆裂导致其温度显著升高。而 5 号梁因为爆裂最为严重,导致其钢绞线整体温度较高,特别是测点 G13 处钢绞线温度接近 800℃。

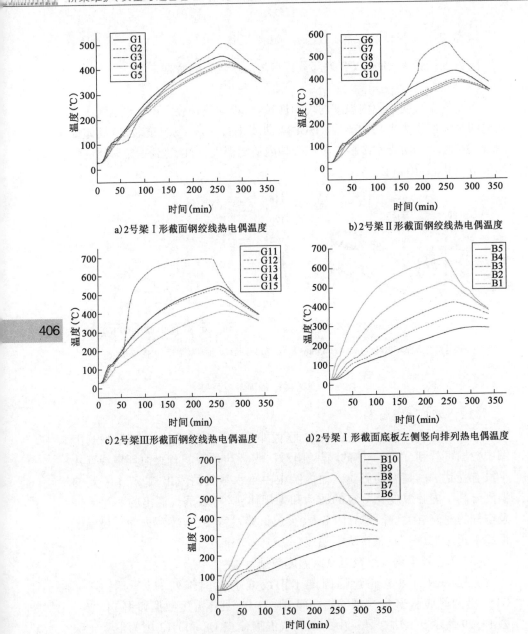

图 14.27 2 号梁底板区域热电偶温度数据

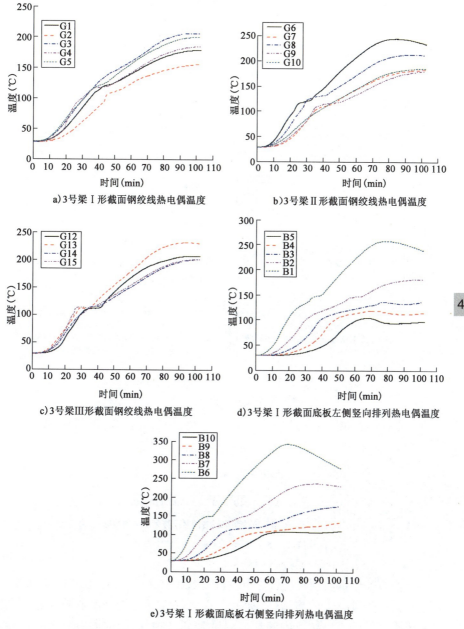

图 14.28 3 号梁底板区域热电偶温度

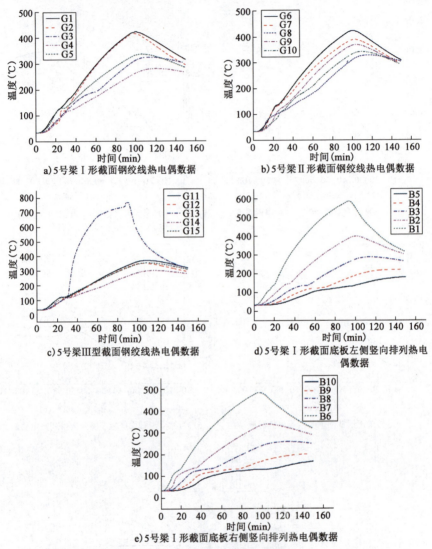

图 14.29 5号梁底板区域热电偶温度数据

(4)空心板梁中部与顶板区域热电偶温度数据

空心板梁中部与顶板区域热电偶温度数据如图 14.30～图 14.32 所示,可以看到由于混凝土的热惰性,远离受火面的混凝土受高温影响很小。此外由于水蒸气的溢出导致内腔环境温度升高,内腔周围的混凝土受到一定的影响,因此位于内腔的测点 N3、N2、N1 的温度明显高于其他测点的温度。

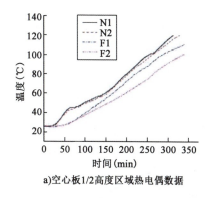 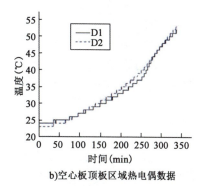

a) 空心板1/2高度区域热电偶数据　　　　b) 空心板顶板区域热电偶数据

图 14.30　2 号梁中部与顶板区域热电偶温度数据

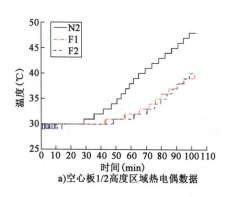 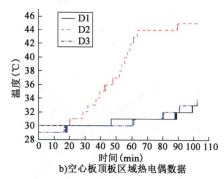

a) 空心板1/2高度区域热电偶数据　　　　b) 空心板顶板区域热电偶数据

图 14.31　3 号梁中部与顶板区域热电偶温度数据

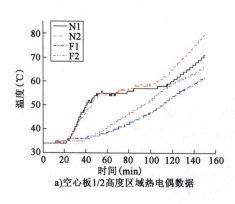 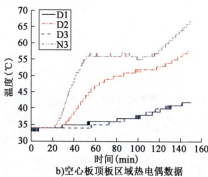

a) 空心板1/2高度区域热电偶数据　　　　b) 空心板顶板区域热电偶数据

图 14.32　5 号梁中部与顶板区域热电偶温度数据

(5) 空心板梁内部应变计数据

应变计在截面上是左右对称布置的,以左右两个应变计的平均值作为最终应变值。图 14.33 为 5 号梁不同时刻板梁腹板总应变(受力应变+温度应变)沿竖向的分布,其中拉应变为正,压应变为负。可以看出,高温下板梁的弯曲变形基本符合平截面假定。

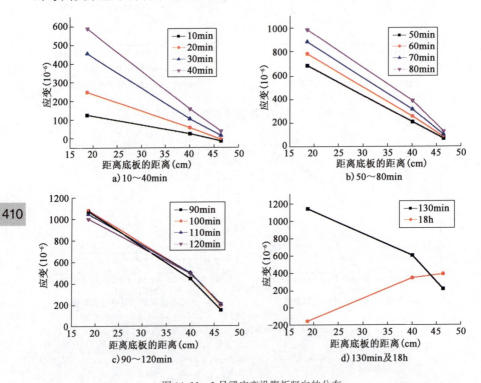

图 14.33 5 号梁应变沿腹板竖向的分布

14.3.3 火灾试验数据分析

(1) 各热电偶的实测温度数据与热传导的规律相符。对于单个热电偶,其温度随时间的发展而逐渐升高;而在同一时刻,距底板受火面越近的热电偶其温度越高,通过 9 片梁的腹板混凝土 B1~B10 测点可看出底板区域混凝土存在明显的竖向温度梯度,而且火灾过程中,高温影响区域主要集中在底板下表面 10cm 范围内。

(2) 同一测试断面内,不同钢绞线的温度有差异;同一根钢绞线,在不同测试断面的温度依然有较大差别。施工干扰导致钢绞线的实际保护层厚度与设计值有偏差,钢绞线距底板受火面越近,其温度越高。因此在火灾后检测过程中,钢绞线的保护层厚度必须以现场实测为准,以免误判钢绞线在火灾中经历的最高温度。

(3)水蒸气迁移对热量的传导有一定的影响。混凝土中的水分受热汽化后,会沿着混凝土中的缝隙迁移,这会将一部分热量从高温区带到低温区,相当于加速了热量的传导。以3号梁B6~B10为例,如图14.28所示,温度曲线在初期迅速升温,至100℃左右时经历了一个台阶,一段时间内温度变化很小,之后温度又开始升高,并且之后的升温曲线变得平顺。这里初始的快速升温即是由于水蒸气的迁移加速了热量的传递造成的,但由于水蒸气的温度有限,因此升温至100~150℃后温度不再升高,形成了一个台阶。之后随着时间的推移,正常的热传导赶上了水蒸气带来的升温,温度又继续上升。因此在约150℃以内水蒸气的存在会造成加速升温,在升温曲线上形成了一个"鼓包",而当温度超过约150℃后,水蒸气基本不再有影响。如果没有水蒸气的影响,混凝土内部升温曲线应该是一条十分平顺的曲线。

(4)爆裂导致底面一定厚度的混凝土瞬间脱落,使得内部温度提升速度加快。火损试验中5号梁爆裂最为严重。以5号梁的热电偶数据为例,如图14.29所示,其中距离底板边缘最近的B1曲线最为明显,约20min时其升温速率明显加快,这就是爆裂产生的影响。观察5号梁钢绞线测点的温度,最高温度普遍超过300℃,部分超过400℃,甚至个别钢绞线(G13)温度超过了700℃,明显高于同样受火90min的其他试验梁的钢绞线温度。因此在分析火损梁的温度场时必须考虑爆裂的影响,否则会低估受拉区钢筋、钢绞线经历的最高火灾温度,而此误判是十分危险的。在火灾发生后,消防浇水灭火冷却会导致混凝土炸裂,因此在火灾后的损伤检测中,必须对火灾高温过程中的爆裂和浇水冷却后的炸裂加以区分:

①高温爆裂后,新暴露出来的混凝土界面持续在火灾高温作用下进行相关的物理分解或者化学反应。因此其界面色差、表观特征、碳化深度与附近非爆裂区域混凝土表面类似,不会出现跳跃性变化。此外,如果爆裂至钢筋或者钢绞线直接暴露于火焰中烘烤,其表层会出现明显的碳化或者局部烧熔特征。

②如果是消防浇水冷却后炸裂,新暴露出来的混凝土界面不会受到高温灼烧影响,其界面色差、表观特征、碳化深度与邻近火损区混凝土表观呈

现跳跃性变化。同时,浇水冷却炸裂后暴露出钢筋或者钢绞线,其表观特征不会出现碳化或者局部烧熔特征。

(5)火灾试验中腹板竖向和斜向裂缝。火灾试验中,9片梁均观察到板梁腹板出现竖向裂缝(图14.14)。主要是由底板单面受火形成较大温度梯度造成的,可以用类似反日照温度梯度的理论来解释。而高温中混凝土的本构关系呈非线性,因此实际高温中板梁的变形与应力计算是十分复杂的,难以求得解析解,只能通过有限元软件进行计算。

(6)火灾试验中梁体出现下挠与上拱变形(表14.4)。高温过程中预应力高强钢丝不仅有应力松弛现象,还有升温膨胀、降温收缩等综合因素的影响。本次研究未做与此相关的钢绞线材料高温性能试验,但是根据郑文忠[16]、张昊宇[17]等人的研究成果可知,综合考虑应力松弛、温度膨胀及收缩变形、钢绞线的应力水平变化等因素后,预应力高强钢丝的应力水平在高温中降低,在恢复至常温后其应力水平又逐渐恢复至初始水平。也即,在火灾中预应力钢绞线的应力水平会先降低、后恢复。本次试验梁在火灾试验中先下挠、后恢复至反拱,这一现象从宏观上印证了钢绞线的有效预应力在火灾后不会出现显著损失。

火损试验结束后,因板梁受火面温度梯度消失,加上预应力筋应力水平的逐渐恢复,下挠变形会得到恢复。本次试验梁在火损试验结束后,均出现了不同程度的反拱,反拱的一部分原因是火损试验中底板混凝土受损,截面受到了削弱,因此预应力引起的板梁反拱值会增大。反拱的另一个重要原因是高温下受压混凝土除了自由膨胀外,还会发生短期高温徐变,使得受火面混凝土产生一定的压缩变形,清华大学过镇海[5]的试验证实了这部分变形在降温冷却后是不可恢复的。因此降温冷却后,底板混凝土即存在残余的徐变压应变,在变形协调的作用下,板梁最终产生了上拱变形。

鉴于梁体在火灾中的以上变形规律,火灾检测中,如果火损后的梁体跨中显著下挠且跨中底板存在横向裂缝,则此类板梁的预应力筋损伤较为严重,可认定该类火损梁不宜再做加固利用。

14.4 火灾后检测方法研究

火灾后桥梁损伤检测,包括外观检测、结构材质检测、钢绞线(钢筋)保护层厚度检测、混凝土爆裂检测、火灾温度指标检测等。通过相关检测,确定计算参数,推定火场最高温度及构件内部温度场,然后才能建立承载能力分析模型、评估火损后预应力混凝土空心板梁桥的实际剩余承载能力。对于空心板梁来讲,火损检测的核心工作是判定钢绞线在火灾中经历的最高温度、推定其剩余强度指标。

14.4.1 火灾温度检测方法概述

(1)标准公式估算法。由于火荷载的密度、可燃物的特性和数量、建筑物的热工性能、通风条件及灭火过程等各有不同,火场温度的发展规律十分复杂且具有明显的随机性。

(2)物质燃点法。指的是通过现场燃烧后的残留物特征估计火场的实际温度。根据已烧损的残留物可得出火场温度的下限值,而由直接受火部位的未烧损残留物确定的是火场温度的上限值,从而进一步明确结构的受火区域。

(3)表观检查法。混凝土桥梁结构经过火烧后混凝土表面会发生明显的颜色变化,出现爆裂、剥落、疏松、掉角以及裂缝等现象,混凝土表观变化情况与温度的关系可参照相关文献[24]。

(4)锤击法[24]。用小锤敲击混凝土表面,根据声音的不同判断受损程度是一种直观方便的检测方法。这种检测方法的主观性较大,一般仅用于现场踏勘时初步判断损伤程度。

(5)红外热像法。同济大学的杜红秀[25]等人通过试验拟合了红外热像平均温升与混凝土受火温度及强度损失的关系模型。现场环境的多变导致难以达到实验室规律的热源照射,使该种方法的实用性受到很大的阻碍。

(6)烧失量法[26-30]。烧失量试验法被认为是推估混凝土最高过火温度的一种较为精确的方法。作为现场与室内试验紧密结合的方法,它比一般的现场检测更为细致也更为费时。简单来说它的原理是根据水泥水化物及其衍生物在高温作用下会发生物理化学反应,导致重量减轻。不同温度节点下,发生的反应不同,其重量减轻具有一定的规律性。通过进行室内试验的分析处理,可推断出现场检测采集的受火构件的样品具体的最高过火温度。该方法对于试验操作和人员素质要求较高,结果获取较复杂,但是在一定的温度段内的结果相当准确。

14.4.2 火灾后表观损伤检测

在前文相关章节中已经介绍了9片预应力混凝土空心板梁火灾后的损伤情况,并进行了损伤检测、表观损伤检查、露筋检测、混凝土爆裂程度统计以及钢绞线实际保护层深度等检测工作。具体检测数据详见前文相关章节,本节不再复述。为准确分析混凝土在火灾中的温度场,本次针对预埋的混凝土温度传感器(热电偶)实际位置(主要是距离底板下表面的位置数据)进行了事后的测量,为后续的温度场理论分析提供真实的参数。具体检测结果如表14.12所示。

混凝土热电偶实测位置记录表(单位:cm)　　　表14.12

跨中定位板编号	2号梁	4号梁	5号梁	7号梁	13号梁	12号梁	8号梁
B1(左侧腹板最下层)	2.9	5.8	3.7	4.3	3.5	4	4.5
B6(右侧腹板最下层)	3.9	3.8	3.6	—	3.0	4.7	4.7

14.4.3 烧失量检测方法研究

14.4.3.1 烧失量检测

混凝土经受的高温不同,混凝土中成分发生的变化也会不同,其损失重量程度也有所不同。此时将已受火的混凝土样品进一步灼烧至完全失水、成分完全分解,则二次失重的量也必然有所不同。据此原理建立火灾中过火混凝土的二次烧失重量与其火灾中曾经历的最高温度关系,进而推定出材料高温后的剩余强度指标。依照烧失量[27,28](IL)的测定方法,本次根据三组温度预处理试验的结果可得到预处理温度与烧失量的关系。进行回归分析[31],三组试验的回归方程如下所示[x为烧失量(%),y为温度(℃)]:

第一组　　　　　$y = -53.354x + 1146.3$

第二组　　　　　$y = -41.422x + 1006.8$

第三组　　　　　$y = -43.972x + 1018.1$

14.4.3.2 检测结果验证与分析

考虑到第三组试验的数据误差最小(采样更精细),因此利用第三组回归方程对试验梁的实际温度进行验证,结果如表14.13所示,基本满足工程精度要求。

烧失量验证试验结果　　　　　　表 14.13

样品编号	105℃烘干后总重（g）	1020℃灼烧后总重（g）	烧失量（%）	热电偶实测温度（℃）	回归方程计算温度（℃）	温度推算误差（%）
1期-1	32.68	32.47	10.99	503	528	4.97
1期-2	32.25	31.99	9.49	544	596	9.56
1期-3	77.88	77.64	9.64	585	589	0.68
2期-1	79.7	79.24	13.14	384	432	12.50
2期-2	73.05	72.26	13.53	373	415	11.26
2期-3	84.98	84.14	13.73	368	406	10.33

14.4.4　火灾后钢绞线强度测试

室内试验完成后，试验梁被运往粉碎场进行钢绞线取样。按照经历温度的不同，共采集了 18 根具有温度代表性的试样，得到钢绞线的弹性模量、条件屈服强度、极限强度三项力学性能指标的变化情况如表 14.14 所示。由测试数据可知：

（1）经历 25～690℃ 温度的钢绞线试样，其弹性模量基本维持与常温相当。

（2）钢绞线受火后屈服强度与极限强度的变化规律基本相似。受火温度低于 300℃ 以内时，强度基本没有变化；温度达到 300℃ 以上时，强度开始下降，强度与经受的最高温度大致成线性相关。由此可见，一般情况下，混凝土表面仅有熏黑时，迎火面混凝土火灾温度不会超过 200℃，板梁内钢筋、钢绞线力学指标受损几乎可忽略，这一特点可用来火灾检测时快速判断。

（3）试验中未过火的钢绞线测得的名义屈服强度 $f_p = 1868\text{MPa}$，极限强度 $f_{pu} = 1995\text{MPa}$。当过火温度达到 500℃ 时屈服强度和极限强度均下降到未过火时的 75% 左右，当过火温度达到 600℃ 时屈服强度和极限强度均下降到未过火时的 65% 左右，接近 700℃ 时，强度指标已大幅下降至 38% 左右。

（4）极限强度和屈服强度随经受温度的升高呈现下降的趋势，本次测试的钢绞线高温后强度指标与经建生[6]等人的研究成果较为一致。

钢绞线试样部分力学性能指标结果　　　　表 14.14

序号	火灾温度	弹模 (10^5 MPa)	条件屈服 强度 (MPa)	条件屈服 强度折减 系数	极限强度 (MPa)	极限强度 折减系数
1	25	2.016	1868	1.00	1995	1.00
2	240	2.186	1860	1.00	1987	1.00
3	315	1.998	1853	0.99	1978	0.99
4	367	1.943	1743	0.93	1911	0.96
5	385	1.929	1715	0.92	1909	0.96
6	399	2.259	1631	0.87	1800	0.90
7	409	1.889	1593	0.85	1789	0.90
8	420	1.88	1654	0.89	1857	0.93
9	470	1.93	1500	0.80	1617	0.81
10	557	2.014	1345	0.65	1496	0.75
11	690	2.195	747	0.40	758	0.38
12	平均	2.022	—	—	—	—

14.5　预应力混凝土空心板梁火灾效应分析

14.5.1　空心板梁的温度场数值分析

(1)受火面边界条件。空心板的受火面为底面,其与火焰空气的热交换由对流换热和热辐射两部分组成,其中 Stefan-Boltzmann 常数取 5.67×10^{-8} W/m^2·℃^{4}。火场温度取实测结果,这样受火面边界条件的设定其实是对流换热系数 h_c 与辐射换热系数 h_r 的确定。表 14.15 列举了一些研究人员[14,20,21]或规范[22]给出的推荐值。经试算表明,采用 4 种边界条件计算所得温度场数值非常接近,除了 Lie[21]因忽略对流换热的影响而结果稍小外,其他三者几乎一致。由于许铭鑫[20]火损试验研究的试验条件与本次试验比较接近,因此受火面的边界条件取许铭鑫[20]给出的推荐值。

(2)背火面边界条件由于背火面的环境温度接近常温,且背火面边界条件对整体分析结果的影响较小,因此本次仅考虑背火面的对流换热。

受火面对流系数与辐射换热系数推荐值				表 14.15
	许铭鑫[20]	华毅杰[14]	Lie. T. T[21]	欧洲规范[22]
对流换热系数 h_c（W/m²·℃⁴）	75	40	0	50
辐射换热系数 h_r	0.5	0.585	0.6	0.8

(3) 内腔边界条件。由于试验时实测了内腔的温度，可以简化的仿照背火面边界条件的设定方法，以实测温度作为环境温度。这样，内腔边界条件即由常规的对流换热与内壁面之间的辐射换热组成。另外，导热系数 λ、比热容 c、质量密度 ρ 三个参数采用欧洲规范[22]中给出的推荐值。

综上所述，空心板梁火灾有限元模型的边界换热条件如图 14.34 所示，用有限元方法建立空心板梁的热传导平面模型如图 14.35 所示。由于爆裂对空心板梁内部的温度场有较大的影响，因此针对本次火灾试验的实际情况，将温度场的有限元分析分为爆裂和无爆裂两类。本节分别以 13 号梁（无爆裂模型）和 5 号梁（爆裂模型）为例进行温度场有限元分析。

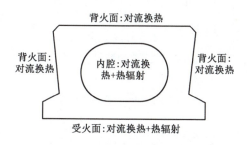 

图 14.34 空心板梁有限元模型边界条件　　图 14.35 空心板平面有限元模型

14.5.1.1 无爆裂模型

以火损时间 90min 的 13 号梁的温度场分析为例分析非爆裂温度场，火场温度和背火面环境温度取 13 号梁火损试验中的实测值，用多折线的方式拟合。计算得到 13 号梁非爆裂区不同时刻的温度场分布如图 14.36 所示。

从温度场分析结果可见，底板区域为高温区，由于混凝土的热惰性，从受火面向上温度迅速降低，形成了明显的温度梯度。由于模型中混凝土内仅以热传导的方式传热，不存在水蒸气的影响，因此计算所得的升温段曲线都是一条平顺的曲线。将温度场理论分析结果与实测结果进行对比，对比结果如图 14.37、图 14.38 所示。总体来看计算结果与实测值基本一致。

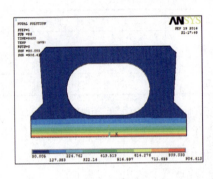
a) 90min温度分布云图

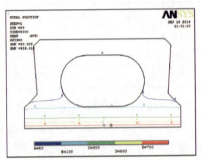
b) 90min温度等值线图

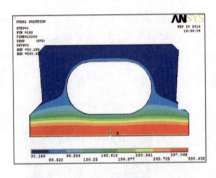
c) 熄火后80min温度分布云图

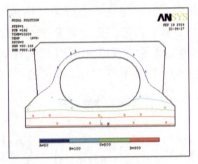
d) 熄火后80min温度等值线图

图14.36　不同时刻13号梁温度场计算结果

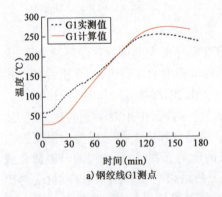
a) 钢绞线G1测点

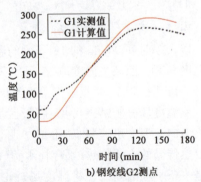
b) 钢绞线G2测点

图　14.37

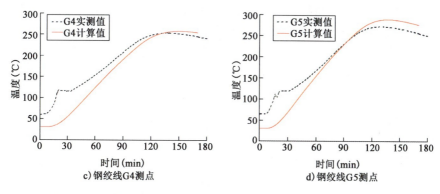

图 14.37　13 号梁跨中截面钢绞线测点温度实测值与理论值对比（未爆裂区）

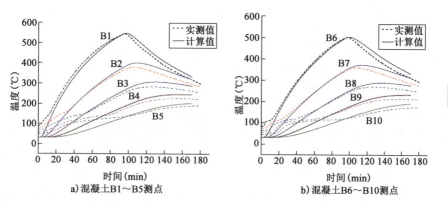

图 14.38　13 号梁腹板混凝土测点温度理论值与实测值对比（未爆裂区）

14.5.1.2　爆裂模型

混凝土高温爆裂通过"子模型"的方法进行模拟。本次试验中 5 号梁爆裂最为严重，本节以 5 号梁为例计算爆裂后的温度场。为简化计算，近似地取 15min 为爆裂发生的时间点，即认为所有的爆裂一次性在这个时间点发生。5 号梁受火区域全部发生爆裂，但爆裂的深度不均匀，跨中断面底板横向的爆裂深度进行了实测，结果见表 14.16。

5 号梁跨中断面板梁横向不同位置爆裂深度实测结果　　　　表 14.16

距底板左边缘横向距离（cm）	0	10	20	30	40	50	60	70	80	90	99
爆裂深度（cm）	1	1.5	1.6	1.7	1.7	1.8	0.5	0.6	0.5	0.5	0.5

根据实测结果,将跨中Ⅰ形截面(内埋有温度传感器,便于实测和理论比对)从中间切分为两个模型分别进行计算,左侧取爆裂深度1.5cm,右侧取爆裂深度0.5cm。G1~G3、B1~B5位于左侧,G4、G5、B6~B10位于右侧。计算结果如图14.39、图14.40所示。由对比结果可见,温度场计算结果与实测值基本吻合。

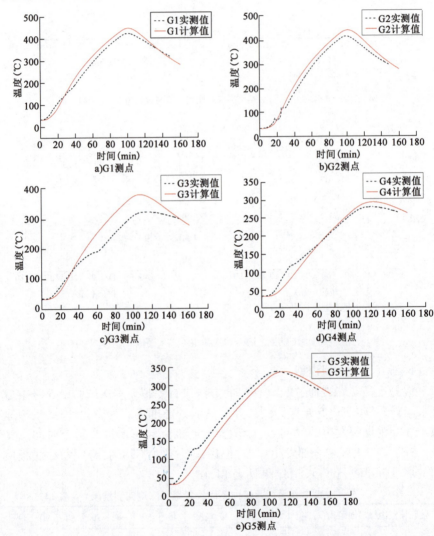

图14.39　5号梁G1~G5测点温度计算值与实测值对比

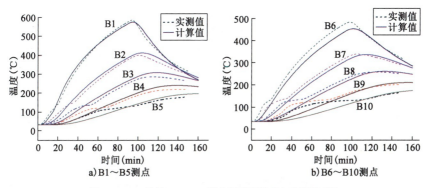

图 14.40　5 号梁 B1~B10 测点温度计算值与实测值对比

14.5.1.3　空心板梁火灾温度场分析小结

由以上温度场理论分析结果与实测值对比验证可知,用有限元法对空心板梁火灾温度场数值分析是可取的。为了将真实火灾与标准的温度—时间升温曲线联系起来,可将结构在真实火灾下达到一定温度时所对应的标准加热曲线上的时间称作"等效爆火时间"。具体操作时,可简化采用真实火灾和标准曲线加热条件下板梁受火面表层混凝土(非爆裂区)达到相同的最高温度来定义"等效爆火时间",然后采用数值分析方法,建立空心板梁的热传导平面有限元模型,模拟分析混凝土结构内部火灾温度场,最后推算出各检测分区的混凝土火灾温度场分布情况。为缩短检测时间,提高检测效率,结合本次试验研究数据,可以根据标准的火灾温度—时间升温曲线(ISO384 曲线)计算出常用的火灾温度场数据,以供火灾检测使用。比如,典型的预应力混凝土空心板梁典型的竖向温度场如图 14.41、图 14.42 所示。

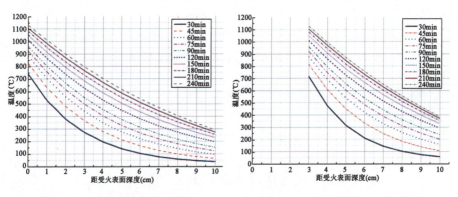

图 14.41　无爆裂时受火面温度梯度　　　图 14.42　受火面爆裂 3cm 温度梯度

14.5.2 高温下空心板梁的变形及应力分析

火损试验中梁体均有下挠、腹板开裂的现象,这是底板温度梯度作用造成的。前文中对温度梯度作用下板梁的变形与温度应力的分布进行了简单的定性分析,但由于材料在高温下的本构关系及变形性能都是温度的函数,混凝土还存在受拉开裂,解析计算非常复杂,现通过有限元的方法进行计算分析。

14.5.2.1 材料本构的定义

表 14.17 为常温下混凝土试块的实测抗压强度结果,由此数据拟合出常温下混凝土的本构关系,其中抗压应力—应变关系的上升段及抗拉应力—应变关系按照规范[23]中规定的公式,而抗压应力—应变关系的下降段简化采用 Hongnestad 的处理方法。

混凝土试块的抗压强度及计算结果   表 14.17

试块编号	1	2	3	4	5	6
抗压强度(MPa)	61.1	69.8	69.6	64.3	74.8	68.6
计算结果	f_{cu}^0:68.08MPa		f_c^0:54.2MPa		f_t^0:4.02MPa	

高温下混凝土的本构关系采用清华大学过镇海文[5]给出的数学模型。高温作用下混凝土的应变除了应力产生的应变外,还包括自由膨胀应变、高温徐变应变以及瞬态热应变。其中的高温徐变应变和瞬态热应变都与温度、应力状态以及其发展历程有关,详细的计算非常复杂,因此采用近似的方法进行计算。郑文忠[16]指出,瞬态热应变与自由膨胀应变之和可以通过改变材料的自由膨胀系数求得,而高温徐变所占的比例有限,因此可以近似的将自由膨胀应变、高温徐变和瞬态热应变的影响综合起来用线膨胀系数来反应,采用郑文忠[16]给出的高温下混凝土修正的线膨胀系数的表达式。

高温下普通钢筋的本构关系、线膨胀系数采用同济大学朱伯龙[4]等人的研究成果。

预制板梁时即对钢绞线的力学性能进行了拉伸试验,常温下力学指标见表 14.2。高温下的屈服强度、弹性模量采用东南大学范进[12]的研究成果。简化的认为钢绞线为理想弹塑性材料,用双折线描述其应力应变关系。

14.5.2.2 有限元分析计算

采用间接耦合的方式计算不同时刻温度作用下板梁的受力与变形,模拟时为简化不考虑爆裂的影响,统一设定所有钢绞线形心距离板梁底缘6.5cm。温度场分析时受火面升温曲线直接采用ISO834曲线,且不考虑熄火后温度曲线的下降段。以火灾时间90min的空心板为例,研究高温下空心板梁的变形及开裂行为。不同时刻板梁跨中截面的应力分布情况如图14.43所示。可见纵向应力在截面的分布依然是顶、底板受压,中间受拉,但最大压应力并非出现在底板下表面,而是距底板一定高度的位置。纵向应力沿腹板竖向高度的分布结果如图14.44所示。

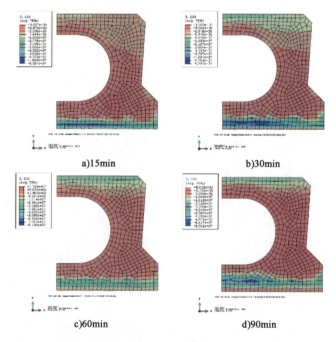

图14.43 不同时刻板梁跨中截面纵向应力分布云图

由图14.44可见,压应力在底板区域接近二折线分布,这是由于高温导致混凝土弹模降低,因此距底缘越近温度越高压应力即越小,向上随着温度降低,压应力也迅速增大,最大压应力出现在距离底板数公分的高度,且随着时间、高度逐渐增大。同时最大压应力值随时间逐渐降低,15min时约为42MPa,至90min时约为25MPa。腹板的中间区域受拉,受拉区随时间的发展而扩大,中性轴逐渐升高。顶板区域受压,由于该区域几乎不受高温影响，因此压应力呈直线分布，顶缘压应力最大，且随时间逐渐变大，90min 时达到约 20MPa。

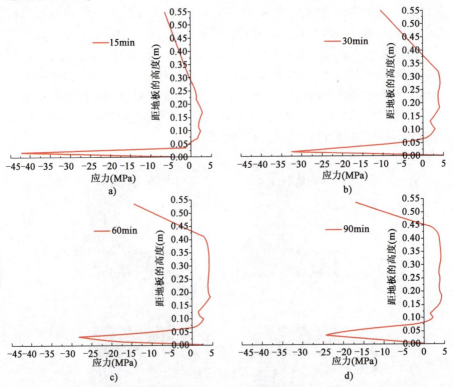

图 14.44 不同时刻纵向正应力沿腹板高度方向分布

火损时由于底板的温度梯度，跨中的受火区域发生下缘拉伸、上缘压缩的弯曲变形，并带动整片梁逐渐下挠，且随着时间的推移下挠逐渐增大。将跨中计算结果与 3 号梁（火损 60min）、13 号梁（火损 90min）火损试验中的实测挠度进行对比，结果如图 14.45、图 14.46 所示，图中下挠为 y 轴的正方向。由对比结果可知，火损前期计算值与实测值差异不大，实测值稍大于计算值。但随时间发展，板梁的实际下挠曲线斜率减小，而计算值挠度曲线斜率基本不变，两者差距逐渐拉大，90min 时计算挠度比 13 号梁实测挠度大 2.02cm。

高温产生的温度梯度是板梁发生弯曲变形的原因，但除了受热发生膨胀外，受压混凝土在高温下还会产生高温徐变作用，在一定程度上抵消了底板的膨胀变形，也会减缓板梁下挠的速度。本次的有限元模型通过减小线膨胀系数来考虑高温徐变的影响,这是一种近似的模拟方法,将随时间逐渐增大的高温徐变应变固化为一个与时间无关的量,因此计算结果在火损前期小于实测值,而随着时间的发展逐渐超过实测值并产生了偏差。

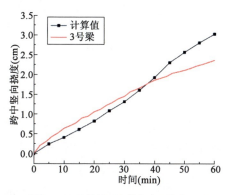

图 14.45 3 号梁理论值与实测挠度对比

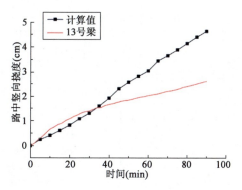

图 14.46 13 号梁理论值与实测挠度对比

14.6 预应力混凝土空心板梁火灾后力学性能规律研究

14.6.1 试验方案

静力加载试验采用两点对称加载的方式,两加载点之间间距 3m,布置时仅使用一个千斤顶,利用分配梁将单个千斤顶的压力均分至两个加载点,加载设备布置示意图如图 14.47 所示。

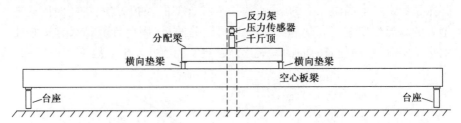

图 14.47 加载设备布置示意图

14.6.2 静载试验结果

从试验结果看,火损后的空心板梁剩余承载能力跟火损持续时间有一定的关联性,但是火损时间并非决定性因素。比如火损持续 1.5h 的有 4 片板梁,在同样的加火条件下,这 4 片板梁的剩余承载能力最高为 97.8%,最低为 70.4%。而 2 号梁火损持续时间为 4h,但其剩余承载能力仍然有 83.2%。各梁体加载试验汇总数据见表 14.18。

试验梁火损及剩余承载能力概况　　　　　表 14.18

梁体编号	火损持续时间	钢绞线温度(℃)		变形(cm)			加载情况				断丝
		范围	平均	下挠值	反拱值	累积反弹	实际加载(kN)	实际/对照荷载	最大挠度(cm)	残余变形(cm)	
3号	1h	179~245	185	-2.4	1.3	3.7	453.8	97.30%	16.8	1.7	无
6号	1h	199~323	252	-2.8	1.4	4.2	452	97.00%	15.3	1.4	无
8号	1.5h	199~305	254	-3	1.6	4.6	456	97.80%	17.6	2.9	无
4号	2.5h	338~446	390	-4.6	0.6	5.2	441.4	94.70%	19.9	3.5	无
7号	2h	243~355	293	-3.6	1.8	5.4	439.8	94.30%	16.5	2	无
13号	1.5h	234~306	263	-2.6	1.3	3.9	422.7	90.70%	15.7	1.4	一根
2号	4h	380~544	467	-6.1	1.1	7.2	388	83.20%	20.2	5.5	无
12号	1.5h	265~453	335	-3.8	1.2	5	342.4	80.80%	16.7	3.5	4根
5号	1.5h	280~769	384	-1.9	2	3.9	328	70.40%	14.2	4.1	4根

14.6.3 火灾后空心板梁力学性能分析

（1）弹性阶段刚度下降。10片空心板梁的跨中荷载—挠度曲线的对比如图14.48所示。从图中可见9片火损梁弹性阶段的挠度斜率与1号标准梁相比，火损后空心板梁弹性阶段的刚度下降。根据9片火损梁的火损时间和爆裂程度，可知损伤程度越严重，实测弹性阶段的斜率衰减越明显，火损后板梁弹性阶段的刚度就越低。

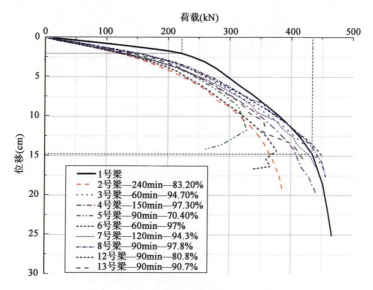

图14.48　10片空心板梁跨中荷载—跨中位移曲线对比

（2）火灾后受火梁腹板存在裂缝。高温下受火梁的腹板的中部因温度自应力而产生竖向裂缝，降温冷却后，由于预应力的存在这些裂缝基本闭合，但随着荷载的施加，这些裂缝又会重新张开并发展，加载试验中即观察到大量受力裂缝是沿着原有的裂缝发展。

（3）有效预应力损失可忽略。总体上看，在预应力混凝土桥梁不出现极端火灾情况下（长时间火灾没任何消防灭火），其火灾后的预应力损失可忽略，关于火损后预应力损失的论述详见前文所述，本节不再详述。

（4）钢绞线断裂分析。在本次加载试验过程中，5号梁、13号梁均发生了钢绞线断裂（断丝）的现象，试验结束后进行检查，13号梁钢绞线断裂发生在1区爆裂较深的位置，此处钢绞线由于爆裂形成的深坑有约5cm的长度裸露在外;5号梁没有发现钢绞线直接裸露,但是通过对爆裂程度最严重区域进行开凿,发现一处钢绞线在静力加载后断裂,且有明显的紧缩现象,如图14.49所示。

a)13号梁　　　　　　　　　　　b)5号梁

图14.49　静力加载后钢绞线断裂

两片梁发生钢绞线断裂的位置都是爆裂较深的区域,其中13号梁钢绞线直接裸露,最高温度已接近炉温达到1000℃;5号梁钢绞线虽然没有直接裸露,但其混凝土保护层厚度因爆裂严重削弱,火损试验时G13测点钢绞线温度达到700℃以上的高温。经历高温后的钢绞线在恢复至常温后,虽然其预应力损失可忽略,但是其极限强度会显著下降,在后续增量荷载作用下,钢绞线因应力超出其火损后的极限强度而过早断裂。因此,在火灾中,如果钢绞线因混凝土高温爆裂至裸露在高温中灼烧,或者因爆裂导致其过火温度较高,其极限强度会严重衰减,此类火损后的板梁其承载能力会严重削弱。在承载能力评定中,应重点关注存在此类损伤的构件。

(5)火灾后剩余承载能力分析。由表14.18中数据可知,火场温度越高,火损时间越长,爆裂越严重,火损后板梁承载能力衰减越明显。火损后预应力混凝土空心板梁的承载能力取决于火灾中钢绞线经历的最高温度。钢绞线经历的温度越高,火损后板梁承载能力损失越严重。

①3号、6号、8号梁火损后钢绞线基本无外露,混凝土局部爆裂部位也无钢绞线,钢绞线整体温度在250℃左右。所以此类板梁的剩余承载能力仍然有95%~100%。

②13号梁火损时间为1.5h,钢绞线整体温度虽然不高(230~300℃),但是有一根钢绞线外露,加载过程钢绞线断丝一次;而4号、7号梁虽无钢绞线外露,但是有箍筋外露,保护层厚度有所减薄,火损时间也相对较长(4号

梁 2.5h、7 号梁 2h),钢绞线整体温度在 250~400℃之间;所以 4 号、7 号、13 号梁虽然火损时间不同,但是剩余承载能力仍然比较接近。

③2 号、12 号梁剩余承载能力为 80%~90%,2 号梁火损时间为 4h,因火损时间较长,除了爆裂影响外,混凝土保护层在高温烘烤下会逐渐脱落,导致钢绞线整体温度较高(380~544℃);12 号梁火损时间只有 1.5h,但是局部爆裂严重,导致钢绞线高温受损,在加载过程中钢绞线断丝,其剩余承载能力明显削弱。

④5 号梁火损时间为 1.5h,相对其他同样火损为 1.5h 的梁(8 号、12 号、13 号梁)来讲,其剩余承载能力最低,仅为 70.4%,主要是因为在火灾试验过程中该梁爆裂最严重,有一处钢绞线直接暴露于火焰中,另外有两处混凝土爆裂严重的地方钢绞线保护层明显偏薄,此处钢绞线过火温度较高,钢绞线强度指标显著衰减,导致加载过程中钢绞线有 4 次断丝,其承载能力严重下降。

14.7 预应力混凝土空心板梁火灾后损伤评估方法研究

预应力空心板梁发生火灾后,需及时评估、决策,以便于快速应对交通管制措施。火损梁的承载能力评估,须结合钢筋、钢绞线混凝土保护层实际厚度、混凝土爆裂位置与钢绞线(钢筋)的位置对应关系以及实际爆裂深度等数据,利用数值分析求解出,或利用烧失量等检测手段检测出,或者两者结合推定出钢绞线经历的最高温度,把经历高温后的材料力学指标进行折减,最后将火损梁的承载能力计算转化为常温梁来分析评估。

14.7.1 材料剩余强度指标评估

桥梁结构火灾后的损伤评估较为复杂,从内容上来讲,火灾现状的调查分析、结构(构件)及材料受损程度的检测分析、结构受损程度的等级评定以及维修处理办法的确定都属于评估的范畴。通常情况下火灾后评定流程可按照如图 14.50 所示流程执行。

火损桥梁经过检测后可获取材料及构件的残余力学性能、结构的剩余承载力、耐久性、变形等各项受损程度指标,而结构受损严重程度与其经历的火灾温度及燃烧时间有直接关系。因此,结构损伤评估的核心是如何判

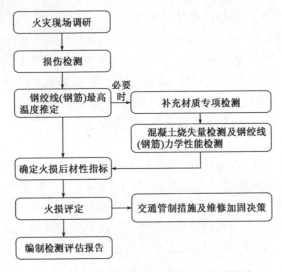

图 14.50 火灾后桥梁结构检测评定流程示意图

定材料在火灾中经历的最高温度。各类判定火灾温度的方法大致分为两类,两者通常结合使用以求获取准确的检测结果,具体如下:

(1)通过检测材料高温后的材料指标变化,直接推定火灾中经历的最高温度,比如混凝土烧失量法。此类试验检测方法较为精细,耗时较长,可用来详细评估结构火损后的剩余承载能力。

(2)通过调查桥梁结构火灾现场,推测结构外表曾经受的火灾温度,借助火灾温度场数值分析手段来获取结构内部的温度场。此类方法精度不高,但是耗时短,可用于快速评估结构剩余承载能力。

14.7.2 火损后剩余抗弯承载力计算

计算高温后混凝土梁的受弯承载力时,可沿用常温梁的计算思路与方法。主要区别在于用火灾高温后的材料剩余强度指标代替常温下材料的强度指标。在参照现行规范[19]基础上,针对火损结构,在承载能力计算时假定如下:

(1)高温后混凝土构件满足平截面假定。

(2)迎火面受拉区混凝土不参与工作。

(3)材料强度指标采用高温后的残值。

(4)在预应力混凝土桥梁不出现极端火灾情况下(猛火,长时间火灾没任何消防灭火),其火灾后的预应力损失可忽略。

(5)当高温后钢绞线的名义屈服强度小于钢绞线的有效应力值时,在抗弯承载力计算中不考虑其贡献。

以本次试验中的 5 号梁为例,检测分区如前文图 14.15 所示。根据检测结果,每个区的平均爆裂深度如图 14.51 所示。进行温度场分析之前需要确定钢绞线型心的位置,每个分区测量了 5 根钢绞线的实际位置。结合各区的爆裂深度,对每个区分别进行温度场计算分析,各区钢绞线的最高理论温度如图 14.52 所示。计算得到高温后钢绞线的剩余强度,如图 14.53 所示。此外,1 号区爆裂较深处的 2 根钢绞线最高温度达到 830℃,2 号区爆裂较深处的 1 根钢绞线最高温度达 700℃,考虑到静力加载时的断丝现象,因此在承载力计算中不考虑其贡献。

4.0cm	1.0cm	1.0cm	1.0cm	1.5cm	1.0cm	1.5cm	1.0cm	2.0cm	2.0cm
3.0cm	2.0cm	1.5cm	0.5cm	0.5cm	0.5cm	0.5cm	0.5cm	1.5cm	2.0cm

图 14.51　5 号梁各分区实测平均爆裂深度

503℃	323℃	323℃	323℃	344℃	323℃	344℃	323℃	368℃	368℃
427℃	368℃	344℃	305℃	305℃	305℃	305℃	305℃	305℃	368℃

图 14.52　5 号梁各分区钢绞线理论最高火灾温度

63.4%	83.0%	83.0%	83.0%	80.9%	83.0%	80.9%	83.0%	78.4%	78.4%
71.9%	78.4%	80.9%	84.7%	84.7%	84.7%	84.7%	84.7%	84.7%	78.4%

图 14.53　5 号梁各分区钢绞线剩余强度折减值

依据现行规范计算得到各个区的抗弯承载力,并将同一个截面上下两个区的抗弯承载能力相加,得到 5 号板梁火损区域的抗弯承载能力分布图,如图 14.54 所示。

688.8 kN·m	1011.7 kN·m	1025.0 kN·m	1045.4 kN·m	1033.9 kN·m	1045.4 kN·m	1033.9 kN·m	1045.4 kN·m	1020.7 kN·m	986.9 kN·m

图 14.54　5 号梁火损区域抗弯承载力分布图

按照以上方法,对 3 号、13 号、2 号、5 号梁分别进行理论计算其剩余承载能力。具体分析如下:

(1) 13 号、2 号和 5 号梁的计算结果均小于实际最大压力,计算结果偏安全,主要是因为 13 号、5 号梁是本次试验最开始试验检测的梁体,经验不足导致检测精度不高,计算出来的钢绞线温度偏高。而 2 号梁主要是因为过火时间长达 4h,火损导致混凝土表皮逐渐脱落,干扰了爆裂深度的判断,计算出来的钢绞线理论温度偏高,承载能力计算值偏低。

(2) 而 3 号梁的计算值略大于实际值,其主要原因是 3 号梁加载时未彻底断裂破坏,但因加载过程中梁体下挠过大,随即人为终止加载。

理论计算值与实际值对比如表 14.19 所示。

理论计算值与实际值对比　　　　　表 14.19

梁体编号	火损持续时间	加载情况		理论计算加载(kN)	理论计算与实际误差
		实际加载(kN)	实际/标准载		
3 号	1h	453.8	97.30%	465	2.50%
13 号	1.5h	422.7	90.70%	401	−5.1%
2 号	4h	388	83.20%	368	−5.20%
5 号	1.5h	328	70.40%	308	−6.10%

14.7.3 其他

火损梁承载能力快速评定要点如下:

(1) 对于受火面仅有熏黑,而无其他损伤情况的预应力混凝土空心板梁,可认定其承载能力在火损前后无明显变化。

(2) 对于跨中断面受火区所有钢绞线的混凝土保护层因爆裂至外露情况,现场如果判定钢绞线过火温度超过 550℃,可认定该梁不宜做加固利用。

(3) 对于火损后,梁体跨中下挠显著,且跨中存在横向裂缝的板梁,可认定该梁不宜作加固利用。

14.8　火灾后维修加固研究

火损梁评估完毕,根据技术经济条件和使用要求,可结合承载能力安全储备、荷载横向分布具体情况有针对性地制定方案,对受损后的预应力混凝土空心板梁作承载能力加固、耐久性维修处治或拆除、更换处理。

14.8.1 承载能力加固方案

在对火灾桥梁评估的基础上,根据技术经济条件和使用要求,有针对性地制定方案。结合预应力混凝土空心板梁底板实际厚度偏薄、底板混凝土品质较差[32-34]以及预应力钢绞线横向间距较密集的特点,优先采用粘贴碳纤维布或者张拉碳纤维板的方式对其承载能力进行加固。考虑到承载能力加固提升的可行性,本次针对火损后剩余承载能力为80%左右的2号、12号梁采用粘贴两层碳纤维布进行加固。

14.8.2 加固后承载能力试验

梁体粘贴两层碳纤维布后进行静力加载试验,图14.55和图14.56为荷载—位移曲线图。从图中可以看出:

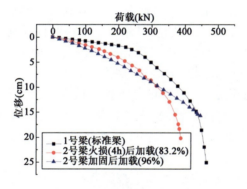

图14.55 拆模后结构胶表面打磨平整

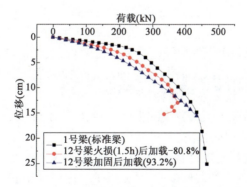

图14.56 粘贴碳纤维布施工

(1) 加固后火损梁的承载能力比加固前火损梁的承载能力有所提高,本试验粘贴两层碳纤维布后火损梁承载能力提高至少13%,基本方法可行,满足工程需求。

(2) 试验中没有完全压至断裂,但是从荷载—位移曲线分析,破坏前已经出现了较大的变形,加固后火损梁的荷载位移曲线没有明显的屈服阶段。

(3) 加固之前梁体已进行过一次极限承载能力试验以测试火损后梁体实际承载能力,导致其刚度受损,如果火损后直接加固,其加固效果应该优于本次试验中的加固结果。

14.9 结语

(1) 对于混凝土结构,由于混凝土材料自身有良好的热惰性,普通钢筋、预应力钢筋受到混凝土保护层的隔热作用,其在火灾经历的最高温度也明显低于构件表面直接受火温度。因此混凝土桥梁自身具有一定的抗火性能,不必"谈火色变",但火损高温导致结构的强度、刚度降低,影响结构安全,必须在火损后第一时间对其检测、评估。

(2) 钢绞线所遭受的最高温度是火损后预应力混凝土空心板梁评估中的一个重要指标,在现场检查中应着重检查钢绞线的裸露特征、保护层厚度及钢绞线周围混凝土的特征。若钢绞线裸露且受火情况严重,在承载能力评估时不考虑裸露钢绞线对承载能力的贡献。

(3) 火灾后如果发现梁体严重下挠,则说明板梁承载能力损失较大,须火灾后第一时间采取安全措施和交通管制措施。

(4) 火损梁的承载能力评估,须结合钢绞线混凝土保护层实际厚度、混凝土爆裂位置与钢绞线的位置对应关系以及实际爆裂深度等数据,利用数值分析求解出,或利用烧失量等检测手段检测出,或者两者结合推定出钢绞线经历的最高温度,把经历高温后的材料力学指标进行折减,最后,将火损梁的承载能力分析转化为常温梁来计算。

(5) 对于承载能力损伤较小的板梁,粘贴碳纤维布(或者张拉碳纤维板)是一种行之有效的加固方法。

(6) 对于新建混凝土结构桥梁,为提高其抗爆裂能力,可适当增加预应力筋(普通钢筋)的保护层厚度,同时在保护层内设置钢筋网片,或者在混凝土内添加细长型的聚丙烯纤维(高温熔化后形成蒸汽压力排放通道)等材料,以尽可能地降低火灾中混凝土爆裂概率,避免预应力筋(普通钢筋)直接经受高温烘烤。

本章参考文献

[1] 吴波.火灾后钢筋混凝土结构的力学性能[M].北京:科学出版社,2003.

[2] ISO834-1 1999-09-15. Fire-resistance tests-Elements of building construction[S].

[3] 中华人民共和国国家标准.GB/T 9978.1—2008 建筑构件耐火试验方法[S].北京:中国标准出版社,2008.

[4] 朱伯龙,陆洲导,胡克旭.高温(火灾)下混凝土与钢筋的本构关系[J].四川建筑科学研究,1990(1):37-43.

[5] 过镇海,时旭东.钢筋混凝土的高温性能及其计算[M].北京:清华大学出版社,2003.

[6] 经建生,侯晓萌,郑文忠.高温后预应力钢筋和非预应力钢筋的力学性能[J].吉林大学学报(工学版),2010,40(02):441-446.

[7] 王孔藩,许清风,刘挺林.高温下及高温冷却后混凝土力学性能的试验研究[J].施工技术,2005,34(8).

[8] 闵明保.建筑物火灾后诊断与处理[M].南京:江苏科学技术出版社,1994.

[9] 李固华,凤凌云,郑盛娥.高温后混凝土及其组成材料性能研究[J].四川建筑科学研究,1991(2):1-5.

[10] 吕彤光,时旭东,过镇海.高温下Ⅰ~Ⅴ级钢筋的强度和变形试验研究[J].福州大学学报(自然科学版),1996(S1):13-19.

[11] 沈蓉,凤凌云,戎凯.高温(火灾)后钢筋力学性能的评估[J].四川建筑科学研究,1991(2):5-9.

[12] 范进,吕志涛.高温(火灾)下预应力钢丝性能的试验研究[J].建筑技术,2001,32(12):833-834.

[13] 范进,吕志涛.高温后预应力钢丝性能的试验研究[J].工业建筑,2002,32(9):30-31.

[14] 华毅杰.预应力混凝土结构火灾反应及抗火性能研究[D].上海:同济

大学 2000.

[15] 蔡跃.火灾下预应力混凝土结构计算理论及抗火设计方法研究[D].上海:同济大学,2003.

[16] 郑文忠,侯晓萌,闫凯.预应力混凝土高温性能及抗火设计[M].哈尔滨:哈尔滨工业大学出版社,2012.

[17] 张昊宇,郑文忠.1860级低松弛钢绞线高温下力学性能[J].哈尔滨工业大学学报,2007,39(6).

[18] 王孔藩,许清风,刘挺林.高温自然冷却后钢筋与混凝土之间粘结强度的试验研究[J].施工技术,2005,34(8):6-6.

[19] 中华人民共和国行业标准.JTG 3362—2018 公路钢筋混凝土及预应力混凝土桥涵设计规范[S].北京:人民交通出版社,2018.

[20] 许名鑫,郑文忠.火灾下预应力混凝土梁板非线性分析[J].哈尔滨工业大学学报,2006,38(4):558-562.

[21] T. T. Lie, T. J. Rowe, T. D. Lin. Residual strength of fire-exposed reinforced concrete columns[J]. ACI, Structural Journal1986; 92 (SP92-09): 153-174.

[22] BS EN 1992-1-2, Eurocode 2, Design of concrete structures, Part 1-2, general rules—structural fire design[S]. London: British Standards Institution,2004.

[23] 中华人民共和国行业标准. GB 50010—2010 混凝土结构设计规范[S].北京:中国建筑工业出版社,2010.

[24] 中国工程建设标准化协会. CECS 252—2009 火灾后建筑结构鉴定标准[S].北京:中国计划出版社,2009.

[25] 杜红秀.钢筋混凝土结构火灾损伤检测新技术及其评估理论与方法[D].上海:同济大学,2005.

[26] 王柏生,李哲.烧失量法确定受火混凝土构件烧伤深度的试验[J].混凝土,2011,27(2):162-167.

[27] 中华人民共和国国家标准. GB 175—2007 通用硅酸盐水泥[S].北京:中国计划出版社,2007.

[28] 中华人民共和国国家标准. GB/T 176—2017 水泥化学分析方法[S].北京:中国计划出版社,2017.

[29] Shen J F, Chen S T and Twu Y S. Evaluation ofthe fire temperature im-

posed on concrete by the ignition loss method[J]. The First Japan Symposium on Heat Release and Fire Hazard, Tsukuba, 1993:II07~II-12.
- [30] 罗秋苑,陈驰.影响水泥烧失量检测结果的因素分析[J].科技创新导报,2012,33:24-25.
- [31] 田胜元,萧日嵘.实验设计与数据处理[M].北京:中国建筑工业出版社,2000.
- [32] 王成明,刘其伟,赵佳军.空心板梁桥底板纵向裂缝处理技术[J].施工技术,2012,41(05):70-76.
- [33] 刘其伟,王成明,李捷.在役空心板梁桥底板纵向裂缝成因及处治对策分析[J].特种结构,2012,29(01):83-90.
- [34] 王成明,刘其伟.预应力空心板桥底板纵向裂缝处治技术及其应用研究[J].铁道建筑,2013(06):23-26.

罗文林　教授级高级工程师

罗文林(1980—),硕士,高级工程师。主要从事桥梁检测、评估、科研、维修加固设计等工作。Email:luowenlin2009@qq.com。

刘其伟

刘其伟(1961—),男,博士,东南大学交通学院教授。主要从事桥梁结构设计理论的研究和教学工作,尤其以桥梁结构的检测、分析和评估为见长,对病害桥梁的评估处治有独到之处。Email:liuqiwei@seu.edu.cn。

王成明

王成明(1985—),男,硕士,工程师。主要从事桥梁养护维修等相关工作。

张文浩

张文浩(1979—),男,硕士,高级工程师。主要从事高速公路运营管理等工作。

童浩

童浩(1982—),男,硕士,高级工程师。主要从事高速公路桥梁运营管理等工作。

第 15 章 箱梁桥横向多路径失效模式

石雪飞,周子杰,曹振

同济大学桥梁工程系,上海,200092

15.1 引言

箱梁桥在偏载下的失效事故近年来在我国各地陆续发生(图15.1),梁桥的横向安全问题受到广泛关注。最初,基于刚体假定的整体稳定失效用于类似事故的失效机理解释。随着不同破坏特征的事故出现,研究人员逐渐认识到非稳定模式下的梁桥结构破坏机理。为了防止类似事故再次发生,对已有事故进行机理研究和总结成为首要任务。近年来许多学者针对不同的事故开展了事故机理分析,采用不同分析手段从多个角度剖析典型事故的失效原因,获得了许多有益的结论。本章在既有研究成果的基础上,以多座典型事故为背景,总结箱梁桥在偏载作用下的失效模式,并借此对梁桥横向安全设计进行初步探讨,希望引起学界和设计人员对横向问题的关注。

15.2 箱梁桥整体稳定失效模式

15.2.1 单跨梁桥整体失稳倾覆

单跨宽幅箱梁桥在横向偏心重载作用下可能发生整体倾覆事故。类似

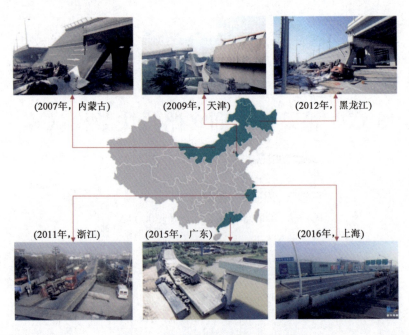

图 15.1 我国典型箱梁桥横向失效事故

事故以 2007 年内蒙古包头市某高架桥和 2016 年上海市某高架桥的倾覆为代表。从事故现场情况看,同类失效事故的主要失效特征包括:主梁在偏载作用下横向翻转,上部结构保持整体,支座和桥墩局部损伤。

对典型事故梁桥采用显示有限元法进行失效历程的全过程数值模拟,结构体系在重车作用下的变位响应如图 15.2 所示。结构失效过程中,主梁保持整体,同一时刻梁体转角沿纵桥向基本一致,表明事故发生了类似刚体转动的整体稳定失效。

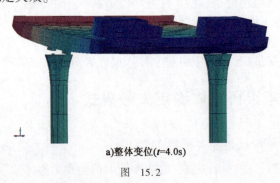

a)整体变位(t=4.0s)

图 15.2

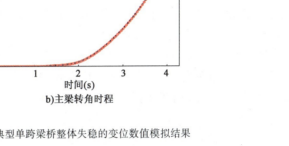

b) 主梁转角时程

图 15.2　典型单跨梁桥整体失稳的变位数值模拟结果

类似结构的横向稳定性可根据刚体转动理论下的横向力矩对比——倾覆稳定系数予以判断。其中,力矩对应的力臂起点为两端同侧支座连线系形成的倾覆轴,如图 15.3 所示。此类判别方法为我国规范所采纳,用于梁桥的横向稳定验算。

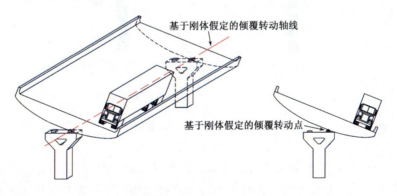

图 15.3　刚体转动理论的倾覆轴和倾覆特点示意图

15.2.2　多跨梁桥整体失稳倾覆

多跨梁桥在极端偏载作用下,可能发生类似单跨梁桥的整体倾覆失稳事故,但基于初始状态的倾覆稳定系数计算结果不一定能准确判断结构的稳定性。代表性案例为 2015 年广东河源某高速公路匝道桥的倾覆事故[1]。根据现场的痕迹鉴定,还原事故发生时的车辆布置位置,并根据刚体转动理论分析在事故车辆荷载的结构倾覆稳定系数,计算结果为1.07。从理论上看,倾覆稳定系数大于1,表明结构不会发生整体倾覆失效,与事故事实相悖。

为进一步明确失效机理,研究对事故梁桥进行数值模拟,采用事故车辆荷载并按照不同比例进行加载。在较小比例的汽车荷载作用下,结构体系最终保持稳定;随着荷载比例的增大,结构体系在对应比例荷载下最终的稳定状态发生变化——从梁体平稳到出现整体转动,并且稳定转角θ_e随着荷载的增加而增大;当荷载比例增大到88%事故车辆荷载时,上部结构转动角度持续增大并出现侧向滑移落梁,同时桥墩受到侧向压迫发生强度破坏(图15.4)。

a) t=4.8s　　　　　b) t=5.7s

图15.4　典型多跨梁桥稳定失效数值模拟结果

数值计算结果表明,多跨箱梁桥在偏载作用下可能在梁体转动一定角度后实现体系的稳定。此时,由于梁体转角的出现,对应的汽车荷载、主梁形心位置、转动位置等均与初始状态位置有异,按照刚体转动理论定义的倾覆力矩将发生变化,如图15.5所示。梁体转动角度θ后的倾覆稳定系数如下式所示。

$$\begin{cases} M_{o2} = \sum R_i (x_i + E_f) \cos\theta \\ M_{r2} = \sum T_i [(E_{ti} - E_f) \cos\theta + h_i \sin\theta] \\ \gamma_2 = \dfrac{M_{o2}}{M_{r2}} \end{cases} \quad (15.1)$$

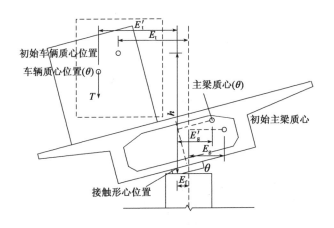

图 15.5 梁体转动后的倾覆失效机制

根据不同比例荷载下的数值模拟结构变位结果,按照上式计算梁体转动平衡状态下的倾覆稳定系数如表 15.1 所示。计算结果表明,在荷载比例达到 88% 前,结构体系在稳定状态的倾覆稳定系数均大于 1,表明此时结构自重提供的抗力足以保证结构稳定,但当荷载比例达到 88%,倾覆稳定系数等于 1,表明此时结构处于失稳的临界状态,体系稍有扰动便会发生整体倾覆。同时,对比临界状态下的转角可知,此时上部结构尚未达到梁体侧滑的自锁临界转角($\alpha_0 = \arctan\mu = 19.7° > 16.7°$),因此,整体失稳先于梁体侧滑发生。

考虑几何非线性的倾覆稳定系数 表 15.1

加载比例(%)	M_{r1}	M_{o1}	γ_1	θ_c	M_{r2}	M_{o2}	γ_2
77	7879	5636	1.39	3.0	8502	5093	1.67
87	7879	6360	1.24	8.5	8660	7339	1.18
88	7879	6449	1.22	16.7	8407	8435	1.00
100	7879	7363	1.07	—			

考虑几何非线性效应的倾覆稳定系数反映了此类梁桥失效的力学本质。当梁体转动后,汽车荷载的力臂增大、自重的力臂减小,对结构整体稳定而言是不利的。因此,对于类似的多跨曲梁桥横向失效事故,虽然失效机理类似刚体转动理论,但若不考虑几何非线性效应,则将得到偏危险的分析结论。此时,考虑梁体转角对倾覆稳定性的影响是必要的。

15.3 箱梁桥构件强度破坏失效模式

除了整体失稳导致的梁桥横向失效外,一些多跨箱梁桥的横向失效表现出由强度控制而非稳定控制的现象。研究结合两起典型的事故案例对不同的强度控制问题进行说明。

15.3.1 多跨梁桥中墩破坏导致整体失效

短跨简支梁桥由于线刚度大,结构整体在偏载作用下的变形类似刚体,但多跨连续梁桥在偏载作用下,结构整体的相对变形不可忽略,梁体需视作弹性体。此时,极端偏载作用导致支座竖向反力重分配,并产生侧向推力,可能导致长联结构中间桥墩的强度破坏。典型的事故以 2011 年浙江省上虞市某六跨匝道连续梁桥的整体塌落为代表(图 15.6)。研究采用弹性动力分析方法探究事故荷载下该案例的响应特点,判断结构失效的机理,并结合弹塑性的全过程模拟结果验证失效机理。限于篇幅,数值模拟的相关细节不再赘述[8]。

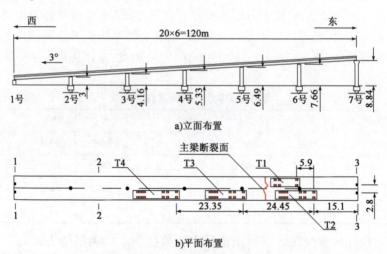

图 15.6 典型多跨梁桥中墩破坏导致整体横向失效案例的结构布置(尺寸单位:m)

(1)弹性分析模拟结果和强度失效模式

结构整体变形以恒载和汽车荷载施加完毕后的 4.8s 时刻为例,如

图 15.7a)所示。主梁此刻已在荷载作用下转动一定角度,梁底和桥墩(台)之间相互接触。此时,除了支座支承外,尚有桥墩直接对倾斜梁体产生竖向支承作用。进一步分析梁体代表性截面的转角时程,如图 15.7b)所示。主梁在自重施加完毕的 T_1 时刻保持水平,在汽车荷载施加的 T_3 到 T_4 时刻梁体转角出现并逐渐增大,大约在数值模拟 $t=5.8s$ 时刻,主梁转角迅速趋于稳定,此后几无变化。从弹性计算结果看,若结构中不考虑构件的塑性失效,则在事故车辆荷载作用下将在一定的转角下($\theta \approx 0.17 \text{rad}$)实现新的平衡状态。

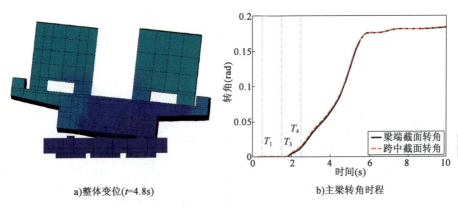

a)整体变位($t=4.8s$)　　　　　　b)主梁转角时程

图 15.7　典型多跨梁桥中墩破坏导致整体失效事故的变位弹性数值模拟结果

基于事故结构设计文件和规范材料取值,计算得到事故结构墩、梁关键截面的抗力,并与弹性分析的时程内力进行对比,如图 15.8 所示。其中,根据规范材料强度的设计值和标准值分别计算得到截面强度的设计值 Strength(d)和标准值 Strength(k)。6 号高墩的计算结果表明,桥墩内力在车辆荷载加载过程中不断变化,并在模拟时刻 $t=4.5s$ 和 $t=4.7s$ 分别达到桥墩弯压强度的设计值和标准值。对于主梁截面的抗弯强度,其沿纵桥向由于截面尺寸和配筋差异而不同,研究计算全截面上主梁的抗弯强度设计值和标准值,并根据弹性计算结果提取各时刻截面最大弯矩位置和内力。对比可知,主梁截面内力最大值和所在位置均随模拟时间变化,并在模拟时刻 $t=4.6s$ 和 $t=4.8s$ 分别达到对应最大弯矩处主梁抗弯强度的设计值和标准值。分析结果表明,中墩和主梁均在偏载作用下受力不利,对比两者失效时刻可知,中墩失效早于主梁失效。

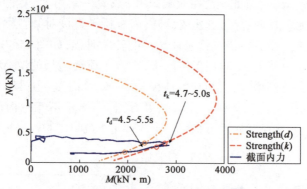

a) 6号桥墩截面偏压承载力曲线和弹性内力时程曲线

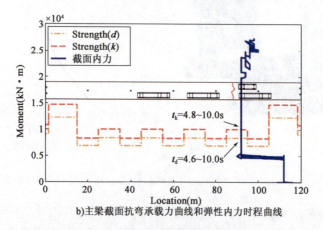

b) 主梁截面抗弯承载力曲线和弹性内力时程曲线

图 15.8 中墩和主梁抗力和内力时程对比

中墩首先发生失效后的模拟时刻,弹性数值结果失去准确性。但结合概念分析可知,若 6 号桥墩首先在偏载作用下丧失承载力,则结构支承体系发生变化——边跨从 20m 一跨的连续跨径变为 40m 一跨的等效跨径。显然,此时主梁截面上的内力将是设计内力状态的数倍,主梁极可能在此后也发生强度破坏,并最终导致梁体整体失效。

(2) 弹塑性数值模拟结果验证

采用弹塑性分析方法,构建考虑混凝土和钢材塑性和破坏的本构关系,并考虑钢筋对混凝土承载力的作用,模拟事故案例的失效历程。数值模拟得到的全桥变位和主应力云图如图 15.9 所示。分析结果表明,在恒载作用下 ($t=1.2s$) 桥墩受力状态良好,当汽车偏载作用后,各中墩墩顶截面在主梁

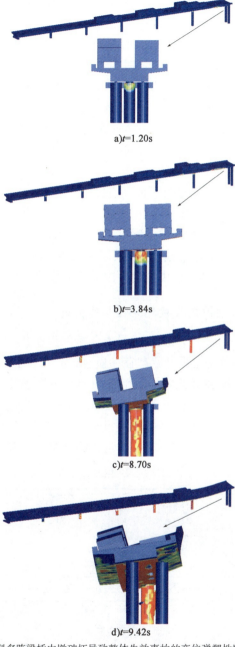

图 15.9 典型多跨梁桥中墩破坏导致整体失效事故的变位弹塑性数值模拟结果

的作用力下局部应力激增,在 $t=3.84s$ 时 S6 桥墩局部混凝土达到破坏准则失效。自 6 号墩始,随后各中墩均陆续出现墩顶混凝土截面失效。验证了弹性分析中对事故桥梁桥墩强度失效的判断。主梁的受力状态,在主梁自重施加阶段稳定的 $t=1.2s$ 时刻,最大主应力出现在边跨跨中梁底,与等跨连续梁桥均布荷载下的最不利受力位置吻合。随着汽车荷载的施加,边跨梁底的主拉应力大值范围略有扩大,并逐渐在此边跨跨中位置附近形成新的不利受力区域,最终,在此边跨跨中位置附近首先形成贯通底板的截面横向混凝土失效(主破坏区,$t=9.42s$ 时刻)。这一破坏形式和位置与对应的第 2 个案例事故现场的实际情况相吻合。

弹塑性失效历程的全过程模拟,验证了弹性分析得到的事故梁桥横向失效模式:支座脱空→中墩破坏→主梁破坏→结构失效。需要注意到的是,根据弹性计算结果,若结构构件强度足够,则算例桥梁在事故荷载下可达到新的平衡状态而不致整体翻落,这与采用倾覆稳定系数计算得到的稳定判断是一致的。因此,这类梁桥失效的控制因素不是整体稳定而是构件强度。

15.3.2 多跨梁桥盖梁破坏导致整体失效

箱梁桥在偏载作用下支座脱空,受力体系发生变化,变化后的结构体系的受力特点和平衡机制与设计状态存在显著差异[9]。上一节的事故中由于中墩支座反力重分配和墩梁间的水平推力导致桥墩强度失效,同时主梁的内力状态也发生显著变化而可能产生强度破坏。除此之外,另一类典型事故表明,端部盖梁在此时也可能出现强度破坏,导致结构体系失效。代表性案例为 2012 年哈尔滨市群力高架某匝道桥的横向失效事故(图 15.10)。研

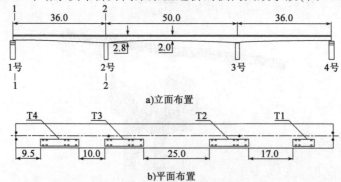

图 15.10 典型多跨梁桥盖梁破坏导致整体横向失效案例的结构布置(尺寸单位:m)

究根据事故桥梁荷载调查结果和设计资料[5],建立数值模拟对事故历程进行分析。

(1) 弹性分析模拟结果和强度失效模式

弹性数值分析得到主梁与结构体系的位移响应如图15.11所示。当汽车荷载施加完毕 $t=T_3=2.0s$ 之后,主梁两端远离重车一侧的支座与主梁脱空,并处于转动状态。在 $t=3.80s$ 时刻,中墩位置的主梁梁底与混凝土桥墩顶面接触。在 $t=4.32s$ 时刻,梁两端靠近重车一侧的梁体开始与桥墩接触。大约在 $t=4.48s$ 时刻,各个桥墩位置的支座均与主梁脱开,主梁仅支承于桥墩混凝土上。此时,上部结构的支承体系发生显著变化。对比代表性主梁截面的转角时程曲线可知,主梁在汽车荷载施加后的转角均不断增大,当主梁支承体系变化到桥墩盖梁上时,主梁转角时程曲线斜率显著放缓。

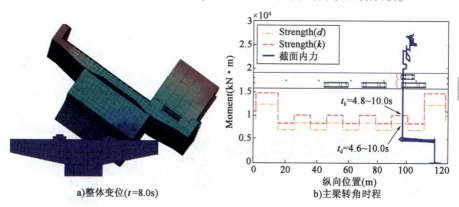

a) 整体变位($t=8.0s$)　　　　b) 主梁转角时程

图 15.11　典型多跨梁桥盖梁破坏导致整体失效事故的变位弹性数值模拟结果

进一步从墩梁的接触作用力时程变化分析,如图15.12所示。端部盖梁和主梁的接触力(Pier-girder 1 和 Pier-girder 4)在 $t=4.32s$ 时刻后随时间迅速增加,而中墩的支承力不断卸载。从结构体系上看,此时上部结构和车辆荷载的全部重量逐渐由端部和中跨四个支承点支承转变为端两点支承。端部桥墩伸臂盖梁的抗力不足以承担整个结构的重量,随着端部支承反力的增大,在某时刻必然会发生盖梁的强度破坏。具体的盖梁截面强度验算结果可参考文献[7]。

若端部盖梁失效,则梁桥上部结构在竖向支承体系上仅有中墩两点的竖向支承,从结构体系的角度看属于机构,此时必然发生梁体的翻转;另一方面,若此时梁体转角过大,则亦可能出现侧向滑移落梁。

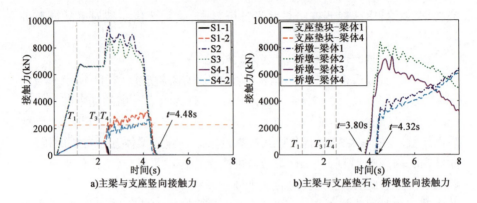

图15.12 典型多跨梁桥盖梁破坏导致整体失效事故的接触力弹性数值模拟结果

(2)弹塑性数值模拟结果验证

进一步采用弹塑性数值模拟方法对基于弹性分析得到的横向失效机理进行验证。研究建立考虑组合梁钢梁塑性、桥墩混凝土塑性和失效以及钢筋的全桥模型。实际车辆荷载作用下的结构变位、混凝土失效模拟结果如图15.13所示。分析结果表明,梁桥在恒载作用下保持整体稳定,随着汽车

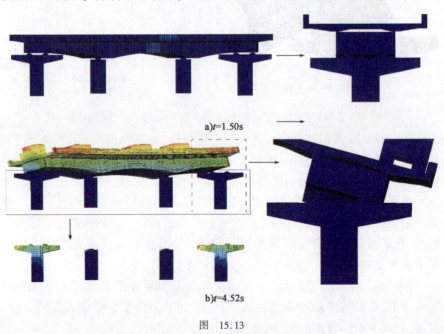

图 15.13

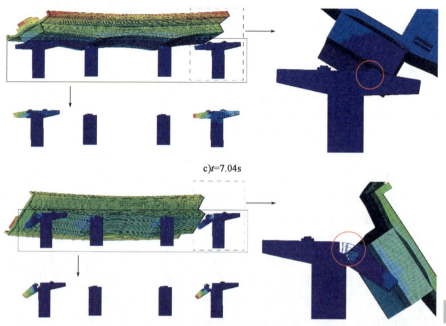

c) $t=7.04s$

d) $t=9.32s$

图 15.13 典型多跨梁桥盖梁破坏导致整体失效事故的变位弹塑性数值模拟结果

荷载的作用,梁体发生转动,梁端部原理重车一侧支座脱空,随后逐渐从支座支承状态转移到桥墩支承状态,大约在模拟时刻 $t=4.52s$ 时,桥墩墩顶混凝土出现局部强度破坏,随着主梁转角的增大,端部支座伸臂盖梁混凝土不断破坏,逐渐失去对主梁的支承能力,最终主梁发生整体落梁。

对事故桥梁弹塑性分析的失效历程模拟结果验证了弹性分析得到的失效机理。对此类结构,在梁体转动后支座反力发生急剧变化,端部支座竖向反力激增,可能导致强度破坏。典型的失效模式为:支座脱空→反力重分配→支座、盖梁破坏→结构失效。

15.4 失效路径和横向设计

15.4.1 箱梁桥多路径失效模式

(1) 偏载作用下的失效模式总结

几起典型事故梁桥的分析结果表明,在极端偏载作用下,箱梁桥结构存在横向安全问题。其中，既有类似刚体转动失效的整体力矩不平衡问题，也有非设计体系下构件强度破坏导致的整体失效问题。

针对整体稳定失效模式，单跨梁桥以初始位置状态的结构整体横向失稳为主要失效路径。对于多跨梁桥，可能由于梁体转动后的结构位置上整体力矩失稳导致结构失效，也可能在支座竖向反力重分配后的支座竖向反力以及墩梁水平推力的共同作用下导致中间桥墩发生强度破坏，还可能是端部盖梁在竖向反力重分配后的强度破坏。此外，主梁在梁体转动后的内力激变可能导致主梁强度破坏，主梁转角过大也可能导致主梁侧向滑移失效。上述六类不利受力模式，是箱梁桥在横向偏载作用下的主要失效模式，任意状态的出现都可能导致结构整体的失效破坏。上述失效模式可能单独出现，也可能先后出现甚至同时出现。设计中需要针对不同失效路径的特点开展验算工作，以合理保障结构横向安全。

(2) 非偏载作用下的横向失效模式

曲梁桥在温度作用下的横移已经在多年的工程应用中得以被认识，许多曲梁桥在常年的温度作用下发生了缓慢的横向外侧爬移现象。但由于这种爬移速度缓慢且经年变化，易于被养护人员发现后纠偏，因此一般情况下不会引起梁桥的横向失效。

而极端的情况是，当曲梁桥梁端堵塞后，环境升温引起的结构变形不能被释放，导致结构整体处于被两端挤压的受力模式下，可以将其看作一张蓄满能量的弓。当达到某个温度临界点时，侧向限位装置发生强度失效，梁体则可能在短时间内将积蓄的应变能释放，形成侧向横移的瞬时动能，并发生突然的横向移动，如果横移过程中或横移后的结构整体力矩失衡，则会发生整体倾覆，也可能在横移过程中局部构件失效进一步导致整体失效。以深圳华强路某立交的横移事故和2017年浙江萧山区某人行匝道桥的倾覆事故为代表。

为防止类似事故，首先应明确敏感的结构形式——曲线梁桥，其次明确它的失效诱因——温度荷载。研究认为针对曲梁桥的横移失效防治宜主要对敏感梁桥结构的日常养护予以关注和解决，同时在曲梁桥的设计过程中，可结合经济而有效的设计构造来加强防范措施。

(3) 箱梁桥横向多路径失效模式

综合各类典型箱梁桥横向失效事故的机理分析结果，汇总形成箱梁桥多路径失效模式，如图15.14所示。可以看出，梁桥横向失效既存在稳定失效也存在强度失效。刚体倾覆、侧向滑移(大转角下)、横移倾覆(温度作用)等属于稳定控制的失效模式;主梁、桥墩等破坏导致结构整体坍塌属于强度控制的失效模式。

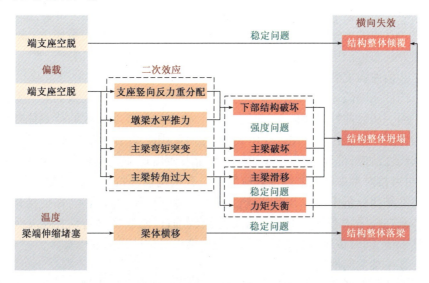

图 15.14　箱梁桥横向多路径失效模式

从失效路径看,支座脱空是偏载下结构横向失效的起点,对于简支梁桥主要是整体稳定控制,而对于连续梁桥,则主要由强度控制,但也可能存在稳定问题。其中,需要重点关注的是支座脱空后由于梁体转动导致的几何非线性效应。

15.4.2　箱梁桥横向安全设计

对各代表性失效路径下的事故桥梁分析结果表明,除了单跨箱梁桥通过刚体转动理论倾覆稳定力矩比可以判断结构横向稳定安全性外,其余的事故均无法用上述指标判断结构的失效。这些事故中,梁体转动导致的几何非线性效应显著,需要考虑上述因素后,才能得到准确的结构安全性判断。

相对于其他复杂结构的体系失效问题,梁桥的横向失效模式相对明确,可通过上述失效路径建立针对新的设计指标,进而防止结构横向失效。同时,除了设计方法外,应当结合设计构造、养护等多个层面共同科学保障梁桥横向安全。

(1) 横向安全判别指标

①上部结构整体稳定

对于单跨箱梁桥和多跨曲线梁桥,结构整体力矩失衡是一种典型失效模式。对应的力学机理是主梁的倾覆作用效应大于结构抗倾覆能力。对应的临界状态可沿用基于刚体假定的倾覆稳定系数概念。

②构件强度破坏

构件强度破坏导致结构体系变为机构是多跨梁桥整体失效的另一类主要原因。从目前针对事故桥梁的分析看,导致构件强度失效的荷载往往使结构体系发生变化——出现支座脱空,并由此引发结构响应的突变,导致几何非线性效应,部分构件上的内力显著增大而出现强度破坏。从判别指标看,可直接对考虑结构非线性效应的响应和结构构件抗力进行对比。此时,需要在结构分析中考虑几何非线性效应。另一种设计策略是,保证结构支承体系在极限状态下不出现支座脱空,或者通过限制主梁转动控制几何非线性效应,同时按照线性计算得到的内力结果对构件强度进行验算。

③主梁侧向滑动

主梁侧向滑移是当梁体转动一定角度时梁体自重的下滑力大于支座对主梁的摩阻力而产生的。事故分析表明,主梁侧向滑移可能伴随构件破坏同时发生。因此,作为一种失效机制需要在结构横向安全验算中予以考虑。从刚体力学的角度看,两个刚体接触面上的滑移临界状态是刚体接触面的倾角等于自锁摩擦角。

④支座构件安全

在梁桥横向失效过程中,支座构件往往首先失效,可将支座破坏作为构件强度破坏的一种,作为结构横向安全的验算指标之一。

另一种设计策略是,考虑在实际运营过程中,支座局部破损是较为普遍的现象,一般不会影响桥面的通行功能。与主梁、桥墩破坏后的坍塌、道路中断等后果相比,支座破损产生的影响要小很多。此外,破损的支座可通过梁体顶升方式进行快速更换,而墩梁破坏后则需要对结构进行重建,其时间成本和经济成本并不相同。因此,在一些特定的情况下,放宽对支座强度的限制要求也是一种经济的选择。

(2) 横向安全验算方法

科学的梁桥横向安全设计理论是研究的目标。多起发生横向失效的事故并未出现上部结构箱梁纵向弯、剪破坏的共性特点,暴露出横向稳定安全度和主梁纵向受力强度安全度的不匹配。从根源上看,传统设计理论以纵向"弯、剪"效应为研究对象建立,对横向受力的研究相对较少,相关设计理论在横向设计中存在不适应的问题。

以纵向受力的代表性响应——跨中弯矩、支点剪力,横向受力的代表性响应——支点扭矩为例(图 15.15)。可以看出,对于箱梁桥,不同的支座抗扭布置下,纵向弯矩和剪力的影响线基本不变,但扭矩影响线各不相同。此外,扭矩效应的影响线形状与弯矩、剪力也存在一定差异,其影响线的绝对值还受到作用横向位置的影响。因此,针对横向安全的设计方法不宜直接采用纵向弯、剪受力下的作用模式和设计策略,应当进一步研究横向受力特性并建立针对性的设计荷载和验算方法。

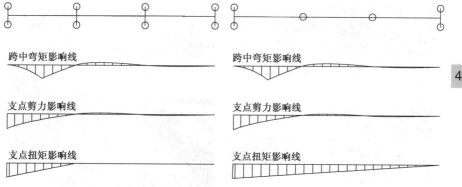

图 15.15 典型三跨连续梁桥弯矩、剪力和扭矩效应影响线

我国 2004 年版桥梁设计规范采用的车道荷载以我国四条高速公路的实测车辆荷载数据为基础,采用可靠度理论推演获得,并在 2015 年根据全国汽车荷载现状调查的统计分析结果对荷载取值进行了修订。作为目前反映我国汽车荷载总体水平的方案,应用于梁桥横向安全验算,需要考虑基于纵向受力代表响应弯矩、剪力推定的荷载与横向受力代表响应扭矩是否一致的问题。相关研究成果可参考文献[9],在此不再赘述。

(3)结构横向设计考量

对于典型的梁桥结构,在偏载作用下,支座脱空后,主梁、桥墩均可能出现不利受力状态。以支座反力重分配后的下部结构强度安全为例,如图 15.16 所示。浙江省上有虞市某六跨匝道连续梁桥的横向失效案例中,端部桥墩为双柱墩,两支座的竖向反力分别作用于两个墩柱上,属于轴压受力。一般而言,桥墩被设计为带箍筋的混凝土受压构件,其抗压强度高,适合抵抗轴向压力作用,无须过多配筋即可达到很高的抗压强度设计冗余。因此,事故梁体转动后将端部桥墩压坏。对比哈尔滨市某匝道桥的横向失效事故,其端部桥墩采用伸臂盖梁形式,以弯、剪受力提供支座支承,构件在该模式下的强度冗余度相对较低,当支座竖向反力突变后内力增大,容易出现强度破坏。

a) 端部混凝土双柱墩

b) 端部混凝土T形墩

c) 钢筋混凝土主梁

d) 钢混叠合箱梁

图 15.16　典型箱梁桥横向失效的破坏形式对比

相反地,对于第 3 个案例中的主梁,由于采用组合结构形式,其主梁截面的抗弯承载能力很高,因此,第 3 个案例中主梁并未出现整体破坏。反观第 2 个案例,主梁采用钢筋混凝土结构形式,其抗弯承载能力的冗余度相对较低,特别是当混凝土开裂后截面稍有削弱,在体系受力中随即处于不利状态,最终导致主梁发生强度破坏。

此外,对于中墩采用独柱形式的桥墩,按照设计状态的梁桥受力特点,其水平作用力一般中仅由汽车制动力产生,该项作用数值较小不控制设计,因此独柱墩的抗推强度一般设计得较小。数值分析表明,在梁体转动过程中可能存在墩梁水平作用力,其数值往往远大于设计状态的汽车制动水平力,使桥墩出现强度破坏。

上述讨论反映出,在梁桥横向受力中,极端状态下的构件设计强度冗余存在较大差异,这与过去对横向受力的特性认识不足有关。为科学保障梁桥结构的横向安全,需要关注在极端偏载作用下的结构响应特性,特别是由于支座脱空后几何非线性效应导致的响应突变(响应激增或者新的受力形式出现)。在明确受力特点的情况下,采用更为高效和有利的结构形式和构件形式。

15.5 结语

本文基于显示动力有限元方法,以弹性分析为主、结合力学概念辅助判断和弹塑性全过程模拟验证,研究事故梁桥的结构响应特点、关键受力状态和失效路径,明确代表性事故梁桥横向失效模式。总结形成梁桥多路径横向失效模式,包括:重载下整体失稳导致的结构失效、重载下构件强度破坏导致的结构失效、温度作用下曲梁横移导致的结构失效。系统明确了梁桥横向失效的机制,揭示了梁桥横向受力过程中稳定和强度问题共存、失效属于体系失效的实质。最后,本文简要探讨了箱梁桥横向安全设计中的问题,阐释了横向受力与现有设计理论体系中纵向受力的区别,指出目前梁桥结构整体设计方法基于纵向受力模式而横向设计存在研究不足的问题。提出了基于横向失效机理的横向安全判别指标以及构件针对横向受力验算用的车辆荷载模型的必要性。

本章参考文献

[1] 袁摄桢,戴公连,吴建武. 单柱宽幅连续梁桥横向倾覆稳定性探讨[J]. 中外建筑,2008(7):154-157.

[2] 李盼到,张京,王美. 独柱支承梁式桥倾覆稳定性验算方法研究[J]. 世界桥梁,2012,40(6):52-56.

[3] 庄冬利. 偏载作用下箱梁桥抗倾覆稳定问题的探讨[J]. 桥梁建设,2014,44(2):27-31.

[4] Peng W, Dai F, Taciroglu E. Research on Mechanism of Overturning Fail-

ure for Single-Column Pier Bridge[C]. International Conference on Computing in Civil and Building Engineering. 2014:1747-1754.

[5] Xiong W, Cai C S, Kong B, et al. Overturning – Collapse Modeling and Safety Assessment for Bridges Supported by Single-Column Piers[J]. Journal of Bridge Engineering, 2017, 22(11):04017084-1-13.

[6] Shi X, Cao Z, Ma H, et al. Failure Analysis on a Curved Girder Bridge Collapse under Eccentric Heavy Vehicles Using Explicit Finite Element Method: Case Study [J]. Journal of Bridge Engineering, 2018, 23(3):05018001.

[7] Shi X, Zhou Z, Ruan X. Forensic Diagnosis on the Overall Collapse of a Composite Box-Girder Bridge [J]. Structural Engineering International, 2018, 28(1), 51-59.

[8] Shi X, Zhou Z, Ruan X. Failure Analysis of a Girder Bridge Collapse under Eccentric Heavy Vehicles[J]. Journal of Bridge Engineering, 2016, 21(12):05016009.

[9] 周子杰. 箱梁桥横向失效机制和设计方法[D]. 上海:同济大学,2019.

石雪飞　教授

同济大学桥梁工程系教授，桥梁施工与信息技术研究室主任，中国公路学会桥梁与结构工程分会、勘察设计分会理事，国际桥梁与结构工程协会（IABSE）、国际预应力混凝土协会（fib）会员，上海土木工程学会建造专业委员会、标准化委员会委员。1986年毕业于同济大学桥梁工程专业，1999年获工学博士学位，1998—2006年曾任同济大学桥梁工程系副主任。长期从事桥梁工程教学和研究工作，参加过东海大桥、苏通大桥、重庆朝天门大桥、芜湖长江二桥等大型桥梁工程的设计、施工科研。目前主要从事桥梁工业化建造技术、桥梁管养技术研究，对梁桥倾覆事故有深入研究。

周子杰

同济大学博士研究生，主要参加了上海市梁桥抗倾覆研究课题，广东省高速公路梁桥抗倾覆性能验算，完成博士论文《箱梁桥横向失效机制和设计方法》。

曹振

同济大学博士研究生，主要参加了河源高速公路匝道桥倾覆事故原因分析课题。